O FIM DO IMPÉRIO COGNITIVO

A afirmação das epistemologias do Sul

Para M.I.R.

Boaventura de Sousa Santos

O FIM DO IMPÉRIO COGNITIVO

A afirmação das epistemologias do Sul

4ª reimpressão

autêntica

Copyright © 2019 Boaventura de Sousa Santos
Copyright desta edição © 2019 Autêntica Editora

Todos os direitos reservados pela Autêntica Editora Ltda. Nenhuma parte desta publicação poderá ser reproduzida, seja por meios mecânicos, eletrônicos, seja via cópia xerográfica, sem a autorização prévia da Editora.

EDITORAS RESPONSÁVEIS
Rejane Dias
Cecília Martins

REVISÃO
Carla Neves

CAPA
Diogo Droschi
(Sobre pintura Magnanim@s, de Mário Vitória. Acrílico sobre tela, 113x149 cm, 2015)

DIAGRAMAÇÃO
Waldênia Alvarenga

Este livro foi elaborado no âmbito do projeto de investigação "ALICE – Espelhos estranhos, lições imprevistas", coordenado pelo autor no Centro de Estudos Sociais da Universidade de Coimbra. O projeto foi financiado pelo Conselho Europeu de Investigação no âmbito do 7º Programa-Quadro da União Europeia (FP/2007-2013)/ ERC Convenção de Subvenção n.º [269807] (alice.ces.uc.pt). Esta publicação se beneficiou também do apoio financeiro da Fundação Portuguesa para a Ciência e Tecnologia, ao abrigo do programa estratégico UID/SOC/50012/2019.

Dados Internacionais de Catalogação na Publicação (CIP)
(Câmara Brasileira do Livro, SP, Brasil)

Santos, Boaventura de Sousa
  O fim do império cognitivo : a afirmação das epistemologias do Sul / Boaventura de Sousa Santos. -- 1. ed.; 4. reimp. -- Belo Horizonte : Autêntica, 2024.

  ISBN 978-85-513-0484-6

  1. Democracia 2. Diferenças culturais 3. Diversidade cultural 4. Epistemologia 5. Movimentos sociais 6. Mudança social 7. Política I. Título.

19-23835   CDD-303.4

Índices para catálogo sistemático:
1. Democracia intercultural : Transformações sociais: Sociologia 303.4

Iolanda Rodrigues Biode - Bibliotecária - CRB-8/10014

Belo Horizonte
Rua Carlos Turner, 420
Silveira . 31140-520
Belo Horizonte . MG
Tel.: (55 31) 3465 4500

São Paulo
Av. Paulista, 2.073 . Conjunto Nacional
Horsa I . Salas 404-406 . Bela Vista
01311-940 . São Paulo . SP
Tel.: (55 11) 3034 4468

www.grupoautentica.com.br
SAC: atendimentoleitor@grupoautentica.com.br

SUMÁRIO

7   **PREFÁCIO**

17   **INTRODUÇÃO**
Por que as epistemologias do Sul? Caminhos artesanais para
futuros artesanais

PARTE I
39   **Epistemologias pós-abissais**

Capítulo 1
41   Percursos para as epistemologias do Sul

Capítulo 2
65   Preparar o terreno

Capítulo 3
87   Autoria, escrita e oralidade

Capítulo 4
103   O que é a luta? O que é a experiência?

Capítulo 5
135   Corpos, conhecimentos e *corazonar*

PARTE II
159   **Metodologias pós-abissais**

Capítulo 6
161   Descolonização cognitiva: uma introdução

Capítulo 7
211   Sobre as metodologias não-extrativistas

Capítulo 8
237   A experiência profunda dos sentidos

Capítulo 9
263   A desmonumentalização do conhecimento escrito e arquivístico

PARTE III

293 **Pedagogias pós-abissais**

Capítulo 10

295 Gandhi, um arquivista do futuro

Capítulo 11

349 Pedagogia do oprimido, investigação-ação participativa e epistemologias do Sul

Capítulo 12

375 Da universidade à pluriversidade e à subversidade

407 **CONCLUSÃO**
Entre o medo e a esperança

419 **BIBLIOGRAFIA**

461 **ÍNDICE ANALÍTICO E DE AUTORES**

PREFÁCIO

Vivemos num período no qual as mais repugnantes formas de desigualdade e de discriminação sociais estão se tornando politicamente aceitáveis. As forças sociais e políticas que costumavam desafiar esse estado de coisas em nome de alternativas políticas e sociais estão, aparentemente, perdendo a força e, de um modo geral, parecem estar, em todo lado, na defensiva. As ideologias modernas de contestação política foram em grande medida cooptadas pelo neoliberalismo. Existe resistência, mas ela é cada vez menos crível enquanto portadora de uma alternativa realista. A resistência ocorre cada vez mais fora do contexto institucional e não através dos modos de mobilização política que predominavam no período anterior: partidos políticos e movimentos sociais. A política dominante torna-se epistemológica quando é capaz de defender ativamente que o único conhecimento válido que existe é aquele que ratifica a sua própria supremacia. Num tal *Zeitgeist*, ou espírito da época, parece-me que a via para sair desse impasse tem como premissa o surgimento de uma nova epistemologia, que é explicitamente política. Isso significa que a reinvenção ou a reconstrução da política confrontacional exige uma transformação epistemológica.

Em 1845, Karl Marx concluía as *Teses sobre Feuerbach* com a famosa tese XI: "Até agora, os filósofos mais não fizeram do que *interpretar* o mundo de formas diferentes; a questão é *transformá-lo*".[1]

---

[1] Mais sobre esse tema em Marx e Engels (1974, p. 121-123).

Essa tese viria a tornar-se o fundamento essencial do pensamento crítico ocidentalocêntrico, reivindicando a centralidade do conceito de *praxis* como síntese entre teoria e prática. Quase duzentos anos depois, é imperioso que regressemos à interpretação, a fim de reinterpretarmos o mundo antes de tentarmos transformá-lo. As teorias críticas desenvolvidas durante esse período com o objetivo específico de transformar o mundo não conseguiram fazê-lo nos termos que haviam sido previstos. Pelo contrário, provocaram uma imensa frustração histórica composta de efeitos perversos, de sonhos que se tornaram pesadelos, de esperanças que acabaram em medos profundos e de revoluções traídas; os ganhos civilizacionais que eram tidos como irreversíveis acabaram por ser destruídos e as expectativas positivas inverteram-se, tornando-se negativas. Além disso, o pensamento conservador moderno, sempre dedicado à prevenção dos tipos de transformações defendidas pelo pensamento crítico, parece ter tido um muito maior êxito. Tanto assim que a gradual redução das alternativas reivindicadas pelo pensamento crítico progressista atinge um tal extremo nos nossos tempos que se tornou possível afirmar aquilo que nos últimos duzentos anos era considerado demasiado e obviamente errado dizer-se: não existe alternativa.

Uma vez assumida pela teoria e pela prática políticas – o domínio por excelência do pensamento de alternativas – a afirmação crível de que não existe nenhuma alternativa adquire então valor epistemológico. O político torna-se epistemológico quando pensar em qualquer alternativa política ao estado de coisas atual significa o mesmo que fantasiar por oposição à factualidade ou falsificar por oposição à verdade. Esse estado de coisas ditaria o fim da necessidade de toda e qualquer forma de pensamento crítico transformador, um pensamento de alternativas, se tal estado de coisas não fosse intolerável ou inaceitável para grupos sociais oprimidos pelo *status quo* que, em todo o mundo, resistem e lutam contra a opressão e a dominação. Não sendo esse o caso, como explicar e fortalecer tais resistências e lutas? Com recurso ao mesmo pensamento crítico, o pensamento crítico eurocêntrico, que, aparentemente, se deixou sequestrar pela hegemonia conservadora? Não será esse esforço inútil ou até contraproducente? Afinal de contas, por que é que o pensamento crítico eurocêntrico se rendeu? Por que desistiu de formular alternativas críveis que explicassem e fortalecessem as lutas contra a dominação e a opressão? Defendo neste livro que para responder a essas questões é imprescindível questionar os alicerces epistemológicos do pensamento crítico eurocêntrico e ir além dele, por mais brilhante e magnífico que seja o conjunto de teorias que ele gerou. Procurarei mostrar que o problema central reside no fato de que as premissas epistemológicas do pensamento crítico eurocêntrico e do pensamento conservador eurocêntrico têm grandes (e fatais) afinidades eletivas, representando duas versões diferentes daquilo que aqui chamo de epistemologias do Norte.

Para recuperar a ideia de que existem alternativas, bem como para reconhecer que as lutas contra a opressão que continuam a ter lugar no mundo são portadoras de alternativas potenciais, é necessária uma mudança epistemológica. O argumento deste livro é que essa mudança se encontra naquilo que chamo de epistemologias do Sul. Isso equivale a defender a necessidade de uma décima segunda tese: temos de transformar o mundo ao mesmo tempo que permanentemente o reinterpretamos; tanto quanto a própria transformação, a reinterpretação do mundo é uma tarefa coletiva. Dessa tese derivam seis corolários. Primeiro: não precisamos de alternativas, e sim de um pensamento alternativo de alternativas. Segundo: a reinterpretação permanente do mundo será possível apenas em contexto de luta e, por esse motivo, não pode ser levada a cabo como tarefa autônoma, independente da luta. Terceiro: sendo certo que as lutas mobilizam múltiplos tipos de conhecimento, a reinterpretação permanente do mundo não pode ser produzida por um tipo único de conhecimento. Quarto: dada a centralidade das lutas sociais contra a dominação, se, por hipótese absurda, os grupos sociais oprimidos deixassem de lutar contra a opressão, ou porque não sentissem necessidade de fazê-lo ou porque considerassem estar completamente privados das condições necessárias para essa luta, não haveria espaço para as epistemologias do Sul nem, efetivamente, necessidade delas. A obra *1984*,[2] de George Orwell, é a metáfora da condição social na qual não existe espaço para as epistemologias do Sul. Quinto: não precisamos de uma nova teoria da revolução; precisamos sim de revolucionar a teoria. Sexto: uma vez que o trabalho exigido

---

[2] Ver Orwell (1949).

pela permanente reinterpretação do mundo, necessariamente paralela à respectiva transformação, é um trabalho coletivo, não há nele espaço para filósofos entendidos como intelectuais de vanguarda. Pelo contrário, as epistemologias do Sul exigem intelectuais de retaguarda, intelectuais capazes de contribuir com o seu saber para o reforço das lutas sociais contra a dominação e a opressão em que estão empenhados.

Numa época caracterizada por tamanha desertificação de alternativas, é tão difícil imaginar o fim do capitalismo, do colonialismo e do patriarcado quanto imaginar que não terão um fim (Santos, 2014a, p. 19-43). A imaginação do fim está sendo corrompida pelo fim da imaginação. Com a queda do Muro de Berlim, o capitalismo global viu-se livre de uma ameaça potencialmente fatal com a qual tinha confrontado durante todo o século XX – o socialismo. No processo, livrou-se igualmente de uma outra ameaça, menos grave, a qual, apesar de não pôr em questão a possibilidade de o capitalismo se reproduzir indefinidamente, afetaria a sua tendência para a concentração de riqueza. Estou pensando na social-democracia ao estilo europeu. Tendo-se libertado dessas duas ameaças, o capitalismo global parece florescer apesar de (ou exatamente pelo motivo de) estar em crise permanente. Pela sua própria etimologia, o conceito de crise conota a ideia de perturbação ocasional de um dado sistema e, ao mesmo tempo, a oportunidade para melhorá-lo. Há, no entanto, uma diferença radical entre a crise ocasional e a crise permanente. Uma crise ocasional tem de ser explicada e é, como disse, portadora de alternativas para superá-la. Nisso reside a lógica profunda do próprio pensamento crítico. Ao contrário, uma crise permanente, em vez de exigir ser explicada e vencida, explica tudo e justifica o estado de coisas atual como sendo o único possível, mesmo que tal signifique infligir as formas mais repugnantes e injustas de sofrimento humano que o "progresso da civilização" supostamente havia já depositado no caixote do lixo da história. O slogan "capitalismo ou barbárie", proclamado por apóstolos do livre comércio e do Estado mínimo de meados do século XX, tais como Von Hayek, está resvalando na versão "capitalismo *e* barbárie". Entretanto, não é coincidência que a palavra de ordem original de Rosa Luxemburgo – "socialismo ou barbárie" – esteja conspicuamente ausente. Segundo a lógica da crise permanente, as pessoas são levadas a viver e a agir em crise, mas não a pensar e a agir de forma crítica.

Numa época como esta, os que lutam contra a dominação não podem contar com a luz no fim do túnel. Terão de levar consigo uma lanterna portátil, uma luz que, mesmo sendo trêmula ou fraca, ilumine o suficiente para que sejam capazes de identificar o caminho como sendo o seu caminho e, assim, evitar acidentes fatais. Esse é o tipo de luz que as epistemologias do Sul se propõem gerar.

Este livro encontra-se dividido em três partes. A Parte I descreve as bases das epistemologias do Sul. A Parte II trata das questões metodológicas que decorrem da pesquisa efetuada em consonância com as epistemologias do Sul. A Parte III centra-se nos desafios pedagógicos colocados pelas epistemologias do Sul. Na Introdução, apresento um resumo do meu argumento. As epistemologias do Sul "ocupam" as concepções hegemônicas de epistemologia, a que chamo epistemologias do Norte. Apesar de recorrerem à dicotomia norte-sul, as epistemologias do Sul não são simetricamente opostas às epistemologias do Norte no sentido de oporem um conhecimento válido exclusivo a um outro. No Capítulo 1, explicam-se os conceitos-chave das epistemologias do Sul: a linha abissal e a distinção entre exclusões abissais e não-abissais, a sociologia das ausências, a sociologia das emergências, as ecologias de saberes, a tradução intercultural e a artesania das práticas. O Capítulo 2 trata das respostas dadas às objeções que são normalmente levantadas pelas epistemologias do Norte, selecionando-se três: os conceitos de ciência, de relativismo e de objetividade. No Capítulo 3, inicio uma análise das questões epistemológicas específicas das epistemologias do Sul ou por elas levantadas. Nesse capítulo, trato das questões da autoria do conhecimento e do conhecimento escrito e oral. No Capítulo 4, discuto dois conceitos que estão no cerne dos saberes em conformidade com as epistemologias do Sul: o conceito de luta e o conceito de experiência. No Capítulo 5, defendo a corporeidade ou corporalidade do conhecimento, desafiando assim a distinção mente/corpo, tão cara às epistemologias do Norte, e avançando para além da concepção de "conhecimento incorporado" de Merleau-Ponty. Centro-me em três experiências de corporização do conhecimento especialmente relacionadas às epistemologias do Sul: o corpo moribundo, o corpo sofredor e o corpo jubiloso. Discuto também aquilo que chamo de aquecimento da razão, o ponto existencial no qual razões e emoções se encontram com vista a alimentar a vontade e a capacidade de lutar contra a dominação e a opressão.

PREFÁCIO

No Capítulo 6, introduzo as principais questões relativas à criação de metodologias de investigação dedicadas às lutas sociais que sejam consonantes com as epistemologias do Sul, ou seja, metodologias de investigação pós-abissal. Defendo a necessidade de descolonizar as ciências sociais e a procura de metodologias não-extrativistas, metodologias fundamentadas em relações sujeito-sujeito, e não em relações sujeito-objeto. Esse trabalho metodológico requer uma dose significativa de imaginação epistemológica. Identifico alguns dos marcadores dessa imaginação. No Capítulo 7, analiso mais detalhadamente o contexto existencial no qual devem ser postas em prática as metodologias orientadoras da investigação pós-abissal. No Capítulo 8, concentro-me especialmente nas dimensões sensoriais e emocionais da investigação pós-abissal. A experiência profunda dos sentidos situa-se nos antípodas das epistemologias do Norte e, como tal, tem sido demonizada, desprezada e não raro até suprimida. No Capítulo 9, continuo a expor outras questões metodológicas, nomeadamente, as formas de desmonumentalização do conhecimento escrito e a questão de como conceber a utilização contra-hegemônica do arquivo, ou seja, enquanto uma sociologia das ausências e uma sociologia das emergências.

No Capítulo 10, dou início à abordagem das implicações pedagógicas das epistemologias do Sul. Centro-me na pedagogia da tradução intercultural desenvolvida por Mahatma Gandhi e procedo à análise das formas através das quais essa pedagogia pode contribuir para produzir e reforçar articulações transnacionais entre lutas e entre movimentos sociais, construindo assim a globalização contra-hegemônica, um dos principais objetivos das epistemologias do Sul. O Capítulo 11 destaca duas pedagogias radicais, a pedagogia do oprimido, de Paulo Freire, e a ação-investigação participativa, de Orlando Fals Borda, das quais as epistemologias do Sul são devedoras. Mais do que qualquer outra coisa, é o contexto do nosso *Jetztzeit*, o nosso aqui-e-agora histórico, que explica as especificidades das epistemologias do Sul relativamente a uma herança tão rica e tão brilhante. O Capítulo 12 trata dos desafios e das tarefas que implica a descolonização da universidade ocidental ou ocidentalizada, que foi a creche das epistemologias do Norte e é, hoje, o seu lar de terceira idade. Discute-se ainda a questão-chave da educação popular e exemplificam-se alguns dos caminhos através dos quais a universidade poderá florescer enquanto pluriversidade e subversidade.

Algumas línguas, as latinas, por exemplo, têm duas palavras diferentes para designar a atividade cognitiva e o seu produto, saber e conhecer, o saber e o conhecimento. Neste livro, uso os dois termos como se fossem sinônimos, apenas optando entre eles em função dos usos convencionais da língua portuguesa. Na Introdução explicarei em detalhe a razão dessa opção.

A maior parte das pessoas a quem devo este livro não terá oportunidade de lê-lo. São os e as ativistas e líderes de movimentos sociais que partilharam comigo o seu saber em inúmeras ocasiões e em inúmeras circunstâncias, nas reuniões do Fórum Social Mundial, em retiros e em seminários, em marchas e manifestações e, mais recentemente, nos *workshops* da Universidade Popular dos Movimentos Sociais. Muito em especial, devo este livro às minhas amigas e aos meus amigos da favela do Jacarezinho, no Rio de Janeiro, onde vivi por uns meses para realizar o trabalho de campo que estruturou a minha dissertação de doutoramento apresentada na Universidade de Yale, e aos meus amigos e minhas amigas de Barcouço, uma pequena aldeia próxima da minha cidade, Coimbra, camponeses e camponesas que durante mais de uma década partilharam comigo o sonho de fundar uma cooperativa, a COBAR (Cooperativa de Barcouço).

Nos últimos anos dirigi dois projetos de pesquisa internacionais que me deram a oportunidade de colaborar muito de perto com um grande número de acadêmicos de vários países: "*Reinventing Social Emancipation: Towards New Manifestos*" ["Reinvenção da emancipação social: para novos manifestos"] (1999-2001), financiado pela Fundação John D. e Catherine T. MacArthur e pela Fundação Gulbenkian; e "*ALICE – Strange Mirrors, Unsuspected Lessons: Leading Europe to a new way of sharing the world experiences*" ["ALICE – Espelhos estranhos, lições imprevistas: definindo para a Europa um novo modo de partilhar as experiências do mundo"] (2011-2016),[3] financiado pelo European Research Council. Este livro foi escrito no âmbito deste último projeto e reflete a pesquisa e os debates científicos

---

[3] Projeto coordenado pelo autor no Centro de Estudos Sociais da Universidade de Coimbra e financiado pelo Conselho Europeu de Investigação no âmbito do 7º Programa-Quadro da União Europeia (FP/2007-2013)/CEI Convenção de Subvenção n.º [269807]. Disponível em: <alice.ces.uc.pt>. Acesso em: 7 jan. 2019.

levados a cabo no contexto dos dois projetos, em especial do mais recente. Quero expressar a minha sincera gratidão aos colegas e às colegas que comigo partilharam a coordenação científica do Projeto Alice (por ordem alfabética dos nomes próprios): Bruno Sena Martins, João Arriscado Nunes, José Manuel Mendes, Maria Paula Meneses, Sara Araújo e Teresa Cunha. Embora todos tenham tido um papel ativo na preparação de um ou mais dos capítulos deste livro, devo um agradecimento especial à Maria Paula Meneses, cujo apoio à pesquisa foi mais diversificado e exigiu mais tempo. Gostaria ainda de agradecer a toda a equipe de pesquisa (também por ordem alfabética do primeiro nome): Alice Cruz, Aline Mendonça, Antoni Aguiló, Cecília MacDowell Santos, Cristiano Gianolla, Élida Lauris, Eva Chueca, Francisco Freitas, José Luís Exeni Rodríguez, Julia Suárez-Krabbe, Luciane Lucas dos Santos, Mara Bicas, Maurício Hashizume, Orlando Aragón Andrade, Raúl Llasag Fernández e Tshepo Madlingozi. Um projeto de pesquisa dessa magnitude não poderia ter sido levado a cabo sem a assistência dedicada e competente de duas colaboradoras: Rita Kacia Oliveira, secretária executiva, e Inês Elias, assistente de pesquisa. Agradeço a Hjalmar Jorge Joffre-Eichhorn a revisão atenta do manuscrito.

Como em meus livros anteriores, sem exceção, tive a oportunidade de discutir com Maria Irene Ramalho todos os temas principais desta obra, e foi ela quem traduziu para o inglês uma boa parte do texto. Muito para além disso, durante mais de meio século, ajudou-me a ser uma pessoa melhor, e um acadêmico melhor e a nunca separar os dois. Ninguém conseguirá expressar de forma adequada a gratidão que lhe é devida. Os meus agradecimentos mais sentidos vão também para a minha assistente de pesquisa, Margarida Gomes, que durante esses anos me ajudou na investigação e na preparação dos textos para publicação com inexcedível competência. O meu assistente de pesquisa, Mateo Martinez Abarca, ajudou-me nas minhas investigações sobre *sumak kawsay*. Deixo ainda agradecimentos especiais a três colegas: a Gustavo Esteva, por me transmitir o pleno significado da Comuna de Oaxaca; a Miguel Teubal, por me ajudar a descobrir a riqueza metodológica da obra de uma querida amiga e colega, entretanto falecida, Norma Giarracca; e a Mário Chagas, pela ajuda na investigação sobre o Museu da Maré, um arquivo insurgente. Como sempre, na versão inglesa deste livro pude contar com o excelente trabalho de revisão de texto de Mark Streeter. E, finalmente, mas de forma não menos especial, merece agradecimentos penhorados a minha secretária, amiga e colaboradora Lassalete Simões, que durante anos de intenso trabalho supervisionou todas as minhas atividades profissionais e muito para além delas.

O Centro de Estudos Sociais (CES), centro de investigação de ciências sociais da Universidade de Coimbra, foi sempre a minha casa. Seria impossível agradecer individualmente aos meus e às minhas colegas, e a todos os funcionários e funcionárias. Ali, somos uma comunidade que se distingue por uma rara combinação de competência profissional e entusiasmo. Contudo, é meu dever registar agradecimentos especiais ao diretor executivo do CES, João Paulo Dias, à bibliotecária Maria José Carvalho e ao bibliotecário Acácio Machado, e ao coordenador de informática, Pedro Abreu, todos eles caríssimos amigos e todos detentores de elevado profissionalismo e de empenho entusiástico, a mais preciosa das combinações que se pode atualmente encontrar num centro de investigação.

Num mundo em que o número de pessoas sem abrigo cresce mais do que nunca, eu tenho a imensa sorte de ter duas casas. A minha segunda casa nos últimos 35 anos tem sido a Faculdade de Direito da Universidade de Wisconsin-Madison. Os meus agradecimentos mais sinceros à sua diretora, Margaret Raymond, e aos meus e às minhas colegas em número demasiado grande para uma menção individualizada. Agradeço muito especialmente a dois funcionários, Jay Tucker, bibliotecário, cuja disponibilidade é inexcedível e cujo amor pelos livros rivaliza com o meu, e Darryl Berney, o especialista em informática, sempre disposto a facilitar a minha relação um tanto ou quanto desconfortável com os computadores. Dois revisores anônimos do manuscrito da versão inglesa deste livro fizeram comentários e sugestões muito pertinentes, pelos quais lhes estou muito grato. Uma última palavra especial de agradecimento à minha amiga e editora com quem tive a fortuna de trabalhar neste livro, Rejane Dias dos Santos, da Autêntica, por ter conduzido de forma tão empenhada e diligente a publicação desta obra.

INTRODUÇÃO

Por que as epistemologias do Sul?
Caminhos artesanais para futuros artesanais

As epistemologias do Sul referem-se à produção e à validação de conhecimentos ancorados nas experiências de resistência de todos os grupos sociais que têm sido sistematicamente vítimas da injustiça, da opressão e da destruição causadas pelo capitalismo, pelo colonialismo e pelo patriarcado. Chamo o vasto e muito diverso âmbito dessas experiências de Sul anti-imperial. Trata-se de um Sul epistemológico, não-geográfico, composto por muitos suis epistemológicos que têm em comum o fato de serem conhecimentos nascidos em lutas contra o capitalismo, o colonialismo e o patriarcado. São produzidos onde quer que ocorram essas lutas, tanto no norte geográfico como no sul geográfico. O objetivo das epistemologias do Sul é permitir que os grupos sociais oprimidos representem o mundo como seu e nos seus próprios termos, pois apenas desse modo serão capazes de o transformar de acordo com as suas próprias aspirações. Dado o desenvolvimento desigual do capitalismo e a persistência do colonialismo ocidentalocêntrico, o Sul epistemológico e o sul geográfico sobrepõem-se parcialmente, especialmente no que se refere aos países que foram sujeitos ao colonialismo histórico. Porém, essa sobreposição é apenas parcial, não só porque as epistemologias do Norte também florescem no sul geográfico (ou seja, no sul imperial, nas "pequenas Europas" epistemológicas que se encontram, e que são frequentemente dominantes, na América Latina, no Caribe, na África, na Ásia e na Oceania), mas também porque o Sul epistemológico se encontra igualmente no norte geográfico (Europa e América do Norte), em muitas das lutas contra o capitalismo, o colonialismo e o patriarcado que aí decorrem protagonizadas por trabalhadores precários, imigrantes vítimas de xenofobia, afrodescendentes vítimas de racismo, muçulmanos pobres vítimas de islamofobia, refugiados vítimas do "fascismo de *apartheid*",[4] mulheres vítimas de violência doméstica e de outras formas de violência, população LGBTI vítima de homofobia, etc., etc.

As epistemologias do Sul referem-se aos conhecimentos que surgem das lutas sociais e políticas e não podem ser separados dessas mesmas lutas. Não se trata, por conseguinte, de epistemologias no sentido convencional do termo. O seu objetivo não é estudar o conhecimento ou a crença justificada enquanto tais, e muito menos o contexto social e histórico em que ambos surgem (a epistemologia social é um conceito igualmente controverso). Trata-se antes de identificar e valorizar aquilo que muitas vezes nem sequer figura como conhecimento à luz das epistemologias dominantes, a dimensão cognitiva das lutas de resistência contra a opressão e contra o conhecimento que legitima essa mesma opressão. Muitas dessas formas de conhecimento não configuram conhecimentos pensados como atividade autônoma, e sim gerados e vividos em práticas sociais concretas. As epistemologias do Sul *ocupam* o conceito de epistemologia para o re-significarem enquanto instrumento de interrupção das políticas dominantes e dos conhecimentos que as sustentam. São epistemologias experienciais.[5] Existem epistemologias do Sul apenas e na medida em que existem epistemologias do Norte. As epistemologias do Sul existem hoje para que deixem de ser necessárias no futuro.

Ocupar a epistemologia

O termo "epistemologia" corresponde, *grosso modo*, àquilo que em alemão é chamado de *Erkenntnistheorie* ou *Erkenntnislehre*. Inicialmente centrada na crítica do conhecimento científico, atualmente a epistemologia

---

[4] Sobre o conceito de fascismo social nas suas diferentes vertentes, ver Santos (2011, p. 117-126).

[5] Não devem ser confundidas com as epistemologias experimentais introduzidas pelas neurociências e pela cibernética.

tem a ver com a análise das condições de produção e identificação do conhecimento válido, bem como da crença justificada. Possui, por conseguinte, uma dimensão normativa. Nesse sentido, as epistemologias do Sul desafiam as epistemologias dominantes em dois níveis diferentes. Por um lado, consideram crucial a tarefa de identificar e discutir a validade de conhecimentos e de modos de saber não reconhecidos como tal pelas epistemologias dominantes. Concentram-se, dessa forma, em conhecimentos "inexistentes", assim considerados pelo fato de não serem produzidos de acordo com metodologias aceitáveis, ou mesmo inteligíveis, ou porque são produzidos por sujeitos "ausentes", sujeitos concebidos como incapazes de produzir conhecimento válido devido à sua impreparação ou mesmo à sua condição não plenamente humana. As epistemologias do Sul têm de proceder de acordo com aquilo que chamo de sociologia das ausências, ou seja, transformar sujeitos ausentes em sujeitos presentes como condição imprescindível para identificar e validar conhecimentos que podem contribuir para reinventar a emancipação e a libertação sociais (SANTOS, 2014a). As epistemologias do Sul invocam necessariamente ontologias outras (revelando modos de ser diferentes, os dos povos oprimidos e silenciados, povos que têm sido radicalmente excluídos dos modos dominantes de ser e de conhecer). Dado que esses sujeitos são produzidos como ausentes através de relações de poder muito desiguais, resgatá-los é um gesto eminentemente político. As epistemologias do Sul incidem em processos cognitivos relacionados com o significado, a justificação e a orientação na luta disponibilizados pelos que resistem e se revoltam contra a opressão. A questão da validade surge a partir dessa presença forte. O reconhecimento da luta e de seus respectivos protagonistas é um ato de pré-conhecimento, um impulso intelectual e político-pragmático que implica a necessidade de escrutinar a validade do conhecimento que circula no âmbito da luta ou que é gerado pela própria luta.

Por outro lado, os sujeitos que são resgatados ou revelados, ou trazidos à presença, são muitas vezes sujeitos coletivos, o que altera completamente a questão da autoria do conhecimento e, portanto, a questão da relação entre o sujeito que conhece e o objeto do conhecimento. Estamos perante processos de luta social e política nos quais um tipo de conhecimento que muitas vezes não possui um sujeito individualizável é vivido de forma performativa.

Os conhecimentos resgatados pelas epistemologias do Sul são técnica e culturalmente intrínsecos a determinadas práticas – as práticas da resistência contra a opressão. Existem incorporados em práticas sociais. Na maioria dos casos surgem e circulam de forma despersonalizada, mesmo que certos indivíduos no grupo tenham um acesso privilegiado a esses conhecimentos e os formulem com mais autoridade (essa questão é desenvolvida adiante). Em face disso, e atentos aos usos da língua, pode pensar-se que se trata de saberes e não de conhecimentos. Essa distinção só existe em algumas línguas, nas latinas, por exemplo, o que, em si mesmo, coloca um desafio à tradução intercultural, que será discutida adiante. Para as epistemologias do Sul, conhecimento e saber devem ser entendidos como quase sinônimos, termos que podem ser usados permutavelmente ainda que as diferenças sutis entre eles se manifestem no uso da língua. Essas sutis diferenças estão inscritas na própria origem etimológica das duas palavras. "Conhecer", do latim "*cognoscere*", com o grego "*gnosis*" + "*cum*", "por trás", significa "obter conhecimento de", "passar a ter conhecimento de através do exercício das faculdades cognitivas". Por isso, um processo acentuadamente intelectual. Por sua vez, "saber", do latim "*sapere*", significa "ter conhecimento" como sentindo por meio do gosto (de "*sapio*", "ter gosto, ter bom paladar, ter cheiro"). "Sabor" tem exatamente a mesma etimologia de "saber". Por detrás desta distinção (conhecer com a razão, saber com o corpo e os sentidos), parece-me estar ainda a distinção fatal na cultura ocidental, a partir de Platão e Aristóteles, entre razão e corpo, uma distinção exacerbada pelo cristianismo, que separou irremediavelmente o corpo da alma. A tensão que assim se criou na cultura ocidentalocêntrica talvez explique que "conhecimento" deslize facilmente para "ciência" – do latim "*scientia*", de "*scire*", "saber", que provavelmente no seu início significava "distinguir, separar coisas", de uma raiz indo-europeia "*skei-*", "cortar, separar" –, enquanto "saber" desliza para "sabedoria" e "sagacidade" (prudência).[6] Ao longo deste livro, "saberes" surge frequentemente como um termo mais abrangente que "conhecimento(s)". Mas, no entanto, são equivalentes.

---

[6] Em francês, "*connaissance*" tem uma conotação de recomeço múltiplo e infinito, enquanto "*savoir*", implica as noções de fundamento e de permanência (LAPLANTINE; NOUSS, 2001, p. 299).

Por essa razão falo de conhecimentos nascidos ou aprendidos nas lutas, e de ecologia de saberes.

Essa distinção entre saberes e conhecimento foi realçada por Foucault (1969), embora seja aqui entendida de modo diferente. Segundo Foucault, o saber implica um processo coletivo, anônimo, algo não-dito, um *a priori* histórico-cultural acessível apenas através da arqueologia dos saberes. Contudo, os saberes que têm a ver com as epistemologias do Sul não são o *a priori* cultural, ou seja, o não-dito de Foucault. No máximo, serão os não-ditos desses não-ditos, ou seja, os não-ditos que surgem da linha abissal que separa na modernidade ocidentalocêntrica as sociedades e as sociabilidades metropolitanas e coloniais. Foucault ignorou essa linha abissal, o *fiat* epistemológico mais fundamental da modernidade ocidental que, como veremos adiante, sobreviveu ao fim do colonialismo histórico. As disciplinas de Foucault são tão baseadas nas experiências do lado metropolitano da sociabilidade moderna quanto os não-ditos culturais identificados por ele. As disciplinas são falsamente universais não só porque se "esquecem" ativamente dos respectivos não-ditos culturais, mas porque, tal como os seus não-ditos culturais, não consideram as formas de sociabilidade existentes do outro lado da linha, no lado colonial. O não-dito foucaultiano é, portanto, tão falsamente comum à modernidade e tão eurocêntrico quanto a ideia kantiana de racionalidade como emancipação em relação à natureza. Essa mesma forma de racionalidade ligava à natureza as pessoas e as sociabilidades existentes do outro lado da linha, na zona colonial. É evidente que tanto a filosofia de Kant como a de Foucault representam importantes avanços relativamente à *tabula rasa* de Locke, teoria segundo a qual o conhecimento se inscreve a partir do nada. Em vez da *tabula rasa*, ambos os filósofos propuseram pressupostos ou aprióris que, segundo eles, condicionam toda a experiência humana contemporânea. No entanto, "toda essa experiência" por eles considerada era uma experiência intrinsecamente truncada, uma vez que tinha sido construída sem considerar – ou mesmo para não considerar – a experiência de quem se situava do outro lado da linha abissal – as gentes coloniais. Se pretendêssemos formular as epistemologias do Sul em termos foucaultianos, o que não é meu propósito, diríamos que elas visam a arqueologia da arqueologia de saberes.

Durante todo o século passado, as epistemologias feministas nortecêntricas levaram a cabo uma ocupação inicial das versões dominantes das epistemologias do Norte. Mostraram que a ideia de conhecimento concebido como independente da experiência do sujeito de conhecimento, na base da qual, especialmente depois de Kant, se estabeleceu a distinção entre epistemologia, ética e política, era a tradução epistemológica, e a consequente naturalização, do poder político e social masculino. A perspectiva universal, tal como a do olhar de deus, era o outro lado da perspectiva de nenhures. Fortemente devedoras de Foucault, essas epistemologias feministas defendem a natureza situada e posicional do conhecimento e a implicação mútua do sujeito e do objeto do conhecimento. No entanto, essa ocupação foi apenas parcial, uma vez que não contestava a primazia do conhecimento enquanto prática isolada. Não surpreende, portanto, que as epistemologias feministas nortecêntricas tenham pressionado as epistemologias do Norte até o limite, mantendo-se, no entanto, dentro desse mesmo limite. Desse modo, funcionaram como crítica interna, tal como várias outras que serão referidas neste livro. Foram, no entanto, de crucial importância ao criarem um espaço para o surgimento de epistemologias feministas sulcêntricas, que vão além do referido limite, e produziram críticas externas relativamente às epistemologias do Norte. Transformaram-se assim num componente constitutivo das epistemologias do Sul, como se mostra adiante.

Antes de identificarmos os vários graus de diferença entre as epistemologias do Sul e as epistemologias do Norte, é necessário responder às seguintes questões: existirão jogos especulares entre as epistemologias do Sul e as epistemologias do Norte que devam ser evitados? Poderemos construir um terreno comum alargado com base na alteridade, no reconhecimento do ser-outro?

O perigo das imagens especulares

Ao compararmos as epistemologias do Sul e as epistemologias do Norte, é fácil cairmos na tentação da imagem refletida, que muito tem a ver com a estrutura dualista binária da imaginação ocidental. As correntes dominantes das epistemologias do Norte concentraramse na validade privilegiada da ciência moderna, que se desenvolveu predominantemente no norte global desde o século XVII. Tais correntes baseiam-se em duas premissas fundamentais. A primeira é a de que a ciência apoiada na observação sistemática e na experimentação controlada é uma criação específica da modernidade ocidentalocêntrica, radicalmente distinta de outras "ciências" com origem noutras regiões e noutras culturas do mundo. A segunda premissa é a de que o conhecimento científico, dado o seu rigor e potencial instrumental, é radicalmente diferente de outros saberes, sejam eles laicos, populares, práticos, do senso comum, intuitivos ou religiosos.

Ambas as premissas contribuíram para reforçar o excepcionalismo do mundo ocidental em relação ao resto do globo, e, pela mesma razão, para a determinação da linha abissal que separava, e continua a separar, as sociedades e as sociabilidades metropolitanas das coloniais. Ambas as premissas foram escrutinadas criticamente, e essa crítica tem efetivamente acompanhado o desenvolvimento científico desde o século XVII. Em grande medida, trata-se de uma crítica interna, elaborada no âmbito do próprio mundo cultural ocidental e dos respectivos pressupostos. O caso das teorias de Goethe sobre a natureza e a cor é singular, sendo um exemplo dessas abordagens iniciais. O autor alemão tinha o mesmo interesse no desenvolvimento científico que seus contemporâneos, mas era sua opinião que as correntes dominantes, com origem em Newton, estavam totalmente erradas. Goethe opunha ao empirismo artificial das experiências controladas aquilo a que chamava de empirismo delicado [*zarte Empirie*], "o esforço para entender o significado de uma coisa através de um olhar e de uma visão demorados e empáticos apoiados na experiência direta" (SEAMON; ZAJONC, 1998, p. 2).[7]

Tive ocasião de analisar num livro anterior algumas dimensões da crítica interna dirigida à ciência ocidental moderna pelas diversas correntes da epistemologia crítica, bem como pela sociologia da ciência e pelos estudos sociais da ciência (SANTOS, 2007). As epistemologias do Sul vão para além da crítica interna. Mais do que uma orientação crítica, estão sobretudo interessadas em formular alternativas epistemológicas que possam fortalecer as lutas contra o capitalismo, o colonialismo e o patriarcado. A esse respeito, a ideia de que não existe justiça social sem justiça cognitiva gera, conforme referido anteriormente, a percepção de

---

[7] Sobre Goethe e a ciência moderna, ver Uberoi (1984).

que não precisamos de alternativas; necessitamos efetivamente é de um pensamento alternativo de alternativas.

Tal como no caso das epistemologias do Sul, não existe uma epistemologia do Norte única – existem várias, embora alguns dos seus pressupostos básicos sejam, regra geral, os mesmos[8]: prioridade absoluta dada à ciência como conhecimento rigoroso; rigor, entendido como determinação; universalismo, entendido como sendo uma especificidade da modernidade ocidental e referido a qualquer entidade ou condição cuja validade não é dependente de qualquer contexto social, cultural ou político concreto; verdade, entendida como a representação do real; uma distinção entre sujeito e objeto, o que conhece e o que é conhecido; a natureza enquanto *res extensa*; a temporalidade linear; o progresso da ciência por via das disciplinas e da especialização; a neutralidade social e política como condição de objetividade.

Do ponto de vista das epistemologias do Sul, as epistemologias do Norte deram um contributo crucial para converter o conhecimento científico desenvolvido no norte global no modo hegemônico de o norte global representar o mundo como seu e, por essa via, transformá-lo de acordo com as suas próprias necessidades e ambições. Desse modo, o conhecimento científico, conjugado com o superior poder econômico e militar, atribuiu ao norte global o domínio imperial do mundo na era moderna e até os nossos dias.

As epistemologias do Norte têm como premissa uma linha abissal que separa as sociedades e as formas de sociabilidade metropolitanas

---

[8] Esses pressupostos baseiam-se num conjunto de convicções e de valores que definem aquilo que pode ser chamado de cânone da filosofia ocidental. Segundo Warren (2015), esse cânone compreende os seguintes elementos: (a) um compromisso com o racionalismo, a perspectiva segundo a qual a razão (ou racionalidade) é não apenas a marca de se ser humano, mas também aquilo que torna os humanos superiores a animais não-humanos e à natureza; (b) uma concepção dos humanos como seres racionais que são capazes de raciocínio abstrato, de ser orientados por princípios objetivos e de entender ou calcular as consequências dos seus atos; (c) concepções do agente moral ideal e do sujeito que conhece como *imparciais, distanciados e desinteressados*; (d) crença em dualismos fundamentais, tais como razão/emoção, mente/corpo, cultura/natureza, absolutismo/relativismo e objetividade/subjetividade; (e) um pressuposto da existência de uma *separação ontológica* entre humanos/animais e natureza não-humanos; e (f) a *universabilidade* como critério de avaliação da verdade de princípios éticos e epistemológicos. Ver também Warren (2009).

das sociedades e formas de sociabilidade coloniais e nos termos da qual aquilo que é válido, normal ou ético do lado metropolitano dessa linha não se aplica no seu lado colonial.[9] O fato de essa linha ser tão básica quanto invisível permite a existência de falsos universalismos que se baseiam na experiência social das sociedades metropolitanas e que se destinam a reproduzir e a justificar o dualismo normativo metrópole/colônia.[10] Estar do outro lado, do lado colonial, da linha abissal equivale a ser impedido pelo conhecimento dominante de representar o mundo como seu e nos seus próprios termos. Nisso reside o papel crucial das epistemologias do Norte de contribuir para a reprodução do capitalismo, do colonialismo e do patriarcado. As epistemologias do Norte concebem o Norte epistemológico eurocêntrico como sendo a única fonte de conhecimento válido, seja qual for o local geográfico onde se produza esse conhecimento. Na mesma medida, o Sul, ou seja, aquilo que fica do "outro" lado da linha, é entendido como sendo o reino da ignorância.[11] O Sul é o problema; o Norte é a solução. Nesses termos, a única compreensão válida do mundo é a compreensão ocidental.

A alienação, o estranhamento em relação a si próprio e a subordinação mental que esse estado de coisas provoca nas populações não-ocidentais, incluindo cientistas sociais não-ocidentais, são situações formuladas de modo eloquente pelo sociólogo indiano J. Uberoi. As palavras desse autor merecem ser citadas extensamente, já que, apesar de escritas em 1978, duvido que a situação que descrevem tenha mudado drasticamente:

> Pela aplicação de tais meios é possível fazer com que pareça haver apenas um tipo de ciência, a ciência ocidental moderna, a qual tem hoje o poder de mandar no mundo. Esse conhecimento científico e racional é o armazém da verdade, que existe por si mesmo e é *sui generis*, não havendo nenhum outro do mesmo tipo. Ao resto dá-se, na melhor das hipóteses, o nome simpático de "etnociência" e, na

---

[9] Para um tratamento mais desenvolvido desse tema, ver Santos (2010a, p. 31-83).

[10] Ver adiante a distinção entre exclusões abissais e não-abissais.

[11] O conhecimento colonial não-ocidental é reconhecido e recuperado apenas na medida em que é útil à dominação ocidentalocêntrica, como foi o caso, nomeadamente, do governo indireto [*indirect rule*], através do qual o Estado colonial recorria ao direito e ao governo tradicionais ou indígenas a fim de garantir a reprodução da regra colonial ao nível local.

pior, de superstição falsa e de ignorância da mais sombria. A lógica implacável dessa situação geral de sofrimento espiritual, que vem prevalecendo de forma consistente no mundo não-ocidental desde 1550, ou 1650, ou qualquer outra data histórica semelhante, produz inevitavelmente em mim, por exemplo, um vergonhoso complexo de inferioridade que eu nunca poderei esperar ser capaz de ultrapassar, seja sozinho, seja em boa companhia. Trata-se de uma situação falsa que destrói completamente qualquer originalidade científica. Com um único golpe é capaz de matar toda a alegria interior do entendimento, quer individual, quer coletivo, que é a única coisa que verdadeiramente sustenta o trabalho intelectual local. É certo que, na natureza das coisas, não existe qualquer razão pela qual essa relação subordinada e colonial, mais ou menos interrompida no âmbito político por volta de 1950, continue a verificar-se ainda na ciência. A situação não melhorou de todo, pelo que me é dado saber, quando há o pressuposto da existência de dois tipos de teorias diferentes, as importadas e as herdadas, que se mantêm de alguma forma unidas entre si, um dos tipos para fins científicos e o outro para fins não-científicos. Parece-me que isso apenas substitui o problema da mente subordinada pelo da autoalienação intelectual; e eu não sei qual deles é o pior. Na minha opinião, esse é o principal problema de toda a vida intelectual na Índia moderna e no mundo não-ocidental (UBEROI, 1978, p. 14-15).

No entanto, o Sul anti-imperial, o Sul das epistemologias do Sul, não é a imagem invertida do Norte das epistemologias do Norte. As epistemologias do Sul não têm como objetivo substituir as epistemologias do Norte nem colocar o Sul no lugar do Norte. O objetivo é ultrapassar a dicotomia hierárquica entre Norte e Sul. O Sul que se opõe ao Norte não é o sul constituído pelo norte como vítima, e sim o sul que se revolta a fim de ultrapassar o dualismo normativo vigente. A questão não consiste em apagar as diferenças entre norte e sul, e sim em apagar as hierarquias de poder que os habitam. As epistemologias do Sul afirmam e valorizam assim as diferenças que permanecem depois da eliminação das hierarquias de poder. O que pretendem é um cosmopolitismo subalterno, da base para o topo. Em lugar da universalidade abstrata, promovem a pluriversalidade. Trata-se de um tipo de pensamento que promove a descolonização potenciadora de pluralismos articulados e formas de hibridação libertas do impulso colonizador que no passado lhes presidiu, tais como a crioulização e a mestiçagem. Tal libertação só é possível por via da tradução intercultural nos termos das epistemologias do Sul.

As epistemologias do Sul pretendem mostrar que aquilo que são os critérios dominantes do conhecimento válido na modernidade ocidental, ao não reconhecerem como válidos outros tipos de conhecimento para além daqueles que são produzidos pela ciência moderna, deram origem a um epistemicídio massivo, ou seja, à destruição de uma imensa variedade de saberes que prevalecem sobretudo no outro lado da linha abissal – nas sociedades e sociabilidades coloniais. Tal destruição desarmou essas sociedades, tornando-as incapazes de representar o mundo como seu e nos seus próprios termos, e, assim, incapazes de considerar o mundo como suscetível de ser mudado por via do seu próprio poder e no sentido de prosseguir os seus próprios objetivos. Essa tarefa é tão importante hoje em dia quanto o foi no tempo do colonialismo histórico, uma vez que o desaparecimento deste não implicou o fim do colonialismo como forma de sociabilidade baseada na inferioridade étnico-cultural e, inclusivamente, ontológica do outro – aquilo que Aníbal Quijano (2005) chama de colonialidade. A colonialidade do conhecimento (tal como a do poder) continua a ser o instrumento fundamental para a expansão e o reforço das opressões geradas pelo capitalismo, pelo colonialismo e pelo patriarcado. A colonialidade é, em verdade, a continuação do colonialismo por outros meios, um outro tipo de colonialismo. Por essa razão eu prefiro continuar a falar de colonialismo para caracterizar o que Quijano chama de colonialidade, uma vez que não há nenhuma razão analítica para reduzir o colonialismo ao tipo específico que foi o colonialismo histórico caracterizado pela ocupação territorial por potência estrangeira. Ao contrário do que vulgarmente se pensa, a independência política das colônias europeias não significou o fim do colonialismo, e sim apenas a substituição de um tipo de colonialismo por outros (colonialismo interno, neocolonialismo, imperialismo, racismo, xenofobia, etc.).

Resgatar os saberes suprimidos, silenciados e marginalizados requer a prática daquilo que tenho chamado de "sociologia das ausências", um procedimento destinado a mostrar que, dada a resiliência da linha abissal, muitas práticas, saberes e agentes que existem do outro lado dessa linha são de fato ativamente produzidos como inexistentes pelos saberes "deste" lado da linha abissal, especialmente quando resistem às exclusões abissais causadas pelo capitalismo, pelo colonialismo e pelo patriarcado. A identificação da existência da linha abissal é o impulso fundador das epistemologias do Sul e da descolonização do conhecimento que visam empreender. Identificar a linha abissal é o primeiro passo no sentido de a ultrapassar, quer ao nível epistemológico, quer ao nível político. Identificar e denunciar a linha abissal permite abrir horizontes relativamente à diversidade epistemológica do mundo. Ao nível epistemológico, essa diversidade traduz-se naquilo que chamo de "ecologia de saberes", isto é, o reconhecimento da copresença de diferentes saberes e a necessidade de estudar as afinidades, as divergências, as complementaridades e as contradições que existem entre eles, a fim de maximizar a eficácia das lutas de resistência contra a opressão.

Podemos construir um terreno comum alargado na base da alteridade?

As epistemologias do Sul rejeitam guetos epistemológicos ou políticos, bem como as incomensurabilidades de que se alimentam. Gostaria de trazer à discussão alguns conceitos que surgiram das lutas de resistência contra a dominação ocidentalocêntrica durante os últimos setenta anos, e, mais em especial, durante os últimos quarenta anos. Esses conceitos foram formulados em línguas não coloniais e, apesar desse fato, ou devido a ele, adquiriram um peso político específico. Os conceitos em questão são os seguintes: *ubuntu, sumak kawsay, pachamama, chachawarmi, swaraj* e *ahimsa*.[12]

Nos últimos quarenta anos, um impulso crucial para as epistemologias do Sul surge dos povos que sofreram mais violentamente o epistemicídio provocado pela ciência moderna e o genocídio resultante do colonialismo europeu. Trata-se dos povos indígenas das Américas, da África e da Oceania. Foram estes os povos mais invisibilizados ou tornados descartáveis pelo pensamento político eurocêntrico, incluindo

---

[12] Esses conceitos são analisados mais detalhadamente no Capítulo 10.

a teoria crítica. Contra esse apagamento, as respectivas lutas deram forma a propostas que ampliaram significativamente a agenda política de alguns países, contribuindo assim para revelar novas facetas da diversidade da experiência social, política e cultural do mundo, bem como novos repertórios de emancipação social. Essa experiência riquíssima perder-se-á se não for entendida e valorizada por meio de uma mudança cultural capaz de sustentar uma política de conhecimento adequada. Para o mundo, tratar-se-á tanto de uma perda intelectual como de uma perda política. Equivalerá a trivializar ou a invisibilizar lutas sociais que, doutra perspectiva, seriam importantes, não permitindo que essas mesmas lutas contribuam para a expansão e o aprofundamento do horizonte global de emancipação social, ou seja, a própria ideia de que um outro mundo é possível. As epistemologias do Sul são a expressão da luta contra um possível duplo desperdício: um desperdício intelectual e um desperdício político.

Seguem-se alguns exemplos, entre muitos outros possíveis, das formas como os guiões emancipatórios do mundo vêm se expandindo e enriquecendo para além dos limites da política e do conhecimento ocidentalocêntricos. Em alguns casos, invocam práticas e ideias que são estranhas à política e ao conhecimento ocidentalocêntrico, sendo, por isso, expressos nas suas respectivas línguas de origem; noutros casos, constituem equivalentes não-eurocêntricos de conceitos eurocêntricos, como direito, Estado ou democracia, sendo por isso expressos numa língua colonial e normalmente qualificados por um adjetivo (por exemplo, democracia comunitária, Estado plurinacional). O conceito de *ubuntu*, uma noção sul-africana que requer uma ontologia de ser-com e de estar-com ("Eu sou porque tu és"), teve uma influência decisiva na Comissão de Verdade e Reconciliação, que lidou com os crimes do *apartheid*; teve também influência em alguma jurisprudência constitucional da África do Sul depois de 1996, para além de permanecer um importante tema de debate no campo da filosofia africana.[13] Os conceitos

---

[13] Nas palavras de Ramose (2001, p. 2), "o termo *ubuntu* é, de fato, formado por duas palavras. Consiste no prefixo *ubu* e no radical *ntu*. *Ubu* evoca a ideia de ser em geral. É ser implícito antes de se manifestar sob a forma ou o modo concreto de existência de uma entidade específica. Nesse sentido, *ubu* está sempre orientado na direção do *ntu*. Ao nível ontológico não existe uma separação estrita entre *ubu* e *ntu*. *Ubu* e *ntu* fundam-se mutuamente no sentido em que se trata de dois aspectos de ser como

de *sumak kawsay*, em quéchua, e de *suma qamaña*, em aimará, foram incluídos nas Constituições do Equador (2008) e da Bolívia (2009) para designar um horizonte emancipatório, ou seja, a ideia de um *buen vivir* que prescinde tanto do conceito de desenvolvimento quanto do de socialismo. O conceito de *pachamama*, incluído igualmente na Constituição equatoriana, designa um entendimento não-cartesiano e não-baconiano de natureza, quer dizer, a natureza não como um recurso natural, mas como um ser vivo, fonte de vida, ao qual são reconhecidos direitos do mesmo modo que aos seres humanos: os direitos da natureza lado a lado com os direitos humanos, ambos detentores do mesmo estatuto constitucional (Capítulo 7, Art. 71 da Constituição equatoriana). O conceito quéchua de *chachawarmi* tornou-se um conceito-chave das lutas de libertação de mulheres indígenas em alguns países da América Latina. Designa uma noção igualitária e complementária de relações entre os sexos, dispensando os padrões e as linguagens subjacentes ao feminismo eurocêntrico.

Muito antes das lutas que trouxeram os conceitos anteriormente referidos para as agendas políticas, Gandhi já utilizava a língua hindi para expressar conceitos-chave da sua luta contra o colonialismo britânico. Por exemplo, o conceito de *swaraj*, entendido como a busca da autodeterminação profunda, muito para além da independência política, que é recorrentemente recuperado em lutas políticas na Índia e em outros lugares. Há ainda o conceito de *ahimsa*, extremamente importante nos textos hindus e que Gandhi transformou no princípio crucial de resistência como não-violência, adaptado por grupos sociais na Índia e noutros países, como veremos no Capítulo 10.

---

unidade e como totalidade indivisível. Poderá dizer-se que, enquanto entendimento generalizado de ser, *ubu* é claramente ontológico; quanto a *ntu*, enquanto ponto nodal no qual o ser assume uma forma ou um modo concreto de ser no processo de um desenrolar contínuo, pode dizer-se que é claramente epistemológico. Assim, *ubuntu* é a categoria ontológica e epistemológica fundamental do pensamento africano dos povos que falam a língua *bantu*. O termo *umu* possui a mesma característica ontológica do termo *ubu*. Articulado com *ntu*, passa a ser *umuntu*. *Umuntu* significa o surgimento do *homo loquens*, que é simultaneamente um homo sapiens. Umuntu é o fazedor do conhecimento e da verdade nas áreas concretas da política, da religião e do direito, por exemplo". Segundo Praeg (2014, p. 14), "*ubuntu* é um exercício de poder, uma tentativa primordial de fazer reconhecer o fato e o significado de negritude, valores, tradições e conceitos negros como tendo igual valor para as pessoas para as quais importam".

No que diz respeito a adaptações não-eurocêntricas ou híbridas de conceitos eurocêntricos, existem também vários exemplos possíveis. O conceito de democracia indígena e comunitária está consagrado no Art. 11-II da Constituição boliviana como um dos três tipos de democracia reconhecidos pelo sistema político, sendo os outros dois a democracia representativa e a democracia participativa. O conceito de democracia comunitária tem a ver com formas de deliberação democrática totalmente diferentes das da democracia representativa e da democracia participativa, os dois tipos que são normalmente considerados nos debates eurocêntricos sobre a democracia. Um outro exemplo é o do Estado plurinacional, consagrado nas Constituições da Bolívia (Art. 1) e do Equador (Art. 1),[14] o qual associa o conceito ocidental moderno de nação cívica ao conceito de nação étnico-cultural, e que propõe uma estrutura administrativa assimétrica, não monolítica e intercultural. Ou ainda o conceito de economia social e solidária, que visa expressar as várias formas de economia de base, indígena e camponesa e os tipos de propriedade a elas associados, as quais diferem entre si, mas são, em regra, anticapitalistas e anticolonialistas (e não raro também antipatriarcais) e se baseiam em princípios de reciprocidade e de relacionalidade situados nos antípodas das lógicas capitalistas e colonialistas.

O caráter estranho dos conceitos referidos anteriormente não deve ser exagerado. Esses conceitos deverão ser entendidos como entidades culturais muitas vezes híbridas, mestiçagens culturais e conceituais, crioulizações que combinam elementos ocidentais e não-ocidentais. Por um lado, o fato de que alguns estão incluídos num texto hipermoderno e ocidental, como é uma Constituição, altera profundamente a sua natureza, se não por outro motivo, porque essa inclusão exige a transição de uma cultura oral para uma cultura escrita, cuja complexidade abordarei mais adiante. Além disso, as formulações que lhes permitem ser incluídos em agendas políticas mais amplas são necessariamente híbridas. Por exemplo, o conceito dos direitos da natureza (conforme estabelecido na Constituição equatoriana) é um conceito híbrido, que articula elementos

---

[14] Ver textos completos da Constituição de 2009 da Bolívia (do Estado Plurinacional da Bolívia) em <https://www.oas.org/dil/esp/Constitucion_Bolivia.pdf> e da Constituição da República do Equador em <http://www.wipo.int/edocs/lexdocs/laws/es/ec/ec030es.pdf>. Acesso em: 9 jan. 2019.

culturais ocidentais e não-ocidentais.[15] Segundo as cosmovisões ou as filosofias indígenas, não faz sentido atribuir direitos à natureza sendo ela a origem de todos os direitos. Seria como reconhecer os direitos de deus nas religiões monoteístas. O conceito de direitos da natureza é um construto híbrido que combina a noção ocidental de direito com a noção indígena de natureza, a *pachamama*, a terra-mãe. Os direitos da natureza são assim formulados para que sejam inteligíveis e politicamente eficazes numa sociedade saturada pela ideia de direitos humanos.

Deve também sublinhar-se que uma revisão cuidadosa e não monolítica da tradição ocidental moderna, ou seja, uma revisão que inclua tanto as concepções dominantes como as marginalizadas, verificará existir nessa tradição uma complementaridade ou uma correspondência com alguns desses conceitos não-ocidentais anteriormente referidos. Para dar apenas um exemplo, existem afinidades entre a ideia de *pachamama* e a ideia de *natura naturans* (por oposição a *natura naturata*) em Spinoza, mesmo que a concepção spinozana tenha sido objeto de proibição inquisitorial (a acusação de panteísmo) e tenha ficado submersa sob o peso da concepção cartesiana da natureza enquanto *res extensa*, a qual viria a tornar-se a concepção de natureza ocidental e do senso comum. A sobrevivência dessa corrente marginal da modernidade ocidental reemergiu nos séculos seguintes, desde a concepção de natureza de Goethe à filosofia de Aldo Leopold[16] e à ecologia profunda de Arne Naess.[17]

---

[15] Esse tema é tratado mais detalhadamente no Capítulo 9.

[16] Aldo Leopold foi um conservacionista que trabalhou nos Serviços Florestais. Filósofo, pedagogo, escritor e entusiasta do ar livre, defende, em seu ensaio "*Land Ethic*" (Ética da Terra), a responsabilidade moral perante o mundo da natureza. "Quando encararmos a Terra como uma comunidade à qual pertencemos, poderemos começar a usá-la com amor e respeito" (LEOPOLD, 1949, p. viii-ix). Ver também Leopold (1933).

[17] O conceito de ecologia profunda (NAESS, 1973), que defendia a redução da população, a tecnologia leve e a não interferência no mundo da natureza, foi adaptado por ecologistas impacientes perante uma ecologia superficial que não punha em questão a tecnologia e o crescimento econômico. Fazia parte de uma filosofia pessoal mais ampla a que Naess chamou ecosofia T, "uma filosofia de harmonia ou equilíbrio ecológico" (1973, p. 99), que os seres humanos poderão entender se ampliarem o conceito limitado do "eu" de modo a abranger todo o ecossistema planetário. O termo provinha da junção de "ecologia" e "filosofia". Ver também Naess (1989; 2002).

A busca de reconhecimento e a celebração da diversidade epistemológica do mundo subjacente às epistemologias do Sul exigem que esses novos repertórios (de fato, ancestrais ou recentemente reinventados, em muitos casos) de dignidade humana e de emancipação social sejam entendidos como relevantes muito para além dos grupos sociais que protagonizaram o seu aparecimento a partir das suas lutas contra a opressão ou mesmo fora de contextos de luta. Longe de os aprisionarem em essencialismos identitários, esses repertórios devem ser vistos como contributos para a renovação e para a diversificação das narrativas e dos repertórios das utopias concretas de um outro mundo possível, um mundo mais justo (*justo* no sentido mais amplo do termo), não só no que se refere às relações entre seres humanos, mas também às relações entre seres humanos e seres não-humanos. Tal renovação torna-se tanto mais necessária quanto é certo que a eficácia mobilizadora dos conceitos eurocêntricos que designavam essas utopias na modernidade parece ter-se esgotado, seja o conceito de socialismo ou de comunismo, seja mesmo o de democracia. Daí que a ideia africana de *ubuntu* ou as ideias andinas de *pachamama* e de *sumak kawsay*, que foram no passado inscritas no mundo pelas vozes de grupos sociais oprimidos da África ou da América do Sul, possam se tornar potencialmente relevantes para as lutas contra a opressão e a dominação do mundo em geral. Longe de se tratar de uma idiossincrasia ou de uma excentricidade, essas ideias integram efetivamente uma polifonia "pluriversal", uma concepção "polilectal", mais do que idiolectal, de imaginação cultural e política. É por isso que as vicissitudes que essas ideias sofrem nos seus contextos de origem não lhes roubam legitimidade epistemológica ou política. Bem pelo contrário, elas podem tornar-se fonte de inspiração para outras lutas noutros tempos e noutros contextos.

Hoje é já perfeitamente evidente que muitas das inovações interculturais e plurinacionais anteriormente referidas, tais como as que foram integradas nas constituições do Equador e da Bolívia, não estão sendo postas em prática, sendo antes subvertidas e descaracterizadas pelas práticas políticas dominantes; de fato, nos últimos anos as políticas governamentais e as legislações nacionais têm contradito, não raro de forma explícita, aquilo que está plasmado nas constituições dos dois países, processo que os constitucionalistas e os sociólogos políticos têm chamado de "desconstitucionalização". Por mais radical que tal processo possa ser, não conseguirá apagar a inscrição das novas narrativas de dignidade e justiça que aquelas ideias imprimiram nas lutas contra a opressão em todo o mundo. Prova disso é a forma como jovens ecologistas ao redor do mundo incluem as ideias andinas de *pachamama* e *sumak kawsay* nos seus repertórios de luta. Não precisam pedir autorização para tal aos povos indígenas nem precisam ser especialistas em culturas andinas. Têm apenas de concordar e de se identificar com a orientação política e filosófica geral dessas ideias para as integrarem nas ecologias de saberes a que recorrem, visando dar um sentido mais profundo às suas lutas e assim as reforçarem. Têm apenas de saber ser tradutores interculturais, como adiante indicarei.

Graus de separação: construir
novas habitações para pensar e agir

As epistemologias do Sul levantam problemas, questões e desafios epistemológicos, conceituais e analíticos. De fato, formulam novas perguntas e buscam novas respostas, novos problemas para novas soluções. Requerem muita crítica e inovação metodológicas. Contudo, alguns desses problemas são necessariamente formulados em termos disponibilizados em grande medida pelas epistemologias dominantes do Norte. Por esse motivo, alguns deles são mais previsíveis do que outros. Identifico em seguida os vários estratos de problemas, partindo dos mais previsíveis para os menos previsíveis. Representam os graus sucessivos de separação entre as epistemologias do Sul e as epistemologias do Norte. O primeiro estrato tem a ver com os problemas que confrontam diretamente as epistemologias do Sul com as epistemologias do Norte. São os alicerces sobre os quais devem ser analisadas as questões teóricas e metodológicas levantadas pelas epistemologias do Sul. Entre eles, refiro os seguintes:

1. *O problema do relativismo.* Uma vez que as ecologias de saberes consistem na copresença de diferentes tipos de conhecimentos, como deveremos estabelecer a sua validade relativa? 2. *O problema da objetividade.* Como distinguir a objetividade da neutralidade, uma distinção essencial para as epistemologias do Sul? 3. *O problema do papel da ciência na ecologia de saberes.* Apesar de a ciência moderna não constituir o único

tipo válido de conhecimento, ela é certamente reconhecida como um dos mais importantes. Como deverá o conhecimento científico ser articulado com o conhecimento não-científico no âmbito das ecologias de saberes? 4. *O problema da autoria*. A maioria dos conhecimentos que surgem das lutas sociais são coletivos ou funcionam como tal. Em vez de terem autores, são autores. No entanto, dessas lutas surgem frequentemente superautores. Como se entende isso? 5. *O problema da oralidade e da escrita*. Uma vez que a maior parte dos conhecimentos presentes nas ecologias de saberes circulam sob a forma oral e alguns não possuem qualquer versão escrita, como podem ser validados aqueles existentes num tal fluxo evanescente, ou até mesmo imperceptível? 6. *O problema da luta*. Dado que o conhecimento privilegiado pelas epistemologias do Sul é nascido ou usado na luta, o que é uma luta e qual é o seu conteúdo epistemológico potencial ou específico? 7. *O problema da experiência*. Onde se situa o território no qual são planejadas as relações práticas da luta, se calculam as oportunidades, se avaliam os riscos e se pesam os prós e os contras? 8. *O problema da corporalidade do saber*. As epistemologias do Sul tratam de conhecimentos materializados em corpos concretos, que podem ser coletivos ou individuais. O corpo, enquanto entidade viva, é o corpo que sofre opressão e lhe resiste, que se entristece com a derrota e com a morte e se rejubila com a vitória e com a vida. Poderá uma epistemologia explicar essa presença poderosa de corpos individuais e coletivos? 9. *O problema do sofrimento injusto*. Vivemos num tempo de guerra, um tempo de guerras declaradas e não-declaradas, regulares e irregulares, internas e imperialistas. A maior parte das vítimas de violência não está ativamente envolvida nos conflitos, sendo, por isso, inocente. As sobreposições de fatores que causam esse sofrimento generalizado são inúmeras, tornando menos clara a dicotomia entre opressores e oprimidos e os juízos éticos e políticos do sofrimento. Uma das formas possíveis de abordar o problema do sofrimento é começar-se pelas consequências em vez de começar pelas causas. 10. *O problema do aquecimento da razão*, ou o *corazonar*. Inspirando-me em Ernst Bloch, no meu trabalho anterior propus a distinção entre razão quente e razão fria. A razão quente é a razão que vive bem com emoções, afetos e sentimentos sem perder a sua razoabilidade. Num contexto de luta, especialmente de lutas que acarretam riscos pessoais, a razão tem de ser aquecida de uma forma muito específica. Como fazê-lo? 11. *O problema de como relacionar sentido e copresença.* A centralidade das lutas contra a opressão nas epistemologias do Sul exige que se lide com a questão da possível imediaticidade da copresença, da copresença que antecede o sentido que lhe pode ser atribuído. Nas lutas, especialmente nas que acarretam maiores riscos, a copresença é uma coisa-em-si que, de algum modo, se impõe ao sentido ou significado que depois lhe é atribuído. Pode o reconhecimento preceder a cognição? Poderemos explicar as formas não mediadas de copresença como as que ocorrem na luta?

O segundo estrato de problemas tem a ver com as reconstruções teóricas, metodológicas e conceituais exigidas pelas epistemologias do Sul. 12. *Como descolonizar o conhecimento, bem como as metodologias através das quais ele é produzido?* Sendo o colonialismo uma cocriação, descolonizar implica a descolonização tanto do conhecimento (do) colonizado como do conhecimento (do) colonizador. 13. *Como criar metodologias consonantes com as epistemologias do Sul, ou seja, metodologias não-extrativistas?* As ciências sociais modernas abissais baseiam-se em metodologias que extraem informação de objetos de pesquisa de forma muito semelhante àquela através da qual as indústrias mineiras extraem minerais e petróleo da natureza. As epistemologias do Sul, pelo contrário, ao terem por base o saber-com e não o saber-sobre, isto é, ao se basearem na cocriação de conhecimento entre sujeitos cognitivos, devem fornecer algumas diretrizes sobre quais metodologias poderão levar a cabo com êxito essas tarefas. 14. *Quais os contextos das combinações de saberes científicos e artesanais nas ecologias de saberes?* Diferentes conhecimentos têm diferentes relações com as lutas contra o capitalismo, o colonialismo e o patriarcado. A sua integração nas ecologias de saberes levanta questões diferentes. 15. *Quais as implicações de se ser um investigador pós-abissal?* A posicionalidade de diferentes sujeitos de conhecimento (internos e externos) é crucial para se entender quanta desaprendizagem e despensamento exige a construção de *mingas* epistêmicas (ver Capítulo 7). Uma vez que os processos cognitivos estão incorporados em contextos de luta e resistência, há de se considerar também os riscos envolvidos, bem como as feridas existentes e os processos de cura. 16. *O que é uma experiência profunda dos sentidos?* Levar a sério a ideia de que o conhecimento é corporizado, encarnado num corpo, implica reconhecer que conhecer é uma atividade corpórea que mobiliza potencialmente os cinco sentidos. Para as epistemologias do Norte, valorizar os sentidos enquanto fontes de conhecimento está fora de questão. Só a mente conhece, só a razão é transparente relativamente ao que é conhecido e, portanto, só a razão merece credibilidade. As epistemologias do Sul estão nos antípodas dessa posição, o que levanta questões que ainda mal foram identificadas. 17. *Como desmonumentalizar o conhecimento escrito e promover a autoria?* O conhecimento escrito, em geral, e o conhecimento científico, em particular, são conhecimentos monumentais. Por serem monumentais, são fatalmente desadequados para dialogar ou conversar com outros conhecimentos, um objetivo que subjaz ao conceito de epistemologias do Sul enquanto tal. Daí a tarefa metodológica da desmonumentalização. 18. *O problema do arquivo*. Como é possível recuperar as experiências e as memórias de modos de agir e de realidades do passado que estiveram sujeitas à exclusão abissal por parte do pensamento abissal ocidentalocêntrico? Através da sociologia das ausências e da sociologia das emergências, as epistemologias do Sul abrem o arquivo do presente. E quanto ao arquivo do passado, sem o qual não será possível qualquer arquivo do futuro?

O terceiro estrato de problemas tem a ver com as pedagogias pós-abissais que as epistemologias do Sul preconizam e que constituem as formas pelas quais estas se convertem num novo senso comum para novos públicos subalternos e contra-hegemônicos mais amplos, empenhados em ações transformadoras progressistas. 19. *O problema da tradução intercultural*. Como articular e manter um diálogo entre diferentes saberes que, em algumas situações, radicam em culturas diferentes? 20. *O problema da educação popular*. Como desenvolver, fazer proliferar e sustentar contextos conducentes à autoaprendizagem colaborativa através da qual se pratiquem as ecologias de saberes à luz de ações transformadoras comumente acordadas? 21. *O problema da descolonização da universidade*. Como refundar a universidade com base no primado do princípio da justiça cognitiva? 22. *Como ligar a educação popular e a universidade através da ecologia de saberes e da artesania das práticas?* Como reconhecer conhecimentos que nasceram ou estão presentes em lutas sociais enquanto essas lutas duram e depois de terminadas, independentemente dos respectivos resultados?

Os problemas pertencentes ao primeiro estrato serão tratados no Capítulo 2 (1-3), no Capítulo 3 (4 e 5), no Capítulo 4 (6 e 7) e no Capítulo 5 (8-11). O segundo estrato de problemas será discutido no Capítulo 6 (12), no Capítulo 7 (13-15), no Capítulo 8 (16) e no capítulo 9 (17 e 18). O terceiro estrato de problemas será analisado no Capítulo 10 (19), no Capítulo 11 (20) e no Capítulo 12 (21 e 22).

PARTE I
Epistemologias pós-abissais

CAPÍTULO 1

Percursos para as epistemologias do Sul

Os instrumentos principais das epistemologias do Sul são os seguintes: a linha abissal e os vários tipos de exclusão social que ela cria; a sociologia das ausências e a sociologia das emergências; a ecologia de saberes e a tradução intercultural; a artesania das práticas.

Exclusões abissais e não-abissais

Tenho defendido que a ciência moderna, em especial as ciências sociais modernas, incluindo as teorias críticas, nunca reconheceram a existência da linha abissal (Santos, 2010a, p. 31-83; 2014a, p. 118-134). As ciências sociais modernas conceberam a humanidade como um todo homogêneo que habita deste lado da linha e, portanto, como totalmente sujeita à tensão entre regulação e emancipação. Claro que a ciência moderna reconheceu a existência do colonialismo histórico, baseado na ocupação territorial estrangeira, mas não reconheceu o colonialismo enquanto forma de sociabilidade que é parte integrante da dominação capitalista e patriarcal e que, por isso, não terminou quando o colonialismo histórico chegou ao fim. A teoria crítica moderna (expressão da máxima consciência possível da modernidade ocidental) imaginou a humanidade como um dado e não como algo a que se aspira. Acreditava que toda a humanidade poderia ser emancipada através dos mesmos mecanismos e segundo os mesmos princípios, reivindicando direitos junto de instituições críveis baseadas na ideia de igualdade formal perante a lei. No âmago dessa imaginação modernista existe a ideia de humanidade como totalidade construída com base num projeto comum: direitos humanos universais. Essa imaginação humanista, herdeira do humanismo renascentista, não conseguiu perceber que, uma vez combinado com o colonialismo, o capitalismo seria intrinsecamente incapaz de abdicar do conceito do sub-humano enquanto parte integrante da humanidade, ou seja, a ideia de que existem alguns grupos sociais cuja existência social não pode ser regida pela tensão entre regulação e emancipação, simplesmente porque não são completamente humanos. Na modernidade ocidental não há humanidade sem sub-humanidades. Na raiz da diferença epistemológica há uma diferença ontológica.

Nesse domínio, assim como em outros, Frantz Fanon é uma presença incontornável. São dele as mais eloquentes denúncias da linha abissal entre a metropolitanidade e a colonialidade e do tipo de exclusões que ela cria. É ele também que formula melhor do que ninguém a dimensão ontológica da linha abissal, a zona de não-ser que ela cria, a "coisa" em que é transformado o colonizado, o qual "se torna homem durante o mesmo processo pelo qual se sente livre" (1968, p. 37). Inspirando-se em Fanon, Maldonado-Torres propõe o conceito de colonialidade do ser como paralelo aos conceitos de colonialidade do poder e colonialidade do conhecimento. Segundo ele, "as relações coloniais de poder deixaram marcas profundas não só nas áreas da autoridade, sexualidade e economia, mas também no entendimento geral do ser" (2007, p. 242).

> A invisibilidade e a desumanização são as expressões primárias da colonialidade do ser [...] A colonialidade do ser torna-se concreta sob a forma de sujeitos liminares, que marcam, por assim dizer, o limite do ser, ou seja, aquele ponto no qual o ser destrói o sentido e a prova até o ponto da desumanização. A colonialidade do ser produz a diferença colonial ontológica, apresentando uma série de características existenciais fundamentais e de realidades simbólicas (Maldonado-Torres, 2007, p. 257).

A linha abissal é a ideia basilar que subjaz às epistemologias do Sul. Marca a divisão radical entre formas de sociabilidade metropolitana e formas de sociabilidade colonial que caracterizou o mundo ocidental moderno desde o século XV. Essa divisão cria dois mundos de dominação, o metropolitano e o colonial, dois mundos que, mesmo sendo gêmeos, se apresentam como incomensuráveis. O mundo metropolitano é o mundo da equivalência e da reciprocidade entre "nós", aqueles que são, tal como "nós", integralmente humanos. Existem iniquidades sociais e de poder entre "nós" que são suscetíveis de criar tensões e exclusões; contudo, em caso algum põem em questão a "nossa" equivalência e a reciprocidade básicas. Por essa razão, tais exclusões são não-abissais. São geridas pela tensão entre a regulação social e a emancipação social, bem como pelos mecanismos criados pela modernidade ocidental para geri-las, tais como o Estado liberal, o Estado de direito, os direitos humanos e a democracia. A luta pela emancipação social é sempre uma luta contra exclusões sociais geradas pela forma atual de regulação social com o objetivo de substituí-la por uma forma de regulação social nova e menos excludente.

De igual modo, o mundo colonial, o mundo da sociabilidade colonial, é o mundo do "eles", aqueles relativamente aos quais é inimaginável a existência de qualquer equivalência ou reciprocidade, uma vez que não são totalmente humanos. Paradoxalmente, a exclusão é ao mesmo tempo abissal e inexistente, já que é inimaginável que possam alguma vez vir a ser incluídos. Estão do outro lado da linha abissal. As relações entre "nós" e "eles" não podem ser geridas pela tensão entre regulação social e emancipação social, como acontece deste lado da linha, no mundo metropolitano, nem pelos mecanismos a ele relacionados. Esses mecanismos – por exemplo, o Estado liberal, o Estado de direito, os direitos humanos e a democracia – podem ser invocados, mas apenas como uma forma de logro. Do outro lado da linha as exclusões são abissais e a sua gestão ocorre através da dinâmica de apropriação e violência; a apropriação das vidas e dos recursos é quase sempre violenta, e a violência visa, direta ou indiretamente, à apropriação. Os mecanismos envolvidos evoluíram no tempo, mas mantêm-se estruturalmente semelhantes aos do colonialismo histórico, nomeadamente, aqueles que envolvem regulação violenta sem a contrapartida da emancipação. São eles o Estado colonial e neocolonial, o *apartheid*, o trabalho forçado e o trabalho escravo, a eliminação extrajudicial, a tortura, a guerra permanente, a acumulação primitiva de capital, os campos de internamento para refugiados, a dronificação do conflito militar, a vigilância de massas, o racismo, a violência doméstica e o feminicídio. A luta contra a apropriação e a violência é a luta pela completa libertação da regulação social colonial. Ao contrário da luta pela emancipação social no lado metropolitano da linha abissal, a luta pela libertação não visa a uma forma melhor e mais inclusiva de regulação colonial. Visa sim a sua eliminação. A prioridade epistemológica dada pelas epistemologias do Sul às exclusões abissais e às lutas contra elas deve-se ao fato de o epistemicídio causado pelas ciências modernas eurocêntricas ter sido muitíssimo mais devastador no outro lado da linha abissal, com a conversão da apropriação e da violência coloniais na forma colonial de regulação social.

As teorias críticas modernas reconheceram os diferentes graus de exclusão, mas recusaram-se a considerar qualitativamente diferentes tipos de exclusão, não demonstrando ter qualquer consciência da linha abissal. Isso não quer dizer que as exclusões não-abissais e as lutas contra elas não sejam igualmente importantes. É claro que são, nem que seja pelo fato de que a luta global contra a dominação moderna não terá êxito se não tiver também como objeto as exclusões não-abissais. Se as epistemologias do Sul não concedem qualquer privilégio epistemológico às exclusões não-abissais é apenas porque estas já foram objeto de muito investimento cognitivo, e ainda porque as lutas dos últimos quinhentos anos contra essas exclusões tiveram muito mais visibilidade em termos políticos. Do ponto de vista das epistemologias do Sul, as exclusões não-abissais e as lutas contra elas ganham uma nova centralidade uma vez reconhecida a existência da linha abissal. A agenda política dos grupos que lutam contra a dominação capitalista, colonial e patriarcal deve, por isso, aceitar como princípio orientador a ideia de que as exclusões abissais e não-abissais funcionam em articulação e que a luta pela libertação só será bem-sucedida se as várias lutas contra os vários tipos de exclusões forem devidamente articuladas.

Para tornar mais claro o que acabei de afirmar, proponho uma incursão na experiência concreta de exclusão abissal e não-abissal. Na sequência do fim do colonialismo histórico, a linha abissal mantém-se sob a forma de colonialismo de poder, de conhecimento, de ser, e continua a separar a sociabilidade metropolitana da sociabilidade colonial.[18] Esses dois mundos, apesar de radicalmente diferentes, coexistem nas nossas sociedades "pós-coloniais", tanto no norte global geográfico quanto no sul global geográfico. Alguns grupos sociais experienciam a linha abissal ao cruzarem os dois mundos na sua vida cotidiana. Apresento a seguir três exemplos hipotéticos, mas demasiado reais para serem apenas produtos da imaginação sociológica.

Primeiro exemplo: numa sociedade predominantemente branca e com preconceito racial, um jovem negro que estuda numa escola secundária vive no mundo da sociabilidade metropolitana. Pode considerar-se excluído, quer porque os colegas por vezes o evitam ou porque o plano de estudo contém matérias que são insultuosas para a cultura ou a história dos povos afrodescendentes. No entanto, tais exclusões não são abissais, pois ele faz parte da mesma comunidade estudantil e, pelo menos em teoria, tem ao seu dispor mecanismos para argumentar contra tais discriminações. Entretanto, quando esse jovem, de regresso à casa, é interceptado pela polícia visivelmente apenas porque é negro (*ethnic profiling*) e é violentamente espancado, está cruzando, nesse momento, a linha abissal e passando do mundo da sociabilidade metropolitana para o mundo da sociabilidade colonial. A partir daí a exclusão é abissal e qualquer invocação de direitos não é mais que uma cruel fachada.

Segundo exemplo: numa sociedade de maioria cristã e com forte preconceito islamofóbico, um operário imigrante documentado e com contrato de trabalho habita o mundo da sociabilidade metropolitana. Pode sentir-se excluído porque o colega a seu lado, não imigrante, recebe um salário superior apesar de desempenhar as mesmas funções. Tal como no caso anterior e por razões semelhantes, essa discriminação configura uma exclusão não-abissal. No entanto, quando ele é agredido física

---

[18] Não obstante o fato de ainda existirem colônias. Aníbal Quijano cunhou o termo "colonialidade" para designar formas de colonialismo que sobreviveram ao fim do colonialismo histórico. Embora por vezes tenha utilizado esse termo, prefiro "colonialismo", uma vez que não há razão para reduzir o capitalismo a um tipo específico de colonialismo, ou seja, ao colonialismo histórico baseado na ocupação territorial por poderes estrangeiros (ver Capítulo 6). Embora o colonialismo tenha mudado dramaticamente desde os séculos XVI ou XVII, continuamos a designar como capitalismo um modo de dominação baseado na exploração da força de trabalho e da natureza.

ou psicologicamente na rua apenas por ser muçulmano e considerado amigo de terroristas, está, nesse momento, cruzando a linha abissal e transitando do mundo da sociabilidade metropolitana para o mundo da sociabilidade colonial. A partir daí a exclusão é radical porque incide no que ele é, e não no ele faz ou diz.

Terceiro exemplo: numa sociedade com forte preconceito sexista, uma mulher empregada na economia formal habita o mundo de sociabilidade metropolitana. É vítima de uma exclusão não-abissal na medida em que, em contravenção com a lei laboral, os trabalhadores do sexo masculino ganham um salário superior para realizarem o mesmo ofício. Porém, quando ela, a caminho de casa, é vítima de um *gang rape* ou ameaçada de morte por ser mulher (feminicídio), está, nesse momento, cruzando a linha abissal e transitando do mundo da sociabilidade metropolitana para o mundo da sociabilidade colonial.

A diferença crucial entre exclusão abissal e não-abissal reside no fato de a primeira assentar na ideia de que a vítima, ou o alvo, sofre de uma *capitis diminutio* ontológica por não ser totalmente humana, por ser um tipo de ser humano fatalmente degradado. Considera-se por isso inaceitável ou mesmo inimaginável que a mesma vítima, ou alvo, possa ser tratada como um ser humano como "nós". Por consequência, a resistência contra a exclusão abissal engloba uma dimensão ontológica. É necessariamente um modo de re-existência. Enquanto as três formas de dominação moderna (capitalismo, colonialismo e patriarcado) vigorarem e funcionarem *in tandem*, grandes grupos sociais viverão, de forma sistemática, embora de modos diversos conforme as diferentes sociedades e contextos, esse fatal atravessar da linha abissal. A dominação moderna é um modo global de articulação das exclusões abissais e não-abissais, uma articulação que é, por um lado, desigual, uma vez que varia conforme as sociedades e os contextos, e, por outro, ao nível global, combinada. Na sequência do colonialismo histórico, o caráter impreciso da linha abissal e a consequente dificuldade de reconhecer os dois tipos de exclusão devem-se ao fato de a ideologia da metropolitanidade, bem como toda a aparelhagem jurídica e política que a acompanha, pairar sobre o mundo da sociabilidade colonial como o fantasma de um paraíso prometido, mas ainda não perdido. O fim do colonialismo criou a ilusão de que a independência política das ex-colônias europeias implicava uma forte autodeterminação. Desde então em diante, todas as exclusões passaram a ser consideradas não-abissais; em consequência, as únicas lutas consideradas legítimas eram as que tinham como objetivo eliminar ou reduzir as exclusões não-abissais. Essa poderosa ilusão contribuiu para legitimar lutas que, apesar de atenuarem as exclusões não-abissais, agravaram as exclusões abissais. Durante todo o século XX, as lutas dos trabalhadores europeus lograram importantes vitórias, que implicaram um compromisso entre democracia e capitalismo conhecido como o Estado-providência europeu e a social-democracia; contudo, essas vitórias foram obtidas, pelo menos em parte, através da intensificação da apropriação violenta de recursos humanos e naturais nas colônias e neocolônias, ou seja, à custa do agravamento das exclusões abissais.[19]

Consequência da invisibilidade e da confusão relativa a diferentes tipos de exclusão é o fato de os grupos sociais que são vítimas de exclusão abissal terem a tentação de recorrer, nas suas lutas, aos meios e mecanismos próprios das lutas contra a exclusão não-abissal. O atual modelo de "ajuda ao desenvolvimento" exemplifica bem a forma como uma exclusão abissal pode ser disfarçada (e agravada) ao ser tratada como

---

[19] Os críticos do colonialismo europeu desde muito cedo chamaram a atenção para esse fato. Fanon estava particularmente consciente disso e cita Marcel Péju (1960) com aprovação: "Distinguir radicalmente a edificação do socialismo na Europa das 'ligações com o Terceiro Mundo' (como se com este só tivéssemos relações de exterioridade) é, conscientemente ou não, dar o passo para a arrumação da herança colonial à margem da libertação dos países subdesenvolvidos, é querer construir um socialismo de luxo sobre os frutos da rapina imperial – como se, no interior de uma quadrilha, se fosse repartir mais ou menos equitativamente o saque, só com o inconveniente de ter que distribuir um pouco dele aos pobres sob a forma de boas obras, esquecendo que eles é que foram roubados" (FANON, 1968, p. 103). Alguns anos antes, em 1958, Fanon já tinha denunciado a ambivalência da classe trabalhadora metropolitana e dos seus líderes face ao anticolonialismo, luta nacionalista: "No decurso das diferentes guerras de libertação nacional que se sucederam durante estes últimos vinte anos, não foi raro verificar-se uma certa tonalidade hostil, até mesmo de ódio, por parte do operário colonialista relativamente ao colonizado. É que o recuo do imperialismo e a reconversão das estruturas subdesenvolvidas específicas do Estado colonial são acompanhados no imediato de crises econômicas que os operários do país colonialista são os primeiros a sentir" (FANON, 1967b, p. 144-145). Escrevendo em 1965, Kwame Nkrumah apresenta a análise mais lúcida do modo como o compromisso entre o capital e o trabalho no mundo desenvolvido foi possibilitado pela impiedosa exploração das colônias.

se fosse não-abissal. A persistência da linha abissal invisível e a dificuldade em destrinçar exclusões abissais e não-abissais tornam ainda mais difíceis as lutas contra a dominação. No entanto, do ponto de vista das epistemologias do Sul, a libertação tem como premissa a construção de alianças entre grupos abissalmente excluídos e grupos não-abissalmente excluídos, articulando assim lutas contra exclusões abissais e lutas contra exclusões não-abissais. Sem essa articulação, as exclusões não-abissais, quando olhadas a partir do outro lado da linha abissal (do lado colonial), tomam a aparência crível de formas privilegiadas de inclusão social. Do mesmo modo, as exclusões abissais, quando olhadas a partir deste lado da linha abissal (do lado metropolitano), são consideradas como sendo uma fatalidade, ou um mal autoinfligido, ou a ordem natural das coisas. Por essa razão, os grupos sociais excluídos abissalmente têm sido frequentemente forçados a usar em suas lutas dispositivos apenas adequados para lutar contra exclusões não-abissais. Não surpreende, assim, que a frustração tenha sido grande.

As alianças e as articulações são uma tarefa histórica de grande exigência não só porque diferentes lutas mobilizam diferentes grupos sociais e requerem diferentes meios de luta, mas também porque a separação entre lutas contra exclusões abissais e lutas contra exclusões não-abissais se sobrepõe à separação entre lutas que se consideram ser primordialmente contra o capitalismo, ou contra o colonialismo, ou contra o patriarcado. Tal separação dá origem a tipos contraditórios de hierarquias entre lutas e entre as subjetividades coletivas que as empreendem. Assim, uma luta concebida como sendo contra o capitalismo pode ser considerada bem-sucedida na medida em que enfraquece uma luta que se concebe a si própria como sendo contra o colonialismo ou contra o patriarcado. O contrário é também possível. Evidentemente, existem diferenças entre tipos de lutas, mas essas diferenças deveriam ser mobilizadas de forma a potencializar o seu efeito cumulativo e não para justificar boicotes recíprocos. Infelizmente, o boicote recíproco é aquilo que tem acontecido com mais frequência.

As dificuldades em estabelecer alianças não podem ser atribuídas apenas à miopia dos líderes sociais ou às diferentes histórias e contextos de luta. Entre as exclusões abissais e não-abissais há uma diferença estrutural que se repercute nas lutas contra elas. Ao contrário das lutas contra as exclusões não-abissais (que são pela transformação dos termos da lógica regulação/emancipação), as lutas contra as exclusões abissais implicam uma interrupção radical da lógica da apropriação/violência. Essa interrupção implica uma ruptura, uma descontinuidade. A necessidade da violência descolonizadora em Fanon deve ser interpretada como expressão da interrupção sem a qual a linha abissal, mesmo que se desloque, continua a dividir as sociedades em dois mundos de sociabilidade, o mundo da metropolitanidade e o mundo da colonialidade. A interrupção tanto pode estar presente na violência física ou luta armada como no boicote e na não-cooperação (esse ponto é desenvolvido mais adiante). O reconhecimento da linha abissal obriga a lembrar que as alianças entre as lutas contra os diferentes tipos de exclusão não podem ser construídas como se todas as exclusões fossem do mesmo tipo. O pensamento crítico eurocêntrico foi construído sobre uma miragem, a de que todas as exclusões eram não-abissais. Por mais veementes que sejam as proclamações contra a teoria política liberal, pensar que as lutas contra a dominação podem ser conduzidas como se todas as exclusões fossem não-abissais é um preconceito liberal.

A sociologia das ausências e a sociologia das emergências

Esses dois instrumentos baseiam-se na distinção entre exclusões abissais e não-abissais e ainda nos diferentes modos como o capitalismo, o colonialismo e o patriarcado se articulam para gerar aglomerados específicos de dominação. A sociologia das ausências é a cartografia da linha abissal.[20] Identifica as formas e os meios pelos quais a linha abissal produz a não-existência, a invisibilidade radical e a irrelevância. O colonialismo histórico foi o estirador central no qual se desenhou a linha abissal, em que as exclusões não-abissais (as que acontecem no lado metropolitano da linha) se tornaram visíveis, enquanto as exclusões abissais (as que acontecem no lado colonial da linha) foram escondidas. Hoje, a sociologia das ausências é a pesquisa sobre os modos como o colonialismo,

---

[20] Em Santos (2006a, p. 93-119), explico o uso metafórico do termo "sociologia" nesse contexto.

sob a forma de colonialismo de poder, de conhecimento e de ser, funciona em conjunto com o capitalismo e o patriarcado a fim de produzir exclusões abissais, ou seja, a fim de tornar certos grupos de pessoas e formas de vida social não-existentes, invisíveis, radicalmente inferiores ou radicalmente perigosos, em suma, descartáveis ou ameaçadores. Essa pesquisa concentra-se nas cinco monoculturas que têm caracterizado o conhecimento eurocêntrico moderno: a monocultura do conhecimento válido, a monocultura do tempo linear, a monocultura da classificação social, a monocultura da superioridade do universal e do global e a monocultura da produtividade (Santos, 2006a, p. 97-114; 2014a, p. 172-175). Tais monoculturas foram responsáveis pela produção maciça de ausências nas sociedades modernas, a ausência (invisibilidade, irrelevância) de grupos sociais e de modos de vida social respectivamente rotulados de ignorantes, primitivos, inferiores, locais ou improdutivos. Esses rótulos foram atribuídos com diferentes graus de intensidade. O grau de intensidade máximo gerou exclusões abissais e, logo, ausências.

A pesquisa efetuada pela sociologia das ausências não pode ter êxito a menos que o sociólogo das ausências se torne um sociólogo ausente – e ausente num duplo sentido. Por um lado, sob o ponto de vista sociológico acadêmico, o que não existe (porque ausente) pode apenas ser resgatado enquanto realidade passada ou enquanto artefato da imaginação utópica ou distópica – nunca como uma realidade social efetivamente existente. Por outro lado, a pesquisa deve ser efetuada à revelia da disciplina da sociologia, quer dizer, deve ser efetuada de modo a contradizer o treinamento ou formação, as teorias e as metodologias que conformam a disciplina da sociologia acadêmica, seja ela convencional ou crítica. A sociologia das ausências é uma sociologia transgressora numa acepção muito radical.

Há de se considerar três momentos na sua aplicação. O primeiro é uma crítica sistemática, aprofundada e rigorosa do conhecimento científico social produzido com o objetivo de estabelecer a hegemonia das cinco monoculturas referidas em todo o período moderno e em especial desde o final do século XIX. Essa crítica é importante na medida em que, ao revelar o pluralismo interno da ciência social moderna, contribui para desmonumentalizar as monoculturas eurocêntricas. Além disso, põe em causa as concepções simplistas e reducionistas da modernidade ocidental que proliferam na maior parte das abordagens acadêmicas descoloniais (ver Capítulo 6), o que, a meu ver, corrobora paradoxalmente a superioridade das epistemologias do Norte. No entanto, para não ficar refém das epistemologias do Norte, a sociologia das ausências tem de ir além do pensamento crítico eurocêntrico. Daí que o segundo momento consista em reconhecer e dialogar com outros saberes que oferecem entendimentos da vida social e da transformação social alternativos às monoculturas ocidentalocêntricas do conhecimento válido, do tempo linear, da classificação social, da superioridade do universal e do global e da produtividade. Em vez de uma crítica interna à modernidade ocidental, fazem uma crítica externa. A produção de ausências torna-se muito mais evidente quando os alicerces epistemológicos das monoculturas são contextualizados e provincializados para além dos limites da crítica interna. O terceiro momento é o do contexto pragmático em que os dois outros momentos se desenrolam. A sociologia das ausências não é um empreendimento intelectual motivado pela curiosidade cognitiva e sim, primordialmente, um recurso para as lutas contra o capitalismo, o colonialismo e o patriarcado, devendo ser aplicada tendo em conta lutas específicas. O contexto da luta – os objetivos e grupos sociais específicos em causa – proporciona dimensões não cognitivas que condicionam os modos como os grupos sociais e os conhecimentos ausentes se tornam presentes. Nos capítulos 6, 7, 8 e 9, em que se abordam as orientações metodológicas, discutirei a autonomia relativa da pesquisa levada a cabo pela sociologia das ausências.

Consideradas a partir do ponto de vista das epistemologias do Norte, tanto a sociologia das ausências como a sociologia das emergências (ver adiante) parecem implicar um suicídio sacrificial na medida em que as indagações que acarretam são obrigatoriamente efetuadas em contracorrente relativamente à formação, às teorias e às metodologias instituídas pela ciência social acadêmica. Para melhor percebermos a natureza de um tal suicídio poderemos compará-lo com a autorreflexividade proposta por Pierre Bourdieu. Bourdieu é, sem sombra de dúvida, o sociólogo do século XX que mais vigorosamente se manifestou contra o cientismo ingênuo dos cientistas sociais. Defendeu que a sociologia e a história do conhecimento sociológico eram instrumentos-chave para entender tanto a sociedade como os limites do conhecimento científico sobre ela.

Por um lado, o conhecimento científico social inventou muito daquilo que descreveu como existente; tal invenção integrou a realidade social ao ser incorporada nos comportamentos das pessoas e no modo como percepcionam a vida social. Por outro lado, a ciência social vigente cria uma falsa transparência que impede investigação adicional e inovadora. A ciência vigente constitui sempre um obstáculo à ciência emergente. Daí Bourdieu ter concluído que se "deve praticar uma ciência – e, em especial, a sociologia – tanto *à revelia da* nossa formação científica como *em concordância com* a nossa formação científica" (BOURDIEU, 1990, p. 178, grifos do autor).

Bourdieu ilustra de forma brilhante as possibilidades, mas também, em oposição ao seu próprio pensamento, as limitações do tipo de sociologia das ausências que pode ser realizada no contexto das epistemologias do Norte. Para começar, parte do princípio de que as limitações do conhecimento prévio sobre a sociedade podem ser ultrapassadas por um novo e melhor conhecimento científico. Isso explica a razão pela qual, na opinião do autor, apenas aqueles que dominam a ciência estabelecida conseguem ser verdadeiramente inovadores. Não existe espaço em Bourdieu para as limitações epistemológicas do conhecimento científico moderno, as limitações que, por serem intrínsecas às epistemologias do Norte, não são ultrapassáveis através de novas pesquisas baseadas no mesmo tipo de conhecimento. Segundo Bourdieu, um exigente exercício de autorreflexividade não pode deixar de reforçar a crença na monocultura do conhecimento válido proposta pelas epistemologias do Norte. Não há espaço para que se considerem outros saberes capazes de corrigir ou ultrapassar as falhas ou os fracassos do conhecimento científico anterior ou de lidar com outros conjuntos de questões. Por esse motivo, em vez de se tornar um douto ignorante,[21] o sociólogo autorreflexivo é um conhecedor com uma autoconfiança arrogante. Sabe que a indagação dos limites não é uma indagação sem limites, mas acredita que não vale a pena considerar o que não é abordável pela ciência moderna. Além disso, a autorreflexividade é um exercício intelectual autônomo, o qual, para ser efetuado eficazmente, deve reforçar a distância do cientista relativamente ao seu objeto de investigação, incluindo o seu

---

[21] Sobre o conceito de douta ignorância, ver Santos (2010b, p. 519-562).

conhecimento sociológico prévio. Nos antípodas dessa situação, quem pratica a sociologia das ausências proposta pelas epistemologias do Sul, quer seja um sujeito individual, quer seja um sujeito coletivo, para além de lidar com outros saberes, o faz no âmbito de uma luta social e política que é importante precisamente por não se tratar de uma mera competição intelectual consigo mesmo (a autorreflexividade) ou com outros (a rivalidade acadêmica entre escolas de pensamento).

Os alertas epistemológicos já referidos relativamente à sociologia das ausências são totalmente aplicáveis à sociologia das emergências, pelas mesmas razões. A sociologia das emergências implica a valorização simbólica, analítica e política de formas de ser e de saberes que a sociologia das ausências revela estarem presentes no outro lado da linha abissal. O objetivo primordial tanto da sociologia das ausências como da sociologia das emergências são as exclusões abissais e a resistência e as lutas a que dão origem. Contudo, enquanto a sociologia das ausências se dedica à negatividade dessas exclusões, no sentido em que sublinha e denuncia a supressão da realidade social gerada pelo tipo de conhecimento validado pelas epistemologias do Norte, a sociologia das emergências dedica-se à positividade dessas exclusões, considerando as vítimas de exclusão no processo de rejeição da condição de vítimas, tornando-se pessoas resistentes que praticam formas de ser e de conhecer na sua luta contra a dominação.[22] Tornar possível a passagem da vitimização à resistência é, afinal, a tarefa política mais importante da sociologia das ausências: desnaturalizar e deslegitimar mecanismos específicos de opressão. A sociologia das emergências parte desse ponto e concentra-se em novas potencialidades e possibilidades para a transformação social anticapitalista, anticolonialista e antipatriarcal que surge no vasto domínio da experiência social antes descartada e agora recuperada. Com a resistência e a luta, surgem novas avaliações de condições e experiências concretas que ressignificam subjetividades individuais e coletivas. Essas novas características, que surgem sob a forma de práticas materiais ou simbólicas,

---

[22] Em termos hegelianos, essa negatividade é dialética, a negação de uma negação, a identificação de realidades que foram tornadas ausentes, invisíveis ou completamente irrelevantes para que o capitalismo, o colonialismo e o patriarcado pudessem ser legitimados pela única forma válida de conhecimento como sendo as únicas realidades válidas.

afirmam-se sempre de modo holístico, artesanal e híbrido, reconhecendo assim a presença multidimensional da exclusão e da opressão. A sociologia das emergências avalia-as segundo premissas que ampliam o seu potencial simbólico e material. Daí a sua definição como emergências, como realidades embrionárias, como movimentos incipientes, tendências que apontam para uma luta bem-sucedida contra a dominação. Constituem aquilo que Ernst Bloch chama de o "ainda não".[23] São os elementos básicos com que se constrói a política da esperança.

Enquanto a tarefa da sociologia das ausências é produzir um diagnóstico radical das relações sociais capitalistas, coloniais e patriarcais, a sociologia das emergências visa converter a paisagem de supressão que surge a partir desse diagnóstico num vasto campo de experiência social intensa, rica e inovadora. Aqui, as epistemologias do Sul encontram-se duplamente presentes. Por um lado, dão uma atenção epistemológica especial às experiências embrionárias, os "ainda não", convidando o investimento social, político e analítico a alimentá-las da forma mais capacitadora. Por outro lado, constituem uma defesa epistemológica contra os falsos aliados que muitas vezes obrigam essas emergências a instalar-se em campos que separam as diversas dimensões da dominação moderna existentes: os campos do anticapitalismo, do anticolonialismo e do antipatriarcado. Com o *glamour* de que as divisões disciplinares e temáticas das ciências sociais europeias a reveste, essa instalação e separação é, em termos históricos, o instrumento mais violento e incapacitante que tem sido usado para enfraquecer as lutas contra o capitalismo, o colonialismo e o patriarcado. A "ONGuização" internacional da suposta solidariedade para com as lutas constitui a versão mais simples desse processo de neutralização por meio de classificação ou rotulagem (essa questão é aprofundada adiante).[24] É assim que, por exemplo, as camponesas que lutam pela sua própria dignidade e pela dignidade das suas famílias, pelas economias locais e terras comunitárias e contra os

---

[23] Ver Santos (2014a, p. 182-183).

[24] "ONGuização" refere-se a uma forma de organização da sociedade civil, nacional e internacional, baseada em organizações não governamentais ligadas a intervenções temáticas específicas (mulheres, meio ambiente, cooperação internacional, direitos humanos e outras). Supostamente, essas ONGs têm autonomia relativamente ao Estado, seja aquele que as acolhe, seja aquele em que foram criadas. Ver Roy (2014).

preconceitos patriarcais das suas culturas e religiões são levadas a assumir uma identidade específica – a de feministas – apesar de serem igualmente camponesas, lutadoras pela defesa da terra comunitária e empresárias não-capitalistas. Trata-se, obviamente, de mulheres, e a maioria considera-se feminista, mas são, para além de tudo isso, protagonistas (ou vítimas) de muitas outras agendas locais, nacionais e transnacionais – econômicas, políticas, religiosas – que permanecem fora do sistema de rótulos identitários, sendo, por essa razão, negligenciadas ou invisibilizadas. Do mesmo modo, as comunidades negras da América Latina vêm os seus jogos e as suas danças seculares protegidos sob o estatuto de patrimônio mundial intangível, enquanto as suas comunidades continuam a ser negligenciadas, assoladas pela violência, apanhadas na materialidade da exclusão social, da vida precária, da falta de acesso à saúde e à educação, e correm muitas vezes o risco de serem expulsas das suas terras por falta de documentos de propriedade "adequados".

Distingo três tipos de emergências: *ruínas-sementes, apropriações contra-hegemônicas* e *zonas libertadas. As ruínas-sementes* são um presente ausente, simultaneamente memória e alternativa de futuro. Representam tudo o que os grupos sociais reconhecem como concepções, filosofias e práticas originais e autênticas que, apesar de historicamente derrotadas pelo capitalismo e colonialismo modernos, continuam vivas não só na memória como nos interstícios do cotidiano alienado, e são fonte de dignidade e de esperança num futuro pós-capitalista e pós-colonial. Como em todas as ruínas, há um elemento de nostalgia por um passado anterior ao sofrimento injusto e à destruição causados pelo capitalismo, pelo colonialismo e pelo patriarcado reconfigurado por ambos. Mas essa nostalgia é vivida de modo antinostálgico, como orientação para um futuro que escapa ao colapso das alternativas eurocêntricas precisamente porque sempre se manteve externo a tais alternativas. Pode consistir na invocação de um mundo pré-moderno, mas o modo como é invocado é moderno, representa a aspiração de uma modernidade outra. Estamos perante ruínas que são vivas, não porque sejam "visitadas" por vivos, mas porque são vividas por vivos na sua prática de resistência e de luta por um futuro alternativo. Por isso, são simultaneamente ruínas e sementes. Representam o paradoxo existencial de todos os grupos sociais que foram vítimas da cartografia do pensamento abissal moderno ao serem "localizados" no outro lado da linha abissal, no lado da sociabilidade colonial. Para responder à questão *"Poderemos construir um espaço comum alargado na base do reconhecimento da alteridade?"*, necessitamos de conceitos não-eurocêntricos como os mencionados na Introdução – tais como *ubuntu, sumak kawsay* e *pachamama*. Voltaremos a esse tema nos capítulos seguintes.

Tal como são concebidas pelas epistemologias do Sul, as ruínas-sementes estão nos antípodas da atração nostálgica pelas ruínas que é própria da modernidade ocidental desde o século XVIII e que continua presente nos nossos dias. Escrevendo em 2006, Andreas Huyssen chama a atenção para o fato de

> nos últimos quinze anos [ter surgido] uma estranha obsessão por ruínas nos países transatlânticos do Norte, que fazia parte de um discurso muito mais amplo sobre memória e trauma, genocídio e guerra. Essa obsessão contemporânea por ruínas esconde uma nostalgia de uma época anterior que ainda não tinha perdido a capacidade de imaginar futuros outros. O que está em causa é uma nostalgia da modernidade que tem dificuldade em assumir-se após haver reconhecido as catástrofes do século XX e as feridas causadas pela colonização interior e exterior que permanecem (HUYSSEN, 2006, p. 7).

E mais adiante especifica que tal imaginação das ruínas, ao opor-se ao otimismo do pensamento iluminista, "continua consciente do lado negro da modernidade, que Diderot descreveu como as inevitáveis 'devastações do tempo', visíveis nas ruínas" (HUYSSEN, 2006, p. 13).[25]

Enquanto para o mundo colonizador a nostalgia das ruínas é a memória perturbadora da "face obscura da modernidade", para o mundo colonizado é simultaneamente a memória perturbadora de uma destruição e o sinal auspicioso de que a destruição não foi total e de que o que pode ser resgatado como energia de resistência aqui e agora é a vocação original e única para um futuro alternativo.

As *apropriações contra-hegemônicas* constituem outro tipo de emergência. Trata-se de conceitos, filosofias e práticas desenvolvidos pelos grupos sociais dominantes para reproduzir a dominação moderna de que os

---

[25] Sobre o tema das ruínas, ver, entre outros, Apel (2015); Dawdy (2010, p. 761-793); Hui (2016) e Zucker (1961, p. 119-130).

grupos sociais oprimidos se apropriam, ressignificando-os, refundando-os, subvertendo-os, transformando-os criativa e seletivamente de modo a convertê-los em instrumentos de luta contra a dominação. Entre tais apropriações cito, a título de exemplo, o direito, os direitos humanos, a democracia e a Constituição. Na minha investigação anterior sobre a sociologia crítica do direito tratei dessas apropriações com grande detalhe,[26] tendo abordado especificamente duas questões: "pode o direito ser emancipatório?" e "existe um constitucionalismo transformador?".[27] Voltarei a esse tema mais adiante.[28]

O terceiro tipo de emergência são as *zonas libertadas*. Trata-se de espaços que se organizam com base em princípios e regras radicalmente opostas às que imperam nas sociedades capitalistas, colonialistas e patriarcais. As *zonas libertadas* são comunidades consensuais baseadas na participação de todos os seus membros. Possuem uma natureza performativa, prefigurativa e educativa. Consideram-se utopias realistas, ou melhor, heterotopias.[29] O seu objetivo é criar, aqui e agora, um tipo diferente de sociedade, uma sociedade liberta das formas de dominação que prevalecem no presente. Podem surgir no contexto de processos de luta mais amplos ou ser resultado de iniciativas isoladas concebidas para testar formas alternativas de construção de comunidade. Essas alternativas podem ser vividas ou segundo uma lógica de confrontação ou segundo uma lógica de existência paralela. Vistas de fora, as zonas libertadas parecem juntar experiência social e experimentação social. Daí a dimensão educativa que as caracteriza: concebem-se a si mesmas como processos de autoeducação. Existem atualmente muitas zonas libertadas, em áreas tanto rurais como urbanas, sendo a maioria delas de pequenas dimensões, algumas de duração significativa, outras relativamente efêmeras.

---

[26] Para uma perspectiva sintética da minha abordagem e uma reflexão sobre ela, ver Twining (2000, p. 194-243) e Santos (2015c, p. 115-142; 2016, p. 343-374).

[27] "Pode o direito ser emancipatório?" é o título da introdução do meu livro *As bifurcações da ordem* (SANTOS, 2016, p. 17-114). Sobre o constitucionalismo transformador, ver Santos (2010b).

[28] Em alguns dos meus trabalhos anteriores analiso mais detalhadamente várias concepções contra-hegemônicas de direitos humanos. Ver Santos (2005b, p. 1-26; 2006a, p. 433-470; 2007c, p. 3-40; 2013, p. 15-30) e Santos e Martins (2019).

[29] Inspirando-me em Foucault, abordo as heterotopias em Santos (1995, p. 479-482).

As comunidades neozapatistas da Sierra Lacandona, no sul do México, que ficaram mundialmente famosas a partir de 1994, podem ser consideradas zonas libertadas, constituindo assim um vasto campo de pesquisa para a sociologia das emergências.[30] O Movimento dos Indignados, que ocorreu após 2011, deu por vezes origem à constituição de zonas libertadas, algumas das quais subsistiram como formas de vida cooperativa e associativa muito depois de o movimento ter terminado.[31] Rojava, nas regiões autônomas do Curdistão sírio, pode também ser considerada uma zona libertada organizada com base em princípios anarquistas, autonomistas, antiautoritários e feministas (DIRIK *et al.*, 2016).

A grande maioria das zonas libertadas, em especial as que são compostas por jovens urbanos, tem origem num sentimento de impaciência histórica.[32] Cansados de esperar por uma sociedade mais justa, há pequenos grupos que se organizam para viver de forma experimental, ou seja, para viverem hoje o futuro que ambicionam, porque não querem esperar mais tempo. Nisso reside o seu caráter prefigurativo. Quando não se trata de meros atos de diletantismo social, por outras palavras, quando são genuínas e implicam riscos e custos, essas zonas libertadas tornam-se especialmente prefigurativas e promovem a autoeducação. Numa época em que a ideologia do neoliberalismo proclama que o capitalismo, o colonialismo e o patriarcado são a forma natural de viver, as zonas libertadas provam o contrário, mesmo se apenas nas áreas restritas em que ocorrem. A emergência reside na natureza performativa e prefigurativa da rebelião.

---

[30] A especificidade extraordinária da experiência neozapatista reside no fato de ela constituir uma zona libertada também ao nível epistemológico (ver capítulos 6 e 7). No Capítulo 7, apresento a comuna de Oaxaca em 2006 como exemplo do conceito de zona libertada.

[31] Analisei esse movimento em Santos (2015b; 2015c, p. 115-142; 2016, p. 343-374).

[32] Desde a década de 1970 vêm sendo postas em prática na Europa algumas iniciativas de vida social autônoma, supostamente isentas de dominação capitalista, colonialista e patriarcal, dos movimentos autonômicos italianos aos movimentos de *ocupas* na Alemanha, Espanha, Holanda e Polônia aos movimentos dos centros sociais do Reino Unido. Ver Martínez (2007, p. 379-398); Hodkinson e Chatterton (2006, p. 305-315); Polanska e Piotrowski (2015, p. 274-296). Essas iniciativas devem ser analisadas à luz de uma hermenêutica de suspeição, porque há muitas vezes uma discrepância entre o que os respectivos promotores afirmam e aquilo que praticam.

A ecologia de saberes e a tradução intercultural

A ecologia de saberes e a tradução intercultural são as ferramentas que convertem a diversidade de saberes tornada visível pela sociologia das ausências e pela sociologia das emergências num recurso capacitador que, ao possibilitar uma inteligibilidade ampliada de contextos de opressão e resistência, permite articulações mais abrangentes e mais profundas entre lutas que reúnem as várias dimensões ou tipos de dominação de modos diferentes. A ecologia de saberes compreende dois momentos. O primeiro consiste na identificação dos principais conjuntos de conhecimentos que, trazidos à discussão numa dada luta social, poderão destacar dimensões importantes de uma luta ou de uma resistência concretas: contexto, reivindicações, grupos sociais envolvidos ou afetados, riscos e oportunidades, etc. Essa diversidade é muito menos fascinante no terreno da luta do que no da teoria. Pode inclusivamente ser paralisante. Pode provocar uma cacofonia de ideias e perspectivas que serão incompreensíveis para alguns dos grupos envolvidos, aumentando a opacidade relativamente "àquilo que está em causa" e "àquilo que tem de ser feito". Pode levar também a uma sobrecarga de análise teórica, política e cultural, necessariamente presa entre uma excessiva lucidez intelectual e cautela e ineficácia excessivas. O segundo consiste em que, atenta a essa possibilidade, a ecologia de saberes deve ser complementada com a tradução intercultural e interpolítica. Esta última visa especificamente reforçar a inteligibilidade recíproca sem dissolver a identidade, ajudando assim a identificar complementaridades e contradições, plataformas comuns e perspectivas alternativas. Tais clarificações são importantes para fundamentar de forma sólida as decisões sobre alianças entre grupos sociais e articulações de lutas, bem como para definir iniciativas concretas tanto no que se refere às suas possibilidades como aos seus limites.

Na medida em que permite a articulação de diferentes movimentos sociais e de diferentes lutas, a tradução intercultural contribui para transformar a diversidade epistemológica e cultural do mundo num fator favorável e capacitador, promovendo a articulação entre lutas contra o capitalismo, o colonialismo e o patriarcado. A tradução intercultural não é um exercício intelectual separado das lutas sociais, motivado por um impulso cosmopolita qualquer. É antes uma ferramenta usada para, a partir do reconhecimento da diferença, promover consensos sólidos suficientes que permitam partilhar lutas e riscos. Não sendo um exercício intelectual, não tem de ser levado a cabo por militantes com "perfil intelectual", nem por "intelectuais orgânicos", o nome que Antonio Gramsci (1971, p. 6) deu aos membros politizados ou "conscientes" da classe operária europeia dos anos 1920. Muito do trabalho de tradução intercultural ocorre em reuniões ou sessões de atividade militante, de capacitação, de formação, de educação popular, levado a cabo através das intervenções dos participantes, sem protagonismos especiais. Por essa razão a tradução intercultural também não é uma atividade excessivamente individualizada na construção da resistência e das lutas sociais. É uma dimensão do trabalho cognitivo coletivo sempre que estão presentes ecologias de saberes, trocas de experiências, avaliação de lutas (próprias e alheias), escrutínio do conhecimento que os grupos sociais dominantes mobilizam para isolar ou desarmar os oprimidos. O trabalho da tradução intercultural tem uma dimensão de curiosidade, de abertura a outras experiências, mas é uma curiosidade que não nasce por curiosidade diletante, nasce por necessidade. Na grande maioria dos casos o trabalho de tradução intercultural é desempenhado em grupo, anônima e informalmente em interações dominadas pela oralidade.

É possível distinguir vários tipos de tradução intercultural, quer segundo os processos de tradução, quer sobre os tipos de conhecimentos ou culturas entre os quais se faz tradução. De acordo com esse critério, a tradução intercultural pode ser *difusa* ou *didática*. A tradução intercultural *difusa* é a mais frequente, a que, como acabei de referir, ocorre informalmente como uma dimensão do trabalho cognitivo coletivo. Caracteriza-se pela fluidez, pelo anonimato e pela oralidade. A tradução intercultural que ocorre nas oficinas da UPMS (UPMS é o acrônimo da designação portuguesa "Universidade Popular dos Movimentos Sociais") (ver Capítulo 12) é desse tipo. O segundo tipo é a tradução intercultural *didática*. Ocorre em processos que combinam, por um lado, o individual e o coletivo e, por outro, o oral e o escrito. Diz respeito a situações em que líderes de movimentos ou organizações se distinguem pelo trabalho de tradução que levam a cabo para fortalecer as lutas sociais em que estão envolvidos. A sua individualidade não é, nesse caso, individualista, pois o seu trabalho não só expressa uma vontade coletiva como está orientado para fortalecer a luta contra a dominação econômica, social, cultural e política. Por outro lado, a oralidade, que domina na prática da organização e da luta política, é complementada pela reflexão escrita e publicada. No Capítulo 10 apresentarei Gandhi como um caso de tradução intercultural didática.

Segundo o critério dos conhecimentos ou culturas que participam na tradução, é particularmente relevante distinguir dois tipos de tradução: traduções sul-norte ou norte-sul e traduções sul-sul. As primeiras ocorrem entre conhecimentos ou culturas do norte global (ocidentalocêntricas ou eurocêntricas) e do sul global (que inclui também o oriente), e as segundas ocorrem entre diferentes conhecimentos ou culturas do sul global. "Localizar" os conhecimentos e as culturas em diferentes regiões epistêmicas do mundo não significa de modo nenhum imaginar que estamos perante "mônades" leibnizianas, ou seja, estruturas dotadas de "razão suficiente", completamente autônomas e distintas. Depois de tantos séculos de intercâmbios e movimentos transnacionais de pessoas e de ideias, exponencialmente acelerados nas últimas décadas com a revolução das tecnologias de informação e de comunicação, não existem entidades cognitivas ou culturais puras que se possam compreender sem levar em conta influências, miscigenações, hibridizações. Falamos de regiões culturais ou epistêmicas como conjuntos de estilos, problemáticas, prioridades de pensamento e de ação dotados de alguma identidade quando comparados com outros.

Tanto a ecologia de saberes como a tradução intercultural foram objeto de uma análise detalhada em trabalhos anteriores (Santos, 2006a, p. 113-154; 2014a, p. 188-235). Nos capítulos 4, 6 e 7 abordarei os aspectos metodológicos da construção de ecologias de saberes específicas no contexto de lutas concretas; no Capítulo 10 serão apresentados alguns exemplos de tradução intercultural.

A artesania das práticas

A artesania das práticas é o culminar do trabalho das epistemologias do Sul. Consiste no desenho e na validação das práticas de luta e de resistência levadas a cabo de acordo com as premissas das epistemologias do Sul. Dada a natureza desigual e combinada das articulações entre os três modos de dominação modernos, nenhuma luta social, por mais forte que seja, pode ter êxito se se pensar e organizar como incidindo apenas contra um dos modos de dominação. Por mais forte que seja a luta de mulheres contra o patriarcado, nunca terá significativo êxito se se organizar para lutar exclusivamente contra o patriarcado, sem considerar que este, tal como o colonialismo, é hoje um componente intrínseco da dominação capitalista. Para além disso, numa luta assim concebida pode ser considerado êxito ou vitória um resultado que, na verdade, implica o agravamento da opressão de outros grupos sociais. E o mesmo se diga de uma luta de trabalhadores incidindo exclusivamente contra o capitalismo ou de uma luta de grupos vítimas de racismo incidindo exclusivamente contra o colonialismo. Daqui decorre a necessidade de construir articulações entre as lutas e as resistências. Existem muitos tipos de articulações possíveis, mas devemos ter em conta três das principais, que se distinguem pela natureza abissal ou não-abissal da exclusão em causa: (1) a articulação entre diferentes lutas que resistem, todas elas, contra exclusões abissais; (2) a articulação entre diferentes lutas que resistem, todas elas, contra exclusões não-abissais; (3) a articulação entre lutas contra exclusões abissais e lutas contra exclusões não-abissais. A construção de alianças é em qualquer dos casos complexa e depende de muitos fatores que não têm diretamente a ver com o caráter abissal ou não-abissal das exclusões, fatores como, por exemplo, a escala das alianças (local, nacional, internacional), a diferença cultural, a intensidade específica do sofrimento injusto provocado por uma exclusão social em particular, o tipo e o grau de violência com a qual a luta será provavelmente reprimida.

Os instrumentos ou recursos das epistemologias do Sul analisados anteriormente criam as condições para que tais articulações possam ocorrer, mas o modo específico como elas se concretizam no terreno da luta e da resistência exige um trabalho político que tem algumas características do trabalho artesanal e do produto de artesanato. O artesão não trabalha com modelos estandardizados, não faz duas peças iguais, a sua lógica de construção não é mecânica, mas sim de repetição-criação. Os processos, as ferramentas e os materiais impõem algumas condições, mas deixam espaço para uma margem significativa de liberdade.

A verdade é que, quando informado pelas epistemologias do Sul, o trabalho político subjacente às articulações entre lutas tem muitas semelhanças com o trabalho do artesão. O mesmo se aplica ao trabalho cognitivo (científico e não-científico) a ser feito no sentido de reforçar e ampliar esse trabalho político.[33] Não obedece a regras sem lhes imprimir a sua liberdade no modo como obedece, se decide obedecer; não concebe conflitos, compromissos ou resoluções como parte de grandes planos ou opções transcendentes de transformação social com privilégio legislativo; reconhece determinações mas não o determinismo, e frequentemente tem de operar em contexto de caos; tem aversão a burocracias partidárias ou outras que lhe prendam as mãos (o pensamento e a fala) e lhe impeçam a inovação e a improvisação. Trata-se de um trabalho muito específico que mantém a universalidade a distância; não perde de vista que o seu objetivo é lutar pela libertação contra o capitalismo, colonialismo e patriarcado, mas procura sobretudo que a luta política dê testemunho desse objetivo e seja, ela própria, uma zona libertada.

---

[33] Nos capítulos 6 a 9, concebo as metodologias enquanto artesanato. Defendo que o/a cientista social que trabalha com base nas epistemologias do Sul é um artesão ou artesã. As epistemologias do Norte, em especial no que se refere ao seu impacto relativamente à teoria crítica, sobretudo o marxismo, sempre preferiram planos e modelos grandiosos, bem como a mecanização, a uniformização, a normalização; em última análise, são a favor da substituição das mãos pelas máquinas, sejam essas "mãos" partidos, programas, regulamentos ou estatísticas.

CAPÍTULO 2

Preparar o terreno

O problema do relativismo/relativizar o relativismo

O primeiro problema que pretendo tratar neste capítulo é o do relativismo. O conceito de relativismo não é isento de equívocos. Os debates a respeito do relativismo têm sido, de fato, dominados por antirrelativistas. Para eles, o problema do relativismo é o problema do subjetivismo, do niilismo, da incoerência, do maquiavelismo e da cegueira estética.[34] Segundo Michael Krausz (1989, p. 1), o relativismo defende que "as premissas cognitivas, morais ou estéticas relativas a valores como verdade, relevância, rigor, razoabilidade, conformidade, adequação e outras são relativas aos contextos em que surgem [...] O relativismo nega a viabilidade da fundamentação de premissas relevantes em termos a-históricos, a-culturais, ou absolutistas". Ao contrário, as epistemologias do Sul partem do princípio de que a validação dos critérios de conhecimento não é exterior aos conhecimentos que validam. Como referi antes, em *L'archéologie du savoir* [*A arqueologia do saber*], Foucault (1969) mostra claramente que a filosofia da ciência, ou epistemologia no sentido convencional, não é exterior à ciência cujas bases investiga a fim de validá-las. Baseiam-se ambas nos mesmos pressupostos culturais, ou, usando o termo foucaultiano, nos mesmos epistemas.

---

[34] Sobre este debate, ver, entre muitos outros, Gellner (1979), Harris (1992), Norris (1997) e Miscevic (2000).

Os conhecimentos nascidos na luta e na resistência que dizem respeito às epistemologias do Sul exigem uma forma prática de validação do conhecimento. Os grupos sociais historicamente oprimidos pelo capitalismo, pelo colonialismo e pelo patriarcado foram obrigados a avaliar o conhecimento científico que afeta as suas vidas pelas suas consequências, e não pelas suas causas ou premissas. Do mesmo modo, ao lutar contra a opressão e ao procurar alternativas, os conhecimentos devem ser avaliados e, em última análise, validados de acordo com a sua utilidade para a maximização das possibilidades de êxito nas lutas contra a opressão. De uma forma pragmática, as epistemologias do Sul visam reforçar a resistência contra o capitalismo, o colonialismo e o patriarcado conferindo credibilidade, viabilidade e justeza a formas alternativas de ser-em-sociedade. O êxito ou o fracasso da busca da verdade está sempre relacionado com a força ou a fraqueza de um determinado compromisso ético concreto. Qualquer um deles apenas pode ser determinado pelo modo como um dado conhecimento reforça ou enfraquece a experiência de luta numa dada comunidade epistêmica que pretende resistir num contexto concreto a uma prática concreta de dominação que injustamente a oprime.

Do ponto de vista das epistemologias do Sul, o relativismo cultural ou político é tão inaceitável quanto o universalismo ou o fundamentalismo. Mas o relativismo pode também ser visto como a resposta certa a uma pergunta mal formulada. Se essa pergunta tiver a ver com a posição que deve ser tomada relativamente a um mundo entendido como uma realidade inequivocamente objetiva a ser captada pela mesma experiência coletiva, independentemente de quaisquer contextos, então a resposta correta é relativismo. Para aqueles que acreditam em conceitos universais autoproclamados de razão, racionalidade, natureza humana e mente humana, tudo aquilo que não está em conformidade com esses conceitos configura irracionalidade, superstição, primitivismo, misticismo, pensamento pré-lógico e emotivismo. Numa palavra, anticognitivismo. Visto dessa perspectiva, o relativismo não é apenas errado – é perigoso. De fato, grande parte da literatura antirrelativista assume o caráter de uma cruzada moral.[35] O fato de esse moralismo ser facilmente legitimado em nome

---

[35] Entre muitos outros, ver Hollis e Lukes (1982).

de supostas realidades que são válidas independentemente do contexto e da diferença cultural reflete o enorme epistemicídio causado pela ciência moderna. Essa arrogância epistemológica traduz-se em dualismos normativos, como verdade/falsidade ou conhecimento/opinião; o que quer que não corresponda à premissa é atribuído à falsidade ou à opinião. Como mostraram Aníbal Quijano e Enrique Dussel, a arrogância epistemológica moderna é o reverso da arrogância da conquista colonial moderna.[36]

Pelo contrário, a diversidade de experiências do mundo, em conjunto com uma "conversa do mundo" que as leva a sério – quer dizer, que permite um diálogo entre essas experiências em vez de impor à força uma delas sobre todas as outras –, não faz sentido se se parte do princípio de que a objetividade do mundo pode ser captada com base numa única experiência. Se assim fosse, uma única experiência, mesmo que subjetiva e parcial, poderia arrogar-se o poder de declarar que todas as outras são subjetivas e parciais. E, de fato, foi precisamente isso que aconteceu, e acontece ainda, relativamente à modernidade ocidental e a sua incessante reprodução de experiências colonialistas, capitalistas e patriarcais. Não existe universalismo europeu;[37] existe, isso sim, uma experiência fundacional eurocêntrica que, devido ao poder econômico e militar dominante que detém, se impôs a outras experiências fundacionais existentes no mundo, assegurando assim a prerrogativa de se proclamar universalmente válida. Se, pelo contrário, aceitarmos que existem múltiplos mundos da vida, objetivos e subjetivos, de sentido e de ação,[38] que podem designar-se como *pluriverso*, então o relativismo mais não é do que a expressão da relatividade. A tarefa das epistemologias do Sul consiste em avaliar a razoabilidade e a adequabilidade relativas dos diferentes tipos de conhecimento à luz das lutas sociais nas quais a comunidade epistêmica em causa está envolvida.

A principal dificuldade com que se confrontam as epistemologias do Sul nesse âmbito é o fato de terem de validar as suas orientações num mundo dominado pelas epistemologias do Norte, cujo pressuposto

---

[36] Ver, entre outros, Dussel (2000) e Quijano (2005).

[37] Para uma crítica radical do "universalismo europeu", ver Wallerstein (2006).

[38] Mundos de sentido são aglomerados de relações de objetivação (a construção do outro) e de subjetivação (a construção do eu) que são amplamente partilhados.

– ou preconceito – básico é considerar a diversidade como superficial (aparência) e a unidade como profunda (estrutura subjacente). Nas palavras de Clifford Geertz (1989, p. 26), esse preconceito corresponde ao desejo "de representar as suas interpretações não como construções aplicadas aos seus objetos – sociedades, culturas, línguas – numa tentativa, de, de alguma forma, as compreender, e sim como essências desses mesmos objetos impostas ao nosso pensamento". Assim, devem ser destacadas duas dimensões do que poderemos chamar de uma concepção forte da diversidade de mundos objetivos/subjetivos.

Por um lado, a diversidade não é o primeiro passo de uma evolução inevitável na direção da uniformidade ou da unidade. Não existe um estado ideal de convergência ou fusão para o qual tudo aflua. Do ponto de vista pragmático, convergir ou divergir, fundir-se ou proliferar são objetivos sempre provisórios no contexto dos problemas concretos do mundo da vida que precisam ser resolvidos. Do ponto de vista das epistemologias do Sul, a diversidade não é uma questão; a questão são as várias formas de experienciar a diversidade e o fato de, contextualmente, alguns grupos estarem mais bem munidos do que outros para reforçar as lutas contra a opressão. A unidade da luta, em vez de excluir a diversidade dos que a empreendem, alimenta-a. Inversamente, a unidade que se baseia na uniformidade é o caminho que leva ao despotismo e ao fundamentalismo.

Por outro lado, a existência de múltiplos mundos da vida objetivos e subjetivos não cria uma incomensurabilidade ou incomparabilidade incontornável. Para os que pensam que a escolha é entre a transparência total (equivalência, não-diferença) e a opacidade total (ininteligibilidade, indiferença), o relativismo é sempre uma posição incoerente. O problema dessa opção redutora é que, na sua própria perspectiva, todas as formas de sociabilidade socialmente relevantes são necessariamente incoerentes também. Qualquer forma não-solipsista de sociabilidade é expressão de um desejo de entender e de coexistir que transcende as zonas de conforto daquilo que se considera como o mesmo ou como equivalente. A vontade de perceber impele-nos a ver o que se vê muito bem a partir da perspectiva de alguém que não vê a mesma coisa muito bem; impele-nos também a entender o que se considera relevante a partir da perspectiva de alguém que não considera a mesma coisa igualmente relevante. Deixar a nossa zona de conforto significa considerar que aquilo que vemos e entendemos é parte integrante de um contexto mais amplo que inclui aquilo que não se vê nem se entende e que outros veem e entendem. Além disso, sair da nossa zona de conforto com a vontade de perceber implica que se veja sabendo que se está sendo visto, que se observe sabendo que se está sendo observado, que se entenda sabendo que se está a ser objeto do entendimento dos outros. Implica também admitir que os que se encontram do outro lado do ver, do observar e do entender podem ser ou estar mais ou menos relutantes em sair das suas próprias zonas de conforto. A forma mais perversa de condenar ao exílio a diversidade é considerar que ela só se sente bem em nossa casa.

O problema da objetividade

Tenho defendido que não existe nem ignorância em geral nem conhecimento em geral (SANTOS, 2014a, p. 138). Toda ignorância é ignorância de um dado tipo de conhecimento e todo conhecimento consiste em ultrapassar um certo tipo de ignorância. Todo conhecimento implica uma trajetória de um ponto A, chamado de ignorância, para um ponto B, chamado de conhecimento. Nenhum desses dois pontos existe em separado. Existem ambos apenas enquanto elementos de um par, o que significa que uma dada ignorância pressupõe sempre um dado conhecimento por referência ao qual é ignorante. Uma vez consciente desse pressuposto, a ignorância torna-se ela mesma uma certa forma (residual) de conhecimento, a douta ignorância de Nicolau de Cusa, por exemplo (SANTOS, 2010b, p. 519-562). A aprendizagem de um certo tipo de conhecimento pode implicar o desaprender de outro tipo de conhecimento. Portanto, no fluxo dos diferentes tipos de conhecimento em que os seres humanos se inserem e dos quais se ocupam, a ignorância pode ser vista tanto como um ponto de partida quanto como um ponto de chegada. Por outras palavras, qualquer sistema de conhecimento é também um sistema de desconhecimentos. Um determinado sistema de conhecimento é hegemônico na medida em que omite convincentemente o desconhecido ou os desconhecimentos com os quais (con) vive ou gera, um sistema que nega crivelmente a existência de qualquer outro tipo de conhecimento em qualquer sistema cognitivo concorrente.

Para as epistemologias do Norte, a confiança num dado conhecimento reside na sua objetividade. A confiança é sempre mencionada em relação aos objetivos a serem atingidos usando o conhecimento em que se confia. A concepção desses objetivos na modernidade ocidental tem dois aspectos: a regulação social e a emancipação social. Foi essa dualidade que estruturou as clivagens sociais e políticas modernas (SANTOS, 1995, p. 7-55). Ao nível epistemológico, compreende dois tipos básicos de conhecimento: o conhecimento que serve aos objetivos da regulação (conhecimento-regulação) e o conhecimento que serve aos objetivos da emancipação social (conhecimento emancipação).[39] Quanto ao conhecimento-regulação, o ponto A, o ponto de ignorância, é definido como o caos, enquanto o ponto B, o ponto de conhecimento, é definido como a ordem. Nesse tipo de conhecimento, conhecer consiste em tornar possível a passagem do caos para a ordem. Por outro lado, no que se refere ao conhecimento-emancipação, o ponto A (ignorância) é definido como exclusão, e o ponto B (conhecimento), como solidariedade. Quanto a esse tipo de conhecimento, conhecer consiste em tornar possível a passagem da exclusão para a solidariedade. Essa dualidade está presente em todas as ciências sociais e humanas. As teorias funcionalistas modernas baseiam-se no conhecimento-regulação, enquanto as teorias críticas modernas se baseiam no conhecimento-emancipação. Essa dualidade epistemológica é reproduzida nas concepções de confiança. Enquanto para o conhecimento-regulação a confiança reside na capacidade de atingir a ordem, para o conhecimento-emancipação a confiança reside na capacidade de atingir a solidariedade.

Esse paradigma epistemológico confrontou-se desde o início com dois problemas fundamentais, cuja visibilidade foi aumentando no decorrer do século passado. Os dois problemas estão relacionados e podem definir-se como a agenda oculta ou os preconceitos enraizados das epistemologias do Norte. O primeiro problema teve origem no fato de, desde o início da época moderna eurocêntrica, esse paradigma ter construído (e ao mesmo tempo escondido essa construção) a linha abissal que separa as sociedades e sociabilidades metropolitanas das sociedades e sociabilidades

---

[39] Discuto em maior detalhe esses dois tipos de conhecimento em Santos (1995; 2002a) e em Santos, Nunes e Meneses (2004, p. 26-68; 2007, p. xvix-lxii).

coloniais. A dualidade entre a regulação social e a emancipação social foi concebida como universal, quando, de fato, apenas se referia às sociedades e sociabilidades metropolitanas.[40] Nas colônias, a dualidade era totalmente outra, entre a apropriação e a violência (SANTOS, 2010a, p. 31-83). Numa época em que a grande maioria da população mundial se encontrava sob o domínio colonial, o conhecimento-emancipação estava excluído das sociedades coloniais. Privado do outro elemento da dualidade (o conhecimento-emancipação), o conhecimento-regulação era aplicado nas colônias como forma de ordenação que garantia a reprodução da apropriação e da violência. As relações com os saberes existentes nas colônias pautavam-se igualmente por essa dualidade. Qualquer tipo de conhecimento não suscetível de servir aos objetivos da ordem colonial e, portanto, não suscetível de ser apropriado, era violentamente suprimido. Desse modo, o epistemicídio foi muito mais devastador nas colônias do que nas sociedades metropolitanas.

Como tenho defendido (mais recentemente em 2014a e 2018), a gravidade de tal estado de coisas reside no fato de a linha abissal não ter terminado com o fim do colonialismo histórico. As exclusões abissais por

---

[40] O marxismo representa a forma de conhecimento-emancipação mais brilhante e abrangente da modernidade ocidental. Até que ponto a linha abissal impede Marx de ser um pensador pós-abissal? Ele dedicou mais atenção às questões coloniais do que geralmente se pensa, embora seja duvidoso até que ponto via as sociedades não-europeias ou não-capitalistas a partir de uma abordagem diferente daquela que tinha concebido para analisar as metrópoles capitalistas. É verdade que numa fase mais tardia da sua vida, Marx reconheceu a questão das vias multilineares do desenvolvimento social, ou seja, a necessidade de analisar as sociedades não-ocidentais nos seus próprios termos, como mostra a correspondência que trocou com Vera Sassoulitch (MCLELLAN, 2000, p. 623-628). É também verdade que, nos seus artigos jornalísticos, Marx dedicou uma atenção constante às questões do colonialismo, da raça, da etnia, da escravatura e do nacionalismo. Kevin Anderson argumenta muito firmemente que esses interesses científicos e políticos fazem parte da obra teórica mais madura do filósofo. Em sua opinião, "a crítica de uma entidade única e dominante, o capital, constituiu o centro de toda a sua intervenção intelectual. Porém, centralidade não queria dizer univocidade ou exclusividade. A teoria social mais tardia de Marx girava em torno de um conceito de totalidade que não só concedia um amplo espaço à particularidade e à diferença como também, por vezes, entendia esses elementos específicos – raça, etnia e nacionalidade – como determinantes da totalidade" (ANDERSON, 2010, p. 244). Seja como for, continua a ser verdade que, depois da morte de Marx, o marxismo assumiu feições distintas e se tornou, em geral, um exemplo do pensamento abissal europeu.

ela criadas verificam-se ainda, muitas vezes sob formas mais insidiosas e destrutivas, como o neocolonialismo, o colonialismo interno, as intervenções imperialistas com o objetivo de impor mudanças de regime definidas unilateralmente, as guerras declaradas e não-declaradas, o racismo, a islamofobia, a xenofobia, o tratamento desumano de refugiados e de trabalhadores migrantes indocumentados, o trabalho escravo, etc...

O segundo problema com o qual se confronta a dualidade entre conhecimento-regulação e conhecimento-emancipação consiste no fato dela, mesmo nas sociedades e sociabilidades metropolitanas – em que as epistemologias do Norte estariam plenamente em vigor –, estar se tornando mais aparente do que real. Especialmente a partir do século XIX, essa dualidade escondia um dualismo normativo que dava primazia ao conhecimento-regulação em detrimento do conhecimento-emancipação. Com a consolidação dos três sistemas de dominação da modernidade ocidental – o capitalismo, o colonialismo e o patriarcado –, essa primazia foi levada ao limite, e o conhecimento-regulação acabou por canibalizar o conhecimento-emancipação. Ao fazê-lo, ressignificou e subverteu de fato a trajetória cognitiva implicada pelo conhecimento-emancipação; a solidariedade, que constituía a forma de conhecimento no âmbito do paradigma do conhecimento-emancipação, foi reconceitualizada como caos, a forma da ignorância nos termos do conhecimento-regulação. Por seu lado, a exclusão, que constituía a forma de ignorância para o conhecimento-emancipação, foi reconceitualizada como ordem, a forma de conhecimento nos termos do conhecimento-regulação. Exclusão entendida como ordem, e solidariedade entendida como caos: é esse o impasse para o qual nos conduziram as epistemologias do Norte desde o século XIX e que afeta hoje tanto as teorias críticas modernas como as pós-modernas.

A crise de governabilidade que, de uma forma ou de outra, está presente nas sociedades contemporâneas é resultado de uma condição histórica intrinsecamente ligada à fase atual do capitalismo global (o neoliberalismo), na qual o conhecimento-regulação se posiciona de modo a libertar-se do seu oposto (o conhecimento-emancipação) e, por consequência, a produzir um tipo de ordem estruturada pela dualidade entre apropriação e violência, que é característica da ordenação colonial. Com o avanço dessa tendência epocal, a linha abissal move-se insidiosamente de tal forma que "este" lado da linha, o lado das sociedades e sociabilidades metropolitanas, se reduz, ao passo que o "outro" lado da linha, o lado das sociedades e sociabilidades coloniais, se expande. Nessas circunstâncias, a objetividade, enquanto critério de confiança, está hoje mais do que nunca ligada à tentativa de garantir um tipo de ordem possível apenas através da apropriação e da violência, ou seja, através de formas radicais de exclusão epistemológica ou sociopolítica.

A objetividade científica é considerada um tipo superior de justificação, completamente distinta de outras justificações de confiança possíveis, tais como a autoridade, o consenso, a tradição, a revelação ou a eficácia. É possível, no entanto, que a confiança na ciência possa ter por base, pelo menos em parte, aquelas outras justificações, mesmo quando disfarçadas de objetividade. Apenas assim se entende a razão pela qual a ciência continua a gerar uma tal confiança, mesmo sendo o conceito de objetividade científica um dos mais contestados, seja em termos de métodos ou resultados, seja em termos de fidelidade aos fatos, perante a cada vez maior falta de autonomia da comunidade científica em relação aos poderosos compromissos e condicionalidades normativas extracientíficas.

As epistemologias do Sul dizem respeito a vários tipos de conhecimento, bem como às articulações que se podem estabelecer entre eles nas lutas contra a opressão. A essas articulações chamo ecologias de saberes. Existem dois tipos básicos de conhecimentos nas ecologias de saberes: aqueles que nascem na luta e aqueles que, apesar de não nascerem da luta, podem ser úteis a ela. Qualquer um desses tipos pode incluir conhecimentos científicos e não-científicos. Chamo os conhecimentos não-científicos de *conhecimentos artesanais*. Trata-se de saberes práticos, empíricos, populares, conhecimentos vernáculos que são muito diversos, mas que têm uma característica comum: não foram produzidos em separado, como uma prática de conhecimento separada de outras práticas sociais.

Os diferentes tipos de conhecimentos que integram a ecologia de saberes possuem, nas respectivas origens, diferentes critérios de confiança. Contudo, uma vez integrados nas ecologias de saberes, a confiança de que podem gozar depende da sua eficácia em termos do reforço das lutas e das resistências concretas contra a opressão, ou seja, dos modos como esses conhecimentos contribuem para maximizar as possibilidades de êxito das lutas e das resistências. A confiança num dado tipo de conhecimento, longe de ser a causa da importância deste numa ecologia de saberes específica, é antes consequência da eficácia esperada desse mesmo conhecimento no reforço do êxito da luta concreta na qual a ecologia de saberes está empenhada. Na medida em que a ecologia de saberes inclui conhecimento científico, a objetividade que lhe é atribuída como fonte de confiança (em relação, por exemplo, ao uso adequado de métodos científicos) é complementada pelos critérios de confiança próprios das epistemologias do Sul (em termos dos resultados a serem obtidos com recurso ao conhecimento científico). Voltarei a abordar esse tema quando discutir as questões metodológicas.

Tal entendimento da objetividade da ciência é determinante e, curiosamente, começa a estar presente nos debates epistemológicos sobre a ciência em geral. Dada a impossibilidade de um consenso mínimo, a objetividade começa a ser vista não como uma variável independente ("causa") da confiança na ciência, mas como a sua variável dependente ("consequência"). Por outras palavras, se o problema fundamental é o da confiança na ciência, a objetividade tem de ser concebida como tudo aquilo que pode contribuir para aumentar essa confiança. A objetividade pode assim ser entendida de formas diferentes, desde que o resultado seja o mesmo: maior confiança na ciência.[41]

Nas epistemologias do Norte, a questão da objetividade está relacionada com a questão da neutralidade, mesmo tratando-se de duas questões distintas. A questão da objetividade diz respeito, em geral, a métodos e valores epistêmicos (simplicidade, consistência, capacidade explicativa, capacidade de previsão, etc.), enquanto a questão da neutralidade tem a ver especificamente com resultados e valores contextuais (morais, sociais, políticos). Do ponto de vista das epistemologias do Sul, a neutralidade não faz sentido porque o critério de que depende a confiança se encontra nas vicissitudes da luta contra a opressão, impossibilitando assim qualquer indiferença contextual. An-Na'im descreve de forma eloquente a impossibilidade, ou mesmo o caráter imoral, da

---

[41] Sobre esse assunto, ver Reiss e Sprenger (2017).

neutralidade no contexto em que efetuou o seu trabalho científico: "É inaceitável que um acadêmico africano dedique toda a sua atenção à análise acadêmica distanciada sem tentar responder às necessidades urgentes e ao sofrimento inaudito de africanos em todo o continente" (AN-NA'IM, 2006, p. viii). A neutralidade é um dispositivo ideológico numa sociedade dividida em opressores e oprimidos. Numa sociedade assim, permanecer neutro equivale a estar do lado dos poderosos e dos opressores.

A crítica da objetividade da ciência foi empreendida pelas teorias críticas eurocêntricas modernas. Na tradição marxista, a relação entre objetividade e neutralidade foi resolvida por meio da articulação entre objetividade e uma subjetividade forte – uma subjetividade coletiva e historicamente constituída. A formulação mais brilhante dessa ideia deve-se a Lukács e à sua proposta da subjetividade forte da classe trabalhadora auto-organizada como garantidora de objetividade científica.[42] O otimismo de Lukács era excessivo, como mais tarde reconheceu a Escola de Frankfurt (HORKHEIMER; ADORNO, 1972), mas a sua intuição relativa à não-existência de objetividade sem subjetividade que lhe dê sentido e orientação permanece válida (com a ressalva de que, com a licença de Lukács, uma subjetividade forte será sempre necessariamente uma forma de intersubjetividade). De fato, a dominação capitalista, funcionando sempre em conjunto com a dominação colonial e patriarcal, multiplica os alvos do sofrimento injusto.[43] A resistência precisa, portanto, ser plural; as formas de articulação e a associação de lutas implicam sempre uma multiplicidade de sujeitos que não são redutíveis à homogeneidade ou à singularidade. Para as epistemologias do Sul, a objetividade é sempre intersubjetividade, ou melhor, intersubjetividade autoconsciente. Por isso, os conhecimentos nascidos ou utilizados na luta são sempre cocriações.

---

[42] Ver Lukács (1971).

[43] O poder social nunca é exercido por mecanismos de soma zero. Aqueles que não têm qualquer poder de um tipo específico quase sempre têm algum poder de um outro tipo. Um grupo social dominado é aquele cujos poderes não são suficientemente fortes para alterar as relações de dominação que o subjugam. Por outro lado, um grupo dominado pode minimizar o impacto do poder que o domina exercendo o poder que tem sobre outro grupo social mais intensamente dominado do que ele.

Levantar o peso pesado da ciência:
o lugar da ciência moderna nas ecologias de saberes

O terceiro problema do primeiro grau de separação tem a ver com o lugar da ciência moderna nas ecologias de saberes. As epistemologias do Sul pressupõem que nem a ciência moderna nem qualquer outra forma de conhecimento conseguem captar a experiência e a diversidade inesgotáveis do mundo. Todos os conhecimentos são incompletos: quanto mais amplo o conhecimento da diversidade de conhecimentos, mais profunda é a consciência da natureza imperfeita de todos eles. Uma melhor compreensão da diversidade de conhecimentos que circulam no mundo traz consigo uma melhor compreensão dos respectivos limites e da ignorância que produzem. Como disse anteriormente, não existe conhecimento em geral, tal como não existe ignorância em geral.

Dada a sua natureza pragmática, por princípio, as epistemologias do Sul não rejeitam nenhuma forma de conhecimento. No que se refere à ciência, o que se rejeita é apenas a reivindicação do monopólio do rigor, ou seja, a pretensão de que constitui o único tipo de conhecimento válido. Uma vez integrada nas ecologias de saberes, a ciência moderna pode ser um instrumento muito útil nas lutas contra a opressão.[44] O pluralismo interno da ciência abre espaço à sua utilização nas lutas contra essas formas de dominação.[45] Nas condições do nosso tempo,

---

[44] As longas incursões de Carl Jung pelo pensamento chinês ajudaram-no a entender o lugar da ciência moderna: "[a ciência moderna] não é realmente um instrumento perfeito, mas é uma ferramenta magnífica e valiosa que só causa danos quando é tomada como um fim em si mesma. A ciência deve servir; erra quando usurpa o trono. Deve estar pronta para servir todos os seus ramos, pois cada um, insuficiente por si mesmo, necessita da ajuda dos outros. A ciência é a ferramenta da mente ocidental e com ela podem abrir-se mais portas do que se usarmos apenas as mãos. Faz parte integrante do nosso entendimento e só obscurece o nosso pensar quando afirma que o entendimento que transmite é o único tipo que existe. O oriente ensina-nos um outro entendimento, mais amplo, mais profundo, superior – o entendimento por intermédio da vida" (1967, p. 6-7).

[45] "Produzir conhecimento é aceitar o risco de pôr à prova as nossas convicções e a nossa ignorância sem reduzir aquilo que sabemos àquilo que já sabemos e sem descartarmos como irrelevante aquilo que não somos capazes de descrever porque o desconhecemos, mas é também exercer prudência e precaução quando lidamos com o desconhecido ou com as possíveis consequências das nossas ações" (SANTOS, 2007a, p. xxxi). Ver também Santos (2004, p. 26-68).

os conhecimentos mobilizados nas lutas sociais são em geral uma combinação de, por um lado, conhecimentos científicos, eruditos, e, por outro, conhecimentos artesanais, empíricos e práticos. A construção dessas combinações, misturas e hibridizações é a principal tarefa das ecologias de saberes. Integrar a ciência nas ecologias de saberes levanta três problemas importantes: primeiro, como distinguir o conhecimento científico de outros tipos de conhecimento, em especial dos conhecimentos artesanais; segundo, que relevância atribuir ao pluralismo interno da ciência;[46] terceiro, que relevância atribuir às concepções não-ocidentais de ciência, ou seja, às concepções de ciência que não se coadunam com as que são formuladas pelas epistemologias do Norte.

A especificidade do conhecimento científico

Quanto ao primeiro problema,[47] parece não ser possível estipular uma série de características que definam de forma inequívoca e consensual um conhecimento específico como científico. Os debates epistemológicos atuais mostram que dificilmente seria possível chegar a um consenso mínimo quanto às características a eleger. Para as epistemologias do Sul, o conhecimento científico é o que a comunidade científica competente considera como tal.[48] Aquilo que num dado contexto espaçotemporal funciona como ciência pode ser usado como tal nas ecologias de saberes.

Para se integrar nas ecologias de saberes, a ciência deve respeitar o duplo critério de confiança anteriormente referido; por outras palavras, deve respeitar o critério da objetividade próprio da ciência, respeitando também o critério do reforço das lutas contra a opressão. Esse duplo

---

[46] Volto a discutir esses problemas mais adiante, ao abordar as metodologias descolonizadoras.

[47] Numa resenha de *Epistemologies of the South* [*Epistemologias do Sul*] (SANTOS, 2014a), Hugh Lacey (2015, p. 159-162) critica-me por nunca especificar a distinção entre ciência e outros tipos de conhecimento. Trato esse tema no Capítulo 5.

[48] As divisões dentro da comunidade científica são hoje mais generalizadas do que em qualquer outra época. Sempre que as divisões são significativas, há de se fazer a distinção entre o conhecimento que, num dado tempo-espaço, toda a comunidade científica relevante considera ser pseudociência e o conhecimento sobre o qual existe um debate sério entre a parte da comunidade científica que o considera ciência e a parte que o considera pseudociência.

critério possibilita a separação da objetividade e da neutralidade, tal como é exigido pelo critério pragmático que subjaz a toda a validação do conhecimento segundo as epistemologias do Sul.

A relevância do pluralismo interno da ciência

Qual a relevância do pluralismo interno da ciência quando esta vale pelo modo como se integra nas ecologias de saberes?[49] Esse pluralismo tem a ver com a possibilidade de a opção por vias metodológicas e teóricas alternativas, apesar de respeitar alguns ou até a maior parte dos pressupostos filosóficos subjacentes à ciência moderna, poder levar a uma situação na qual coexistem resultados científicos diferentes ou mesmo contraditórios, que são considerados válidos por diferentes setores da comunidade científica.[50] Nas ciências sociais e humanas, a fonte definitiva do pluralismo interno da ciência tem sido a distinção, já mencionada, entre conhecimento-regulação e conhecimento-emancipação. As vicissitudes que essa distinção sofreu nas últimas décadas e das quais se falou anteriormente são uma expressão perfeita dos limites do pluralismo interno. Nas ciências da vida e nas ciências naturais, os últimos quarenta anos testemunharam um pluralismo significativo, mesmo se atravessado por episódios de estigmatização mútua, muitas vezes para além dos limites da razoabilidade.[51] Como exemplo, refiro um caso específico – recente e importante – desse pluralismo interno da ciência e do seu impacto nas lutas sociais. Decorre atualmente um aceso debate no âmbito das ciências biológicas, químicas e agronômicas sobre

---

[49] Dada a porosidade da fronteira entre ciência e não-ciência, o mesmo debate epistemológico pode ser considerado por algumas pessoas um debate sobre o pluralismo interno (no interior da ciência) e por outras um debate sobre pluralismo externo (entre ciência e outros conhecimentos). A relevância dessa diferença para as epistemologias do Sul reside no fato de, se um dado conhecimento for tido como científico, a ecologia de saberes poder, ao integrá-lo, se beneficiar do seu prestígio enquanto conhecimento científico. O mesmo não acontece se o conhecimento for discutido no contexto do pluralismo externo e considerado não-científico.

[50] As epistemologias feministas também contribuíram de forma significativa para consolidar a ideia do pluralismo interno da ciência. Mesmo se normalmente inseridas na esfera das epistemologias do Norte, as epistemologias feministas permitem imaginar usos contra-hegemônicos do conhecimento científico hegemônico.

[51] Ver o caso Sokal e o seu desenvolvimento em Fujimura (2007, p. 105-128).

os perigos ambientais e para a saúde que advêm da utilização de produtos agrotóxicos, um debate que, aliás, opõe a expansão da agricultura industrial à preservação de uma agricultura camponesa, indígena ou de escala doméstica. Algumas correntes científicas minimizam os perigos e apresentam argumentos a favor da expansão da agricultura industrial, enquanto outras assumem a posição oposta.[52] Estas últimas aliam-se às lutas dos camponeses e dos povos indígenas, que, por experiência própria, sabem perfeitamente que a agricultura industrial os expulsa das suas terras, destrói as suas florestas, contamina as suas águas, envenena os seus corpos e degrada o ambiente. As lutas contra o capitalismo e o colonialismo agrários podem colher benefícios e obter mais força se construírem ecologias de saberes que combinem o conhecimento camponês ou indígena com o conhecimento científico que, de forma objetiva, apoia as lutas camponesas e indígenas.

Contudo, dada a tendência capitalista para mercantilizar o conhecimento científico e, portanto, para reduzir o valor desse conhecimento ao respectivo valor de mercado, e com a consequente sujeição da investigação das universidades e centros de investigação a critérios de lucro a curto prazo, o pluralismo científico pode bem desaparecer, especialmente nas áreas que se tornaram setores cobiçados para a acumulação de capital. A redução do pluralismo interno da ciência pode ter um impacto significativo na capacidade de integração do conhecimento científico nas ecologias de saberes. Quanto maior a sujeição da comunidade científica aos objetivos da acumulação de capital, menor a probabilidade de o conhecimento científico vir a ser usado nas lutas sociais contra a própria dominação de que o capitalismo é parte integrante. A redução do pluralismo interno da ciência torna mais difícil a utilização contra-hegemônica desta.

Concepções outras de ciência

O terceiro problema, o da relevância de concepções alternativas, não-ocidentais, da ciência, é muitas vezes descartado como sendo um não-problema, dado o aparente consenso amplo sobre o que é e o que

---

[52] Em Santos (2015a, p. 196-410), explico a tensão entre o modelo capitalista de desenvolvimento e os direitos ambientais, em especial o direito à saúde.

não é ciência. No entanto, se se tiver em consideração, como referi anteriormente, que aquilo que num determinado contexto espaço-temporal funciona como ciência pode ser usado como ciência nas ecologias de saberes, não se pode excluir a possibilidade de, num dado contexto, prevalecer uma concepção alternativa, não-ocidental, de ciência. Há efetivamente alguns exemplos históricos importantes, que referirei adiante. Assim, as epistemologias do Sul entendem a ciência numa perspectiva mais ampla do que as epistemologias do Norte. Para estas, existe apenas um tipo de ciência: a ciência moderna que se desenvolveu na Europa a partir do século XVII. Contudo, fora do mundo ocidentalocêntrico da ciência, a existência de modos não-ocidentais de produzir ciência é amplamente reconhecida, sendo alguns desses modos mais antigos do que a ciência ocidental moderna, como acontece com a ciência chinesa estudada por Joseph Needham (1954) (ver adiante). Como refere Roger Hart (1999, p. 89), "frequentemente a ignorância das ciências de outras culturas [foi] confundida com a ignorância de outras culturas de ciência".[53] Não existem critérios trans-históricos e transculturais que permitam definir a ciência e distingui-la inequivocamente de outros tipos de saber não-científicos. Na Índia[54] e no mundo islâmico[55] tem havido discussões particularmente dignas de nota. No caso do mundo islâmico, Alatas representa a tentativa mais eloquente e sistemática dos últimos anos no sentido de abordar a necessidade de uma concepção alternativa de ciência social que corresponda às preocupações teóricas e filosóficas das sociedades asiáticas. Nas palavras de Alatas (2006a, p. 18), ele

---

[53] Mais sobre esse assunto em Hart (1999, p. 88-114), Horton e Finnegan (1973), Galison e Stump (1996) e Goonatilake (1995).

[54] Ver, por exemplo, Nandy (1995); Sardar (1988); Uberoi (1984; 2002); e Visvanathan (1997). Em Prasad (2006, p. 219-227), pode ser encontrada uma análise complexa do debate sobre ciência moderna/ciência alternativa baseada num estudo de imagens obtidas por ressonância magnética efetuado no contexto dos estudos sociais da ciência.

[55] Ver, entre muitos outros, Alatas (1995, p. 89-111; 2006a,); Dhaouadi (1996) e Shariati (1979). A fim de ilustrar aquilo que está em causa na procura de uma ciência social islâmica, Dhaouadi (1996, p. 168) afirma: "Estudado sob um ponto de vista islâmico, o comportamento humano tem de ser entendido de um modo radicalmente diferente das perspectivas da libido de Freud ou do determinismo social de Durkheim. O impacto da pulsão sexual ou das forças sociais no comportamento humano é fortemente mediado pela intervenção de símbolos culturais".

[introduziu] o termo "discursos alternativos" como categoria que integra o trabalho de vários autores de uma grande variedade de disciplinas das ciências sociais, muitos dos quais se interessam pela tarefa da libertação do colonialismo acadêmico e pelo problema da irrelevância das ciências sociais euro-americanas, e exprimiram a necessidade de criar condições para a emergência de ciências sociais alternativas nas sociedades não-ocidentais.

A seguir me centrarei num exemplo anterior, o de um notável praticante da ciência outra, Mahatma Gandhi.

A concepção gandhiana da ciência

Devido à sua crítica da civilização ocidental moderna, Gandhi tem sido acusado de ter uma posição anticiência. Segundo Shambhu Prasad, essa questão não foi ainda devidamente abordada nem pelos seus seguidores nem pelos analistas sociais da filosofia e da prática gandhianas.[56] Nas observações que se seguem, adoto as perspectivas de Prasad e também as de J. Uberoi e Shiv Visvanathan.

Aldous Huxley foi dos primeiros a rotular Gandhi e o movimento *Khadi* de anticiência:

> Os seguidores de Tolstoi e de Gandhi dizem-nos que temos de "voltar à natureza", ou seja, abandonar completamente a ciência e viver como primitivos ou, na melhor das hipóteses, ao estilo dos nossos antepassados medievais. O problema dessa recomendação é que não a podemos seguir, ou, melhor dizendo, podemos segui-la se estivermos dispostos a sacrificar pelo menos de oito a nove milhões de vidas humanas. A ciência, sob a forma de industrialização e tecnologia agrícola modernas, permitiu que a população mundial duplicasse no espaço de cerca de três gerações [...] Tolstoi e Gandhi são humanitaristas professos, mas advogam o massacre, que, quando comparado com os massacres de Tamerlão e de Gengis Kahn, faz com que estes pareçam triviais e imperceptíveis (HUXLEY, 1933, p. 211).

No mesmo registro, Nehru, ao explicar a atitude de Gandhi relativamente à ciência, acaba por reforçar a divisão entre a chamada

---

[56] Ver Prasad (2001, p. 3721).

perspectiva pessoal de Gandhi e a perspectiva pública do Congresso. Nehru estabelece uma diferença muito clara entre si próprio enquanto homem de ciência e Gandhi enquanto homem de religião.[57]

Partindo do pressuposto de que, para ele, "a Índia como área de cultura não terá qualquer lugar [...] no mundo do conhecimento, das ciências e das artes se não começar por desafiar o monopólio do método científico europeu estabelecido nos tempos modernos", Uberoi conclui que "não é solução dispormo-nos a esperar até que nos tornemos nós próprios europeus", e salienta que vê Gandhi como detentor de uma teoria e uma prática da experiência científica distintas e ainda de uma explicação científica que pressupõe a igualdade entre o ser humano e a natureza (UBEROI, 1984, p. 8). Por sua vez, Nandy defende que Gandhi não se opunha à tecnologia em si mesma, e sim ao tecnologismo, uma condição que criava uma relação hierárquica tanto entre aqueles que possuem a tecnologia e aqueles que não a possuem como entre o ser humano e a natureza. Segundo Nandy, Gandhi avaliava a tecnologia não com base no que ela era, e sim com base naquilo que substituía, representava e simbolizava (NANDY, 1995). Visvanathan vê Gandhi como um dos maiores e mais inventivos cientistas da era *swadeshi*. Para fugir ao ocidente moderno, Gandhi teve de subverter ou transformar a ciência, tanto de forma lúdica como política. Segundo Visvanathan, a ciência gandhiana era uma ciência fluida de resistência. Na alteração da organização da ciência proposta por Gandhi, não seria de dinheiro que a ciência mais precisaria; em vez de grandes laboratórios, haveria *ashrams* e *gurukuls* da ciência (escolas com um guru residente) (VISVA-NATHAN, 1997, p. 231).

Nas palavras de Gandhi, "a civilização moderna, longe de ter proporcionado o maior bem à humanidade, esqueceu que os seus principais feitos são as armas de destruição em massa, o temível crescimento do anarquismo, as disputas terríveis entre capital e trabalho e a crueldade diabólica e arbitrária perpetrada contra os animais vivos inocentes e sem voz em nome daquilo a que falsamente se chama ciência (1999a, p. 206); assim, "[a] presunção a propósito das maravilhosas descobertas da ciência, por melhores que sejam em si mesmas, é, afinal de contas,

---

[57] Mais sobre esse assunto em Singh (1988, p. 15-16).

uma presunção falsa" (1999b, p. 209). Essas citações mostram a posição muito firme sobre a ciência que Gandhi defendia nos inícios da sua vida pública. A expressão "a que falsamente se chama" aponta para a convicção de Gandhi de que a prática científica prevalecente tinha defeitos, mas que estes não eram necessariamente intrínsecos à indagação científica. Nem essa condição justificava forçosamente uma rejeição absoluta. Tornava-se necessário corrigir a rota do empreendimento científico.[58]

Prasad destaca o fato de Gandhi colocar a ciência no contexto mais lato da descolonização. Era de opinião de que o cientista deveria se beneficiar de igual modo da interação com as colônias e os seus sujeitos. Sugeria que a popularização da ciência não era uma transposição linear de conhecimento do especialista para o leigo, mas deveria constituir um esforço colaborativo. Só assim poderia a ciência se beneficiar também desse processo.[59] Gandhi não via razões para que a ciência devesse estar inevitavelmente ligada à ideia de progresso ou à ideia de natureza como recurso natural infinito. Afirmava: "Ficamos deslumbrados com os progressos materiais da ciência ocidental. Não me apaixona tal progresso. De fato, quase parece que Deus, na sua sabedoria, evitou que a Índia seguisse essa direção a fim de poder cumprir a missão especial de resistir à investida do materialismo" (GANDHI, 2013, p. 53).

Em vários passos dos seus escritos, Gandhi vê-se como um cientista:

> penso agora que a palavra "santo" deveria ser banida da vida atual. Trata-se de uma palavra demasiado sagrada para ser levianamente aplicada a quem quer que seja, e muito menos a alguém como eu, que apenas busca humildemente a verdade, conhece as suas limitações, comete erros, nunca hesita em admiti-los quando os comete e confessa abertamente que, tal como um cientista, se dedica a fazer experiências sobre algumas das "verdades eternas" da vida, mas não pode sequer reclamar para si o estatuto de cientista porque não é capaz de mostrar quaisquer provas tangíveis da precisão científica dos seus métodos nem resultados tangíveis das suas experiências que sejam compatíveis com o que exige a ciência moderna (GANDHI, 1999c, p. 304).

---

[58] Prasad (2001, p. 3723).

[59] Bilgrami (2002, p. 79-93).

Seguindo o exemplo de Gandhi, Uberoi defende que "se o problema intelectual intrínseco da teoria e da praxis positivistas da ciência e dos seus respectivos argumentos vier a ser entendido por nós, levando a um diálogo com a teoria e a praxis nativas, sejam as clássicas, sejam as vernáculas, então a ciência ocidental moderna se encontrará reconstituída como algo novo" (1978, p. 86). A ideia da procura de uma ciência alternativa em vez da atitude anticiência surge claramente quando, em 1921, na inauguração do Tibbia College, em Delhi, Gandhi expôs a sua perspectiva sobre a medicina moderna e a medicina tradicional. O discurso começou com a sua crítica radical, na altura bem conhecida, relativamente à medicina moderna. Contudo, no mesmo discurso, Gandhi elogiava o espírito investigativo dos cientistas modernos e lançava aos médicos tradicionais o desafio de adotarem uma atitude semelhante, em vez de "seguirem fórmulas sem questionar":

> Gostaria de prestar uma humilde homenagem ao espírito de investigação que impele os cientistas modernos. A minha disputa não é dirigida a esse espírito. Queixo-me, sim, da orientação que esse espírito seguiu. Dedicou-se sobretudo à exploração de leis e métodos conducentes à promoção meramente material da sua clientela. Mas só tenho bem a dizer do zelo, da capacidade de trabalho e de sacrifício que têm animado os cientistas modernos na sua busca da verdade. Lamento ter de registar a minha opinião, baseada em considerável experiência, de que os nossos *hakims* e os nossos *vaids* não possuem aquele espírito em grau minimamente assinalável. Seguem fórmulas sem questionar. Fazem pouca investigação. A situação da medicina indígena é verdadeiramente deplorável. Não tendo se mantido a par da investigação moderna, a profissão caiu, em boa parte, em descrédito. É minha esperança que esta escola tente remediar este problema sério e devolva à ciência médica ayurvédica e yunani a sua glória primitiva. Fico feliz, portanto, que esta instituição possua uma vertente ocidental (Gandhi, 1999f, p. 342).

Para Gandhi, o conhecimento da "ciência da fiação" era fundamental para o êxito do movimento *Khadi*, tendo por isso apelado a todos os trabalhadores da comunidade que se instruíssem sobre ela. Gandhi era de opinião de que apenas aqueles que tivessem um conhecimento profundo tanto dos aspectos teóricos como dos aspectos práticos da ciência da fiação poderiam se tornar trabalhadores da aldeia. Os rigorosos critérios técnicos referentes aos trabalhadores do *Khadi* mostram que Gandhi via o trabalhador da comunidade como um cientista. O trabalhador deveria conhecer muito bem todos os aspectos da manufatura de tecidos, incluindo as diferentes variedades de algodão e o método de colheita adequado à fiação manual. Tinha de saber descaroçar e conhecer os diferentes descaroçadores manuais usados nas aldeias indianas. Tinha ainda de saber testar a resistência, a uniformidade e as contagens de *yar*, distinguir uma boa *charkha* de uma má *charkha*, e ser capaz de reparar *charkhas* degradadas e de endireitar um fuso defeituoso. Gandhi analisou com preocupação o declínio das indústrias rurais. Sentia-se fora da sua área ao investigar o tema, para o qual não tinha preparação:

> Nesse âmbito o campo é tão vasto, com uma tão infinda variedade de indústrias para tratar e organizar, que porá à prova o nosso talento empresarial, o nosso conhecimento especializado e a nossa formação científica. Não se pode conseguir sem trabalho duro e esforço incessante nem sem aplicar todas as nossas capacidades empresariais e científicas a esse objetivo supremo. Por isso, enviei um questionário a vários dos nossos médicos e químicos conhecidos, solicitando-lhes que me elucidassem sobre a análise química e os diferentes valores alimentares do arroz polido e não polido, *jaggery* e açúcar, etc. Muitos amigos me responderam de imediato, pelo que lhes estou grato, e confessaram apenas que não foi feita até agora qualquer investigação sobre alguns dos temas que abordara nas minhas perguntas. Não é trágico que nenhum cientista tenha sido capaz de me fornecer a análise química de um artigo tão simples como o *gur*? A razão é que não pensamos no habitante das aldeias (1999e, p. 410).

No esquema de Gandhi, o papel ativo do cientista tinha uma importância fundamental. O cientista tinha de ser consciente e capaz de pensar por si, sendo claro que o seu lugar não era nem no mercado explorador nem no Estado asfixiante, e sim ao lado do povo. Todas as experiências de Gandhi na ciência foram uma tentativa de definir e articular essa área. Orientar o cientista era o talismã preferido de Gandhi:

> Sempre que tenhais dúvidas ou se o vosso ego se tornar demasiado grande, fazei o seguinte teste. Recordai o rosto do homem mais pobre e mais fraco que possais ter visto e perguntai-vos se o passo

que contemplais dar irá trazer-lhe algum benefício. Irá ele ganhar alguma coisa? Irá devolver-lhe um controle da sua própria vida e do seu destino? Por outras palavras, conduzirá ao *swaraj* as milhões de pessoas desnutridas e com fome espiritual? Desta forma, verão esvanecer-se as vossas dúvidas e os vossos egos (1999d, p. 311).

Na cosmologia gandhiana, a unidade do corpo, da mente e do espírito foi necessária para a exploração da relação entre a natureza, o ser humano e Deus. Uberoi afirma, na mesma linha de pensamento:

Do lado da ciência, o novo modo de vida e de pensamento irá obrigar-nos a reestruturar o projeto, o currículo e a hierarquia das ciências especiais, teóricas e experimentais, para descobrir e afirmar a unidade superior do sujeito e do objeto, do ser humano e do sistema. A nova classificação condenará, em todas as ciências especiais, o distanciamento entre a natureza exterior e o ser humano interior, entre o participante e o observador, como princípio de conhecimento (1978, p. 85).

Concluo esta seção com as seguintes palavras de Anthony Parel (2000, p. 9): "Quanto à epistemologia, Gandhi parte do princípio de que os seres humanos vivem segundo verdades estabelecidas pelo empirismo, pela razão e por intuições espirituais". Essa citação resume o percurso de Gandhi pelos saberes ocidentais e não-ocidentais.

CAPÍTULO 3

Autoria, escrita e oralidade

Neste capítulo, inicio a discussão do segundo grau de separação entre as epistemologias do Sul e as epistemologias do Norte. O segundo estrato de problemas refere-se aos diversos contextos e lugares de conhecimento, e à diversidade dos conhecimentos a que dão origem. São a base sobre a qual as questões teóricas e metodológicas levantadas pelas epistemologias do Sul devem ser tratadas. Neste capítulo, abordo os dois primeiros problemas. *O problema da autoria* refere-se ao fato de a maior parte dos conhecimentos que têm origem em lutas sociais serem coletivos ou funcionarem como tal. Em vez de terem autores, são eles próprios autores. No entanto, nas lutas surgem frequentemente superautores. Como devemos entender esse fato? *O problema da oralidade e da escrita* tem a ver com a seguinte pergunta: uma vez que a maior parte dos conhecimentos presentes nas ecologias de saberes circulam de modo oral, mesmo possuindo uma versão escrita, e outros não têm qualquer versão escrita, como eles podem ser validados nesse fluxo evanescente, ou mesmo imperceptível?

A questão da autoria

Para as epistemologias do Sul a questão da autoria é complexa; engloba tipos de autoria que vão para além do paradigma do individualismo autoral privilegiado pelas epistemologias do Norte, que é caracterizado por distinções como as de sujeito/objeto, conhecedor/

conhecido, mente/corpo e teoria/prática. Para as epistemologias do Sul o próprio conceito de autoria é problemático. Na modernidade ocidental, o conceito de autor implica noções como originalidade, autonomia e criatividade. Faz parte do mesmo conjunto de filosofias idealistas que subjazem ao individualismo possessivo moderno. Tal conceito de autoria tem pouca valia nas epistemologias do Sul, na medida em que, para elas, os conhecimentos mais relevantes ou são imemoriais ou são gerados no âmbito das experiências sociais de opressão e das lutas contra essa opressão. Seja como for, raramente são identificáveis com uma única pessoa ou provêm de uma única pessoa. Subjacentes a esses conhecimentos estão sempre experiências coletivas novas ou antigas. Os conhecimentos irrompem, muitas vezes de formas surpreendentes, em momentos de ação ou de reflexão, momentos que são especialmente tensos devido aos riscos e desafios em causa. Ou então trata-se de memórias coletivas (conhecimentos tácitos, latentes) que em muito precedem os contextos da vida e da luta do presente.

Descritos os perigos do conceito de autoria, podem ser identificados pelo menos dois tipos desta: por um lado, os conhecimentos coletivos; por outro, os conhecimentos dos superautores. A maior parte dos conhecimentos que surgem da luta são coletivos ou funcionam como tal. Muitas vezes os conhecimentos mais cruciais não têm autores. São eles mesmos autores. A esse respeito, surgem duas questões: a questão do anonimato e a questão da unanimidade. Mesmo pertencendo os conhecimentos coletivos a um dado grupo ou comunidade, há sempre pessoas que os formulam com especial autoridade, precisão, credibilidade ou eficácia. É esse o caso dos sábios-filósofos (*sages*) africanos da filosofia da sagacidade que refiro adiante, ou o caso dos sábios e sábias indígenas ou camponeses e camponesas da África, das Américas e da Ásia. Trata-se dos intermediários entre o conhecimento coletivo e o grupo ou a comunidade como um todo. O conhecimento coletivo exprime-se através deles e delas, num tipo de mediação que, longe de ser neutra ou transparente, é um espelho prismático, como um filtro criativo e transformador. Tais situações não cabem efetivamente na dicotomia individual/coletivo. Por outro lado, mesmo se partilhados por um dado grupo ou comunidade, os conhecimentos coletivos não são necessariamente comuns no sentido de serem percebidos e sancionados de igual forma por todos os membros dos referidos grupos ou comunidades. Pelo contrário, podem surgir variações, ênfases diferentes e mesmo conflitos interpretativos com especial intensidade em momentos de crise ou de mudança súbita ou significativa.[60] O segundo tipo de autoria, a autoria dos superautores, engloba dois subtipos. Por um lado, os líderes dos movimentos e lutas que, devido à exemplaridade dos seus percursos ou à sua posição política, dominam um tipo de conhecimento que lhes concede uma autoridade especial. Esse protagonismo autoral é complexo, dado que a sua natureza individualizada resulta muitas vezes de laboriosos processos de construção coletiva de conhecimento. Líderes de movimentos de libertação nacional – como Mahatma Gandhi, Julius Nyerere, Kwame Nkrumah, Amílcar Cabral, José Rizal e José Martí – são exemplos de indivíduos cuja trajetória política lhes outorgou o estatuto de porta-vozes privilegiados de conhecimento coletivo. Por outro lado, há aqueles cujos conhecimentos são portadores de uma autoridade especial numa dada comunidade. Como foi referido anteriormente, é esse o caso dos sábios e das sábias, os e as *sages*" que inspiraram o filósofo africano Odera Oruka a tornar a sua filosofia da sagacidade numa das mais importantes vertentes da filosofia africana.[61] Reconstruindo de modo crítico e criativo a experiência coletiva e a tradição oral do grupo, os sábios-filósofos concebem formas críticas e criativas de interpretar e transformar a realidade.[62] A frase do pensador

---

[60] Na Parte II, sobre questões metodológicas, abordo o problema de a autoria coletiva ser muitas vezes apropriada de forma não ética (se não também ilegal) por investigadores individuais e convertida em autoria individual. Para um estudo empírico recente sobre a amplitude dessa conversão, ver Castleden, Morgan e Neimanis (2010, p. 23-32).

[61] A distinção entre o primeiro e o segundo tipos de superautor não é sempre isenta de equívocos. Por exemplo, Oruka (1990, p. 32) defende que tanto Gandhi como Nyerere são superautores por serem protagonistas de lutas de libertação e por serem sábios/*sages*. Ver também Santos (2014a).

[62] Oruka distingue o sábio popular do sábio-filósofo. O sábio popular é o sábio "cujo pensamento, apesar de bem informado e pedagógico, não vai para além da aclamada sabedoria popular. Esse sábio poderá não ter a capacidade ou a vocação para aplicar a sua própria objeção crítica independente das convicções ou crenças populares". O sábio-filósofo, por sua vez, "poderá conhecer, como o sábio popular conhece, as convicções ou crenças que orientam a sua comunidade. No entanto, faz uma avaliação

africano Amadou Hampâté Bâ (1901-1991), "na África, quando morre um ancião é como se ardesse uma biblioteca" (DIAGNE, 2013, p. 69), é inspirada nesses sábios. A estrutura-base das relações entre o individual e o coletivo é também muito complexa. Na perspectiva de Oruka, os sábios-filósofos combinam um entendimento profundo, muitas vezes ancestral, da tradição oral com uma percepção individual que lhes permite adquirir uma consciência crítica relativamente às perspectivas herdadas, e, assim, criar novas perspectivas. Essas novas perspectivas têm sempre um caráter duplo de análise e orientação, interpretação e ética. Os sábios-filósofos são tradutores criativos da sua própria cultura; ao mesmo tempo, mantêm os pés firmemente apoiados nas emergências e nas exigências do presente, recorrendo de forma seletiva e pragmática a um passado que é inesgotável e apenas parcialmente transparente.

Escrita e oralidade

O conhecimento científico é um conhecimento escrito divulgado pela escrita, sendo essa a condição indispensável para que seja considerado rigoroso e monumental. É rigoroso porque fornece uma versão unívoca, a versão escrita presente no texto, e redigida numa dada língua que lhe fixa a matriz; é monumental porque, tal como os monumentos, a escrita permanece e, por essa razão, distancia-se das práticas diárias. Refiro-me, evidentemente, aos textos e não às interpretações, as quais variam e evoluem, sendo essa a razão pela qual as tradições escritas são menos rígidas do que os textos escritos que constituem a respectiva base. Contudo, em paralelo com os conhecimentos escritos, há conhecimentos que são divulgados oralmente e não possuem qualquer expressão escrita; na maior parte dos contextos da vida cotidiana, esses conhecimentos orais constituem enunciados, e não textos. Se considerarmos a totalidade do mundo como uma paisagem de conhecimentos escritos e orais, perceberemos que os conhecimentos orais são mais comuns do que os escritos, embora tenham menos prestígio, em geral pela simples razão

---

crítica independente daquilo que as pessoas tomam como certo" (1990, p. 28). Só o sábio-filósofo pode ser considerado um superautor no sentido aqui adotado. O trabalho de Oruka tem sido muito discutido. Ver, por exemplo, Masolo (2016) e Binte Masud (2011, p. 874-886).

de que os critérios dominantes de atribuição de prestígio são estabelecidos em contextos nos quais prevalece o conhecimento escrito. O conhecimento oral não é necessariamente o conhecimento de pessoas analfabetas.[63] E nem é simples, ingênuo, de fácil acesso ou não confiável face ao conhecimento escrito. É um saber com uma lógica de produção e de reprodução diferente.

Para se entender a diferença, veja-se uma proposta de distinção entre literatura e oratura. O conceito de oratura, cunhado pelo linguista ugandês Pio Zirimu, visa dar à expressão oral o mesmo estatuto que tem a expressão escrita. Segundo Wa Thiong'o, Zirimu concebe a oratura como algo maior do que literatura oral, como um sistema estético oral que dispensa a validação do cânone literário (escrito). De fato, a oratura entende a literatura como sendo derivativa, encontrando frequentemente as suas fontes na literatura oral. A oratura possui o seu próprio valor, apesar de a literatura escrita ter muitas vezes se apropriado do conhecimento oral, tomando-o como matéria-prima e submetendo-o aos seus critérios estéticos ou epistemológicos. A verdade é que um grande número de produtos culturais escritos tem a sua raiz na oratura. É o que acontece, como refere Wa Thiong'o, no caso dos épicos clássicos de qualquer cultura, uma vez que, "mesmo quando fixados pela escrita, apenas adquirem realidade ao serem ditos, na narração oral".[64]

As pessoas hoje em dia, predominantemente formadas no âmbito do conhecimento escrito, são tendencialmente incapazes de escutar conhecimentos não escritos.[65] Podem até ouvi-los quando são expressos,

---

[63] Por exemplo, alguns dos sábios apresentados por Odera Oruka sabiam ler e escrever.

[64] Ver Wa Thiong'o (2007, p. 4-7). Nos seus romances, Wa Thiong'o propõe uma fusão entre oratura e literatura. Ver, por exemplo, *Wizard of the Crow* (2006). Ver também Colson (2011, p. 133-153). Goody (1987, p. 59-77) apresenta um argumento semelhante sobre os poemas homéricos enquanto produto de uma cultura oral ou de uma cultura literária.

[65] Goody adverte: "Como membros de uma cultura escrita, temos tendência a transferir os nossos próprios processos de memória para a nossa leitura das culturas orais, vendo-as com olhos de quem lê, mas precisamos olhar para elas a partir de dentro" (2000, p. 35). Goody escreveu um número importante de textos sobre as interseções das culturas orais e escritas. Ver, por exemplo, a análise do impacto da escrita islâmica nas sociedades orais da África ocidental em Goody (1987, p. 125-138).

mas não conseguem verdadeiramente escutá-los. Isso quer dizer que não entendem os silêncios, aquilo que está implícito no que é efetivamente dito, ou aquilo que pode apenas ser dito e nunca escrito. Do ponto de vista do conhecimento escrito, a ausência de uma escuta profunda não constitui um problema; é, de fato, uma condição para o reforço da capacidade de distinguir o conhecimento relevante (escrito) do irrelevante (oral).[66] *Mutatis mutandis*, se a oratura, ao inverter as práticas dominantes, submetesse à sua lógica própria os textos escritos e seus respectivos autores, revelaria os limites do rigor destes últimos e contribuiria assim para os desmonumentalizar.[67] Continuaremos a discutir esse tema mais adiante.

A oratura tem uma dimensão performativa que não se encontra no conhecimento escrito.[68] Exige a presença de um *performer* (um agente, um ator) e de um público, bem como, obviamente, de um espaço de *performance*, de apresentação/representação, que pode ser uma praça, uma rua, a sombra de uma árvore, uma igreja ou um ônibus. Na medida em que é transmitido em copresença, o conhecimento oral é também visual. Quando se trata de conhecimento oral tradicional, a sua interpretação implica o conhecimento tanto da tradição oral como da tradição visual.[69] A transmissão do conhecimento oral pode incluir a dança, o teatro e a música. O escultor, poeta e contador de histórias sul-africano Pitika Ntuli relata que a característica básica da oratura é ser mais do que a fusão de todas as formas de arte. "É a concepção e a realidade de uma perspectiva total da vida. É uma cápsula de sentimento, pensamento, imaginação, gosto e ouvido. É o fluxo de um espírito criativo [...] A oratura é o universo

---

[66] Nos capítulos que se seguem (sobre metodologia), abordo a relevância epistemológica e metodológica da escuta profunda.

[67] Ver o Capítulo 9, sobre a desmonumentalização do conhecimento escrito.

[68] O clássico de Ruth Finnegan sobre a literatura oral na África (publicado originalmente em 1970) chama a atenção para o papel da *performance* na presentificação, transmissão e composição da tradição oral. "Sem a sua realização oral e interpretação direta pelo cantor ou orador, não se pode simplesmente dizer que um texto literário não-escrito tenha de modo algum uma existência continuada ou independente. A esse respeito, o paralelo não é tanto com a literatura escrita, e sim com a música e a dança, pois estas são formas de arte que, em última análise, se atualizam na e através da respectiva *performance* e, além disso, dependem em certo sentido da repetição de *performances* para terem uma existência continuada" (FINNEGAN, 2012, p. 5).

[69] Sobre a relação entre textos orais e visuais, ver Somjee (2000, p. 97-103).

de expressão e de apreciação e uma fusão de ambos num indivíduo, num grupo, numa comunidade" (NTULI, 1988, p. 215). Dentro da mesma lógica, Wa Thiong'o explica que "a oratura não toma como absolutas as fronteiras entre a especificidade da natureza e a da cultura ou educação" e considera que os seus "elementos genéricos mais importantes – adivinhas, provérbios, histórias, canções, teatro e dança – são uma tentativa imaginativa de explicar o universo" (2007, p. 6).

A fronteira entre a arte e o conhecimento oral é muitas vezes difícil de determinar. Como dar espaço à *performance* em contextos em que predominam os conhecimentos não-performativos e como valorizar a presença de conhecimentos orais em contextos dominados por conhecimentos escritos? São esses os desafios que as epistemologias do Sul têm de enfrentar. Tais desafios não devem ser vistos como formas de reconciliar conhecimentos passados e presentes, modernos e tradicionais. Terão provavelmente um melhor fundamento se forem considerados em relação ao futuro, na medida em que a era da informática e o espaço virtual por ela criado produzem um regresso à oralidade amplo e transformado – aquilo que Wa Thiong'o (2007, p. 5) chama de cibertura: "Tal como a natureza deu origem à cultura, a cultura deu, por sua vez, origem à cibercultura ou cibertura (realidade virtual). A cibertura está para a cultura assim como a própria cultura está para a natureza. A cibertura imita a cultura do mesmo modo que a cultura imita a natureza".[70] De fato, o ressurgimento da cultura oral no mundo da internet está se tornando um tema de grande interesse. Por exemplo, o Projeto *Pathways*, de John Foley, visa ilustrar as semelhanças e correspondências fundamentais

> entre as tecnologias de pensamento mais antigas e mais recentes da humanidade: a tradição oral e a internet; [...] apesar de diferenças

---

[70] As comunidades camponesas e os povos indígenas (povos tribais ou nações primeiras da América do Norte) enfrentam hoje o desafio de transmitir conhecimento oral às gerações mais novas através da internet e de outros meios eletrônicos que os jovens dominam melhor. Será que o novo formato de gravação e transmissão altera as histórias? Será que todas as histórias podem ser gravadas, ou haverá algumas que têm um caráter demasiado religioso para poderem ser gravadas? Quem deve fazer a seleção e em quais critérios deve basear-se? Quem pode garantir a exatidão da transmissão num contexto em que o contador de histórias deixa de controlar a autenticidade ou a fidelidade da narrativa?

superficiais, ambas as tecnologias são radicalmente afins no sentido em que dependem não de produtos estáticos, e sim de processos contínuos, não de "O quê?", e sim de "Como é que eu chego lá?". Por oposição à organização espacial da página e do livro, as tecnologias de tradição oral e as da internet *imitam a forma como pensamos*, processando-se pelos circuitos de uma rede. Em ambos os meios de comunicação são os circuitos – e não as coisas – que são importantes (FOLEY, 2012, p. 5).

O conhecimento oral não conhece disciplinas, tempos lineares, espaços delimitados.[71] Nas suas múltiplas manifestações, imita, recria e subverte domínios da realidade que se alteram, que de distantes se tornam próximos, de estranhos se tornam conhecidos, ou vice-versa. Uma das suas manifestações mais genuínas são as histórias narradas por contadores de histórias. O contar de histórias gera uma sensação de copresença imediata e concreta através da qual as experiências sociais que existem em tempos, espaços e culturas diferentes se tornam mais facilmente acessíveis e inteligíveis, um tipo de copresença que não se consegue obter através da linguagem conceitual (seja ela técnica, filosófica ou científica). Segundo Wa Thiong'o,

> [n]uma história, ao contrário da vida real, podemos saber o que acontece a seguir. Um bom contador de histórias é o que cria de novo a ânsia da expectativa [...]. Mesmo quando os ouvintes já conhecem o teor geral da história e o seu fim, o contador de histórias é capaz de recriar mais uma vez a ânsia da expectativa e satisfazê-la depois. A história torna-se nova a cada vez que é contada e recontada (2012, p. 79).

A narrativa, mesmo quando se trata de uma narrativa histórica, subverte a lógica temporal ao produzir um efeito de sincronicidade e de contemporaneidade que ajuda a tornar o estranho em conhecido e em contemporâneo o que é distante no tempo. Além disso, a *memoria passionis* (em si mesma uma categoria judaico-cristã) do mundo baseia-se na rememoração e nas narrativas que, ao contarem de novo lutas exemplares de vida e morte, de sofrimento e libertação, de perda e ganho, reforçam os sentimentos de alegria e medo,

---

[71] A oratura, enquanto arte narrativa, atravessa várias temporalidades de experiência concreta, permitindo assim uma reflexão sobre a memória.

de temor e maravilhamento, de vingança e compaixão, a partir dos quais surge uma espécie de sabedoria partilhada e ascendente sobre o mundo.

Ao contrário da reconstrução histórica, a *memoria passionis* faz desaparecer a diferença entre passado, presente e futuro, vê forças nas fraquezas e possibilidades alternativas nas derrotas. A sabedoria a que dá origem é tão contemplativa quanto ativa; é um depósito global de memória e visão que converte o passado numa energia capaz de dar poder ao presente e de reforçar o *ainda não* ou o *talvez* do futuro. Além disso, narrativas, histórias e parábolas têm um final aberto. Deixam-se reinterpretar e recontextualizar e, nesse sentido, permitem uma contínua reinvenção da autoria ou coautoria. Os contadores de histórias são sempre coautores das histórias que ouviram contar aos seus antepassados.

Nos processos de luta, as histórias configuram muitas vezes conhecimento capacitador, seja porque realçam a força dos oprimidos (por exemplo, lembrando-os de vitórias passadas), seja porque reduzem a força dos opressores (por exemplo, ridicularizando a realidade que eles têm como incontestável ou sublinhando a fragilidade das relações de poder que eles têm como inalteráveis). Contam-se histórias, cantam-se canções com o mesmo objetivo de criar um sentido intensificado de partilha e de pertencimento que irá contribuir para reforçar e radicalizar a vontade de transformação social. Não é por capricho proselitista ou por excesso de zelo que todas as reuniões, todos os comícios, protestos e ocupações de terras organizados por um dos mais importantes movimentos sociais dos nossos dias – o Movimento dos Trabalhadores Rurais Sem Terra (MST) do Brasil – se iniciam com aquilo a que chamam de mística, um momento de silêncio, oração e canto, com os militantes em círculo, de mãos dadas, tornando-se os corpos físicos individuais em um corpo físico coletivo.

Em termos históricos, as canções e os cânticos sempre tiveram uma presença muito forte nas lutas de resistência e libertação enquanto forma de ganhar força para se ultrapassar o desespero e coragem para lutar contra opressores intimidantes. A presença através de canções e cânticos é uma forma de transcender o corpo sem o abandonar nunca, de transcender diferenças em prol da harmonia necessária para uma tarefa prática em mãos (que pode ser o próprio canto ou algo que vai além dele), de criar força material a partir da força simbólica.[72]

Tanto quanto me é dado saber, um dos projetos mais notáveis relativos à descolonização do conhecimento e à utilização da história oral como ferramenta de resistência contra a dominação capitalista e colonial é o *Taller de Historia Oral Andina* (THOA), fundado na Bolívia em 1983 por iniciativa de Silvia Rivera Cusicanqui. Desde o início, o objetivo do THOA é o de construir a história genuína, concreta dos povos indígenas da região andina, uma história contada por eles, refletindo as suas mundivisões e modos de vida, os seus pontos de vista sobre as lutas que levaram a cabo ao longo dos séculos, os seus heróis, os seus anseios em relação à justiça, à dignidade e à autodeterminação. O recurso criativo às metodologias da história oral, o envolvimento ativo das comunidades, as dezenas de publicações e os debates que promoveram, tudo isso permitiu que o projeto THOA não só empreendesse uma crítica consistente das epistemologias do Norte, mas também constituísse uma fonte de conhecimento militante a serviço de muitas organizações indígenas que dele usufruíram para fortalecer as suas próprias lutas contra o capitalismo e o colonialismo.[73] A busca de um tipo diferente de conhecimento, um conhecimento artesanal característico dos povos e dos camponeses indígenas, deu origem a uma epistemologia nova e complexa na qual o texto oral se associava ao texto escrito e o conhecimento característico dos povos indígenas era complementado pelo conhecimento dos cientistas sociais com eles solidários.[74] O que torna esse projeto e o trabalho de Cusicanqui

---

[72] A tradição oral é muitas vezes confrontada com o problema da transcrição. Será apropriado, ou mesmo legítimo, transcrever textos orais? Na antologia de escrita indígena da Nova Inglaterra coordenada por Siobhan Senier, esta refere que Leslie Marmon Silko (Laguna) "uma vez criticou a transcrição de narrativas orais dizendo tratar-se de um roubo cultural, já que essas tradições ou eram completamente desvirtuadas quando publicadas ou nunca sequer deveriam ter sido transcritas" (SENIER, 2014a, p. 7).

[73] Ver Cusicanqui (1993, p. 25-139), Cusicanqui e Arze (1986, p. 83-88) e THOA (1988; 1995). Ver ainda Stephenson (2002, p. 99-118).

[74] A obra monumental de Pablo González Casanova, em quatro volumes (1984-1985), em que colaboraram cientistas de todo o continente, atesta essa complementaridade de forma eloquente. Na introdução ao Volume 1, González Casanova escreve: "A história da emergência da consciência, da estratégia e tática dos índios e dos camponeses

verdadeiramente extraordinários é a articulação entre esses diferentes tipos de conhecimento enquanto opção epistemológica adotada de um modo consistente.

As ecologias de saberes que têm origem nas lutas incluem muitas vezes conhecimentos orais e escritos, que podem ser histórias, documentos, canções ou manifestos. A performatividade reveste-se de várias formas. Uma delas é a memorização e recitação. Nenhuma delas é uma simples reprodução de conhecimentos escritos ou orais; trata-se, pelo contrário, de conhecimentos de um terceiro tipo – o performativo. Em determinados contextos, os conhecimentos performativos são crucialmente formativos na educação da comunidade, mesmo quando apelam à luta. É esse o caso da revitalização religiosa do islá através da leitura e da recitação intensivas do Corão. No seu estudo sobre o revivalismo religioso na Indonésia na década de 1990, Anna Gade relata o papel social da memorização do Corão: "Nas tradições islâmicas, a memorização do Corão é um dever religioso especial dos muçulmanos que têm uma responsabilidade perante a comunidade enquanto 'guardiães' da revelação" (2004, p. 62). No que se refere à recitação, Gade escreve: "Os concursos de recitação do Corão representam no sudoeste asiático expressões do movimento global do 'despertar islâmico', um fenômeno que na Indonésia realça o desenvolvimento entusiástico das artes corânicas, a leitura e a memorização" (2004, p. 216). Segundo a autora,

> quem memoriza o Corão é reconhecido como sendo seu "guardião" (*hafiz*), conhecido pela sua *persona* social específica que advém da capacidade de recitar o Corão sem a ajuda de um texto [...] Os que memorizam o Corão negociam afetivamente as expectativas relativas ao papel e às responsabilidades sociais de quem "traz" o Corão na memória para o bem da comunidade (2004, p. 60).

é fascinante tanto pelas desmistificações que empreende – entre outras, de modelos e paradigmas e escolas e doutrinas autoritárias e abstratas – como pela descoberta de toda uma cultura de luta contra a submissão epistemológica e política" (1984-1985, p. 11). Mais de vinte anos teriam de passar até os movimentos verem reconhecidos os seus próprios intelectuais ("intelectuais orgânicos", "intelectuais nativos") num contexto epistemológico bem mais plural do que o das décadas de 1970 e 1980. Regresso a esse tema na Parte II. Esteva, Valencia e Venegas (2008) apresentam um excelente panorama da mudança epistemológica. Ver, em especial, Giarracca (2008, p. 121-136).

A memorização e a recitação são processos de hibridização entre o escrito e o oral e estão bem presentes em lutas de forte dimensão religiosa. Nesses casos, a possibilidade anteriormente referida de composição-em-*performance* não está presente, pelo menos não de forma explícita, uma vez que a oralidade visa reproduzir e reforçar a estabilidade e a permanência do texto escrito. Há, no entanto, de se distinguir a memorização e recitação de textos escritos da memorização e recitação de narrativas orais. Os textos escritos são mais facilmente objetos de canonização. Ao discutir as conclusões da sua análise de mitos do norte de Gana, Goody sublinha que os "enunciados normalizados", como chama o equivalente aos textos religiosos nas culturas orais, variam significativamente mesmo quando se diz que estamos ouvindo "uma versão única de uma recitação longa" (2000, p. 125). "Em diferentes tempos e espaços a recitação alterou-se não apenas em pormenores irrelevantes, mas também em termos de características (estruturais) importantes" (2000, p. 126).[75]

Regra geral, tanto os textos orais como os escritos intervêm nas lutas de modos flexíveis e criativos. De fato, as lutas definem-se muitas vezes pelo grau de flexibilidade e criatividade que permitem na mobilização e interpretação dos textos. Esse grau pode ter a ver com a natureza do texto ou com o respectivo estatuto para o grupo que o convoca para a luta; por exemplo, há textos fundadores que selecionam grupos e lutas e textos que são selecionados por grupos e lutas; textos próprios e textos que foram apropriados, importados, tomados de empréstimo ou adotados através de tradução intercultural e interpolítica; textos ocultos e secretos e textos revelados ou manifestos; textos para consumo interno e textos para consumo público, para seduzir aliados ou para afastar inimigos; textos francos, que dizem tudo, e textos que escondem outros textos; textos hegemônicos, especialmente religiosos, tais como a Bíblia ou o Corão, dos quais se apropriam grupos subalternos a fim de os utilizarem para objetivos contra-hegemônicos. Quanto mais acesa a luta, mais intenso o debate relativo à interpretação de textos, tanto escritos como orais. Em determinados contextos e em certos momentos,

---

[75] Goody (1987, p. 11-18) apresenta um argumento semelhante na sua análise das recitações dos *Vedas*, os textos sagrados do hinduísmo ortodoxo.

a luta pode até reduzir-se a um conflito de interpretações. É verdade que, dada a interpretação criativa de quem quer que o proponha, o texto oral é, de um modo geral, mais flexível do que o escrito, mas ambos permitem utilizações flexíveis e criativas através de diferentes tipos de mecanismos. De fato, a controvérsia sobre qual dos dois tipos de texto é mais manipulável e, portanto, menos confiável, é muito antiga. Na Antiguidade Clássica, o tema era objeto de acesas disputas, sendo que alguns confiavam mais no texto oral enquanto outros depositavam mais confiança no texto escrito (COOPER, 2007).[76]

Para as epistemologias do Sul, a valorização do conhecimento, da cultura e da tradição orais nada tem a ver com qualquer tentação romântica de idealizar o passado. Resulta tão simplesmente do papel da oralidade e da cultura oral nas lutas sociais, papel esse muitas vezes desvalorizado pela cultura escrita que prevalece no nosso tempo e frequentemente controla os protocolos normativos que legalizam o exercício da dominação capitalista, colonialista e patriarcal. Assim sendo, deveríamos dar ouvidos a Goody quando este adverte: "Temos de ter

---

[76] No século XIX, Schopenhauer faz uma defesa muito enérgica do conhecimento escrito, avaliando criticamente os contributos de Sócrates, um filósofo supostamente oral, para a filosofia ocidental. Esse tema exige uma citação extensa: "Mas o órgão através do qual se fala à *humanidade* é apenas a escrita; oralmente dirigimo-nos somente a um número limitado de indivíduos, e, por isso, o que se diz permanece, no âmbito da raça humana, um tema privado. Porque esses indivíduos são geralmente um solo pobre para uma semente rica e nobre; num tal solo, ou a semente não vinga de todo ou degenera rapidamente naquilo que produz; por isso, a própria semente tem de ser preservada. Contudo, não é por meio da tradição, falsificada a cada passo, que isso se consegue, mas apenas através da escrita, o único modo confiável capaz de preservar os pensamentos. Além disso, qualquer pessoa que pense com profundidade tem necessariamente o impulso de, para sua própria satisfação, fixar e reter as suas ideias e reduzi-las à maior clareza e precisão possíveis, e, consequentemente, dar-lhes corpo através de palavras. Porém, apenas a escrita permite fazê-lo com perfeição, porque o relato escrito é essencialmente diferente do oral, uma vez que apenas ele consente a mais alta precisão, concisão e brevidade plena de sentido, e, por consequência, torna-se no cunho puro do pensamento. Assim, seria de uma estranha presunção um pensador desejar não usar a mais importante invenção da raça humana. Por isso, é para mim difícil acreditar que os que não escreveram possuíssem um intelecto verdadeiramente grande; pelo contrário, sou levado a considerá-los sobretudo como heróis práticos que realizaram mais por força do seu caráter do que da sua inteligência. Os autores sublimes dos *Upanixades* dos *Vedas* usaram a escrita, apesar de os *Samhitas* que consistem somente em orações terem sido de início difundidos apenas oralmente" (SCHOPENHAUER, 2010, p. 41, grifo do autor).

cuidado para não concebermos as culturas orais como uma versão mais satisfatória da nossa civilização corrompida, e, por outro lado, para não vermos essa civilização, a cultura das cidades, uma cultura escrita, como cura para todas as barbáries" (1987, p. 293). No mesmo sentido, em *Tristes tropiques* [*Tristes trópicos*], Lévi-Strauss afirma que a escrita é uma invenção estranha cuja relação com a civilização está longe de ser linear. Por exemplo, durante o período neolítico, a humanidade deu passos de gigante sem a ajuda da escrita. Segundo esse autor, "o único fenômeno com o qual a escrita sempre foi concomitante é a criação de cidades e impérios, ou seja, a integração de grandes quantidades de indivíduos num sistema político, e a respectiva hierarquização em castas ou classes". Do Egito à China, quando a escrita inicialmente surgiu "parece ter favorecido a exploração de seres humanos em vez de os iluminar". E conclui: "Se estiver correta, a minha hipótese nos obrigaria a reconhecer o fato de a função primeira da comunicação escrita ser facilitar a escravatura. O uso da escrita para propósitos desinteressados, como fonte de prazer intelectual e estético, é uma consequência secundária e pode até tornar-se um meio de reforçar, justificar ou esconder o outro" (1973, p. 298-299).

A relação entre o texto escrito e o texto oral tem um significado muito especial para as epistemologias do Sul porque no período do colonialismo histórico o texto escrito foi muitas vezes usado para silenciar o texto oral dos povos colonizados, e estes, por sua vez, recorreram frequentemente ao texto oral para resistir contra a dominação colonial. Como já apontei, mesmo o próprio texto escrito, destinado a funcionar, sobretudo em contexto colonial, como o transcrito oficial da elite, foi muitas vezes usado criativamente, subvertido, reinterpretado, lido nas entrelinhas, para fazer ouvir as vozes silenciadas dos povos colonizados a quem, em geral, se concedia apenas a oralidade subalterna. Esse foi particularmente o caso dos textos religiosos. A tarefa histórica dos missionários foi afirmar e confirmar a superioridade da religião do livro e o seu envolvimento em campanhas de alfabetização teve sempre por objeto promover a aceitação da religião eurocêntrica e, mais em geral, da cultura imperial e a consequente rejeição da religião veiculada pela tradição oral. No seu trabalho monumental sobre esse tema na África Austral, *Of Revelation and Revolution* (1991; 1997), Jean e John

Comaroff mostram que houve "um longo diálogo" entre os missionários e os povos africanos:

> Mais óbvia foi a tentativa tangível de converter os africanos, de os impressionar com argumentos de imagens e mensagens, para assim estabelecer a verdade do Cristianismo. Apenas parcialmente distinto desta na iniciativa evangélica foi o esforço efetuado para reformar o mundo indígena, para inculcar nele os sinais e as práticas – as *formas* espaciais, linguísticas, rituais e políticas da cultura europeia (1991, p. 310).

Com esse objetivo em mente, os poderes coloniais tentaram manter o controle dos textos e da interpretação, mas tal controle foi sempre menos eficaz do que se pretendia. Na prática, criaram-se múltiplas interfaces entre a oralidade e o texto escrito, que foram frequentemente usadas para fortalecer a resistência ao colonialismo.[77] Com base numa teoria centrada nos conceitos de hegemonia, ideologia e fenda ou brecha, mostram que quando surgem fendas ou brechas torna-se possível a inovação, reconstrução e resistência por via de misturas levadas a cabo por *bricoleurs*.[78]

Apesar de ser importante salientar a resiliência da cultura oral, tanto no contexto colonial como no contexto pós-colonial, não se pode deixar de ter em conta as relações desiguais entre a cultura escrita e a cultura oral em face da imposição da literacia pela cultura dominante colonial ou pós-colonial. A longa duração histórica dessa assimetria justifica as duas perguntas feitas por Draper no contexto sul-africano:

> Como é que as formas orais e os próprios rituais sobrevivem e sofrem mutações numa interação muito rica com as novas possibilidades trazidas pelo contexto colonial alfabetizado? [...] Como é que as formas orais tradicionais proporcionam recursos para a memória em face das atrocidades do *apartheid* no processo da Comissão de Verdade e Reconciliação ou em face da catástrofe social da SIDA? (2003, p. 3).

Acentuar a resiliência da forma oral é importante mas pode dar a entender que estamos diante de um conhecimento tradicional, orientado

---

[77] Ver duas excelentes coletâneas de estudos sobre o tema em Draper (2003; 2004).

[78] As fendas ou brechas são os espaços de liminaridade teorizados por Victor Turner (1969, p. 94–113). Sobre o conceito de *bricoleur* nesse contexto, ver Draper (2003, p. 63).

para o passado e pouco dinâmico na sua evolução. Ora, a verdade é que, mesmo sem falar das novas tecnologias de comunicação, novas "tradições" orais estão sempre surgindo em contextos rurais e urbanos, respondendo às exigências de adaptação ou de contestação das formas sempre mutantes pelas quais se vai reproduzindo a dominação moderna capitalista, colonialista e patriarcal.[79]

---

[79] Embora o texto escrito tenha a fixidez que lhe é própria, o que entendemos por "texto escrito" tem igualmente evoluído ao longo do tempo. Até o século XVIII os textos literários eram escritos para serem lidos em voz alta (Tito Lívio escreveu a sua história para ser lida de alto), pois só então começou a difundir-se a leitura em silêncio. Por sua vez os textos que se produziram desde então até hoje têm igualmente pouco a ver com os textos que circulam nas redes sociais. Sobre esse tema continua a ser fundamental a obra de Walter Ong (1982).

CAPÍTULO 4

O que é a luta? O que é a experiência?

Tipos de luta

Dada a centralidade das lutas contra a dominação, a exclusão, a discriminação e a repressão nas epistemologias do Sul, torna-se importante especificar o que pretendemos dizer com a palavra "luta". A resposta adequada a essa pergunta exige um exercício complexo de tradução intercultural. A fenomenologia da luta implica um amplo conjunto de questões, nenhuma das quais encontra resposta fácil ao nível transcultural. Como é que a luta se distingue de outras práticas sociais? Quando se inicia e quando termina? Quem são as partes envolvidas na luta e de qual dos lados estão? Quais são os objetivos da luta e quais os meios para os atingir? No presente capítulo, em vez de tentar responder a essas questões, destaco as características estruturais dos campos sociais cujas linhas de fratura poderão dar origem a práticas que podem ser social e culturalmente construídas como lutas.

Na teoria social eurocêntrica, excluindo o marxismo, o tema da luta e da resistência sociais foi sempre tratado como um mero subtópico da questão social, privilegiando-se o tema da ordem social relativamente ao do conflito social. Por outro lado, as organizações políticas – partidos e movimentos sociais – contra o capitalismo, o colonialismo e o patriarcado empreenderam uma profunda reflexão sobre o tema, reflexão que incluiu diferentes formas de luta, tipos de organização, objetivos, políticas de alianças, relações com o Estado, etc. As dificuldades da sociologia crítica eurocêntrica nesse domínio são claramente visíveis na obra de Pierre Bourdieu, sem dúvida o mais notável representante desse tipo de sociologia crítica em todo o século XX. Essas dificuldades têm raízes teóricas e epistemológicas. A presença do estruturalismo e das estruturas de dominação era tão forte que acabou por eliminar a própria noção de sujeito ou ator social. Bourdieu percebeu esse problema e tentou resolvê-lo através do conceito de *habitus*, que busca reconciliar os constrangimentos sociais (as estruturas) com a liberdade e a capacidade de improviso do indivíduo. O significado de *habitus* para Bourdieu é basicamente a forma como as estruturas se incorporam e endogeneízam nos indivíduos.[80] *Habitus* é, simultaneamente, tanto a interioridade da exterioridade como a exterioridade da interioridade. A possibilidade de luta permanece refém desse esquema conceitual, uma vez que, como Bourdieu amplamente sublinha na sua obra, os próprios oprimidos contribuem de forma ativa para a sua dominação; o mundo encontra-se organizado de tal forma que, para funcionar, as estruturas necessitam da cumplicidade daqueles que as interiorizam.[81] Assim, qualquer luta tem de começar com a luta contra si mesmo. Por ser tão difícil para Bourdieu teorizar luta, resistência e revolta, quando decidiu, perto já do final da vida, intervir ativamente em lutas políticas, foi forçado a reconhecer a existência de uma certa contradição entre a sua sociologia e a sua prática política, algo que vários colaboradores seus muitas vezes lamentaram e criticaram de forma severa.[82]

A dificuldade sentida por Bourdieu em reconciliar a sua teoria e as lutas sociais tem, efetivamente, uma raiz mais profunda, uma raiz que é, na verdade, comum a toda ciência social eurocêntrica baseada nas epistemologias do Norte. Como sublinhei anteriormente, o problema é o privilégio epistemológico concedido às ciências sociais enquanto conhecimento científico completamente distinto de outros saberes que circulam na sociedade. E quanto mais distinto, mais capacidade tem

---

[80] Mais sobre esse tema em Bourdieu (1979).

[81] Ver Bourdieu (2003).

[82] Essa tensão entre a teoria e o ativismo surge, num tom bastante pessoal, em Bourdieu (2002).

para desvendar as estruturas de poder. Qualquer contaminação com outros tipos de conhecimento afeta o rigor da sociologia e a respectiva capacidade de revelar o que se encontra escondido. O problema dessa concepção é que aquilo que é distinto é distante e, apesar de o que está distante poder efetivamente aproximar-se, não o faz nunca como um vizinho que quer ajudar, mas sim como um técnico que vem interferir. Nessas condições, tornam-se impensáveis as ecologias de saberes, a intelectualidade da retaguarda e a artesania das práticas. O que Bourdieu, apesar de relutantemente, acaba por mostrar é que não é necessária nenhuma teoria da revolução; o que precisamos é revolucionar a teoria – e isso não é possível sem se revolucionar a epistemologia.

Como salientei anteriormente, há dois tipos genéricos de luta possível, os que abordam as exclusões abissais e os que abordam as exclusões não-abissais. Porém, como sublinhei também, ao nível a que as lutas são construídas e vivenciadas pelos que nelas participam, a sua diversidade é imensa. O que significa lutar contra a dominação do capitalismo, do colonialismo e do patriarcado? Existem hoje em dia muitas organizações que afirmam combater a dominação, mas que são de fato, de forma consciente ou inconsciente, agentes dessa mesma dominação. A sua presença esmagadora dá origem àquilo que já foi denominado "ONGuização" das lutas, uma enorme fraude intelectual e política.[83] Em vez de surgirem das lutas, os saberes, discursos e repertórios promovidos pelas ONGs internacionais impõem-se a partir de fora e ignoram a experiência concreta, vivida dos grupos sociais que, na verdade, estão na luta. Por mais estridente que possa ser a sua denúncia da injustiça e do sofrimento, a tendência dessas organizações é a de ocultar as causas desses problemas e favorecer os tipos de lutas que não afetam os regimes de dominação. Oferecem pacotes de *slogans* e de pseudossoluções quase sempre formulados numa linguagem muito distante da experiência concreta dos oprimidos. O seu objetivo é apresentar como libertação ou emancipação aquilo que, na verdade, acaba por ser uma maior dependência dos oprimidos face às agendas hegemônicas das organizações. Essas agendas e seus respectivos agentes consideram que estão fornecendo todas as explicações e soluções relevantes. Não estão minimamente interessados em ouvir aquilo que

---

[83] Ver Capítulo 1, nota 24.

os grupos sociais oprimidos têm a dizer sobre a sua própria condição e sobre a sua resistência. Numa palavra, são totalmente hostis à ideia das ecologias de saberes e da tradução intercultural. Recusam a artesania das práticas, vendo-as mais como uma ameaça aos seus programas e termos de referência pré-definidos, às suas concepções de metas, governação, liderança, monitorização, apoio e resultados. As ONGs internacionais são, no presente, os principais agentes dessa fraude epistemológica e política.

As lutas contra a dominação apoiadas pelas epistemologias do Sul são aquelas que transformam qualquer margem de liberdade, por pequena que seja, numa oportunidade de libertação, aceitando os riscos inerentes a uma tal transformação. Fazem-no mais por necessidade do que por opção. Transformar liberdade mínima em libertação implica a consciência de que os limites da liberdade não são nem naturais nem fixos; são, antes, impostos de forma injusta e suscetíveis de serem deslocados. Numa palavra, são campos de disputa. Ganhar ou perder uma luta acaba sempre por ser um deslocamento de limites. Assim, a liberdade hegemônica e a liberdade contra-hegemônica devem distinguir-se. A primeira é uma liberdade heterônoma, uma liberdade autorizada por alguém que detém o poder de definir os seus limites. É exercida na medida em que se aceita a necessidade de agir dentro dos seus limites estabelecidos. Para não correr riscos, a liberdade autorizada fica sempre aquém daquilo que os respectivos limites permitiriam, se pressionados. Por sua vez, a liberdade contra-hegemônica é autônoma e emancipatória. Reconhece a força, mas não a legitimidade dos limites, e, assim, atua no sentido de deslocá-los, exercendo a máxima pressão sobre eles a fim de transcendê-los sempre que possível. A "ONGuização" das lutas, que referi anteriormente, visa circunscrever o exercício da liberdade à liberdade hegemônica.

As lutas dos oprimidos assumem um número infinito de formas. As mais óbvias são as lutas explícita e deliberadamente organizadas por grupos, organizações e movimentos sociais a fim de reduzir ou pôr termo a um determinado caso de opressão considerado injusto. Em geral, essas lutas são facilmente delimitáveis no tempo e no espaço, seus respectivos protagonistas são facilmente identificáveis, tal como o são aqueles contra quem lutam, e os termos do confronto são claros para as partes envolvidas. Esse tipo geral de luta desdobra-se em muitos subtipos, dependendo das escalas e dos horizontes espaçotemporais, dos seus níveis de confrontação, dos tipos de liderança, dos tipos de narrativas que os legitimam, da natureza pacífica ou violenta da luta, e assim por diante. Os diferentes subtipos exigem e geram diferentes tipos de conhecimento.

Há, contudo, outras formas de luta que não se distinguem facilmente da vida cotidiana de grupos sociais oprimidos. São lutas em que não existe confronto direto nem formas de resistência abertas e declaradas e, por esse motivo, só raramente são reconhecidas como sendo políticas. James Scott denomina-as, acertadamente, de "formas cotidianas de resistência", quando confrontam a dominação material; "transcrições ocultas", quando confrontam a dominação de status; e "desenvolvimento de subculturas dissidentes", quando confrontam a dominação ideológica (1985, p. 198).[84] Não implicam organização e muito menos confronto; são anônimas, levadas a cabo por ninguém e por toda a gente; ninguém sabe com certeza quando começam e acabam. São as "lutas silenciosas" de que também fala James Scott quando estuda o comportamento de camponeses submetidos a forte repressão, quando o confronto frontal seria suicida. O fato de não haver confronto não significa, porém, que exista cumplicidade, consentimento ou falta de consciência da injustiça da situação. Bem pelo contrário: nessas lutas está muito presente a consciência da injustiça, tal como estão presentes conflitos de valores e de sentido, que se exprimem sob diferentes formas de resistência passiva, como o arrastar de situações ou a demora de processos, a dissimulação, a falsa conformidade, o furto, a ignorância fingida, a difamação e a sabotagem.[85] Nesses contextos, a luta visa ludibriar os que detêm o poder, por exemplo, através da sua neutralização com recurso a dispositivos que os fazem pensar que o seu poder não é contestado.

---

[84] A relevância histórica dessas formas de luta e de resistência fica bem destacada nas palavras de Scott: "Se olharmos longamente a história, verificaremos que o luxo de uma oposição política relativamente segura e aberta é tão raro quanto recente" (1985, p. 199).

[85] Ver Scott (1985, p. 29). As lutas silenciosas podem revestir-se de outras formas, como ingerir alimentos proibidos, ultrapassar limites "por engano", destruir sementes e ferramentas de trabalho, não comparecer, etc., etc.

Tais formas de luta pressupõem também conhecimentos que as apoiem e lhe deem sentido, como a consciência do sofrimento injusto, da arbitrariedade do poder e de expectativas frustradas; a análise crítica da situação real; a decisão sobre como resistir nas situações concretas, levando a oposição ao limite sem confronto direto; a ponderação cuidadosa de situações passadas e da forma como evoluíram; a previsão do que poderá acontecer dependendo da ação a ser levada a cabo ou não. Tudo isso exige a aplicação de conhecimentos complexos e experienciais intimamente ligados aos mundos da vida daqueles para quem viver é envolver-se na luta ou, em alternativa, não sobreviver.

Esses dois tipos de luta pressupõem e geram diferentes tipos de conhecimentos, mas as lutas em si não devem ser entendidas como não sendo relacionadas. Na vida dos grupos sociais que resistem à opressão, existe um tempo para lutas ativas e confrontacionais e um tempo (provavelmente o mais longo) para lutas passivas e não confrontacionais; e há ainda um tempo em que as lutas passivas preparam pacientemente as lutas ativas. A natureza das práticas de luta determina os tipos de conhecimentos a mobilizar e as articulações entre eles. Nas lutas infrapolíticas, não abertamente confrontacionais, os conhecimentos são como armadilhas de conhecimento em que são apanhados apenas os que não pertencem aos grupos subordinados em luta. Mascaram qualquer confrontação ou objetivo anticonformista sob a aparência de práticas aquiescentes e de reverência hiperconformista, rituais religiosos, festividades carnavalescas, o contar de histórias, e assim por diante. Os códigos que permitem interpretar esses conhecimentos performativos são circunscritos ao grupo, como condição de sobrevivência.[86]

Conhecimentos e ideias em lutas confrontacionais abertas: Gandhi e as lutas de libertação nacional na África

As lutas abertas e confrontacionais podem ser de tipos muito diversos. Cada tipo exige ou privilegia um certo saber acerca da sociedade

---

[86] No contexto latino-americano e inspirando-me na obra de Bolívar Echeverría, analisei esses tipos de estratégias de resistência e os tipos de saberes a elas ligados como detentores de um *ethos* aparentemente desviante, o *ethos* barroco (SANTOS, 1995, p. 499-506). Uma coletânea dos ensaios desse autor encontra-se em Echeverría (2011).

atual e da sociedade pela qual se luta, dos inimigos ou adversários, bem como dos próprios coletivos envolvidos na luta. No decorrer do século passado, existia uma diferença notória entre luta pacífica e luta armada, a qual contribuía para dividir os grupos que lutavam contra a dominação capitalista e colonial. Não é este o lugar para descrever em profundidade as características ou os méritos e deméritos atribuídos a cada um desses dois tipos de luta. Quero apenas frisar que eles mobilizam e geram diferentes tipos de conhecimento e que a opção por um ou por outro desencadeia diferentes construções cognitivas. Escolho dois exemplos que me parecem bastante reveladores dos diferentes processos cognitivos subjacentes a cada um dos dois tipos de luta: a luta de Gandhi, por um lado, e os movimentos de libertação africanos, por outro.

A luta não-violenta de Gandhi (*ahimsa*) baseia-se nas ideias de não-cooperação e desobediência sob a forma de boicote,[87] no conhecimento de si mesmo e na autenticidade (*satya*), ou seja, baseia-se na reivindicação de uma representação do mundo gerada endogenamente e, por isso, situada nos antípodas daquela que é imposta pelo poder colonial. O poder colonial é, em si mesmo, um abuso de poder. Por isso, o boicote, a não-cooperação e a desobediência não são meras estratégias de luta; são, sim, direitos; mais do que direitos, são deveres. Representam mesmo a reivindicação de um direito natural que se opõe ao direito positivo e sobre ele deve prevalecer. A dimensão epistemológica de tal estratégia – não esqueçamos que Gandhi identifica a sua luta como uma experimentação constante com a verdade e chama o movimento

---

[87] A não-cooperação e o boicote são meios de luta normalmente identificados com Gandhi. No entanto, quer inspirado em Gandhi ou não, o boicote esteve sempre presente nas lutas de libertação na África, tanto contra o colonialismo como contra o *apartheid* do regime branco da África do Sul. Mais recentemente, teve um papel importante na luta contra a ocupação da Palestina por Israel. Como exemplo, cito Julius Nyerere, num artigo que publicou em 20 de junho de 1958 no *Sauti Ya Tanu*, o jornal do partido para a libertação de Tanganica (Tanzânia desde 1964), por ele liderado: "Já passou mais de um mês desde que convocamos um boicote territorial de toda a bebida europeia em solidariedade com os trabalhadores da East African Breweries Ltd que se encontram em greve. O boicote está sendo quase 100 por cento eficaz. É voluntário e pacífico. Mas os agentes do imperialismo reclamam. Não gostam desse boicote. Acusam a TANU de interferência em assuntos sindicais" (1967, p. 61).

de *satyagraha* – reside na construção de uma ética transformadora que visa transformar o opressor.

Em termos das epistemologias do Sul, a natureza utópica do projeto gandhiano traduz-se no seguinte: tendo reconhecido a linha abissal e, portanto, a exclusão das populações indianas segundo a lógica da apropriação/violência, Gandhi propõe uma autonegação dupla e recíproca. Por um lado, uma autonegação do opressor, na medida em que lhe é dada a oportunidade de não ser tratado pelas populações indianas como um inimigo irredutível, desde que sejam reconhecidas as mentiras que subjazem à opressão. Por outro lado, uma autonegação do povo indiano que, apesar de abissalmente excluído, é instado a lutar como se a exclusão não fosse abissal e a "esquecer" a apropriação/violência a que se encontra sujeito, invocando um tipo diferente de regulação (as suas próprias leis) e um tipo diferente de emancipação (a autodeterminação), uma vez que o tipo de regulação/emancipação proposto pelo colonizador apenas faz sentido na metrópole. Gandhi não tem qualquer dúvida quanto à situação de sujeição das populações indianas a formas de exclusão abissal; contudo, o que propõe é que os colonizados se autodescolonizem a fim de combaterem o colonizador de forma eficaz, um gesto que implica também a autodescolonização do colonizador. Segundo Gandhi, não se deve responder à apropriação colonizadora com a expropriação do opressor, nem deve a violência do opressor ter por resposta a violência do oprimido. Contudo, a aparente simetria da autonegação esconde a enorme superioridade moral do oprimido; apesar de ser abissalmente excluído, o oprimido empunha armas que são não só moralmente superiores às do opressor, mas também muitíssimo mais eficazes. No Capítulo 10 voltarei à construção cognitiva da luta gandhiana através da análise do notável exercício de tradução intercultural empreendido por Gandhi, o qual ilustra de forma magnífica uma das ideias-base das epistemologias do Sul.

As lutas de libertação africanas ilustram uma outra construção cognitiva da luta, que teve uma extraordinária influência durante todo o século XX. As lutas da África fizeram parte de um processo mais vasto que incluiu o colapso da época áurea da Europa no turbilhão das duas Guerras Mundiais (1914-1918 e 1939-1945) e na onda de descolonizações que se seguiu, na África, na Ásia, no Caribe e noutras partes do mundo. O realinhamento de poderes causado pelo surgimento desses novos atores globais resultou num acontecimento precursor que anunciou, articulou e mobilizou a possibilidade de uma nova ordem pós-colonial do mundo: a Conferência de Bandung. Tendo ocorrido entre 18 e 24 de abril de 1955, a Conferência contou com a participação de 29 países, dos quais 15 da Ásia (Afeganistão, Birmânia – hoje Myanmar –, Camboja, Ceilão – hoje Sri Lanka –, República Popular da China, Filipinas, Índia, Indonésia, Japão, Laos, Nepal, Paquistão, (a então) República Democrática do Vietnã, (o então) Vietnã do Sul e Tailândia); 8 do Oriente Médio (Arábia Saudita, Iémen, Pérsia – hoje Irã –, Iraque, Jordânia, Líbano, Síria e Turquia); e apenas 6 da África (Costa do Ouro – hoje Gana –, Etiópia, Egito, Líbia, Libéria e Sudão). Esses números refletem o fato de uma grande parte do continente africano se encontrar, naquela altura, ainda sob o domínio colonial europeu. A Conferência de Bandung foi o primeiro encontro a juntar Estados africanos e asiáticos, tendo a maior parte deles conquistado a independência recentemente. O objetivo da Conferência era promover a cooperação econômico-cultural afro-asiática a fim de resistir a todas as formas de colonialismo e neocolonialismo, pretendendo-se que essa cooperação fosse baseada na unidade não só política e institucional, mas também cultural e espiritual. Os povos anteriormente colonizados[88] reuniram-se com o objetivo de planejar o futuro de uma nova potência política global denominada "o Terceiro Mundo".[89] A conferência juntou diferentes correntes do mesmo movimento de libertação em diferentes fases de desenvolvimento e países com regimes políticos distintos, da monarquia

---

[88] "Dizem-nos frequentemente que 'o colonialismo está morto'. Não nos deixemos enganar ou mesmo aplacar por essa afirmação. Eu digo-vos que o colonialismo ainda não morreu. Como podemos dizer que está morto quanto vastas áreas da Ásia e da África não são livres? E peço-vos que não penseis no colonialismo apenas sob a forma clássica que nós, na Indonésia, e os nossos irmãos em outras partes da Ásia e da África conhecemos. O colonialismo tem também a sua roupagem moderna, sob a forma de controle econômico, controle intelectual e controle físico literal exercido por uma comunidade pequena, mas estrangeira dentro de uma nação. Trata-se de um inimigo habilidoso e determinado, que surge sob muitas máscaras. Não desiste facilmente dos seus despojos. Seja onde, quando e como for que surja, o colonialismo é uma coisa má, uma coisa que tem de ser erradicada da Terra" (SUKARNO, 1955).

[89] A expressão é de autoria de Alfred Sauvy, que a usou originalmente em 1952, no periódico francês *L'Observateur* (1952, p. 14).

ao socialismo. Tratou-se de uma primeira tentativa de estratégia de acordo ao nível do sistema social mundial periférico, anunciando simultaneamente um globalismo diferente e uma rede alternativa de solidariedade que constituiu a primeira versão da solidariedade sul-sul. O seu maior legado foi a possibilidade de se imaginar um mundo outro para além da dualidade capitalismo/comunismo, bem como a procura ativa de uma alternativa pós-colonial ou descolonial. Chakrabarty descreve esse contexto de forma muito eloquente:

> As ideias relativas à descolonização eram dominadas por duas preo-cupações. Uma era o desenvolvimento. À outra chamarei "diálogo". Muitos pensadores anticoloniais consideravam o colonialismo como algo semelhante a uma promessa traída. O domínio europeu, dizia-se, prometia modernização, mas não concretizava essa promessa. Havia, porém, um outro lado da descolonização, que não tem sido alvo de tanta atenção acadêmica. Os pensadores anticoloniais dedicaram muito do seu tempo à questão de se, e de que modo, um diálogo global da humanidade reconheceria de forma genuína a diversidade cultural sem atribuir a essa diversidade uma escala civilizacional hierárquica – por outras palavras, um ímpeto na direção do diálogo cultural transversal liberto do ônus do imperialismo. Vou chamar-lhe o lado dialógico da descolonização. A descolonização não foi um simples projeto de desen-volvimento de um sentido de desvinculação relativamente ao ocidente. Não houve em Bandung qualquer racismo invertido (2010, p. 46).

Se nos centrarmos mais especificamente nas lutas de libertação na África, apesar das muitas diferenças entre elas, é possível identificar algumas características comuns. Tal como Gandhi, muitos dos seus líderes haviam tido uma educação eurocêntrica, mas, ao contrário dele, não tinham como preocupação principal a crítica dos pressupostos dessa mesma educação. Estavam mais interessados em identificar os tipos de conhecimentos de que dispunham por via dessa educação que poderiam ser usados de um modo contra-hegemônico. Muitos desses líderes aderiram ao marxismo e ao socialismo, tentando adaptá-los às realidades africanas, que eram, obviamente, muito diferentes daquelas que tinham servido de base às pesquisas de Marx e dos socialistas europeus. A estratégia mais habitual consistia em combinar as ideias de Marx e outras ideias do pensamento ocidental com ideias específicas do pensamento africano tal como o concebiam. Julius Nyerere afirmava então que a *ujamaa*,[90] a versão tanzaniana do socialismo africano, era o resultado de uma articulação entre a filosofia ocidental e o humanismo africano. Nyerere é muito crítico da lógica do conflito social (conflito de classes) subjacente ao marxismo e ao socialismo europeu. Segundo ele, essa lógica é compreensível em sociedades que passaram pela experiência de duas grandes revoluções – a agrária e a industrial –, mas não faz sentido na África, onde a base concreta do socialismo é a família alargada. Nas palavras de Nyerere, "'*Ujamaa*' é o conceito que descreve o nosso socialismo. Opõe-se ao capitalismo, que procura construir uma sociedade feliz na base da exploração do homem pelo homem; e é igualmente oposto ao socialismo doutrinário, que procura construir a sua sociedade feliz com base numa filosofia de conflito inevitável entre o homem e o homem" (1967, p. 170). No que se refere à democracia, Nyerere destaca também a necessidade de ultrapassar as noções eurocêntricas, usando um argumento muito semelhante àquele que foi usado nas últimas décadas pelos povos indígenas da Bolívia e do Equador. Segundo o líder africano,

> para os países anglo-saxônicos, ou para os que possuem uma tradição anglo-saxônica, o sistema bipartidário tornou-se a própria essência da democracia. Não vale a pena explicar a alguém desses países que quando uma aldeia de cem habitantes se senta e conversa até chegar a um acordo sobre o local onde se deve fazer um furo para um poço está praticando democracia. Essa pessoa vai querer saber se a conversa foi adequadamente organizada. Vai querer saber se havia um grupo organizado "a favor" da proposta e um outro grupo, igualmente organizado, "contra" a proposta (1967, p. 105).

Por sua vez, Kwame Nkrumah teorizou a sua filosofia política da libertação como sendo o resultado de uma mistura de filosofia política do ocidente (o marxismo), do islã e da cultura africana tradicional.[91]

---

[90] *Ujamaa*, palavra suaíli que se pode traduzir por "família alargada", é um conceito político que faz parte da teorização política do socialismo de Nyerere, ligado à afirmação de que uma pessoa se torna pessoa através do povo ou da comunidade.

[91] Nkrumah viveu e estudou nos EUA durante dez anos. "Foram-me apresentados Platão, Aristóteles, Descartes, Kant, Hegel, Schopenhauer, Nietzsche, Marx e outros imortais, que gostaria de referir como os filósofos universitários. Mas esses titãs foram

À atitude intelectual que presidiria a essa mistura chamou "consciencismo". Afirma o líder:

> O consciencismo é o mapa, em termos intelectuais, da disposição de forças que permitirão que a sociedade africana digira os elementos ocidentais e os islâmicos e os euro-cristãos na África, desenvolvendo-os de forma que se ajustem à personalidade africana. A personalidade africana define-se, por sua vez, como o conjunto de princípios humanistas que subjazem à sociedade africana tradicional (1970, p. 79).

Mas Nkrumah é bem mais cético do que Nyerere quanto à possibilidade de construir um socialismo africano com base numa concepção idealizada da sociedade africana anterior à presença dos colonialistas europeus – uma sociedade que vive de forma harmoniosa, comunal e sem classes. Segundo ele, "não há qualquer evidência histórica, ou mesmo antropológica, de que uma tal sociedade tenha existido. Creio que as realidades da sociedade africana eram um pouco mais sórdidas" (1973, p. 440). A inspiração política e epistemológica para a construção do socialismo africano não deve surgir da estrutura da sociedade tradicional, e sim do seu espírito, o espírito do comunalismo ou comunitarismo. Faz depois uma importante distinção epistemológica: "Em suma, uma abordagem antropológica da 'sociedade africana tradicional' será demasiado infundada; mas uma abordagem filosófica tem uma base muito mais sólida e torna viáveis as generalizações" (1973, p. 441).

Léopold Senghor, que, tal como Nkrumah, conhecia muito bem o pensamento ocidental, é bastante explícito tanto relativamente ao seu cuidado seletivo na adoção desse pensamento quanto relativamente aos critérios que utiliza para tal. O seu objetivo é absorver o que quer que possa ser útil para a luta do povo senegalês por uma vida melhor, preservando simultaneamente os valores africanos, que resume através do conceito de "negritude".[92] "Negritude" é, na definição de Senghor, "o conjunto de valores econômicos, políticos, intelectuais, morais, artísticos e sociais dos

---

ensinados de tal modo que um estudante oriundo das colônias facilmente via o seu peito agitado por atitudes contraditórias" (1970, p. 2).

[92] A notável formulação de Senghor é a seguinte: "Assimilai, mas não vos torneis assimilados". Senghor, que foi sem dúvida quem melhor elaborou o conceito de "negritude", reconhece que o termo foi cunhado por Aimé Césaire no início da década de 1930. Sobre a relação crítica de Fanon com o conceito de "negritude", ver Gordon (2015, p. 53-59).

povos da África e das minorias negras da América, Ásia, Europa e Oceania" (1971, p. 3-26). Sobre essas bases epistemológicas, Senghor define a sua versão de socialismo africano como "uma mistura feliz de socialismo africano e de tradicionalismo espiritual" (Skurnik, 1965, p. 353).[93]

Outro exemplo importante é o de Amílcar Cabral. Tal como Senghor e Nkrumah, Cabral está longe de rejeitar completamente, ou por uma questão de princípio, a cultura europeia colonialista, mas sujeita-a de fato a uma hermenêutica de suspeição que visa retirar dela aquilo que possa ser útil para uma luta eficaz contra o colonialismo e, depois, construir uma nova sociedade. No Seminário e Quadros do Partido Africano para a Independência da Guiné e Cabo Verde (PAIGC), que ocorreu em novembro de 1969 – um dos melhores manuais para a educação insurgente popular que conheço –, Cabral tem a dizer o seguinte sobre a luta contra a cultura colonial:

> Devemos trabalhar muito para liquidar na nossa cabeça a cultura colonial, camaradas. E queiramos ou não, na cidade ou no mato, o colonialismo meteu-nos muitas coisas na cabeça. E o nosso trabalho deve ser tirar aquilo que não presta e deixar aquilo que é bom. Porque o colonialismo não tem só coisas que não prestam. Devemos ser capazes, portanto, de combater a cultura colonial e deixar na nossa cabeça aquele aspecto da cultura humana, científica, que porventura os tugas[94] trouxeram para a nossa terra e entrou na nossa cabeça também (1975, p. 72).

Cabral é talvez o líder africano que mais profundamente refletiu sobre as exigências cognitivas da luta de libertação, sobre os conhecimentos dela nascidos e sobre os conhecimentos que, embora produzidos

---

[93] Mais sobre esse tema no Capítulo 6. Sobre a complexidade da descoberta da "negritude" entre 1929 e 1948, ver Hymans (1971, p. 23-142). Senghor descreve o contraste entre a "negritude" e a filosofia ocidental do seguinte modo: à formulação cartesiana "Penso, logo existo" contrapõe a perspectiva africana "Sinto, logo existo" (1961, p. 100). Nkrumah (tal como Fanon) tem uma posição muito crítica relativamente ao essencialismo senghoriano: "É claro que o socialismo não se pode fundamentar nesse tipo de metafísica do conhecimento" (1973, p. 444). Contudo, as concepções e as origens do socialismo africano de Senghor são bem mais complexas do que aquilo que Nkrumah deseja que pensemos. Ver Camara (2001, p. 55-88).

[94] Designação pejorativa dos portugueses.

noutros contextos, podiam ser usados em seu benefício.[95] Um dos seus textos mais notáveis é "A arma da teoria", título da sua intervenção na Primeira Conferência Tricontinental dos Povos da Ásia, África e América Latina, que decorreu em Havana em janeiro de 1966. Amílcar Cabral começa dizendo que, apesar de o tema da luta ser um tópico central do programa da Conferência, esse programa não faz qualquer referência a uma luta muito importante: a luta contra as nossas próprias fraquezas. E afirma: "A nossa experiência nos ensina que, no quadro geral da luta que travamos cotidianamente, sejam quais forem as dificuldades que nos cria o inimigo, essa é a luta mais difícil tanto no presente como para o futuro dos nossos povos" (1976, p. 201). A dificuldade da luta reside no escasso conhecimento das contradições econômicas, sociais e culturais dos povos nela envolvidos e, de um modo mais geral, no escasso conhecimento da realidade contextual em que ocorre. Mais uma vez nas palavras do líder: "Sabemos também que, no plano político, por mais bela e atraente que seja a realidade dos outros, só poderemos transformar verdadeiramente a nossa própria realidade com base no seu conhecimento concreto e nos nossos esforços e sacrifícios próprios. [...] infelizmente ou felizmente, a libertação nacional e a revolução social não são mercadorias de exportação" (1976, p. 201-202). Numa formulação eloquente – *avant la lettre* – das epistemologias do Sul, Amílcar Cabral sublinha que o conhecimento nascido da luta é o mais precioso de todos pois é aquele em que a relação entre a teoria e a prática é mais complexa.

> Essa opinião é ditada pela nossa própria experiência de luta e pela apreciação crítica das experiências alheias. Àqueles que verão nela um caráter teórico, temos de lembrar que toda prática fecunda uma teoria. E que, se é verdade que uma revolução pode falhar, mesmo que seja nutrida por teorias perfeitamente concebidas, ainda ninguém praticou vitoriosamente uma revolução sem teoria revolucionária (1976, p. 202).

Cabral sublinha que, se a luta tem sempre uma ideologia, a verdade é que as ideologias existentes são, todas elas, eurocêntricas, sendo baseadas em histórias e realidades completamente diferentes das histórias e das realidades africanas. Daí a necessidade de uma vigilância

---

[95] Uma análise bem-documentada do pensamento político de Amílcar Cabral está presente em Chilcote (1991).

teórica constante que submeta as referências ideológicas ao controle permanente da realidade. Citando Amílcar Cabral,

> acreditamos que uma luta como a nossa é impossível sem ideologia. Mas que tipo de ideologia? Talvez vá decepcionar muita gente ao dizer que não pensamos que a ideologia seja uma religião [...]Passar das realidades do nosso próprio país no sentido da criação de uma ideologia para a nossa luta não implica que se tenha a pretensão de ser um Marx ou um Lenin ou qualquer outro grande ideólogo, é simplesmente uma parte necessária da luta [...] Precisamos os conhecer [Marx, Lenin, etc.], como eu disse, para podermos avaliar em que medida seria possível aproveitar da sua experiência para nos ajudar na nossa situação – mas não necessariamente para aplicar a ideologia de forma cega só porque se trata de uma ideologia muito boa [...] O nosso desejo de desenvolver o nosso país com justiça social e poder nas mãos do povo é a nossa base ideológica. Não queremos ver nunca mais um grupo ou pessoas de determinada classe explorando ou dominando o trabalho do nosso povo. É essa a nossa base. Se quiserem chamar-lhe marxismo, podem chamar-lhe marxismo. A responsabilidade é vossa [...] Mas temos a certeza absoluta de que é necessário criar e desenvolver na nossa situação específica a solução para o nosso país (1971, p. 21).

Uma outra característica geral das lutas africanas tem também a ver com a linha abissal. À primeira vista, essas lutas parecem alinhadas com a posição de Gandhi. Tomam como certo que a linha abissal que separa o metropolitano e o colonial desaparecerá após a independência política e que, uma vez iniciada a luta de libertação, esta continuará com base na autonegação progressiva da linha abissal. Como consequência disso, foi dada prioridade à luta pacífica e ao diálogo com base no reconhecimento dos direitos dos povos colonizados. Numa coletânea de artigos organizada por Aquino de Bragança e Immanuel Wallerstein, estes afirmam na introdução ao volume:

> Todos os movimentos de libertação da África portuguesa e da África Austral começaram por procurar alterar pacificamente a situação pela via simples do diálogo e da persuasão. Todos, sem exceção, verificaram após algum tempo que esta via lhes era vedada por aqueles que detinham o poder. A violência da conquista repetiu-se na violência

da supressão do protesto. Cada movimento pagou o seu preço, viu os seus militantes serem massacrados no decorrer de uma manifestação ou de uma greve. Cada um avaliou a situação e analisou a natureza da respectiva situação colonial. Cada um deles chegou à conclusão que o único caminho para a libertação nacional que lhes era facultado era o da luta armada. Não que rejeitassem o diálogo. Apenas que verificaram com pesar que só através da luta armada é que um dia seria possível um diálogo aberto entre colonizador e colonizado, diálogo esse tornado viável pelo equilíbrio do impacto do combate militar (1978, p. 33).

O caso da luta de libertação da Guiné-Bissau liderada por Amílcar Cabral é especialmente esclarecedor a esse propósito. Segundo Cabral:

> Durante os anos 1950, 1953, 1954, 1955 e 1956 tentamos convencer o governo português de que era necessário alterar a situação. Nessa altura, nem sequer pensávamos em independência. Esperávamos que com uma alteração na situação passássemos a ter direitos civis, a ser homens, e a não sermos tratados como animais em geral, pois os portugueses tinham-nos dividido em dois grupos, o povo indígena e os indivíduos assimilados [...]. Como resposta, apenas recebemos repressão, prisão, tortura [...]. Não queríamos, de forma alguma, recorrer à violência, mas apercebemo-nos de que a dominação colonial portuguesa era uma situação de violência permanente. Respondiam sistematicamente contra as nossas aspirações com violência, com crimes, e nesse momento decidimos preparar-nos para lutar. [...] organizamos e desenvolvemos nas áreas libertadas, o nosso partido, a nossa organização política, a nossa administração, e neste momento podemos dizer que o nosso país é como um Estado do qual parte do território nacional ainda está ocupado pelas forças colonialistas. O povo português está progressivamente a aperceber-se de que as guerras coloniais são não só contra o povo africano, como também contra os seus próprios interesses (1982, p. 108-109).[96]

No caso da luta contra o *apartheid*, e dada a natureza do regime branco da África do Sul, o Congresso Nacional Africano (ANC), a principal força política contra o *apartheid,* adotou uma estratégia baseada

---

[96] Eduardo Mondlane (1969), outro grande líder dos movimentos de libertação na África, tem uma posição semelhante à de Amílcar Cabral relativamente à luta armada contra o colonialismo português em Moçambique.

no pressuposto de que a exclusão das grandes maiorias negras não tinha uma natureza abissal e, portanto, a luta contra ela poderia ser efetuada segundo a lógica da regulação/emancipação. A reação brutal do regime obrigou o ANC a mudar de estratégia.

Albert Luthuli, um dos líderes do ANC,[97] comentou do seguinte modo o Julgamento de Rivonia (12 de junho de 1964):

> Foram dadas sentenças de prisão perpétua a Nelson Mandela, Walter Sisulu, Ahmed Kathrada, Govan Mbeki, Denis Goldberg, Raymond Mhlaba, Elias Motsoaledi e Andrew Mlangeni no "Julgamento de Rivonia", em Pretória. Ao longo dos anos estes dirigentes defenderam uma política de cooperação racial, de colaboração e de luta pacífica que tornou o movimento de libertação sul-africano um dos mais éticos e responsáveis do nosso tempo. [...] Mas, por fim, todas as vias de resistência se fecharam. O Congresso Nacional Africano e as outras organizações foram declaradas ilegais; os seus líderes foram presos, exilados ou forçados à clandestinidade. O governo aumentou a sua opressão dos povos da África do Sul, usando o seu Parlamento totalmente branco como o veículo para tornar a repressão legal, e utilizando todas as armas deste Estado moderno e altamente industrializado para impor essa "legalidade" [...] [N]inguém pode censurar homens justos e corajosos, procurarem conseguir justiça por métodos violentos; nem poderiam ser censurados se tentassem criar uma força organizada com o objetivo último de estabelecer a paz e a harmonia racial (1978, p. 72-73).

O pensamento de Fanon mostra-se muito relevante relativamente a esse assunto e a outros que se prendem com as epistemologias do Sul. Não é este o lugar para discutir o tema da violência em Fanon, o qual deu origem a um dos debates mais intensos do pensamento crítico ocidental.[98] Como referi anteriormente, a importância e a atualidade do pensamento de Fanon reside no fato de ele nos permitir continuar pensando e atuando de forma criativa com base no conceito de interrupção, ou seja, da interrupção de uma desordem abissal que apenas

---

[97] Luthuli foi eleito presidente do ANC quando esse movimento funcionava como a força que liderava a oposição ao governo de minoria branca da África do Sul. Luthuli recebeu o Prêmio Nobel da Paz em 1960 pelo seu papel na luta não-violenta contra o *apartheid*.

[98] Para uma boa introdução a esse tema, ver Roberts (2004, p. 139-160).

pode ser confrontada com eficácia do ponto de vista da sua radical negação. Essa negação encontra-se presente tanto em Fanon como em Gandhi.[99] Apesar de poucos autores o terem comentado, não é por acaso que, nas primeiras páginas de *The Wretched of the Earth* [*Os condenados da Terra*] (1968, p. 37), Fanon recorre a uma expressão bíblica e não a um comentário de um intelectual eurocêntrico qualquer: "Os últimos serão os primeiros e os primeiros serão os últimos" (Mateus, 20:16). E acrescenta: "A descolonização é o pôr em prática dessa frase... Porque se os últimos serão os primeiros, isso apenas acontecerá após uma luta assassina e decisiva entre os dois protagonistas" (1968, p. 37). Segundo Fanon, a descolonização é um ato de cultura, uma afirmação da identidade humana, uma exigência da dignidade ontológica da "coisa" colonizada. Como tal, a posição de Fanon encontra-se próxima do apelo à luta armada de Amílcar Cabral. Segundo este, a luta armada exprime resistência cultural e dignidade ontológica: "A nossa resistência armada é também uma expressão da nossa resistência cultural e correndo riscos da nossa vida cada dia, negamos a situação de portugueses de segunda classe, se não de terceira ou de cachorros de portugueses que os estrangeiros colonialistas portugueses nos queriam impor" (1975, p. 108).

Nesta seção, em que abordo conhecimentos que estão presentes em lutas sociais concretas enquanto estas se desenrolam, será útil saber como a teoria de Fanon foi recebida por alguns movimentos de libertação. Limito-me aqui aos movimentos de libertação contra o colonialismo português. Depois de, enquanto psiquiatra em Argel, ter tido a experiência direta da violência do colonialismo francês na Argélia, em 1956 Fanon demitiu-se do hospital onde trabalhava e aderiu à *Front de Libération Nationale* [Frente de Libertação Nacional] argelina. Estava em contato com outros líderes dos movimentos de libertação, alguns dos quais conheciam bem o seu trabalho. Todos eles viam a teoria de

---

[99] Seria errado concluir que a luta contra as exclusões abissais deve sempre integrar a violência. Como vimos, na Índia, a violência não constituiu a principal forma de luta, apesar de existirem muitos grupos envolvidos na luta armada que não concordavam com o pacifismo de Gandhi. Tais exemplos ilustram o conceito mais amplo que já referi, nomeadamente, o de que as exclusões abissais e as exclusões não–abissais requerem meios, narrativas, ideologias, ritmos e estratégias de luta diferentes. Como afirmei, pensar que as lutas contra a dominação podem ser levadas a cabo como se todas as exclusões fossem exclusões não–abissais é um preconceito neoliberal.

Fanon como partidária da violência enquanto principal estratégia de resistência para o sujeito colonizado. Segundo eles, Fanon ia tomando partido entre os diversos movimentos de libertação sem um conhecimento profundo do contexto específico das diferentes colônias africanas que os portugueses detinham. Por tal motivo, muitos dos líderes dos movimentos, bem como muitos outros intelectuais progressistas africanos, tinham algumas reservas em relação a ele. Por exemplo, o fato de Fanon ter dado prioridade à União das Populações de Angola (UPA), entre as várias outras organizações que lutavam contra o colonialismo português no país, foi muito controverso. A UPA, que mais tarde veio a tomar o nome de Frente Nacional de Libertação de Angola (FNLA), era liderada na época por Holden Roberto. Para Fanon, a UPA simbolizava a luta do campesinato revolucionário negro. Aquino de Bragança, um dos mais importantes elementos do movimento anticolonialista exilado em Argel, refere-se, de modo bastante sarcástico, à "canção paracientífica de Frantz Fanon" (1976, p. 6). Nas suas memórias, Sérgio Vieira resume as principais críticas feitas a Fanon:

> Na FEANF (Fédération des étudiants d'Afriqueemoire en France/ Federação dos estudantes da África negra em França), discutimos os textos de Fanon em 1962 e 1963. Em algumas discussões participaram dirigentes e intelectuais africanos como Paul Vergès, de Reunião, Aimé Césaire, da Martinica, Cheikh Anta Diop, do Senegal, todos eles anticolonialistas, antifascistas e dirigentes de forças progressistas e comunistas. De um modo geral havia unanimidade na rejeição das teses de Fanon. Entre as críticas principais, destacamos as seguintes: 1. Considerar a sociedade oprimida como *um todo único* em revolta contra o opressor estrangeiro; 2. Ignorar as contradições de classe no seio da sociedade indígena, quando frações importantes das elites dirigentes se aliaram frequentemente com os invasores e ocupantes, por razões próprias de consolidação do seu poder pessoal, ou da sua etnia, clã e família; 3. Subestimar a realidade de que entre os filhos de colonos surgiram os que se aliavam com a revolta e rejeitavam o opressor; 4. Considerar a *violência em si* como uma panaceia, método e solução dos problemas (2010, p. 242-243).

Esses comentários de Sérgio Vieira mostram o tipo de leitura estratégica que os líderes dos movimentos faziam das teorias e dos autores que discutiam. Mas revelam também a polêmica gerada pelas ideias e pela prática política de Fanon, mesmo entre aqueles que partilhavam a sua luta anticolonial. Se considerarmos as cinco fases do debate sobre as ideias de Fanon propostas por Lewis Gordon (1997a, p. 33), profundo conhecedor da sua obra, torna-se claro que as leituras simplistas de Fanon, como a que encontramos na análise de Vieira, viriam a ser ultrapassadas de forma muito lenta.[100] Hoje em dia, Fanon, e também Gandhi, Cabral, Senghor, Nkrumah e Nyerere (referindo apenas os líderes dos movimentos de libertação mencionados nesta seção) são um testemunho eloquente dos horizontes abertos pelas epistemologias do Sul.

Os conhecimentos e o desenrolar das lutas

No que se refere, em termos mais gerais, aos conhecimentos que surgem das lutas sociais, há de se fazer outras distinções como resultado das relações de poder em que se baseia uma dada luta. Os grupos que lutam contra a dominação têm de lidar com três tipos de conhecimentos: os seus próprios conhecimentos, que sustentam e legitimam a sua luta; os conhecimentos que os grupos dominantes produzem e ativam a fim de assegurarem a reprodução desse seu poder; os conhecimentos gerados ou mobilizados por outros movimentos ou grupos sociais com os quais são possíveis articulações e alianças baseadas nas ecologias de saberes. Os conhecimentos que são mobilizados numa luta ativa e confrontacional são apenas uma seleção daquilo que o grupo conhece sobre a luta e o poder que enfrenta. Os critérios subjacentes a essa seleção constituem, eles mesmos, um tipo de conhecimento subalterno, que é também, na verdade, um conhecimento especialmente precioso e preservado com zelo. O conhecimento é expresso em narrativas e discursos que são frequentemente duplos, ou seja, têm duas versões: uma versão existe no domínio público do confronto; a outra circula no âmbito do grupo e das respectivas relações com os que são aliados

---

[100] Um resultado para o qual a própria obra de Lewis Gordon (1995b; 1997b; 2015) contribuiu de forma crucial. Ver também Gordon, Sharpley-Whiting e White (1996); Gibson (1999); Gordon, Ciccariello-Maher e Maldonado-Torres (2013, p. 307-324); Henry (1996, p. 220-243) e Sekyi-Otu (1996).

da luta.[101] A mesma natureza dupla pode surgir, sob outras formas, nas interações que visam potenciais alianças. Em todo o sul global muitos grupos sociais (povos indígenas, camponeses, mulheres, dalits, etc.) recorrem à narrativa dos direitos humanos no discurso público como forma de se fazerem entender pelos públicos que não pertencem ao mesmo universo cultural, como forma de construir pontes e alianças com outros movimentos e até mesmo como forma de lidar com as burocracias judiciais ou administrativas do Estado. Dentro do próprio grupo são utilizadas narrativas distintas, muitas vezes expressas numa linguagem bem diferente.

A discrepância entre o discurso público ou externo e o discurso privado ou interno pode variar muito conforme as condições da luta. Por exemplo, essa discrepância pode diminuir de forma drástica, ou mesmo desaparecer, em momentos de luta mais intensa, como quando os discursos internos que são mantidos no âmbito privado durante um longo tempo acabam por explodir no campo público do confronto. Assim são os momentos de grande visibilidade e intensidade de confronto político e ideológico quando diagnósticos conflituantes e soluções contraditórias para os temas em discussão se tornam parte do campo da disputa. Nessas situações, torna-se crucial reivindicar justiça cognitiva. Para consolidar esse nível avançado de confronto e luta, o grupo ou o movimento que o atingiu deve evitar a tentação de se considerar singular ou excepcional e usar o protagonismo momentâneo de que goza para criar alianças com outros grupos sociais envolvidos em processos de luta ou resistência menos avançados. O objetivo é promover partilhas e diálogos com outras experiências e outros conhecimentos, visando identificar afinidades e potencializar a solidariedade ativa. É aí que se situam as ecologias de saberes.

Os conhecimentos-na-luta tanto são produtos como produtores de lutas em processo constante de reconstrução. É errado considerá-los como estando ligados às lutas de forma estável e unívoca. Os conhecimentos que no passado reforçaram as lutas podem enfraquecê-las no presente. O que é importante é lembrar que, segundo as epistemologias

---

[101] Tendo em consideração o campo mais amplo das relações de poder, James Scott (1990) distingue a transcrição pública da transcrição oculta no âmbito das relações entre os grupos subordinados e os grupos dominantes.

do Sul, o valor concreto dos conhecimentos depende dos resultados que produzem num dado ponto no tempo e no espaço. Isso não quer dizer que a avaliação dos resultados não seja, também ela, um ato de conhecimento. Contudo, os conhecimentos que são depois convocados a efetuar essa avaliação não são os mesmos que levaram aos resultados em questão; são conhecimentos que correspondem ao novo momento ou contexto da luta. Pela mesma razão, a distinção entre aplicação técnica (ética e politicamente neutra) e aplicação edificante (ética e politicamente comprometida) que tem dominado alguns dos debates no âmbito da filosofia crítica da ciência não faz sentido quando olhada através da perspectiva das epistemologias do Sul.[102] Todo conhecimento válido mobilizado pelas lutas, seja científico ou não-científico, possui efetivamente uma dimensão técnica, mas essa dimensão é apenas relevante na medida em que aprofunda de modo eficaz o compromisso ético-político subjacente aos conhecimentos envolvidos na luta.

As ecologias de saberes são construções cognitivas coletivas orientadas pelos princípios da horizontalidade (diferentes saberes reconhecem as diferenças entre si de um modo não hierárquico) e da reciprocidade (diferentes saberes incompletos reforçam-se através do estabelecimento de relações de complementaridade entre si). Apenas assim se atinge a justiça cognitiva dentro dos diferentes grupos sociais que resistem à opressão, bem como no âmbito das relações entre eles. Nas fases iniciais dos processos de articulação entre lutas sociais (e das ecologias de saberes que as acompanham), essa justiça cognitiva provavelmente não passa de uma aspiração. Porém, o processo só avançará na medida em que a ambição se torne realidade, isto é, na medida em que as relações de poder cognitivo desiguais forem sendo gradualmente substituídas por relações de autoridade partilhada. A justiça cognitiva global, objetivo das epistemologias do Sul, apenas será uma aspiração crível – uma aspiração pela qual vale a pena lutar – se orientar a prática aqui e agora, no interior das lutas sociais, nas relações dentro de cada um dos grupos sociais que lutam contra a dominação e entre eles. A experiência concreta dos objetivos pelos quais se luta tem de começar nos meios que se usam para atingi-los.

---

[102] Mais sobre esse assunto em Santos (2007b).

O que é a experiência?

Se, como defendo neste livro, todo conhecimento é corpóreo, não é aceitável que se conceda à experiência um estatuto inferior ao da teoria. Expressões como "com base na minha experiência" e "tendo passado por isso" – referindo-se quer a um acontecimento quer a uma condição – apontam para uma concepção testemunhal de verdade e para uma relação imediata e intensa com os fatos. Mesmo se objetivamente analisados, esses fatos obtêm a sua relevância a partir da forma como são vivenciados por uma pessoa, uma comunidade ou um grupo social. A experiência é tanto a vida subjetiva da objetividade como a vida objetiva da subjetividade. Como gesto vivo, a experiência reúne como um todo tudo aquilo que a ciência divide, seja o corpo e a alma, a razão e o sentimento, as ideias e as emoções. Assim conceitualizada, a experiência não é passível de ser transmitida de forma completa nem apreendida na sua totalidade. Quanto mais intensamente ela é vivida, mais difícil se torna percebê-la. Os limites da inteligibilidade e da transmissibilidade são social e politicamente importantes, uma vez que circunscrevem o exercício da ética e a política do cuidado, ou seja, da solidariedade ativa, da reciprocidade e da cooperação.

Aquilo que possibilita a inteligibilidade e a transmissibilidade é a tradução. A tradução permite-nos relatar uma dada experiência a outros, quer essa experiência nos seja próxima, quer seja relativamente estranha. Como veremos mais adiante,[103] ao converter gradualmente conjuntos de diferenças e distância em conjuntos de semelhanças e proximidade, a tradução configura um ato de intermediação que permite tornar o estranho familiar, o distante próximo e o alóctone comum. A solidariedade ativa implica muitas vezes esforço e risco e, nesses casos, apenas os conjuntos de semelhança/proximidade são capazes de ativar os imperativos éticos ("uma vez que isto tem a ver comigo, tenho de me envolver"). Do mesmo modo, os conjuntos de diferença/distância são usados socialmente para neutralizar possíveis inquietações devidas à indisponibilidade para correr riscos ("eu não tenho de me envolver em algo que não tem a ver comigo").

---

[103] Mais sobre esse tema no Capítulo 10 e em Santos (2014a, p. 212-235).

As experiências sociais de injustiça e opressão causadas pelo capitalismo, pelo colonialismo e pelo patriarcado são sempre experiências corpóreas; no entanto, as suas principais manifestações podem incluir dimensões físicas, mentais, emocionais, espirituais ou religiosas. São geralmente vividas com maior intensidade quando incluem resistência e luta contra a injustiça e a opressão. Em sociedades muito desiguais e injustas como as nossas, quanto mais intensa a opressão, mais difícil se torna para os grupos oprimidos comunicar o sofrimento e as emoções que acompanham essa experiência de forma a suscitar solidariedade ativa. E é este o maior dilema das epistemologias do Sul: a comunicação e a partilha de conhecimento são cruciais para o fortalecimento das lutas contra a opressão causada pelo capitalismo, pelo colonialismo e pelo patriarcado porque essa comunicação e essa partilha aprofundam e ampliam a solidariedade e a cooperação entre os que estão envolvidos na luta e os seus aliados. Porém, quanto mais intensa a experiência de opressão, mais difícil é partilhá-la; por outras palavras, a solidariedade e a cooperação necessárias tornam-se geralmente mais escassas precisamente quando são mais indispensáveis para fortalecer as lutas contra a opressão. Dada a interligação constitutiva entre o capitalismo, o colonialismo e o patriarcado, a libertação torna-se possível apenas quando o isolamento é substituído pela reciprocidade, pela solidariedade e pela cooperação entre grupos sociais que são alvo de uma opressão diferente, mas conjunta. Numa época em que existe tamanha diversidade, tanto no que se refere às experiências de opressão como de luta contra a opressão, a tradução intercultural e interpolítica é uma pré-condição para essa substituição.

O conceito de experiência exige uma reflexão. No seu sentido mais lato, experiência é uma prática, um estado de espírito, uma sensação de que se pode ter um conhecimento direto das coisas (comer, admirar uma paisagem, crer em deuses, etc.). Nesse sentido, a experiência pode ser definida sem referência a um sujeito específico que a experiencie ou vivencie. O conceito de experiência que é relevante para as epistemologias do Sul é um conceito mais denso: a experiência como *experiência vivida*. No que se refere à experiência vivida, não é possível distinguir a experiência em si mesma do sujeito que a vive. Identifiquemos, na senda de Sarukkai (2012a, p. 35), dois tipos de experiência vivida: o de experiência vivida em si mesma, independente da escolha, e o de experiência vivida por substituição. O primeiro tipo de experiência vivida, a acepção forte desta, é a experiência de alguém que a vive sem ter a opção de a não viver, ou seja, trata-se de uma experiência vivida como necessidade ou inevitabilidade. A experiência dos pobres tal como é vivida pelos pobres é experiência concreta nessa acepção. A experiência vivida por substituição é a experiência de alguém que tem a possibilidade de escolher entre vivê-la ou afastar-se dela sempre que assim o deseje. Se uma dada pessoa que não é pobre quiser, apesar disso, viver a experiência de uma pessoa pobre (por exemplo, no que se refere à alimentação, roupa, convívio), a experiência de pobreza dessa pessoa é uma experiência vivida por substituição. O que distingue esses dois tipos de experiência é a presença ou a ausência de liberdade. Em termos existenciais, deparamo-nos com dois tipos de experiência, mas tal não significa que apenas a experiência vivida sem opção seja autêntica. Dependendo das circunstâncias, do nível de compromisso e dos riscos envolvidos, a experiência vivida por substituição pode ou não ser autêntica. Quando não é autêntica, trata-se de uma forma de diletantismo.

A experiência vivida por quem se encontra sujeito à dominação capitalista, colonialista e patriarcal é uma experiência vivida no sentido forte do termo, uma vez que os que a vivem não têm outra opção senão vivê-la enquanto continuar se vendo como vítimas da opressão. Na verdade, em sociedade, a necessidade tem sempre como limite a capacidade humana de ultrapassá-la ou evitá-la, desde que tal capacidade tenha as condições mínimas para ser exercida. Contudo, a resistência e a luta não devem ser entendidas como exercícios de liberdade no âmbito da luta para erradicar a opressão. Apenas quem não vive a opressão na carne poderia imaginar que resistir a ela é um ato supremo de liberdade. Resistir e lutar contra a opressão é muitas vezes tanto uma necessidade quanto o é vivê-la ou experienciá-la. A experiência da necessidade pode ser vivida de modos diferentes: ou como a inevitabilidade de sofrer a opressão ou como a necessidade de a interromper. Aquilo que distingue a vítima de opressão da pessoa ou do grupo que resiste à vitimização não é a escolha entre necessidade, por um lado, e vontade, por outro; trata-se quase sempre de uma escolha entre dois tipos de necessidade. Exercer a escolha nesse caso é um ato de contingência extrema; somente após a escolha é que a necessidade se torna visível.

Do ponto de vista das epistemologias do Sul, a experiência vivida por substituição é relevante apenas na medida em que constitui a base de uma solidariedade ativa com grupos sociais que lutam contra a opressão. Essa solidariedade pode ser exercida por indivíduos ou por grupos sociais que não se sentem vítimas diretas de opressão (por exemplo, o intelectual de retaguarda, o investigador pós-abissal) ou que não são vítimas da forma específica de opressão a que estão sujeitos os grupos sociais com os quais se mostram solidários (por exemplo, a solidariedade de mulheres urbanas ou LGBTs para com os camponeses ou povos indígenas e vice-versa). O tipo de solidariedade que subjaz à articulação entre grupos sociais associa experiências vividas através da necessidade e experiências vividas por substituição. A forma de solidariedade que implica a partilha de lutas e, portanto, de riscos apenas é genuína quando se baseia em experiências que são vividas com autenticidade.

A experiência vivida dos dalits

Um dos debates mais esclarecedores sobre o valor da experiência vivida, o problema da sua transmissibilidade e o impacto que pode ter na construção teórica ocorreu recentemente entre dois conhecidos cientistas sociais indianos: Gopal Guru e Sundar Sarukkai (2012).[104] O debate centrou-se na experiência vivida dos dalits (uma casta de "intocáveis") e nas condições para a construção de uma teoria social com base nessa experiência. Esse debate é da maior importância para as epistemologias do Sul. Os dalits representam uma das formas mais cruéis de exclusão abissal, pois se trata de uma exclusão baseada na suposta sub-humanidade divinamente ordenada do grupo excluído, na sua impureza inata. A linha abissal que coloca a experiência desse grupo no outro lado da linha é uma articulação, em constante mudança, entre colonialismo interno e religião, com a presença cada vez mais forte do capitalismo, especialmente tendo em conta os conflitos de terras que visam expulsar os dalits das suas terras ancestrais a fim de abrir caminho para megaprojetos – hídricos, de extração de minério,

---

[104] Houve discussões semelhantes no âmbito de movimentos feministas e antirracistas. O existencialismo lida melhor com a dimensão filosófica da experiência vivida, sendo um bom exemplo disso a filosofia existencial negra. Ver Gordon (1997a).

agrícolas e outros.[105] Segundo Guru, ele próprio dalit, a Índia é um país de profundas desigualdades, as quais, ao nível epistemológico, se refletem nas hierarquias institucionais que decidem o que é teoria e a quem é permitido teorizar. Na sua opinião, "o 'tribunal de cúpula' da ciência social com o seu Plenário em Delhi continua a rejeitar as objeções subalternas por absurdas e idiossincráticas, na pior das hipóteses, e, na melhor, por emocionais, empírico-descritivas e polêmicas" (GURU, 2012a, p. 13-14). Guru conclui assim que "a prática da ciência social na Índia tem ainda um caráter exclusivo e antidemocrático. Serve a interesses próprios e visa à autogratificação. Falta-lhe um caráter igualitário genuíno" (2012a, p. 13). Essa desigualdade intelectual alimenta-se das experiências de vida de grupos sociais como os dalits, das populações tribais (os adivasi) e de outras castas "atrasadas". A exclusão a que esses grupos estão sujeitos priva-os da única condição crucial – a liberdade – que lhes poderia permitir pensar e construir teoria com base na sua própria experiência. Sem a liberdade de sair do contexto imediato da experiência é impossível dar sentido a essa imediaticidade a um nível abstrato. Daí que a possibilidade de construir teoria na Índia tenha sido reservada às castas superiores, os nascidos duas vezes.[106] Como explica Guru, "[n]ega-se assim aos dalits e às populações tribais as condições intelectuais necessárias ao desenvolvimento de capacidades mais reflexivas.

---

[105] O colonialismo britânico pode ter contribuído para tornar mais rígido o sistema de castas. Tendo perdido poder e influência social com a chegada dos colonizadores britânicos, as castas superiores quiseram compensar essa perda com a intensificação do seu domínio sobre as castas inferiores – uma espécie de colonialismo interno. "É interessante verificar que a humilhação racial, que está na base da configuração colonial de poder, sofre uma inversão, tomando a forma de humilhação de casta ao nível da configuração local de poder. No âmbito dessa configuração, a função da humilhação baseada na casta é, poderia se argumentar, compensar a perda de prestígio e de honra que a elite social dominante tendencialmente perde na configuração colonial de poder" (GURU, 2009, p. 4).

[106] No hinduísmo, as três castas superiores são conhecidas como "os nascidos duas vezes" (em sânscrito द्विज [*Dvija*]) porque foram submetidas à cerimônia do cordão sagrado (*Upanayana*), na qual os homens são iniciados no segundo estádio da vida [*ashrama*] de um seguidor dos *Vedas*. A cerimônia do cordão sagrado é considerada como sendo uma espécie de segundo nascimento. Tradicionalmente, os hindus nascidos duas vezes pertencem aos primeiros três grupos do sistema de castas hindu: 1) brâmanes, 2) xátrias e 3) vaixás. No entanto, em muitos escritos hindus, o termo "*Dvija*" refere-se apenas aos brâmanes detentores de superioridade mítica e religiosa.

É frustrante, se não mesmo trágico, que os dalits definhem no empirismo cru" (2012a, p. 18). Tal situação leva ao isolamento epistemológico dos dalits. Assim, as teorias que vem sendo a ser produzidas por não-dalits configuram uma forma de imperialismo epistemológico, uma vez que são construídas a partir de fora da experiência vivida dos dalits e sem qualquer ideia da necessidade de liberdade que habita a sua experiência. Tal teorização, que Guru chama de epistemologia posterior (construída a partir do exterior e assumindo a existência dos dalits como um dado adquirido), acaba por isolá-los mais ainda socialmente, a ponto de os privar da possibilidade de alguma vez virem a ser protagonistas de uma epistemologia igualitária. Esse isolamento, bem como a reprodução da subalternidade a que dá origem, tem efeitos políticos importantes. Nas palavras de Guru,

> [e]ssa externalidade mal permite aos dalits terem uma vantagem teórica na sua visão revolucionária da política. [...] Para que os dalits se percebam que produzir teoria é uma necessidade moral interior, têm de fazer a escolha moral consciente de usar o seu sentido de liberdade para entender a experiência dalit e refletir sobre ela. Deveriam tratar essa liberdade de sair da experiência dalit como condição inicial para que as suas reflexões atinjam patamares teóricos elevados (2009, p. 27-28).

Por seu turno, Sarukkai questiona a ideia da intransmissibilidade da experiência vivida que está subjacente à posição teórica de Guru; em outras palavras, questiona a ideia de que apenas os dalits são capazes de teorizar adequadamente a sua própria experiência vivida, como detentores de uma espécie de direito moral, ou de direito de autor, sobre a teorização da sua própria condição. Aceitar uma tal posição implicaria negar aos dalits a possibilidade de teorizarem a experiência de não-dalits. As questões de autenticidade, autoridade e autorização da teoria foram discutidas noutros contextos e podem ser formuladas do seguinte modo: "Quem é que tem realmente o direito de teorizar nas ciências sociais?" (SARUKKAI, 2012a, p. 30). Essa questão levanta duas outras questões, uma sobre a relação entre experiência e teoria e outra sobre a distinção entre o externo ou exterior à comunidade (o *outsider*) e o interno ou pertencente à comunidade (o *insider*). Sarukkai mostra que, na grande maioria das situações, a teoria não é, nem pode ser, baseada na experiência vivida; do mesmo modo, não precisamos ser intocáveis para declaramos que a intocabilidade é um crime. Sarukkai faz uma distinção entre experiência-posse e experiência-autoria; possuímos a nossa experiência, mas não somos autores dela, tal como possuímos livros sem sermos seus autores. Possuir algo não implica ter poder ilimitado sobre aquilo que possuímos. É por isso que partir do pressuposto, como Guru parte, de que apenas quem possui uma dada experiência está autorizado a teorizá-la significa esquecer tudo aquilo que não controlamos no que toca à experiência que possuímos (2012b). Segundo Sarukkai, a posição de Guru situa-se nos antípodas da de Habermas, autor para quem o distanciamento relativamente à experiência é uma das condições da teoria (2012a, p. 45). No entanto, por outro lado, é óbvio que as teorias da esfera pública e da razão comunicativa de Habermas estão profundamente relacionadas com a experiência alemã do nazismo e com o imperativo ético-político de que ela jamais volte a acontecer.

Resumindo, Guru é de opinião de que não existe outra experiência vivida que não a experiência que é vivida por necessidade e que ela não é transmissível a quem quer que a não viva diretamente. Por outro lado, quanto aos dalits, a necessidade a que estão sujeitos por via da dominação de casta é de tal importância que não lhes é concedida qualquer liberdade para refletirem teoricamente sobre a sua própria condição. Segundo Guru, os dalits tentam compensar a impossibilidade da teoria através da poesia, que é especialmente brilhante no caso de Maharashtra. No entanto, como o próprio explica,

> a poesia não possui a capacidade conceitual de universalizar o particular e particularizar o universal. Não possui esse poder dialético. A teoria, pelo contrário, requer clareza de conceitos, de princípios, e uma análise aberta da nossa própria ação a fim de verificar se é justificada. A poesia ajuda os dalits a estabelecer conexões através de metáforas, mas não de conceitos. É à teoria que, supostamente, cabe essa função. Estabelece conexões através de conceitos e também ajuda a esclarecer o sentido que se encontra enraizado na realidade complexa (2012a, p. 23).

Para além de sugerir uma espécie de essencialismo identitário que pode levar ao isolamento, a posição de Guru aponta para uma concepção heróica de teoria. Além disso, de um modo muito questionável, esvazia a poesia de qualquer potencial emancipatório. Tal posição reflete a cruel exclusão social a que os dalits estão sujeitos e a natureza apologética, se não hipócrita, das teorizações sobre os dalits que têm prevalecido na Índia. O que fica talvez menos claro são os movimentos de resistência de organizações dalits contra a discriminação e as alianças que continuam a construir com outros grupos não-dalits, mas igualmente excluídos, tais como os povos tribais ou os adivasi. Nessas alianças existe a possibilidade da transmissibilidade de experiência vivida, da copropriedade da experiência e de traduções interculturais, o que possibilita uma outra relação entre experiência e teoria, precisamente a relação que mais interesse tem para as epistemologias do Sul.[107]

Centrando-se nas exclusões abissais, as epistemologias do Sul percorrem um campo de experiências de profunda exclusão que é dificilmente transmissível e dificilmente compreensível, especialmente por parte de pessoas que "habitam" o lado metropolitano da linha abissal e que são, por esse motivo, socialmente treinadas e condicionadas para considerar todas as exclusões como não-abissais. Como tenho defendido, trata-se de uma dificuldade de natureza epistemológica, uma vez que o pensamento abissal, especialmente hoje em dia, é exímio em tornar não-existente, irrelevante ou ininteligível tudo o que existe do lado de lá da linha abissal. Mas esse pensamento tem muitas outras dimensões. Primeiro, muitas vezes os grupos oprimidos estão existencialmente (na vida de todos os dias) mais próximos dos opressores do que de outros grupos oprimidos que sofrem outros tipos de dominação. A opressão funciona através da criação de relações de falsa reciprocidade entre o opressor e o oprimido, solidariedade invertida e cooperação autodestrutiva. É desse modo que a opressão se "naturaliza". Só a experiência da luta permite que se ultrapasse essa condição. As epistemologias do Sul não são algo que os grupos oprimidos encontram numa prateleira qualquer esquecida da biblioteca colonial, tão brilhantemente analisada por Mudimbe (ver Capítulo 6); são uma ferramenta que é criada e construída no próprio processo da luta. A dificuldade de entender e de fazer entender a experiência da exclusão como algo injusto e contra

---

[107] Ver Mendes (2018).

o qual é imperioso lutar reside no fato de as epistemologias do Norte se esforçarem incessantemente em negar a possibilidade de exclusão abissal, convertendo-a numa condição natural ou merecida, um estado de coisas determinado pelo destino, ou até, mais perversamente ainda, uma forma de inclusão.

A segunda dificuldade relativa à construção de reciprocidade, solidariedade e cooperação ativas tem a ver com o essencialismo identitário que muitas vezes acompanha a experiência da exclusão e a luta contra ela. Reconhecer que, a um nível mais profundo, a experiência da exclusão pode ser apenas partilhada por pessoas que a vivem ou viveram diretamente, na sua própria carne, por assim dizer, não impede a possibilidade da ética do cuidado. O essencialismo identitário apenas tem lugar quando a intransmissibilidade da experiência existencial se torna obstáculo à reciprocidade, à solidariedade e à cooperação politicamente ativas; por outras palavras, quando se considera que a experiência existencial requer, para além de autarquia epistemológica e ontológica, também autarquia política. A autarquia política implica uma recusa em forjar alianças capazes de impulsionar a luta pela libertação. Maximizar a autarquia é o reverso da solidão epistêmica, o grau zero das epistemologias do Sul.

A terceira dificuldade da construção de solidariedade ativa advém da decisão refletida e altamente política, por parte do grupo social abissalmente excluído, de se apropriar da exclusão abissal como integrando a sua própria identidade mais profunda, recusando assim qualquer tipo de inclusão. Essa atitude e a experiência que a acompanha não podem ser adequadamente expressas nos termos da dicotomia exclusão/inclusão. E nada tem a ver com falsa consciência (tomar a exclusão por inclusão); é antes uma apropriação da linha abissal, não com o objetivo de a ultrapassar, mas de a negar num sentido duplo: não querer ser excluído por ela e não querer ser incluído como consequência do seu apagamento. O que importa é assumir a sociologia das ausências como própria e proclamar ou exigir invisibilidade, ausência e silêncio (nesse caso, o oposto de silenciamento). Em termos epistemológicos, será que uma tal atitude implica a negação radical das epistemologias do Sul ou, pelo contrário, a sua confirmação máxima? Esse é um problema indecidível para as epistemologias do Sul, uma vez que as confronta com uma antinomia:

por um lado, as epistemologias do Sul não imaginam a vida social fora da dicotomia opressão/libertação e das lutas que requer; por outro, recusam a ideia de critérios gerais por meio dos quais se definem tipos gerais de lutas e se estabelecem hierarquias abstratas entre eles. À luz dessa decisão autônoma e refletida, não lutar só pode ser uma forma de luta. As epistemologias do Sul não podem, por isso, adotar para essa antinomia a solução que é dada pelo pensamento eurocêntrico moderno, solução essa memoravelmente enunciada por Rousseau em *Du contrat social*: se a vontade geral é a expressão da liberdade, o indivíduo que se rebela contra a vontade geral deve ser obrigado a ser livre.[108] Isso significa que quem quer que tenha a prerrogativa de definir a liberdade tem o direito de impô-la, por oposição a quaisquer concepções alternativas de liberdade. É por essa razão que a modernidade ocidentalocêntrica considera que os modos alternativos de conceitualizar a emancipação social conduzem ao caos.

---

[108] Mais sobre esse assunto em Santos (2002a, p. 31).

CAPÍTULO 5

Corpos, conhecimentos e *corazonar*

Conhecimento e corporeidade

As epistemologias do Sul tratam de conhecimentos que estão presentes na resistência e na luta contra a opressão ou que delas surgem, conhecimentos que são, por isso, materializados, corporizados em corpos concretos, coletivos ou individuais. Esse caráter corpóreo do conhecimento coloca muitos desafios.[109] As epistemologias do Norte fundamentam-se na ideia do sujeito racional, um sujeito que é epistêmico e não concreto ou empírico. Kant, autor do tratado mais monumental da filosofia ocidental da subjetividade, sublinha essa distinção

---

[109] Entre os filósofos ocidentais do século passado, Merleau-Ponty é o que melhor expressa a ideia do conhecimento e da experiência materializados no corpo ou corporizados. Realça a relação dialética entre corpo e alma ou entre estruturas físicas, vitais e humanas. Como afirma em *The Structure of Behavior* [*A estrutura do comportamento*], existe na experiência um "texto original que não se pode extrair da sua relação com a natureza. A significação é corporizada" (1963, p. 211). Contra Descartes e Kant, Merleau-Ponty (1962) defende que o sujeito consciente não está separado do mundo. O mundo está inscrito no sujeito. Na verdade, a percepção não é um produto da consciência, mas sim do corpo, não o corpo concebido como uma entidade externa que existe no mundo físico, mas antes o corpo vivo e vivido. No Capítulo 8, efetuo uma análise crítica de Merleau-Ponty a partir da perspectiva das epistemologias do Sul. Anteriormente, ainda no século XX, no outro lado do Atlântico, John Dewey já tinha criticado o dualismo corpo/alma no centro daquilo que denominou o "problema mente-corpo" (1928). Um elemento constitutivo essencial dessa crítica foi a oposição expressa de Dewey às abordagens da "mente" ou da "psique" como entidade autônoma, nomeadamente, as de Freud e seus seguidores. Ver Dewey (1922).

com grande ênfase ao escrever, na epígrafe da *Crítica da razão pura, de nobis sibi silemus* [sobre nós nada dizemos]. Isso significa que a separação entre sujeito e objeto, que se tornou fundamental desde Descartes, é apenas possível sob condição de o único sujeito relevante ser o sujeito epistêmico e não o sujeito empírico. Este deve ser silenciado, não só porque se encontra "sujeito" à contaminação do objeto, mas também porque é, ele próprio, facilmente convertível em objeto de outrem.[110]

Segundo as epistemologias do Sul, o conhecimento corporizado manifesta-se em corpos vivos (*Leib* e não *Körper*, utilizando a distinção, muito esclarecedora, existente na língua alemã),[111] os que empreendem a luta contra a opressão; são corpos que sofrem com as derrotas e se exultam com as vitórias. Tanto os corpos individuais como os coletivos são corpos sociais.[112] Os corpos coletivos, como grupos ou classes sociais, castas, seitas, povos ou nações, são portadores das lutas, mas, em última análise, aqueles que sofrem ou exultam são os corpos individuais. Segundo Das, "a violência da Partição foi singular na metamorfose que conseguiu efetuar entre a ideia de apropriar um território enquanto nação e apropriar o corpo das mulheres enquanto território" (2007, p. 52).

---

[110] Numa linha de pensamento que remonta a Platão, Schopenhauer considera que o corpo é um obstáculo ao conhecimento: "Desse modo, todo o conhecimento que é originário dos sentidos é enganador; por outro lado, o único conhecimento verdadeiro, exato e seguro é aquele que é livre e afastado de toda a sensibilidade (e, assim, de toda a percepção intuitiva), consequentemente, o *pensamento puro*, isto é, uma operação exclusivamente com conceitos abstratos" (2010, p. 43). Lakoff e Johnson propõem uma mudança epistemológica, afastando-se da consagração moderna de um conhecimento positivo sem corpo ou incorpóreo, informados pela ideia de que "não existe a pessoa dualística cartesiana, com uma mente distinta e independente do corpo e que partilha exatamente a mesma razão transcendente com todas as outras pessoas" (1999, p. 5).

[111] Husserl distingue "*Leib*", o corpo vivido pré-reflexivamente ou a perspectiva corporizada da primeira pessoa, de "*Körper*", a experiência do corpo como objeto. Ver Das (2007; 2015) e Husserl (1973, p. 57).

[112] Na linha de Merleau-Ponty, Francisco Varela defende que o corpo é muito mais do que uma estrutura física. É um conjunto de repertórios comportamentais ou de capacidades e atividades motoras e perceptivas: "As ações de um animal e do mundo em que efetua essas ações estão inseparavelmente ligadas. Viver a vida como uma mosca faz uma xícara de chá parecer um oceano de líquido; um elefante, porém, verá a mesma quantidade de chá como uma gota insignificante, minúscula e pouco perceptível. Aquilo que é percepcionado surge inseparavelmente ligado às ações e ao modo de vida de um organismo" (POERKSEN, 2004, p. 87).

De forma semelhante, ao comentar a violência política na Colômbia, Michael Taussig escreve:

> Um corpo é o território fundamental, e um cadáver despedaçado à deriva no rio é a negação absoluta desse território, o exílio da alma mais profundo possível. Assim atinge a territorialização o seu estado mais definitivo de não-ser. Será por isso que a força contrária que reivindica o território como poder mítico cresce agora na Colômbia de dia para dia, depois de duas décadas de violência paramilitar que visa ao desmembramento da terra e do corpo? (2012, p. 513).

Apesar do fato de pensarmos e conhecermos com o corpo, apesar de ser com o corpo que temos percepção, experiência e memória do mundo, ele é tendencialmente visto como um mero suporte ou *tabula rasa* de todas as coisas valiosas produzidas pelos seres humanos. Isso é especialmente verdade no que se refere ao conhecimento eurocêntrico, científico ou não, devido aos pressupostos judaico-cristãos que lhe são subjacentes, impregnados da distinção absoluta entre corpo e alma. O corpo de emoções e afetos, do sabor, do cheiro, do tato, da audição e da visão não está incluído na narrativa epistemológica, mesmo depois de Spinoza ter criticado definitivamente essa exclusão como sendo irracional e estúpida. As epistemologias do Norte têm grande dificuldade em aceitar o corpo em toda a sua densidade emocional e afetiva sem o transformarem em mais um objeto de estudo. Não conseguem conceber o corpo como uma ur-narrativa, uma narrativa somática que precede e sustenta as narrativas das quais o corpo fala ou sobre as quais escreve. O fato de essas narrativas serem as únicas que são consideradas epistemologicamente relevantes baseia-se na ocultação da narrativa somática que as fundamenta. O corpo torna-se, assim, necessariamente uma presença ausente.[113]

A emancipação ou a subversão corpórea torna-se impossível, mesmo quando o corpo fala de emancipação e subversão. De fato, especialmente nas sociedades capitalistas centrais (e em todas as

---

[113] Devemos reconhecer que as críticas feministas, LGBTs, interculturais e descoloniais das epistemologias do Norte têm chamado a atenção para o valor epistemológico e cognitivo do corpo. Ver Butler (1993; 2004); Csordas (1990), Haraway (1991), Mol (2002), e Taussig (1993). Mais recentemente, também Federici (2004), Lugones (2010a) e McRuer (2006).

"pequenas Europas" deste mundo), o que predomina hoje em dia é uma emancipação perversa do corpo. É o corpo que é cuidado de forma obsessiva a fim de maximizar a sua vitalidade e o seu desempenho. O culturismo, a medicação preventiva, o *jogging*, os esportes radicais, as grandes maratonas e a indústria das academias são algumas das formas dominantes de emancipação do corpo. Esse realce da fisicalidade do corpo deforma a dialética da sua dimensão vital e humana, favorecendo a dimensão física, por meio da qual surge um novo "humanismo do corpo". Esse novo "humanismo" reproduz num modo atualizado o mesmo convite à barbárie do seu antepassado, o humanismo renascentista europeu. Este arrogava-se o direito de definir o que é humano, justificando assim a exclusão da maioria da população mundial, que não seria verdadeira ou completamente humana. Esse novo humanismo do corpo, altamente processado, enquanto sujeita o corpo ao monopólio do conhecimento técnico-corporal e à lógica do valor acrescentado (a produção capitalista de corpos capitalistas), permite que os corpos sejam hierarquizados no trabalho e no lazer segundo o maior ou menor grau em que se distanciam da equação corpo/mente. Aí reside um anticartesianismo perverso: em vez de a mente ser corporizada, o corpo torna-se o abandonar da mente.

As epistemologias do Sul não aceitam o esquecer do corpo porque as lutas sociais não são processos que se desenrolam a partir de *kits* racionais. São produtos de *bricolages* complexas nas quais o raciocínio e os argumentos se misturam com emoções, desgostos e alegrias, amores e ódios, festa e luto. As emoções são a porta que dá para o caminho da vida e são esse mesmo caminho na luta. E os corpos estão tanto no centro das lutas como as lutas estão no centro dos corpos. Os corpos são corpos performativos e assim, através do que fazem, renegociam e ampliam ou subvertem a realidade existente. Ao agirem, agem sobre si mesmos; ao dizerem, dizem de si mesmos e para si mesmos. A mobilidade e a imobilidade, o silêncio e o grito, todos são energias vitais que inscrevem marcas nos corpos, marcas que permanecem para além das suas lutas e dos seus sucessos. Os corpos que resistem são muito mais do que a luta, e a luta, por sua vez, abarca muito daquilo que geralmente se crê existir fora dela, seja a dança, o teatro ou a música, o sono, o amor. Os corpos mobilizam diferentes capacidades em lutas diferentes ou em diferentes momentos da mesma luta: às vezes capacidades das pernas, da mão, depois, do ouvido, da voz ou do nariz.

Os corpos estão em tudo, mas nunca da mesma forma. Os códigos anatômicos são, até certo ponto, inescrutáveis, mesmo se a neurociência tenta provar o contrário. Essa diferença corpórea permanece fora do olhar epistêmico ou teórico. Este não está interessado na constante reinvenção do corpo. Pelo contrário, está interessado na sua des-invenção, para que aquilo que o corpo diz ou faz seja previsível e inteligível. Se acontecem lutas é porque há corpos que acontecem para as lutas. Por mais enfaticamente epistemológica e teórica que a vigilância se julgue, exige poder de previsão, planejamento, metodologia e resultados; ao contrário, os corpos são acontecimentos, às vezes latentes, às vezes patentes, agora fogos quase apagados, depois irrupções incandescentes, agora ausências inescrutáveis, depois brilhantes fulgurações. E deixam sempre um enorme vazio, antes e depois do acontecimento. Desse modo, no fundo, as lutas são sempre imprevisíveis, quer aconteçam ou não, e os seus resultados são tão incertos no início como no fim. Mas precisamente porque os corpos não podem deixar de acontecer e existir, as lutas continuam abrindo caminhos, muitas vezes sobre as ruínas de lutas passadas.

O corpo moribundo, o corpo sofredor e o corpo jubiloso

Entre as possibilidades infinitas de diferença corpórea, as epistemologias do Sul interessam-se por três tipos de corpo: o corpo moribundo, o corpo sofredor e o corpo jubiloso. Não se trata de estados de ser abstratos. Esses corpos explicam as principais condensações do impacto de relações sociais perversas sobre corpos racializados, sexualizados e mercantilizados.

O *corpo moribundo* é o corpo do fim provisório da luta. Mas é igualmente, quase sempre, o corpo que continua a lutar noutro corpo vivo que luta. O martírio é a máxima potência do corpo morto na luta. É também o evento que confere mais dignidade a todos quantos lutam ou àqueles que são solidários com a luta. O martírio é, assim, um conhecimento corporizado mesmo até a extinção do corpo, mas sem qualquer ideia de autodestruição. Muito pelo contrário, trata-se de autoconstrução por outros meios. Os sobreviventes carregam tanto as vidas como as mortes dos mártires, reivindicando, enquanto herdeiros, aquilo que o corpo fez e foi, e o que agora não pode nem fazer nem ser. O corpo moribundo pode estar diretamente envolvido na luta ou pode, em vez disso, constituir uma das suas referências. Isso não significa que, nesse caso, a perda seja necessariamente de menor importância. No contexto da oralidade, o conhecimento e a sabedoria acumulados correm o risco de se perderem nas mortes dos seus detentores. Muitos dos que lutam contra a opressão fazem-no exatamente nesse contexto.

O *corpo sofredor* é aquele que requer mais atenção, uma vez que se trata do corpo que sobrevive e persevera na luta apesar do sofrimento. As epistemologias do Sul referem-se a dois tipos de sofrimento: o sofrimento injusto causado pela opressão; e o sofrimento autoimposto (por exemplo, a greve de fome) integrado em atos de resistência e de luta na expectativa de pôr fim ao sofrimento injusto. Nesse caso, as epistemologias do Sul deparam-se com o problema da trivialização do sofrimento e da sua consequente desvalorização enquanto conhecimento corporizado que fortalece a luta contra a opressão. Se para os opressores e seus aliados o drama da morte dos oprimidos é um acontecimento banal, digamos, um dano colateral do tipo drama dos *media* que apenas dura um dia ou minuto, o sofrimento não fatal dos oprimidos, se minimamente visível, é visto como fazendo parte da condição humana. A trivialização do sofrimento ocorre hoje em dia muito para além do contexto da luta. Parece ter-se tornado a mais vulgar expressão de indiferença perante o corpo sofredor. O reverso dessa indiferença é o corpo medicalizado, que evita o sofrimento através da ingestão compulsiva de analgésicos.

A trivialização do sofrimento e a consequente indiferença com que, no nosso tempo, encaramos o sofrimento do outro – mesmo que a sua presença perante os nossos sentidos seja avassaladora – têm variadas causas. Entre os fatores mais relevantes encontra-se certamente o impacto da sociedade de informação e comunicação – a repetição da visibilidade sem a visibilidade da repetição – e a aversão ao sofrimento induzida pela sua medicalização. Contudo, a um nível mais profundo, a trivialização do sofrimento reside nas categorias que utilizamos para o conceitualizar. Para a tradição cultural ocidental moderna, o sofrimento é, sobretudo, uma des-classificação e des-organização do corpo. Uma vez separado da alma, o corpo degrada-se pelo fato de ser constituído por carne humana. Por consequência, a conceitualização do sofrimento humano foi sintetizada em categorias abstratas – filosóficas ou éticas – que desvalorizam a dimensão visceral do sofrimento, a marca visível de experiência vivida na carne.[114] A carne, tanto a carne do prazer como a carne do sofrimento, foi assim privada da sua materialidade corporal e daí as reações instintivas e afetivas que pode provocar, cuja intensidade reside no fato de existirem para além das palavras, para além do argumento razoável ou da análise reflexiva.

As epistemologias do Sul concebem a indiferença perante as lutas dos oprimidos como um dos tipos de ignorância mais profundamente enraizados entre aqueles produzidos pelas epistemologias do Norte nos nossos dias. Pelo contrário, as ecologias de saberes que têm lugar no contexto das lutas visam tornar conhecido o sofrimento sem mediações, transformando-o numa razão para partilhar a luta ou, em alternativa, para angariar solidariedade ativa com ela. Para atingirem esse objetivo, favorecem um acesso direto, denso e intenso à carne sofrida, nos antípodas do acesso que a ciência médica possibilita, um acesso constituído por distâncias epistemológicas (sujeito/objeto), categoriais e profissionais. Trata-se, além disso, de um acesso prático que, ao contrário do acesso médico, não procura um equilíbrio entre a compreensão e a intervenção. Dá prioridade absoluta à intervenção, e a partir dela obtém uma compreensão profunda.

No que se refere ao sofrimento na luta, as epistemologias do Sul não fazem distinção entre conhecimento, ética e política. A política da partilha ou a solidariedade com a luta não são possíveis sem uma ética do cuidado. Mas, ao contrário do que acontece na religião (sempre que a religião assume uma ética do cuidado ativa), as epistemologias do Sul combinam a experiência imediata do sofrimento e a sua politização. Tal como as epistemologias do Sul o concebem, o sofrimento é o oposto da vitimização; é a experiência existencial de violência e injustiça à luz de valores que foram, evidentemente, derrotados e postos de lado ou rejeitados, mas também de valores que estão visceralmente vivos e que são visceralmente reconfortantes. Expressando essa ideia de forma

---

[114] Esse processo de descorporização por meio da classificação e da organização está presente mesmo nos autores que mais convincentemente defenderam a importância do lugar do corpo, de Nietzsche a Foucault e a Levinas, entre vários outros.

brilhante, Tagore fala pela voz silenciada pelo império quando escreve: "A nossa voz não é a voz da autoridade, com o poder das armas por detrás, e sim a voz do sofrimento que conta apenas com o poder da verdade para se fazer ouvir" (2007, p. 498).

O potencial contra-hegemônico das epistemologias do Sul reside na articulação que estas buscam entre o compromisso visceral num gesto de socorro ou de cuidado incondicional e a luta política contra a raiz do sofrimento nas sociedades: a prevalência do capitalismo, do colonialismo e do patriarcado. Em grande medida, a trivialização do sofrimento humano resulta do discurso normalizado da ciência moderna e do seu forte componente estatístico, que reduz ao anonimato dos números o horror da degradação humana e do sofrimento injusto. A presença desestabilizadora do sofrimento é assim neutralizada, perdendo a possibilidade de servir de fundamento à vontade radical e à militância para lutar contra o estado de coisas que, de uma forma sistemática, produz o sofrimento injusto. Ao valorizarem a narrativa concreta do sofrimento das vítimas e a sua luta contra a opressão, as ecologias de saberes podem contribuir para tornar o sofrimento uma presença intolerável que desumaniza oprimidos e opressores, e, para além deles, todos os espectadores ou observadores que, pensando não serem nem oprimidos nem opressores, consideram que o sofrimento injusto é um problema que não lhes diz respeito.

O terceiro corpo privilegiado pelas epistemologias do Sul é o *corpo jubiloso*, que se regozija com o prazer, a festa, o riso, a dança, o canto, o erotismo, tudo em celebração da alegria do corpo. As lutas sociais não são apenas morte e sofrimento, são também alegria e júbilo, felicidade com as vitórias, sejam grandes ou pequenas, durante as pausas para recuperar as forças, ou mesmo em momentos difíceis para revivificar o espírito e continuar a luta. A dança e o canto têm um valor epistemológico crucial para as epistemologias do Sul. Dados os seus pressupostos judaico-cristãos, as epistemologias do Norte estão permeadas de ideologias de culpa e melancolia. Têm grande relutância em valorizar as dimensões cognitivas da festa e da celebração alegre, exceto quando ocorrem em contextos socialmente regulados, como em casamentos ou festas calendarizadas, sejam religiosas ou não. É evidente a existência de uma aversão a reações viscerais potencialmente explosivas, dada a importância do equilíbrio, da neutralidade e da distância que os corpos concretos devem manter a fim de facilitar o trabalho do sujeito epistêmico. Para as epistemologias do Norte, só ao poeta é permitido ser suficientemente louco para pensar que o excesso conduz ao palácio da sabedoria. Pelo contrário, as epistemologias do Sul entendem a alegria, o júbilo, a celebração e a festa como expressões da força vital exigida pelas lutas contra a opressão. São também afirmações de dignidade por parte daqueles que constantemente sofrem indignidades sem conta em sociedades injustas como aquelas em que vivemos. O caráter performativo de muitos dos conhecimentos que se ancoram nas ecologias de saberes reforça a renegociação, ou mesmo a subversão, da realidade, o que é necessário para que a luta continue.

Nesse contexto, há de se citar a dança e o canto pelos corpos enlutados e pelos corpos jubilosos como exemplos de recursos epistemológicos que não podem ser explorados pelas epistemologias do Norte. O seu valor epistemológico reside nas formas como intensificam a dor e a alegria, como conferem mais energia aos corpos e aos afetos e infundem comunicação e comunhão com dimensões espirituais ou eróticas que reforçam a disponibilidade para partilhar lutas e riscos. A dança, especificamente, merece uma atenção especial nesse contexto, uma vez que é uma das formas mais complexas de conhecimento corporal, experiencial, vivido. O corpo vivo torna-se especialmente animado e vivo na dança. Encena a experiência primordial ou fundacional do movimento como forma de conhecimento, através da experiência tátil-sinestésica do nosso corpo. Esse conhecimento corporal tem um caráter não-linguístico, não-proposicional, capaz de expandir a proximidade e a familiaridade e até de fortalecer a confiança muito para além das possibilidades do intercâmbio linguístico. O seu caráter não-linguístico e não-proposicional, combinado com a intensidade e a intencionalidade do movimento, confere à dança uma ambiguidade específica, uma abertura de sentido que, dependendo do contexto, pode ser muito útil, no seu potencial de transgressão, para construir uma intimidade intensa ou infringir os códigos repressivos do comportamento correto.[115]

---

[115] Não causa surpresa que a dança tenha frequentemente sido objeto de proibição em ambientes sociais conservadores e fundamentalistas. Assim sucedeu na pequena cidade

Na sua investigação sobre a dança, Sheets-Johnstone (1998; 1999) discutiu amplamente a experiência tátil-sinestésica do nosso corpo, dando origem à epistemologia da dança.[116] Segundo Parviainen,

> o dançarino luta com sensações e imagens de movimento, o seu significado e sentido, a sua qualidade, formas e texturas, esforçando-se por captar alguma da complexidade apenas parcialmente entendida, ou intuitiva, da forma visual-cinética. Embora o conceito de "conhecimento do corpo" já exista há muito tempo na prática da dança e na pesquisa sobre a dança, a intuição de conhecimento do corpo ainda não se encontra adequadamente expressa (2002, p. 13).

Sobre o sofrimento injusto

A característica principal da atual síntese da dominação moderna vulgarmente conhecida como neoliberalismo é a capacidade de separar, tanto quanto possível, a ocorrência do sofrimento e o sentimento de injustiça que está por detrás dela. Tal separação visa criar indiferença perante o sofrimento de outrem e resignação perante o sofrimento próprio. Essa indiferença e essa resignação são os componentes básicos do novo fatalismo que paira atualmente sobre as sociedades capitalistas, colonialistas e patriarcais. Mais insidiosa ainda é a tentativa de criar essa separação por meio de conceitos monoculturais de justiça desprovidos do juízo ético necessário para avaliar dimensões cruciais do sofrimento. Foi essa a crítica severa de Frantz Fanon ao *Black Orpheus* [*Orfeu negro*] de Jean-Paul Sartre. Nas palavras de Fanon, "sem um caminho *nègre*, sem um futuro *nègre*, era impossível para mim viver a minha *negreness*. Ainda não branco, já não tão negro assim, eu estava condenado. Jean-Paul Sartre tinha esquecido que o *nègre* sofre

---

de Purdy, no Missouri, EUA, onde durante muitos anos os cristãos fundamentalistas proibiram a dança nas escolas tendo como base o argumento de que ela é pecaminosa. Durante os últimos anos da década de 1980, os pais e os alunos de uma escola pública local do Missouri argumentaram que "essa política, que reflete a perspectiva fundamentalista cristã de que a dança social é um pecado, violou a constitucionalidade exigida pela separação da Igreja e do Estado". Ver Misirhiralall (2013, p. 72-95).

[116] Ver Parviainen (1998; 2002, p. 11-26). Ver ainda, além de Sheets-Johnstone (1994), Fraleigh (1987; 1994).

no corpo de um modo muito diferente do branco" (1968, p. 138). Nessa frase há ainda vestígios do grito que, segundo Fanon, precede qualquer reivindicação mais serena de reconhecimento. O grito é o som original dos abissalmente excluídos, o primeiro passo na direção da resistência. Na sua perspicaz "fenomenologia do grito", Nelson Maldonado-Torres defende que, em Fanon, o grito, ligado ao berro e ao choro, "é a revelação de alguém que foi esquecido e injustiçado... o 'regresso de um sujeito vivo' que anuncia a sua presença de forma impertinente e, ao fazê-lo, desestabiliza as formações estabelecidas e desafia as expressões ideológicas dominantes" (2008, p. 133).

A dialética oprimido/opressor subjacente às epistemologias do Sul não é isenta de problemas quando confrontada com as condições mutáveis nas quais os corpos moribundos e sofredores nos interrogam neste nosso tempo. Por um lado, a sua proliferação exponencial parece contradizer o guião oficial do tempo presente, uma época que, supostamente, terá encontrado soluções técnicas para todas as doenças evitáveis e para todas as mortes desnecessárias. Por outro lado, a proliferação de guerras irregulares, a maquinaria de alta-tecnologia de matança em massa, pessoal mercenário e paramilitar a soldo e estados de exceção não-declarados geram uma condição epocal em que a maior parte das vítimas de violência não pode de todo ser considerada como participante ativa em qualquer conflito que opõe opressores e oprimidos. Essas vítimas são geralmente consideradas pessoas inocentes, e a sua morte ou sofrimento é vista como especialmente injusta precisamente por serem entendidas como não sendo protagonistas ativas no conflito. A morte e o sofrimento das vítimas de terrorismo e de bombardeios por *drones*, dos migrantes indocumentados que atravessam fronteiras, da cada vez maior quantidade de refugiados ambientais e o massacre recorrente de fiéis nas igrejas, de professores e alunos nas suas escolas e de consumidores em centros comerciais levado a cabo por atiradores solitários são provavelmente os casos mais gritantes do nosso tempo que nos vêm à mente.

Atribuir ao capitalismo, ao colonialismo e ao patriarcado as causas originais dos conflitos que geram tantos sacrifícios de vidas e de integridade física não parece ser suficiente, porque o caráter geral, a escala e o contexto temporal dessas causas não explicam de modo convincente o horror específico e a contingência aparentemente caótica das consequências. Nem ajudará muito somar também a elas outras causas, como a da cultura de violência e fanatismo, incluindo o religioso. O horror das consequências é sempre mais concreto do que o horror das causas, e é por esse motivo que estas parecem sempre menos horríveis. Por exemplo, o conceito de imperialismo americano é demasiadamente civilizado e demasiado simplista para exprimir o sentimento de revolta e de raiva perante casamentos e funerais transformados em rios de sangue por *drones* assassinos.

Há muitos e variados estratos de fatores que explicam a imensa e apertada teia de relações sociais e políticas ao nível da qual a violência ocorre. Como componentes essenciais da era moderna ocidentalocêntrica, o capitalismo, o colonialismo e o patriarcado reconfiguraram muitos outros modos de ser e fazer pré-existentes (como a religião, as economias, as culturas) que, por si mesmos, contribuíram para a sua constante reinvenção. Hoje, tanto a longa duração da sociedade capitalista, colonialista e patriarcal como a visível facilidade com que as lutas anticapitalistas, anticoloniais e antipatriarcais são desarmadas e neutralizadas contribuem para um *Zeitgeist* confuso no qual capitalismo, colonialismo e patriarcado surgem tanto como causas quanto como consequências. Aí reside a banalização do horror e a indiferença perante o sofrimento, ou seja, o desaparecimento de qualquer juízo político ou ético sobre ele. Isso explica, pelo menos em parte, porque se tornou tão difícil identificar o "inimigo" de uma forma concreta e formular alternativas ao atual estado de coisas, por mais repugnante e moralmente degradante que este pareça à maior parte das pessoas.

As epistemologias do Sul são um componente contraditório desse *Zeitgeist*. Como tal, confrontam-no de duas formas aparentemente opostas. Por um lado, por meio da linha abissal, radicalizam os juízos éticos e políticos do sofrimento. Assim como existem exclusões abissais e não-abissais, há também formas de sofrimento abissais e não-abissais. Essa distinção não se refere à intensidade do sofrimento experienciado pelo corpo coletivo ou individual; refere-se, sim, à indiferença com que esse sofrimento é perpetrado, indiferença aqui tanto no sentido de sangue-frio como de impunidade. O sofrimento abissal é sofrimento sem importância sociopolítica, sofrimento infligido a povos e sociabilidades que habitam o outro lado da linha. É o sofrimento cuja denúncia se tornou a missão de vida de Fanon (1967b; 1968).

Por outro lado, as epistemologias do Sul partem das consequências, dos corpos mortos e dos corpos em sofrimento, e da imediaticidade da necessidade de cuidado, incluindo o cuidado das famílias e dos grupos sociais mais intensamente afetados pela violência contra os corpos. O cuidado imediato e incondicional daqueles que dele necessitam está em primeiro lugar e antes de qualquer juízo sobre a avaliação política ou ética da ocorrência. É esse outro exemplo de situações em que o reconhecer deve vir antes do conhecer.

O movimento que parte das consequências para as causas compreende uma pedagogia que reconstrói gradualmente o sofrimento ou a morte enquanto artefatos éticos e políticos. A reconstrução ética e política do sofrimento e da morte é o modo como as epistemologias do Sul abordam a dialética oprimido/opressor. Trata-se de um tipo de pedagogia do oprimido[117] construída sobre acontecimentos concretos, que se processa através da indagação sobre sofrimento ou morte justos ou injustos; sobre sofrimento ou morte inocentes ou culpados; sobre quem é opressor e quem é oprimido; sobre quem é oprimido no contexto atual, mas pode ser opressor num outro contexto, e vice-versa; sobre o que significa ser inocente num mundo gravemente polarizado; sobre o que significa ser cúmplice por ignorância, distração, egoísmo, interesse, etc., etc. Trata-se de uma pedagogia aberta que pode vir a questionar os limites da dialética opressor/oprimido, mostrando campos de prática aos quais essa dialética não é aplicável ou nos quais, em vez de polarizações absolutas, existem identidades de opressor/oprimido diferentes e mistas.

O trabalho pedagógico exigido pelas epistemologias do Sul deverá abordar a complexa ligação dos diferentes modos de dominação, a fim de evitar concepções simplistas ou abstratas de opressão que não têm a ver com a experiência concreta de corpos moribundos e sofredores e das relações sociais em que se fundamenta o significado social e político das suas vidas. As explicações e as narrações intensas não se baseiam em teorias elegantes, mas sim em relatos desestabilizadores e mobilizadores

---

[117] Ver o Capítulo 11, sobre as relações entre a pedagogia do oprimido e as epistemologias do Sul.

que, com base em ecologias de saberes fundamentadas, interpelam as experiências concretas de grupos sociais concretos de forma a fortalecer as suas lutas contra a opressão. Ao tratarem a complexidade e a opacidade enganosa dos mecanismos de opressão, as epistemologias do Sul não trivializam a opressão nem o sofrimento injusto. Pelo contrário, procuram aprofundar a análise ética e política das experiências concretas, vividas, como sendo intoleravelmente injustas e suscetíveis de serem revertidas através da resistência política. Procuram ainda ampliar o significado de vidas sofredoras para fazer aumentar a inteligibilidade entre grupos e tornar possíveis alianças entre eles.

No centro do sofrimento injusto e da resistência e luta que muitas vezes o acompanham há uma pergunta a que o conhecimento ocidentalocêntrico moderno, não apenas científico mas também filosófico e teológico, não foi capaz de responder: por que razão, depois de tantas atrocidades cometidas na época moderna, do século XV aos nossos dias, tanto sofrimento, tanta destruição de vidas e culturas, tanta humilhação de memórias e experiências, tanta negação de aspirações a uma vida melhor, a uma vida digna, as pessoas continuam a resistir, recusando-se a desistir de lutar pela dignidade humana e por uma vida melhor?

Apesar de saber bem que não serei capaz de responder a essa pergunta, na seção que se segue, trago à discussão alguns fatores que poderão ajudar-nos a perceber a resiliência humana.

O aquecimento da razão:
o *corazonar* e as suficiências íntimas

Apesar de ser a base existencial para a denúncia da dominação, o sofrimento injusto não consegue, por si mesmo, desencadear a resistência. O que desencadeia a resistência é uma descoberta tripla: a de que o opressor possui pontos fracos; a de que há caminhos, por estreitos que sejam, para lutar contra a opressão; e a de que há capacidade para percorrer esses caminhos. É aí que reside a esperança (a abertura de uma possibilidade) e a alegria (a capacidade de se beneficiar dela), sem as quais nenhuma resistência é possível. Em si mesmo, o sofrimento é alegre apenas para o asceta ou para o masoquista. Entre os grupos oprimidos, esperança e alegria são os sinais vitais de que a injustiça pode ser vencida, de que o sofrimento causado pela opressão pode ser evitado e de que o sofrimento que inevitavelmente resultará da luta contra a opressão é recompensador. Ao contrário do medo e da tristeza, a esperança e a alegria são as condições prévias existenciais da resistência.[118] São a energia vital por detrás do questionamento fundamentado sobre a sociologia das emergências. Nas lutas sociais, a alegria e a revolta andam muitas vezes de mãos dadas: os momentos de alegria são os que melhor expressam o valor da solidariedade e sublinham a esperança de vencer. Parafraseando Spinoza, eu diria que a alegria é a emoção que faz crescer o desejo de persistir, tanto individual como coletivamente.[119]

O caráter corpóreo do conhecimento que mobiliza os indivíduos lutadores implica que o conhecimento nunca é mobilizado apenas com base em razões, conceitos, pensamentos, análises ou argumentos. Por mais importantes que possam ser para formular os termos da luta e os meios de a levar a cabo, por si mesmos não se tornam ação, especialmente se essa ação implica risco existencial, a não ser que estejam impregnados de emoções, afetos e sentimentos. Estes são indispensáveis para converter a resistência num imperativo ou num desafio inevitável. O compromisso ativo ocorre sempre em contextos afetivos, emocionais. As lutas sociais são como apostas; coabitam mais ou menos à vontade com desconhecidos. Se tudo tivesse de ser conhecido e pesado antes de se começar, nunca nada começaria. Sem a *docta ignorantia* [douta ignorância][120] não existe *docta spes* [douta esperança]. Os argumentos racionais retirados dos imperativos da luta são construções passivas (mesmo se eloquentes) que justificam tanto a ação como a inércia. Por mais fortes que sejam as razões do inconformismo, da raiva, do desespero e da revolta, não são nunca suficientemente fortes para ativar a vitalidade material da luta contra a condição ou situação injusta que as causa. Só quando vista do exterior é que a luta é concebível como expressão de uma vontade necessária

---

[118] Isso não significa que a esperança e a alegria sejam as únicas emoções que alimentam a resistência e a luta. Esta última abrange muitas outras emoções, tais como, dependendo do contexto, ira, dor, ódio e amor. O medo é também importante, desde que se trate de medo com uma saída e não medo tão despojado de esperança e alegria que leva à resignação em vez de incentivar a luta.

[119] Ver Spinoza (1888).

[120] Ver Santos (2010b, p. 519-562).

(determinismo). Do interior, a luta depende sempre da construção de uma vontade que sustenta a necessidade de lutar. Uma vez empreendida, a luta torna-se uma opção sem opção. No decorrer desse processo, experienciam-se dúvidas (enquanto reflexão prudente) em vez de se ser assolado por dúvidas (enquanto motivos para se desistir). Num certo sentido, não existe *docta spes* sem *docta desperatio* [douto desespero].

Tal não significa que os conceitos (argumentos, teorias) tenham pouca relevância na concepção materialista, vitalista e criativa da luta que subjaz às epistemologias do Sul. Bem pelo contrário, eles são uma condição inegável para a eficácia da luta. No entanto, para que assim seja, têm de ser aquecidos à luz das emoções e dos afetos, uma luz que transforma as razões para agir em imperativos para agir. O aquecimento da razão é o processo através do qual as ideias e os conceitos continuam a despertar emoções motivadoras, emoções criativas e capacitadoras que reforçam a determinação de lutar e a disponibilidade para correr riscos. Esse despertar acontece na medida em que as ideias e os conceitos, e mesmo as teorias, são associados ou com imagens desestabilizadoras de repugnância e indignação ou com imagens de uma vida alternativa, digna, imagens realistas porque acessíveis e, portanto, portadoras de esperança.

O aquecimento não dispensa ideias, conceitos e teorias; apenas os transforma em problemas e desafios vitais, experiências concretas de expectativas próximas, seja para se lutar contra elas seja para se lutar por elas. Sem esse aquecimento, os conceitos, bem como as razões e os argumentos, seriam sempre insuficientes para lançar a luta. Martha Nussbaum descreve corretamente a história das emoções como sendo "a história dos juízos sobre coisas importantes, juízos nos quais reconhecemos a nossa carência e incompletude face a elementos que não controlamos na totalidade" (2004, p. 184). O aquecimento traz uma nova qualidade, um *quid*, uma razão sem razões que impele a razão com razões para a luta. Assim se explica que, do ponto de vista das epistemologias do Sul, seja insustentável uma distinção absoluta entre racionalidade e irracionalidade, entre forças não-pensantes e pensamentos e análises avaliativas. Aquecer os conceitos significa transformar a latência em potência, a ausência em emergência, o inatingível no "ali-à-mão". As emoções que aquecem a razão são emoções com um objeto e um objetivo. Implicam tanto a identificação de um estado de coisas como uma muito sentida avaliação deste.

Investem os objetos de valor especial. Por isso, o aquecer da razão está associado ao aquecer da ética, sendo ambas precondições da indignação ativa, o momento no qual o que vem sendo tolerado se torna intolerável, tem de ser superado e pode ser superado.

No nosso tempo é já demasiado tarde para deixar essas mudanças por conta das leis da história. Essa posição não implica espontaneidade sem causas ou voluntarismo inconsequente. Trata-se da única posição progressista num tempo que proclama de forma crível não haver alternativa. Vivemos numa época em que um tipo novo e maciço de fetichismo dos bens de consumo se apodera das subjetividades, tanto individuais como coletivas. Esse fetichismo assenta em duas características complementares da objetivação. Por um lado, num mundo em que o trabalho sem direitos domina o horizonte da vida produtiva, o eu promove-se necessariamente a si próprio enquanto bem de consumo, empresário solitário, trabalhador precário que vive a sua precariedade com autonomia, enquanto homem ou mulher de negócios cujo negócio principal é vender-se a si mesmo ou a si mesma. O tipo ideal de empresário é alguém cujo eu individual possui valor de uso e mais-valia. A mesma subjetividade dividida em duas: uma que explora e outra que é explorada. Por outro lado, ao vermo-nos como um bem de consumo, vemos necessariamente os outros como bens de consumo concorrentes. Para se ter êxito na concorrência, há de se mobilizar as nossas "qualidades" enquanto sujeitos capitalistas, colonialistas e patriarcais como forma de aumentar o nosso valor excedente. Nessas circunstâncias, ninguém se concebe como absolutamente explorado ao ponto de estar completamente privado do potencial de valor acrescentado, isto é, do potencial de exploração. Assim sendo, a vida social é experienciada como um oceano de mercadorias, humanas e não-humanas.

O capitalismo, o colonialismo e o patriarcado estão se transformando, mais do que nunca, na subjetividade por defeito de sujeitos objetivamente oprimidos, tanto sujeitos individuais como sujeitos coletivos, sem nenhuma outra opção exceto a de se imaginarem ou como opressores premiados ou como oprimidos de mérito. Nesse *gulag* de individualidade falsamente autônoma, a subjetividade é uma das condições objetivas contra as quais é necessário lutar. A interrupção do fetichismo é, mais do que nunca, uma autointerrupção. A luta contra a opressão começa com e contra o sujeito individual ou coletivo. Desestabilizar o autofetichismo significa desestabilizar as subjetividades. Essa desestabilização só pode ser obtida por meio da razão aquecida, da razão com emoções, afetos e sentimentos.

Corazonar é o nome que dou ao aquecimento da razão. Uma razão que foi *corazonada* proporciona "suficiências íntimas" (ARBOLEDA, 2002, p. 417) para se continuar a lutar contra a opressão, contra todos os obstáculos. Ambos os conceitos – *corazonar* e "suficiências íntimas" – surgem das lutas dos povos indígenas e afrodescendentes da América Latina. Recorro a eles dado o seu potencial de clarificação e fortalecimento das lutas. Fornecem pistas que ajudam a dar resposta à questão da resiliência num contexto epocal caracterizado por muita derrota e por relações de poder extremamente injustas. Trabalhei com esses conceitos enquanto exercício de sociologia das emergências. A seguir, explico e amplio simbolicamente os dois conceitos.

Corazonar é um conceito usado por povos indígenas da região andina da América Latina. O cientista social equatoriano Patricio Guerrero Arias efetuou uma investigação com[121] o povo Kitu Kara, grupo indígena cujos territórios se situam em volta da cidade de Quito, sobre a centralidade do conceito de *corazonar* na cosmovisão indígena. Trata-se de um estudo inovador que em larga medida percorre os caminhos exigentes das epistemologias do Sul. Segundo Arias,

> os povos de Kitu Kara apresentam o *corazonar* como uma proposta espiritual e política. Tal proposta difere das que foram avançadas pelas análises marxistas acerca de alguns movimentos sociais mais preocupados com mudanças estruturais e socioeconômicas. O *corazonar* propõe, por seu lado, a cura do ser [...] Do ponto de vista do *corazonar*, entende-se que uma das expressões mais perversas da colonialidade é o fato de ter colonizado quatro dimensões, poderes, ou forças – *sayas*, como são chamadas no mundo andino. A humanidade teceu a vida a partir destas *sayas*: o afeto; a dimensão sagrada da vida; a dimensão feminina da existência; e a sabedoria. Todas essas forças deveriam ser colonizadas a fim de se atingir o domínio absoluto da vida (2016, p. 13).

---

[121] Nos capítulos 6 e 7 faço a distinção entre conhecer–com e conhecer–sobre.

A dimensão espiritual é muito central no conceito de *corazonar*, embora de um modo que a converte numa forma de energia insurgente não-ocidentalocêntrica contra a opressão e o sofrimento injusto.[122] Guerrero Arias sublinha a forma como a espiritualidade que subjaz ao *corazonar* andino é diferente de uma espiritualidade do tipo *New Age*.[123]

Conceber o *corazonar* como uma emergência é vê-lo na expressão do híbrido alquímico emoções/afetos/razões, o sentir/pensar inscrito nas lutas sociais.[124] Nessa perspectiva, o *corazonar* é muito semelhante à ideia de "*sentipensar*" proposta pelo sociólogo colombiano Orlando Fals Borda.[125] Significa o modo como ocorre a fusão de razões e emoções, dando origem a motivações e expectativas capacitadoras. O coração

---

[122] Mauricio Ushiña, membro do Conselho de Governo do Povo Kitu Kara, citado por Arias, afirma que o *corazonar* é uma experiência vital, uma proposta espiritual e política para transformar a vida: "*Corazonar* tem origem na experiência concreta, vivida, não é uma categoria de teorias comunicativas, quer sociológicas quer antropológicas; é novo e diferente; surge de uma colheita de saberes e sentimentos que se situam a quilómetros de distância do pensamento racional europeu; de fato, trata-se de uma forma completamente diferente de olhar a realidade; lê a realidade de um modo diferente, a partir de um entendimento diferente do tempo-espaço. Nada tem a ver com a epistemologia dominante. *Corazonar* é uma proposta em construção que surge da procura de desenvolvimento espiritual individual ou coletivo. É uma categoria construída na base do sentimento, da sabedoria, da espiritualidade; interage com os sonhos, linguagens invisíveis que são, contudo, reais, interligadas com o todo, com a biodiversidade, com a energia" (2016, p. 198).

[123] Segundo Arias, "a espiritualidade *New Age* está muito na moda nos supermercados da alma; sustenta-se através de processos de usurpação simbólica de sabedoria de diversas tradições espirituais a fim de fazê-las funcionar no mercado. É, por essa razão, uma espiritualidade despolitizada; é esvaziada do sentido libertador que a espiritualidade sempre teve para acordar o ser e a consciência intelectual e moral. Essa 'espiritualidade *light*' nunca se questiona sobre as relações de poder e dominação; tudo o que faz é levar-nos a fechar-nos em nós mesmos, deixando-nos narcisistamente indiferentes perante os problemas do mundo e da vida, que não tem qualquer intenção de alterar. Assim, toda a estrutura que sustenta a colonialidade do poder, do conhecimento e do ser nunca é posta em questão, sendo-lhe, pelo contrário, permitido continuar a funcionar com a sua perversidade e a sua violência diárias" (2016, p. 185).

[124] As palavras de Fernando Pessoa no poema "Ela canta, pobre ceifeira" [a alegria é a emoção que aumenta os desejos de persistir tanto do indivíduo como do coletivo]: "o que em mim sente está pensando". Ver as versões portuguesa e inglesa desse poema em Sadlier (1998, p. 60-61).

[125] O *sentipensar* de Fals Borda (2009) ilustra o significado político do encontro do conhecimento com o sentimento nas cosmovisões e na cosmo-existência do Caribe colombiano. Confrontadas com forte opressão e adversidade, e energizadas pelo modo como combinam a razão e o amor nas suas vidas – *sentipensar* –, essas comunidades continuam a resistir e a lutar.

guia a razão, seja para gozar o mundo, um mundo composto de humanos e não-humanos, ou para transformá-lo. Nem o coração é um mero órgão humano, nem a razão é a racionalidade cartesiana, nem a espiritualidade tem de ser entendida da forma específica como os povos indígenas a usam para exprimir a presença constitutiva de um mundo transcendente no mundo imanente. *Corazonar* significa experienciar o infortúnio ou o sofrimento injusto dos outros como se fossem próprios e estar disponível para se aliar à luta contra essa injustiça, ao ponto mesmo de correr riscos. Significa acabar com a passividade e fortalecer o inconformismo perante a injustiça. *Corazonar* nunca significa que as emoções deem origem a uma falta de controle. Pelo contrário, as emoções são a energia vital que impele as boas-razões-para-agir a passarem à ação ponderada. *Corazonar* produz um efeito de aumento por meio do qual um mundo remoto e desconhecido se torna próximo e reconhecível. *Corazonar* é uma forma amplificada de ser-com, pois faz crescer a reciprocidade e a comunhão. É o processo revitalizador de uma subjetividade que se envolve com as outras, destacando seletivamente aquilo que ajuda a fortalecer a partilha e a ser corresponsável. *Corazonar* não se enquadra nas dicotomias convencionais, sejam elas mente/corpo, interno/externo, privado/público, individual/coletivo ou memória/expectativa. *Corazonar* é um sentir-pensar que junta tudo aquilo que as dicotomias separam. Visa ser instrumentalmente útil sem deixar de ser expressivo e performativo.

 Corazonar é o ato de construir pontes entre emoções/afetos, por um lado, e conhecimentos/razões, por outro. Essa ponte é como uma terceira realidade, ou seja, uma realidade de emoções/afetos com sentido e de saberes emocionais ou afetivos. Na verdade, *corazonar* é tanto a ponte quando o rio que esta atravessa, já que, com a evolução do *corazonar* em conjunto com a luta, a mistura emoções/conhecimentos se encontra em permanente mudança. Com a evolução do *corazonar*, poderá ocorrer tanto um aquecimento como um arrefecimento, mas há sempre mudança.[126] *Corazonar* é sempre um exercício de autoaprendizagem, uma vez que a mudança do nosso entendimento da luta acompanha a par e passo a mudança do nosso entendimento de nós

---

[126] O mesmo acontece relativamente a qualquer processo criativo, seja arte ou educação.

mesmos. *Corazonar* significa assumir uma responsabilidade pessoal acrescida de entender e mudar o mundo.

O *corazonar* não é passível de ser planejado. Seja quando iniciamos uma luta seja quando nos aliamos a uma luta anterior, o *corazonar* acontece de um modo insondável. Acontece nas relações sociais, por meio de interações que avivam a percepção de injustiça e socializam os riscos a fim de minimizá-los. Há, no entanto, contextos que favorecem ou dificultam a sua ocorrência. Ao nível sociocultural, *corazonar* pressupõe a expectativa da aceitação da partilha de riscos no grupo social. Por outras palavras, longe de ser reativo, o *corazonar* é um agir criativo que visa à resolução de problemas. Pressupõe uma familiaridade latente que aumenta com a sua explicitação. Essa familiaridade inclui muitas vezes memórias partilhadas de opressão e de sofrimento injusto. A partilha pode ser facilitada pelo pertencimento local, territorial, mas pode também acontecer através de uma condição de pertencimento desterritorializado. *Corazonar* não é filantropia, porque a filantropia assenta na hierarquia de subjetividades; a filantropia é, no fundo, um exercício de condescendência egoísta.

Suficiências íntimas. Com a razão suficientemente *corazonada*, o grupo oprimido adquire uma determinação inabalável de continuar a lutar contra inimigos poderosíssimos, mesmo sendo escassas as hipóteses de vitória. Essa forte determinação foi eloquentemente traduzida por Santiago Arboleda por meio do conceito de "suficiências íntimas". No seu estudo dos povos afrodescendentes da Colômbia, Arboleda usa a expressão para explicar como as comunidades afro-colombianas da costa do Pacífico persistem na disponibilidade e alegria para a luta, apesar da violência colonial sobre elas exercida durante séculos. Essa violência continua hoje e é sentida de muitas formas diferentes, desde o racismo à expulsão violenta das suas terras, dos massacres à violação sistemática das mulheres por agentes armados. Diz Arboleda:

> "Suficiências íntimas" são um conjunto de recursos intrínsecos que se encontram na memória coletiva, uma reserva de sentidos a que se pode recorrer em momentos críticos para a construção de estratégias de vida. Trata-se, assim, de um conjunto de sentidos acumulados que dá forma a uma força social e cultural da memória coletiva. Voltar à memória não implica um regresso anacrônico ao

passado; é, antes, uma forma de libertar a força e o poder das nossas formas de pensar, fazer e nomear, com vista a desbastar, sulcar e, por fim, abrir caminhos alternativos aos das instituições oficiais, o que é uma forma válida de repensar o relançamento o movimento social (2002, p. 417).

As "suficiências íntimas" representam uma forma de resistência que inclui re-existência. Compreendem, por um lado, a denúncia radical de uma ausência histórica e ideologicamente produzida pela linha abissal para criar a *terra nullius* da apropriação e da violência coloniais, e, por outro lado, o surgimento de uma identidade fortalecida e da capacidade de atuar politicamente a partir de um exercício de "conscientização", usando a expressão de Paulo Freire. Por meio dessa "conscientização", as memórias inesquecíveis perturbam a história suprimida, gerando assim uma concepção intensificada do presente como sendo urgente e de longa duração. O longo passado do presente como garantia de um futuro digno aqui e agora. As sociedades dividem-se entre aquelas que não querem lembrar e aquelas que não conseguem esquecer. As "suficiências íntimas" são a expressão da força conferida àqueles que são capazes tanto de viver como de reviver o presente.

Significado e copresença

O *corazonar* e as "suficiências íntimas" exigem uma articulação complexa entre partilhar o sentido e ser copresente no contexto específico da luta. Tenho sublinhado que o sentido não implica necessariamente linguagem conceitual e que a narrativa e o contar de histórias podem ser ferramentas até mais poderosas para tornar mutuamente acessíveis, inteligíveis e relevantes as experiências sociais separadas no tempo, no espaço e na cultura. Contudo, é preciso avançar para além disso, mostrando que compartilhar riscos muitas vezes implica momentos de copresença especialmente intensos, momentos nos quais a presença precede o sentido.

A presença é a "coisidade" ou a materialidade sobre a qual se constroem os sentidos. Refere-se a corpos, signos, sons e materiais na sua função não semântica, ou seja, no seu acesso direto ou imediato aos nossos sentidos. Trata-se de uma forma de ser que, como explica Gumbrecht, "se refere às coisas do mundo antes de elas se tornarem parte de uma cultura" (2004, p. 70). É através do sentido que as coisas se tornam específicas em termos culturais e muitas vezes também incomensuráveis ou ininteligíveis para outras culturas. Na minha perspectiva, essas "coisas" não se situam fora de uma cultura; estão antes dentro dela, embora numa forma diferente, não cultural. Possuem uma capacidade pré-representacional por estarem fora do pensamento e da consciência, apesar de serem a base do pensamento e da consciência. São materiais e funcionam ao nível do instinto, da emoção, do afeto. Como explica Zaratustra na obra de Nietzsche: "Por detrás dos vossos pensamentos e sentimentos, meu irmão, existe um senhor poderoso, um sábio desconhecido – tem por nome Si-mesmo; habita no vosso corpo, é o vosso corpo. Há mais sagacidade no vosso corpo do que na vossa melhor sabedoria" (1974, p. 35-37).

Entre os autores que chamaram a atenção para as dimensões não semânticas da interação e da comunicação, Gumbrecht é o mais eloquente ao contrapor culturas que são dominadas pela presença (culturas de presença) e culturas que são dominadas pelo sentido (culturas de sentido) (2004, p. 79). É claro que em todas as culturas existe presença e sentido, mas a ênfase numa ou noutro varia conforme as culturas. A cultura ocidental moderna e as epistemologias do Norte a que serve de base é uma cultura de sentido.[127] De modo inverso, as epistemologias do Sul privilegiam a interculturalidade. A melhor maneira de perceber as culturas não-ocidentais é entendê-las como culturas de presença.

Nas trocas interculturais, o papel da presença é o de propiciar a criação de um sentido de referência comum, de diversidade culturalmente indiferente e de evidência imediata. Um monte de corpos mutilados num campo de extermínio, o corpo esquelético de uma criança prestes a morrer de fome, o grito de uma mulher debruçada sobre o cadáver do filho jovem, a visão de um corpo nu de um homem ou de uma mulher, um movimento ou uma postura extáticos, o movimento do corpo, os cheiros, os instrumentos e os ingredientes de um ritual, todas essas presenças possuem um poder que parece ser relativamente autônomo no que se refere aos significados que lhes possam ser atribuídos.

---

[127] Asad (1993, p. 63) apresenta o mesmo argumento. A cultura medieval ocidental era uma cultura de presença.

PARTE II
Metodologias pós-abissais

PARTE II

Metodologias pós-ajuste

CAPÍTULO 6

Descolonização cognitiva: uma introdução

No presente capítulo, abordo algumas questões metodológicas. Discuto aquilo a que chamo o segundo grau de separação entre as epistemologias do Sul e as epistemologias do Norte. Começo com dois problemas principais. 1. *Como descolonizar o conhecimento e as metodologias através das quais ele é produzido*. Uma vez que o colonialismo é uma cocriação, ainda que assimétrica, descolonizar implica descolonizar tanto o conhecimento do colonizado como o conhecimento do colonizador. 2. *Como produzir conceitos e teorias híbridos pós-abissais, na linha de uma mestiçagem descolonizada cuja mistura de conhecimentos, culturas, subjetividades e práticas subverta a linha abissal em que se baseiam as epistemologias do Norte*. Esse tema é desenvolvido ainda nos capítulos 7, 8 e 9.

Se a ciência ocidental moderna foi um instrumento-chave para a expansão e a consolidação da dominação moderna, questioná-la a partir da perspectiva das epistemologias do Sul implica questionar o seu caráter colonial (que produz e esconde a linha abissal criadora de zonas de não-ser), o seu caráter capitalista (a mercantilização global da vida através da exploração de dois não-bens de consumo: o trabalho e a natureza) e o seu caráter patriarcal (a desvalorização dos corpos, das vidas e do trabalho social das mulheres com base na desvalorização do seu ser social). De fato, não faz muito sentido descolonizar as ciências sociais se tal não implicar também despatriarcalizá-las e desmercantilizá-las. Considerar especificamente o caráter colonial das ciências modernas pode, contudo, justificar-se com o objetivo de realçar a falsa universalidade que está na base do epistemicídio multifacetado cometido pela ciência moderna.

Tenho defendido que as teorias elaboradas pelas ciências sociais eurocêntricas são etnoteorias caracterizadas por produzirem e reproduzirem linhas abissais que separam a sociabilidade metropolitana e a sociabilidade colonial, e ainda por tornarem essas linhas invisíveis. Qual o seu valor analítico e para quem têm valor? A um nível muito geral, a resposta a essa pergunta já foi dada em capítulos anteriores em que se descrevem as condições nas quais a ciência moderna pode fazer parte da ecologia de saberes gerada nas lutas sociais de grupos oprimidos contra a dominação. No que se refere especificamente às ciências sociais, as epistemologias do Sul requerem um tipo de trabalho teórico e metodológico com um caráter que é tanto negativo como positivo. A dimensão negativa consiste no desvelamento desconstrutivo das raízes eurocêntricas das ciências sociais modernas com base nas quais a sociologia das ausências pode ser empreendida. A dimensão positiva tem dois aspectos: por um lado, temos a produção de conhecimento científico voltado para a interação com outros tipos de conhecimentos nas ecologias de saberes que a luta social requer, por outras palavras, aberto a ser validado pelo duplo critério de confiança que refiro no Capítulo 2; por outro lado, temos a identificação, reconstrução e validação de saberes não-científicos, artesanais, que surgem em lutas contra a dominação ou que nelas são utilizados. Essas duas tarefas positivas visam lançar as bases para a sociologia das emergências.

Sobre a descolonização e a despatriarcalização

Como tenho defendido, apesar de existirem muito antes do capitalismo, tanto o colonialismo como o patriarcado foram profundamente reconfigurados por ele. O termo "colonialismo" é usado neste livro no seu sentido mais amplo, significando um dos dois modos eurocêntricos modernos de dominação baseados na privação ontológica, isto é, na recusa em reconhecer a humanidade integral do outro.[128] O outro modo é o

---

[128] O colonialismo como forma de opressão e dominação não se restringe à expansão europeia no Sul, tema que não será tratado neste livro. Sobre esse assunto, ver,

patriarcado. Esses dois modos de privação ontológica funcionam em conjunto. A tendência dominante do capitalismo tem sido a de desvalorizar a posição das mulheres em geral. Combinando as ideologias patriarcais europeias e africanas, as políticas coloniais aplicadas tentaram criar novas relações laborais e ideologias de gênero capazes de assegurar a subalternização das mulheres. Como sublinha Silvia Federici, "para Marx, o salário esconde o trabalho não remunerado dos trabalhadores, mas o que Marx não vê é a forma como o salário tem sido usado para organizar hierarquias que dividem os trabalhadores, começando com o gênero [...], e também hierarquias raciais" (ECHEVERRIA; SERNATINGER, 2014).

Algumas análises da relação entre o patriarcado e o colonialismo revelam as tensões existentes nas relações de gênero em contextos coloniais. Segundo Mies, com a chegada dos colonialistas, "tudo mudou, pois traziam consigo uma herança de convicções misóginas e reestruturaram a economia e o poder político de formas que favoreciam os homens. As mulheres sofreram também nas mãos dos chefes tradicionais que, a fim de manterem o respectivo poder, começaram a apossar-se da terra comunal e a expropriar as terras e os direitos à água das mulheres da comunidade" (MIES, 1986, p. 230). A representação hipersexuada das mulheres africanas e a necessidade de controlar a sua sexualidade são características centrais das ideologias coloniais modernas de dominação. No discurso colonial, os corpos das mulheres simbolizam a África enquanto espaço conquistado. As supostas hiperfertilidade e depravação sexual das mulheres e dos homens africanos transformaram a África simultaneamente num objeto de desejo e num objeto de desprezo colonial, ou seja, num espaço selvagem que necessitava ser controlado juridicamente (SCHMIDT, 1991; MAGUBANE, 2004). Ligada a essa transformação violenta de papéis de gênero está a imposição, por parte do estado colonial, de regras restritivas que alteraram significativamente a estrutura da família, introduzindo novas formas de poder patriarcal. A consequência imediata desses "novos" poderes foi, nas palavras de Oyéronké Oyewùmí, "a exclusão das mulheres da recém-criada esfera pública colonial" (1997, p. 123). A alteração radical de estruturas de poder pré-coloniais levou

---

entre outros, Howe (2002), Khodarkovsky (2004), Minawi (2016), Myers e Peattie (1984).

à subordinação, e mesmo à invenção, de leis consuetudinárias, que se tornaram parte integrante de um modelo político de despotismo descentralizado. Como sublinha Mahmood Mamdani, "tratava-se de um modelo monárquico, patriarcal e autoritário" (1996, p. 37). Assim, não surpreende que fosse impensável o governo colonial reconhecer as mulheres como líderes dos povos que colonizava (MENESES, 2010). Essa associação perversa da autoridade colonial e das autoridades masculinas "locais" (materializando o *corpus* das "estruturas de poder tradicionais/indígenas") produziu um nexo poder/conhecimento repleto do silêncio de exclusões, apagamentos, distorções e ficções arbitrárias sobre as mulheres na história política contemporânea.

O colonialismo não terminou com o fim do colonialismo histórico baseado na ocupação territorial estrangeira. Apenas mudou de forma. Na verdade, como acontece desde o século XVI, o capitalismo não consegue exercer o seu domínio senão em articulação com o colonialismo. Do mesmo modo, o termo "descolonização" não tem a ver apenas com independência política, mas refere-se antes a um amplo processo histórico de recuperação ontológica, ou seja, o reconhecimento dos conhecimentos e a reconstrução da humanidade. Inclui, é claro, o direito inalienável de um povo de ter a sua própria história e de tomar decisões com base na sua própria realidade e na sua própria experiência.[129] Além disso, visa eliminar a linha abissal que continua a separar a sociabilidade metropolitana da sociabilidade colonial, sujeitando esta a formas de exclusão radical e abissal. Procurando explicar a continuação do colonialismo após o final do colonialismo histórico no contexto da América Latina, Aníbal Quijano (1991) propôs o conceito de "colonialidade", que se tornou um marco fundamental do projeto descolonial.[130] Na minha perspectiva, na verdade, não é necessário

---

[129] Sobre esse tema, ver Cabral (1976, p. 221-233), Césaire (1955), Smith (2012, p. 212) e Wa Thiong'o (1986).

[130] Como refere Maldonado-Torres, "colonialidade é diferente de colonialismo. Colonialismo denota uma relação política e econômica na qual a soberania de uma nação ou de um povo depende do poder de outra nação, o que torna essa nação um império. Colonialidade, por sua vez, refere-se aos padrões de poder duradouros que surgem como resultado do colonialismo, mas que definem a cultura, o trabalho, as relações intersubjetivas e a produção de conhecimento muito para além dos limites estritos das

qualquer novo termo. Assim como o capitalismo assumiu formas muito diversas durante os últimos cinco séculos, sendo que, apesar disso, continuamos a identificá-lo como "capitalismo", não vejo necessidade de um novo termo para destacar as mutações históricas do colonialismo e os horizontes possíveis da descolonização. Não vejo razão para limitar o conceito de colonialismo a uma variante única, nomeadamente, ao colonialismo histórico caracterizado por ocupação territorial estrangeira. Aliás, as articulações entre colonialismo histórico e capitalismo, nos diversos tempos-espaços da modernidade, deram origem a várias formas de descolonização, incluindo o colonialismo dos colonos, o colonialismo de exploração econômica, as colônias de deportação, etc.[131] É por esse motivo que, na minha opinião, em vez de diferenciarmos colonialismo e colonialidade, deveríamos antes caracterizar as formas diferentes de que o colonialismo e a descolonização têm se revestido ao longo dos tempos.[132]

O conceito de "giro descolonial", cunhado por Maldonado-Torres,[133] mostra que a descolonização do pensamento eurocêntrico ou, mais precisamente, das ciências sociais é um fenômeno antigo e que ocorre em

---

administrações coloniais. Assim, a colonialidade sobrevive ao colonialismo" (2007, p. 243).

[131] Alguns exemplos de colônias de povoamento no contexto africano são Moçambique, Argélia, Quênia e Namíbia. O Brasil também faz parte dessa categoria. O que caracteriza esse tipo de colonialismo é o fato de os colonos serem uma importante terceira força da população, depois das autoridades coloniais do aparelho administrativo (e também alguns missionários e militares) e das populações indígenas.

[132] Essa minha proposta conceitual visa, entre outras coisas, evitar que a fase de descolonização que leva à independência seja tida como terminada. Ndlovu-Gatsheni tem razão quando afirma: "A descolonização não pode ser comemorada de forma acrítica. Essas abordagens laudatórias da descolonização têm obscurecido os mitos e ilusões de liberdade e geralmente ignoram as débeis e problemáticas bases éticas, ideológicas e políticas desse projeto. A descolonização ficou refém de conceitos ocidentais de emancipação que não questionaram seriamente a essência ontológica e epistêmica da modernidade colonial a partir das insídias das quais tentou libertar os africanos" (2013, p. 94-95).

[133] Segundo Ndlovu-Gatsheni, "Du Bois, em 1903, anunciou um giro descolonial como rebelião contra aquilo que denominou a 'linha de cor' que fazia parte dos problemas fundamentais do século XX" (2016, p. 48). No contexto do Modernity/ Coloniality Group, o conceito de "giro descolonial" foi usado pela primeira vez por Maldonado-Torres durante uma conferência em Berkeley, em 2005. Ver Castro-Gómez e Grosfoguel (2007) e Maldonado-Torres (2011).

vários locais. Na verdade, a ideia de descolonização sempre acompanhou o pensamento dominante enquanto corrente subalterna ou marginal. Evidentemente, essa ideia nem sempre foi identificada através do termo "descolonização", mesmo se o seu objetivo fosse questionar em alguma medida (quase sempre muito limitada) a legitimidade do projeto colonial, tal como aconteceu com Bartolomé de las Casas (1484-1566) ou Antônio Vieira (1608-1697). Mas por outro lado, rotulá-los de eurocêntricos séculos depois é um tipo de crítica fácil, porque anacrônica. No entanto, nos estudos pós-coloniais contemporâneos muitas vezes conseguimos identificar insidiosas representações coloniais, por exemplo, através da utilização acrítica de uma ideia de África homogênea e monolítica (representada sobretudo por identidades étnicas e raciais), ideia essa criada pela biblioteca colonial (MUDIMBE, 1988, p. 16). Como observa Linda Tuhiwai Smith, os objetos de investigação perpetuam a relação colonial: "ser-se investigado é sinônimo de ser-se colonizado" (2012, p. 102). Dar visibilidade a outras bibliotecas e a outros conhecimentos é um dos objetivos das epistemologias do Sul. A biblioteca islâmica, por exemplo, contém conhecimentos descritos por Ousmane Kane como sendo "não-eurófonos", uma vez que se baseiam noutras ordens epistemológicas e noutros "espaços de sentido" (2012, p. 3).[134] Tendo em vista os mesmos objetivos, Silvia Rivera Cusicanqui defende que o projeto de modernidade indígena "pode surgir do presente numa espiral cujo movimento retroalimenta continuamente o futuro a partir do passado – um 'princípio de esperança' ou 'consciência antecipativa' –, que simultaneamente identifica e realiza a descolonização" (2012, p. 96).

O pensamento descolonizador assumiu muitas formas como resposta às especificidades da articulação entre capitalismo e colonialismo em diferentes continentes e em diferentes momentos históricos. Não é meu propósito neste contexto analisar todas as suas facetas. Pretendo tão simplesmente destacar alguns dos aspectos mais relevantes para mostrar

---

[134] Como insiste o autor, "apesar de ser verdade que a biblioteca colonial alargada estrutura uma ordem epistemológica que dá forma ao pensamento dos intelectuais eurófonos, não é menos verdade que a biblioteca islâmica alargada está criando um espaço de sentido islâmico" (2012, p. 56). Essa biblioteca contém os escritos de intelectuais não–eurófonos e "híbridos", partilhando um espaço de sentido islâmico. Ver também Alatas (2014) e Shariati (1979).

de que formas as epistemologias do Sul integram essa tradição. No Capítulo 4, sugiro que a resistência dos movimentos de libertação nacional ao capitalismo histórico deu origem a um número considerável de conhecimentos mestiços ou híbridos não-eurocêntricos, os quais têm em comum o fato de terem todos eles nascido nas lutas ou com o objetivo de nelas serem utilizados. Essa resistência abriu horizontes muito para além da independência política. Fanon descreve corretamente o horizonte último da descolonização como sendo a construção de uma nova humanidade capaz de escapar à lógica da repetição infinita do epistemicídio colonial: "O colonialismo não se satisfaz apenas com prender um povo nas suas garras e esvaziar o cérebro nativo de toda forma e conteúdo. Por meio de um tipo de lógica perversa, volta-se para o passado do povo oprimido e distorce-o, desfigura-o e destrói-o" (1968, p. 210).

Na década de 1930, em conjunto com outros intelectuais negros, Aimé Césaire criou o conceito de *negritude*.[135] O surgimento da *negritude* em círculos literários parisienses representou um espaço político de lutas identitárias decorrentes da situação colonial francesa. A *negritude*, enquanto afirmação política e cultural, equivalia à recusa da dominação colonial, uma dominação que era caracterizada por conquista, escravatura, deportação, negação cultural e espiritual, opressão política e exploração econômica – tudo isso, evidentemente, legitimado pela suposta superioridade da raça branca e pela excelência da civilização europeia (MENESES, 2010; 2016). Esse desafio intelectual gerou um programa político radical capaz de dar origem à descolonização no contexto daquela época, lidando com questões tão diversas como a assimilação, a crioulização, a racialização e o colonialismo.

Segundo Wa Thiong'o (1986), a descolonização consiste na busca de uma perspectiva libertadora que visa facilitar a compreensão de nós próprios ("vermo-nos a nós mesmos de forma clara") depois de

---

[135] O outro lado da *negritude* era uma nova concepção de universalismo. Nas palavras de Césaire: "Não vou sepultar-me num qualquer particularismo. Mas também não pretendo perder-me num universalismo sem carne. Existem dois caminhos para a perdição: através da segregação, emparedando-nos no particular, ou por diluição, esvanecendo-nos no vazio do 'universal'. Tenho uma ideia diferente de um universal; é um universal enriquecido com tudo o que é particular, enriquecido com todos os particulares que existem, com o aprofundamento de cada particular, com a coexistência de todos eles" (1957, p. 15).

séculos de submissão, desmembramento e alienação. O conceito de "desmembramento" traduz não só a fragmentação física, mas também a colonização epistemológica da mente, bem como ainda a "decapitação cultural" que deu origem a formas profundas de alienação entre os africanos. Como sublinha Wa Thiong'o,

> o desmembramento da África ocorreu em duas fases. Durante a primeira delas, a personalidade africana foi dividida ao meio: o continente e a sua diáspora. Os escravos africanos, mercadoria central da fase mercantilista do capitalismo, eram a base das plantações de açúcar, algodão e tabaco no Caribe e no continente americano. Se aceitarmos que o comércio de escravos e a escravatura das plantações foram a origem da acumulação primária de capital que tornou possível a Revolução Industrial europeia, não podemos escapar à ironia do fato de as próprias necessidades dessa Revolução Industrial – mercados para os bens acabados, fontes de matérias-primas e as necessidades estratégicas da defesa das rotas comerciais – terem conduzido inexoravelmente à segunda fase do desmembramento do continente [...] Assim como as plantações de escravos eram propriedade de várias potências europeias, também a África pós-Conferência de Berlim foi transformada numa série de plantações coloniais detidas por muitas dessas mesmas potências europeias (2009, p. 5-6).

Nesse mesmo sentido, Valentin Mudimbe (1994) denuncia também essa desconstrução identitária e civilizacional, a ponto de afirmar que "a expansão geográfica da Europa e da sua civilização [...] submeteu o mundo à sua memória" (1994, p. xii). A presença insidiosa do conhecimento colonial é magnificamente retratada por Hamidou Kane em *L'aventure ambiguë* [*A aventura ambígua*]. Nesse romance, publicado na França em 1961, Kane reflete sobre o poder das escolas coloniais que tornaram a conquista duradoura. Como refere, "o cânone obriga o corpo e a escola enfeitiça a alma" (1963, p. 49). Por seu turno, Kwasi Wiredu defende a proposta de uma "descolonização conceitual da filosofia africana", e explica a sua posição do seguinte modo:

> Com descolonização quero dizer despojar o pensamento filosófico africano de todas as influências indevidas que emanam do nosso passado colonial. A palavra crucial nessa formulação é "indevidas".

Obviamente, não seria racional tentar rejeitar tudo o que decorre de uma ascendência colonial. Concebe-se que um pensamento ou um modo de questionamento liderado pelos nossos ex-colonizadores possa ser válido ou, de alguma forma, benéfico para a humanidade. Somos chamados a rejeitá-lo ou ignorá-lo? Isso seria loucura sem qualquer cabimento (1998, p. 17).[136]

Paulin Hountondji, cuja trajetória intelectual é um exemplo eloquente das complexas relações entre conhecimento eurocêntrico e conhecimento africano, critica a extroversão dos produtores de conhecimento da periferia e a sua dependência de fontes de autoridade externas. Propõe o conceito de conhecimento endógeno, que combina a ideia da produção ativa e autônoma de conhecimento das sociedades africanas com a ideia da sua divulgação e relevância para além dos contextos em que surge. Nas suas próprias palavras,

> as coisas deviam também acontecer na África, portanto, e nem sempre ou exclusivamente fora da África. A justiça para com o continente negro exige que todo o conhecimento acumulado durante séculos sobre diferentes aspectos da sua vida seja partilhado com as pessoas que aí vivem. Exige a tomada de medidas adequadas para facilitar uma apropriação lúcida e responsável por parte da África do conhecimento disponível, das discussões e das interrogações efetuadas noutros lados. Tal apropriação deveria ser acompanhada por uma reapropriação crítica dos conhecimentos endógenos próprios da África e, para além disso, por uma apropriação crítica do próprio processo de produção e capitalização do conhecimento (2009, p. 9-10).[137]

Achille Mbembe caracteriza de forma brilhante o exercício do poder político na África após as independências ao propor o conceito de "pós-colônia". Esse conceito designa uma forma de correspondência, ou mesmo transparência, entre modos de ser, conhecer e exercer o poder político. A pós-colônia mais não é do que um novo tipo de colonialismo que sucede ao colonialismo histórico.

---

[136] Gandhi, Nkrumah, Senghor, Cabral e Nyerere mantinham a mesma ressalva. Ver Capítulo 4.

[137] Mais sobre essa questão em Hountondji (1997; 2002).

É um fato que a pós-colônia é caoticamente pluralista, mas possui, apesar disso, uma coerência interna. É um sistema específico de signos, uma forma muito própria de fabricar simulacros ou de reformar estereótipos. Contudo, não é apenas uma economia de signos na qual o poder se espelha e imagina autorreflexivamente. A pós-colônia caracteriza-se por um estilo bem próprio de improvisação política, por uma tendência para o excesso e por uma ausência de proporção, bem como por formas muito particulares nas quais as identidades se multiplicam, se transformam e são postas em circulação (MBEMBE, 1992, p. 3-4).

Centrando-se nas características contemporâneas do Estado na África, escreve Ndlovu-Gatsheni:

> Há muita coisa que constituía boa governação coexistindo de forma constrangida/divergente/desconfortável e tendenciosa com má governação. Por isso, a afirmação dos ditadores africanos pós-coloniais de que governam segundo a tradição africana não é uma justificação válida. Os acadêmicos eurocêntricos também não têm razão quando tentam justificar as crises de governação pós-coloniais com base na forma de proceder pré-colonial na África. Talvez a crise de governação na África pós-colonial tenha mais a ver com a herança do colonialismo tardio (2008, p. 86).

Muitas realidades pós-coloniais contemporâneas caracterizam-se por um palimpsesto de estruturas de poder que resulta da sobreposição de diversas culturas políticas e jurídicas.[138] Como destaca Mbembe, o peso das heranças coloniais em vários contextos pós-coloniais dá origem à "necropolítica", que o autor descreve como sendo um exercício de poder que visa sobretudo "à instrumentalização generalizada da existência humana e a destruição material de corpos humanos e de populações" (2003, p. 14). A meu ver, a necropolítica, isto é, a desumanização insistente de vastas porções da população, reflete a persistência do pensamento político abissal; situadas do outro lado da linha, essas populações representam espaços de exceção, habitados por sub-humanos.

---

[138] Uma dessas realidades é o Estado que caracterizei como "Estado heterogêneo" (SANTOS, 2003a, p. 47-95).

Na Ásia, o pensamento descolonizador tem se manifestado de múltiplas formas. Uma das mais conhecidas é a que é representada pelo South Asian Group of Subaltern Studies (Grupo de Estudos Subalternos da Ásia Meridional), criado na Índia na década de 1970 sob a liderança de Ranajit Guha (1982). O objetivo principal do Grupo era analisar criticamente não só a historiografia colonial indiana produzida por europeus, mas também a historiografia nacionalista indiana eurocêntrica, bem como a historiografia marxista ortodoxa.[139] Ao longo dos anos, os Estudos Subalternos produziram um notável conjunto de trabalhos, com uma grande influência muito para além da Índia. Por exemplo, no início dos anos 1990, alguns intelectuais latino-americanos residentes nos Estados Unidos criaram o Latin American Group of Subaltern Studies (Grupo Latino-Americano de Estudos Subalternos). Seguindo a tradição dos estudos subalternos da Índia, Shahid Amin (2015 e no prelo) vem propondo uma importante revisão histórica referente à divisão entre indiano-"hindu" e paquistanês-"muçulmano" que recentemente voltou a surgir, debatendo as possibilidades e os limites da ideia de pluralidade e diversidade. Comentando o surgimento de uma escola de ciências sociais indianas, Sujata Patel (2014) estuda o trajeto de vários cientistas indianos a fim de salientar a construção de teorias de modernidade alternativas baseadas numa imaginação sociológica anticolonial e nacionalista.

Syed Alatas está na origem de uma outra vertente do pensamento descolonizador. Alatas denuncia o peso da herança colonial na educação contemporânea, uma herança que produz "mentes cativas", uma "mente acrítica e imitativa dominada por uma fonte externa, cujo pensamento é desviado de uma perspectiva independente" (1974, p. 692). Com base num profundo conhecimento das ciências sociais eurocêntricas, Alatas revela as deficiências das mesmas ciências no que se refere à capacidade de compreender as sociedades não-ocidentais de forma adequada; ao mesmo tempo, sublinha a riqueza do conhecimento islâmico, em especial o conhecimento produzido no sul e no sudoeste asiáticos.[140] Em conjunto

---

[139] Nos anos 1980 foi publicada uma série de coletâneas de ensaios sobre a história e a sociedade da Ásia meridional, organizada por Ranajit Guha. Entre muitos outros estudos, ver o do próprio Guha sobre a historiografia colonialista da Índia (GUHA, 1989).

[140] Ver também Alatas (1993; 2006b) e Elst (2001).

com outros acadêmicos, Alatas tem se dedicado a um projeto sociológico (epistêmico e ético) capaz de revelar as bases coloniais do pensamento social europeu e de recuperar epistemologias não-ocidentais (ALATAS; SINHA, 2001, p. 319-329; ALATAS, 2006b, p. 786-787). Situado numa outra vertente, embora convergente com esta, nos anos 1970, Ali Shariati (1979) defendia já a construção de uma sociologia islâmica.[141]

A América Latina possui uma longa tradição de pensamento anticolonial e pós-colonial. Os acadêmicos mais importantes dessa tradição são Roberto Retamar,[142] Rodolfo Kusch (1998-2003), Paulo Freire (1970; 1985), Orlando Fals Borda (2009), Darcy Ribeiro (1996), Pablo González Casanova (1969; 1996; 2006), Aníbal Quijano (1991; 2005) e Enrique Dussel (1995; 2000; 2002; 2005; 2008). Os dois últimos são hoje em dia mais conhecidos pelo papel que tiveram na criação de um importante programa de investigação chamado Grupo Modernidad/Colonialidad.[143] Walter Mignolo, Arturo Escobar, Ramón Grosfoguel, Nelson Maldonado-Torres, Catherine Walsh e María Lugones são alguns dos acadêmicos e acadêmicas que se dedicam a essa vertente de investigação.

Segundo Mignolo, "porque o ponto de origem da descolonialidade foi o Terceiro Mundo, na sua diversidade de histórias locais e tempos diferentes e de países imperiais ocidentais que iniciaram a interferência com essas histórias locais [...] o pensamento de fronteira (*border thinking/pensamiento fronterizo*) é a singularidade epistêmica de qualquer projeto descolonial (2013, p. 131).[144] Outro conceito crucial é o de "transmodernidade", de Dussel. Dussel fala do

---

[141] Ver também Ba-Yunus e Ahmad (1985).

[142] O trabalho pioneiro desse autor começou a ser publicado em 1965. Ver Retamar (2016).

[143] Entre os principais conceitos do pensamento descolonial latino-americano, devem destacar-se os seguintes: a colonialidade do poder, de Quijano, a filosofia da libertação e a transmodernidade, de Dussel.

[144] A noção de "espaços-entre", de Homi Bhabha, é semelhante ao conceito de "pensamento de fronteira" de Walter Mignolo. A única diferença reside no contexto: o lugar de enunciação de Bhabha são os estudos literários e a subjetividade, sendo espaços-entre para o autor os momentos ou processos produzidos na articulação de diferenças. É nesses interstícios ou fronteiras que são negociados novos signos, sentidos e discursos. No contexto da educação, já em 1992 Henry Giroux falava

ressurgimento de uma potencialidade recente em muitas das culturas encandeadas pelo "brilho" fulgurante – em muitos casos, apenas aparente – da cultura e da modernidade ocidentais [...] A partir dessa potencialidade omitida e dessa "exterioridade" outra surge um projeto de "trans"-modernidade, um "para além de" que transcende a modernidade ocidental (dado que o ocidente nunca o adotou, tendo, pelo contrário, zombado dele, avaliando-o como "nada") e que terá uma função criativa de grande significado no século XXI (2002, p. 221).

Ao destacar a existência de uma longa tradição de pensamento crítico indígena e negro que raramente é reconhecida por acadêmicos latino-americanos e por intelectuais de esquerda, Catherine Walsh identifica a forma como os povos indígenas andinos e afrodescendentes modificaram a "geopolítica do conhecimento" (2002; 2008; 2009).

Igualmente importante é o conceito de "colonialidade do ser", de Maldonado-Torres,[145] ao qual me refiro no Capítulo 4. A privação ontológica ocorre por meio de duas inscrições fatais: raça e gênero. María Lugones (2003; 2007; 2010a) propõe o "sistema moderno/colonial de gênero" como algo muito mais amplo do que a "colonialidade do poder" de Quijano. A seu ver, este último conceito é "demasiado estrito como entendimento das construções modernas/coloniais opressivas do âmbito do gênero. A perspectiva de Quijano também assume entendimentos patriarcais e heterossexuais das disputas sobre o controle do sexo, seus respectivos recursos e produtos. Quijano aceita o entendimento capitalista, eurocentrado, global daquilo que o gênero implica" (2010a, p. 370).

Sylvia Wynter, por seu turno, denuncia do seguinte modo a ontologia racista que subjaz ao projeto eurocêntrico moderno presente em contextos americanos:

> A África negra, em conjunto com os povos de pele escura mais pobres equiparados a essa categoria, foi obrigada a funcionar nos

---

de "pedagogia de fronteira". Em 1995, eu mesmo propus a metáfora da fronteira como uma das três metáforas que marcaram a mudança de paradigma que mais tarde reformularia como epistemologias do Sul. As outras duas metáforas são o Sul e o barroco (SANTOS, 1995, p. 489-518).

[145] Ver Maldonado-Torres (2007, p. 249-270).

termos da nossa atual concepção biocêntrica do humano e da "formulação de uma ordem geral de existência" com ela relacionada [...] como materialização atualizada já não do humano degenerado pelo pecado e, portanto, rebaixado ao nível do macaco, mas sim do humano que falhou na seleção das espécies, quase não evoluído e, como tal, um ser intermédio entre os "verdadeiros" humanos e os primatas (2003, p. 325).

A Caribbean Philosophical Association (Associação Filosófica Caribenha) teve um papel crucial na promoção da revisão descolonizadora das diferentes tradições filosóficas e das ciências sociais na perspectiva da crioulização.[146] Para além do trabalho de Wynter e de Maldonado-Torres, já citados, é ainda particularmente relevante o trabalho de Édouard Glissant,[147] Lewis Gordon,[148] Jane Gordon[149] e Paget Henry.[150]

No contexto da "Europa descolonial", Grosfoguel vem apresentando uma perspectiva descolonizadora que articula o islã e o feminismo. Segundo o autor,

a identidade religiosa muçulmana constitui hoje um dos marcadores mais proeminentes de superioridade/inferioridade em toda a escala do humano. Os muçulmanos são hoje em dia concebidos na América do Norte e na Europa como "bárbaros", "atrasados", "não civilizados", "violentos", "terroristas", "abusadores de crianças, mulheres e gays/lésbicas", "não adaptáveis a valores europeus", etc. Disse "um dos marcadores mais proeminentes" porque nessas duas regiões do mundo o racismo com base na cor continua a ter grande

---

[146] A dimensão intelectual das discussões avançadas por esse grupo contribuiu para ampliar os ideais humanistas do pan-africanismo, combinando reflexões produzidas na África com estudos da diáspora africana. Algumas universidades dos Estados Unidos possuem departamentos de Estudos Africanos em conjunto com Estudos Afro-Americanos (ou Estudos da Diáspora Africana). Defendendo uma perspectiva global e comparatista, geralmente convergem com propostas "afrocêntricas" e "afro-políticas" (ASANTE, 1998). Ver também Tutton (2012). O objetivo dessas propostas é redefinir os fenômenos africanos no mundo, sublinhando a vida e as lutas africanas como integradas numa experiência cosmopolita.

[147] Glissant (1989; 2009; 2010). Sobre Glissant, ver também Wynter (1989).

[148] Ver Lewis Gordon (1995a; 2000; 2007; no prelo).

[149] Jane Gordon (2005; 2014).

[150] Henry (2000) e Gordon *et al* (2016).

importância, enredando-se de formas complexas com o racismo religioso (2016b, p. 11).[151]

Molefi Asante recuperou recentemente o conceito de afrocentricidade, inicialmente proposto por Nkrumah nos anos 1960. Asante renovou o conceito, dando-lhe um sentido filosófico específico, na sua obra *Afrocentricity: The Theory of Social Change* [*Afrocentricidade: a teoria da mudança social*], de 1980. Segundo o autor,

> o paradigma afrocêntrico configura uma mudança de pensamento revolucionária proposta como ajustamento *construtural* à desorientação, ao descentramento e à ausência de possibilidade de intervenção dos negros. O afrocentrista coloca a seguinte questão: "O que fariam os africanos se não houvesse brancos?" [...] a afrocentricidade torna-se uma noção revolucionária porque estuda ideias, conceitos, acontecimentos, personalidades e processos políticos e econômicos a partir da perspectiva dos negros enquanto sujeitos e não objetos, baseando todo o conhecimento na interrogação autêntica do *lugar* ou da *localização* (2009).[152]

Situar as epistemologias do Sul

A proposta das epistemologias do Sul integra-se nessa vasta corrente de pensamento descolonizador. Algumas das suas características mais distintivas ajudam-nos a entender com mais precisão a sua relação com a referida corrente de pensamento e a perceber mais facilmente a sua especificidade.

Em primeiro lugar, o colonialismo moderno é um modo de dominação que funciona em íntima articulação com dois outros modos de dominação moderna: o capitalismo e o patriarcado. Isso significa que, tal como o capitalismo e o patriarcado, historicamente, o colonialismo tem assumido diferentes formas. É certo que o colonialismo histórico, incluindo a ocupação territorial estrangeira, configura a forma mais óbvia de colonialismo. Contudo, mesmo enquanto o colonialismo

---

[151] Quanto às diferentes vertentes do feminismo islâmico, Grosfoguel reconhece que nem todas são descolonizadoras (2014, p. 26).

[152] Sobre a filosofia da afrocentricidade, ver também Mazama (2003).

histórico durou (e ainda dura, residualmente, até hoje), havia outras formas de colonialismo, nomeadamente na Europa, como o racismo e a discriminação de certos grupos sociais (o caso do povo cigano, entre outros)[153] ou de certas regiões (por exemplo, relativamente aos povos dos Balcãs e da Europa setentrional ou do Leste Europeu).[154] De qualquer forma, estudar e combater o colonialismo histórico como se se tratasse de um modo de dominação completamente autônomo pode contribuir para agravar os outros modos de dominação, o que, por sua vez, acabará por fortalecer o colonialismo em geral. Para serem consistentes e eficazes, o pensamento e a ação descolonizadores têm de ser igualmente anticapitalistas e antipatriarcais. De acordo com as epistemologias do Sul, o pensamento e a ação descolonizadores não constituirão uma intervenção cultural eficaz se não intervierem também no âmbito da economia política. O trabalho de Arturo Escobar, em geral (2005; 2008; 2010; 2011), representa uma das articulações mais razoáveis desses dois tipos de intervenção.

Em segundo lugar, mesmo quando a análise se centra apenas no colonialismo histórico, deve ter-se em conta o fato de este ter assumido características diferentes em regiões diferentes do mundo. A bibliografia latino-americana sobre a descolonização centra-se exclusivamente na conquista do Novo Mundo. Tanto Quijano como Dussel consideram o momento da "conquista" e colonização da América Latina como constitutivo da modernidade eurocêntrica. É claro que o colonialismo histórico também espalhou pela África e pela Ásia, tendo aí assumido características diferentes. Na medida em que se consideram relevantes essas diferenças, diferentes tipos de colonialismo dão origem a diferentes tipos de pós-colonialismo. Por exemplo, enquanto o oceano Atlântico se "globalizou" por causa da expansão europeia, o Índico era um espaço globalizado muito antes de os navegadores europeus aí chegarem.[155] Algumas vertentes do pensamento latino-americano podem correr o risco de transformar o Novo Mundo numa centralidade alternativa (transmodernidade), caindo assim na armadilha da modernidade

---

[153] Sobre o povo cigano, ver Maeso (2014, p. 53-70).

[154] Ver, por exemplo, Khodarkovsky (2004).

[155] Sobre a colonização portuguesa no Oceano Índico, ver Subrahmanyam (1998; 2012).

eurocêntrica. As afinidades eletivas entre o pensamento descolonial latino-americano e as epistemologias do Sul tornam-se especialmente evidentes sempre que as duas abordagens evitam transformar as centralidades alternativas, territoriais, em lugares de novas narrativas-mestras epistemológicas. A única centralidade reconhecida pelas epistemologias do Sul não tem centro: é a centralidade das lutas contra a dominação capitalista, colonial e patriarcal, onde quer que ocorram.

Em terceiro lugar, dada a centralidade das lutas, as epistemologias do Sul são eficazes e prosperam nos campos sociais em que as lutas têm lugar e, assim, fora dos lugares de debate acadêmico. Claro que essas lutas podem também ter lugar no mundo acadêmico e serem mesmo muito violentas. No entanto, dada a natureza do conhecimento acadêmico como prática separada, essas lutas, vistas a partir da perspectiva das epistemologias do Sul, acabarão por ter pouca relevância epistemológica se não forem capazes de ultrapassar as barreiras que as separam e as impedem de participar de outras lutas sociais. Quem adota as epistemologias do Sul sabe muito bem que o *conhecer-com*, em lugar do *conhecer-sobre*, requer uma participação concreta nas lutas sociais e exige que se esteja preparado para correr os riscos que podem advir dessa participação. Desse ponto de vista, as discussões acadêmicas configuram lutas de muito baixa intensidade quando comparadas com as lutas que mobilizam grupos sociais vítimas diretas de violência capitalista, colonialista e patriarcal.

Em quarto lugar, as epistemologias do Sul valorizam em especial a diversidade cognitiva do mundo, procurando construir procedimentos capazes de promover o interconhecimento e a interinteligibilidade. Daí a importância dada a conceitos como ecologias de saberes, ecologias de classificações, ecologias de escalas, ecologias de temporalidades, ecologias de produtividade (2014a, p. 188-211), bem como a procedimentos como a tradução intercultural e a artesania das práticas. Entende-se assim que os conhecimentos tenham identidades distintas e que as articulações entre eles resultem das necessidades e dos objetivos das lutas sociais. Mignolo (2013) propõe o conceito de pensamento de fronteira como característica geral do pensamento descolonizador. Apesar de não discordar dessa conceitualização, prefiro salientar que, em última análise, são as dinâmicas específicas das lutas sociais que determinam os tipos de ecologias de saberes a que recorrem em cada caso. Assim sendo, arrisco afirmar que a característica geral mais crucial a ser atribuída aos conhecimentos que participam delas e delas surgem é a de estarem comprometidas com as lutas dos grupos sociais oprimidos.

Em quinto lugar, a celebração da diversidade e a busca de novas articulações cognitivas que tornem mais eficazes as lutas sociais requerem diálogos e interações de conhecimentos contra-hegemônicos, sejam eles científicos pós-abissais ou artesanais. Em vez da polarização ou do dogmatismo da oposição absoluta, tão frequente nas discussões acadêmicas, as epistemologias do Sul advogam a construção de pontes entre zonas de conforto e zonas de desconforto, entre os campos de dominação e de luta que nos são familiares e os que nos são estranhos. Como afirmou Angela Davis, "muros virados de lado são pontes" (1974, p. 137). Essa posição não é específica das epistemologias do Sul. O que é específico delas é o fato de formarem pontes entre saberes originários de diferentes epistemologias, tanto saberes científicos como artesanais. Mas essa mesma posição é também crucial no âmbito mais restrito do conhecimento acadêmico, promovendo o reconhecimento de histórias interligadas.[156] É dessa forma que leio a proposta de Gurminder Bhambra (2007; 2014).[157] Segundo a autora,

> as sociologias relacionadas [...] apontam para as conexões históricas geradas pelos processos de colonialismo, escravatura, expropriação e apropriação, anteriormente elididas na sociologia convencional que favorece entendimentos mais estreitos, bem como pelo uso de "conexões" como forma de recuperar essas histórias alternativas e, portanto, essas sociologias [...] Defendo que o passado e as suas

---

[156] Meneses tem razão ao afirmar que "continuamos muitas vezes a fazer as nossas interpretações a partir de um centro que ainda não foi 'descolonizado'. Assim, é através dos olhos da Europa imperial que esses espaços africanos ainda são percepcionados através de lentes epistemicamente coloniais. Por outro lado, enquanto desejamos (re)construir outras histórias e (re)apresentar-nos no debate de outras memórias, a situação que observamos reflete a dificuldade de construir outra grelha analítica que consiga distanciar-se das interpretações dominantes e permitir-nos a nós [africanos] introduzir as memórias de outros atores" (2011, p. 133).

[157] Na introdução ao número especial da revista *Sociology* por nós organizado, Gurminder Bhambra e eu próprio, como coautores, sublinhamos a complementaridade que se verifica nas nossas abordagens (BHAMBRA e SANTOS, 2017, p. 3-10).

formas sociológicas de falso reconhecimento continuam a restringir a nossa capacidade de imaginar futuros diferentes (2014, p. 3).[158]

E, por último, a centralidade das lutas sociais contra a dominação leva as epistemologias do Sul a se ocuparem da crítica e da desconstrução do saber dominante do mesmo modo como se ocupam da construção de saberes alternativos e transformadores, tais como os saberes científicos pós-abissais. A descolonização do pensamento tem sido sobretudo desconstrutiva, devedora muitas vezes da desconstrução eurocêntrica de Foucault e de Derrida. As epistemologias do Sul propõem metodologias não-extrativistas, na base das quais se constrói o conhecimento científico pós-abissal. Assim, as epistemologias do Sul dialogam com duas posições que defenderam recentemente a emergência do Sul como centro de produção de conhecimento acadêmico. Refiro-me à proposta de Raewyn Connell de uma *Southern Theory* (teoria do Sul) e à de Jean e John Comaroff de uma *Theory from the South* (teoria vinda do Sul). Ambas definem o Sul primordialmente como sul geográfico, não como Sul epistêmico como propõem as epistemologias do Sul.

Segundo Connell, a teoria do Sul (2007) é uma constelação teórica descolonizadora, de grande variedade interna. Ao revelar os pressupostos geopolíticos da teoria social do Norte, começando a partir da experiência empírica e teórica das sociedades coloniais e pós-coloniais, formula novas propostas analíticas e teóricas. À luz da teoria do Sul, conceitos e realidades como classe, deficiência, trabalho, família e gestão passam a ser entendidos de modo diferente e permitem identificar novos problemas e novas abordagens de problemas já existentes. Do mesmo modo como defendo que as epistemologias do Sul não são a imagem invertida das epistemologias do Norte, Connell afirma: "Não podemos fazer frente a isso tratando a teoria do Sul como sendo um conjunto distinto de propostas, um paradigma alternativo a ser erigido em oposição aos conceitos hegemônicos. Não queremos um outro sistema de dominação intelectual" (2014, p. 218). Tal como Bhambra, o que Connell pretende é uma intervenção interna no âmbito das ciências sociais. Incluem-se os saberes artesanais na medida em que as inovações metodológicas

---

[158] Ver também a análise da revolução haitiana feita por Bhambra (no prelo).

propostas pela teoria do Sul lhes dão maior visibilidade, pondo-os a serviço da construção de um melhor conhecimento científico.

A obra de Jean e John Comaroff, *Theory from the South* (2012), parte da ideia de que, com a virada do dinamismo do capitalismo global na direção do Leste e do Sul, o pensamento hegemônico futuro virá dessas regiões e já não do Norte e do ocidente, como até agora. Esse deslocamento é defendido com base em dois argumentos. Por um lado, "no Sul, a modernidade não é adequadamente entendida como um derivado ou um *Doppelgänger*, uma cópia básica ou uma contrafação do 'original' euro-americano" (2013, p. 17). Por outro lado, "em oposição à narrativa euromodernista herdada dos dois últimos séculos [...] há boas razões para pensar que, dada a dialética imprevisível e subdeterminada do capitalismo-e-modernidade no aqui e agora, o Sul é não raro o primeiro a sentir os efeitos das forças históricas mundiais, o Sul, onde configurações de capital e trabalho radicalmente novas estão ganhando forma, prefigurando assim o futuro do Norte global" (2013, p. 18).

Não estou certo de que a natureza epistemológica ou política de tal transformação seja adequadamente caracterizada pelos autores. O Sul a que se referem é o Sul do dinamismo do capitalismo global? Por outro lado, o Sul das epistemologias do Sul é o Sul anti-imperial, o Sul não geográfico composto pelas lutas de inúmeras populações do sul e do norte geográficos contra o domínio do capitalismo, do colonialismo e do patriarcado. Chamam-se epistemologias do "Sul" porque, historicamente, as populações do sul global foram aquelas que sofreram de forma mais grave a expansão da dominação moderna do norte e do ocidente. Para essas populações, a migração para o Sul do dinamismo do capital global não se afigura necessariamente positiva.

Sobre a construção do Sul epistêmico anti-imperial

As questões metodológicas levantadas pelas epistemologias do Sul são muito complexas porque o trabalho cognitivo exigido por essas epistemologias tem de ser efetuado tanto no âmbito de instituições de investigação convencionais como fora delas, nos campos sociais em que tem lugar a resistência contra a dominação capitalista, colonialista e patriarcal. Quando levado a cabo em instituições de investigação convencionais, esse trabalho é certamente encarado com desconfiança e considerado um tipo de investigação não rigoroso, com motivações políticas e, logo, não confiável. Numa altura em que o velho senso comum das instituições de investigação, baseado em curiosidade e desapego, está sendo substituído por um novo senso comum que avalia a relevância do conhecimento pelo respectivo valor de mercado (a sua utilidade para procuras sociais solventes), as tarefas metodológicas que as epistemologias do Sul requerem encontrarão uma resistência feroz ou serão totalmente descartadas como "deslocadas", não pertencendo ao contexto de investigação. Na verdade, o investigador pós-abissal está nos antípodas do consultor. Este é alguém cujo conhecimento tem uma utilidade específica com um preço específico e para a qual há uma procura solvente. O investigador pós-abissal é alguém para cujo conhecimento há uma procura enorme e urgente, embora não solvente e nem sequer mercantilizável; o seu conhecimento é útil para grupos sociais que não imaginam sequer ter de pagar por ele ou, se tivessem de o fazer, não teriam posses para tal.

Será que a hegemonia das epistemologias do Norte está linearmente ligada ao destino do capitalismo global? Será que a erosão visível dessa hegemonia é um processo histórico irreversível? Será ela um sintoma de inércia ou antes de expectativa? Trata-se de um ciclo ou de uma mera tendência? Qual seria o impacto epistemológico do deslocamento para Leste do dinamismo do capitalismo global, como parece estar acontecendo hoje com a ascensão da Ásia? Poderia a ciência moderna, o derradeiro ícone das epistemologias do Norte, contrair matrimônio com imperativos culturais que, do ponto de vista da cultura eurocêntrica, só podem ser entendidos como detentores de níveis inaceitáveis de instrumentalização e de falta de rigor? Serão efetivamente as novas formas de instrumentalização assim tão diferentes daquelas que são típicas da cultura eurocêntrica com a qual a ciência sempre coabitou? Será o inconsciente freudiano, reconhecido hoje em dia por muitos como uma inovação científica, menos arbitrário do que a inspiração divina a que Ibn Khaldun (1958 [1377]) atribui a descoberta da nova ciência em *Muqaddimah*?

Uma vez que a hegemonia das epistemologias do Norte não pode ser dissociada do capitalismo, colonialismo e patriarcado globais, a necessidade das epistemologias do Sul está também intimamente ligada, como tenho sublinhado, às lutas sociais contra o capitalismo, o colonialismo e o patriarcado. Nos últimos quarenta anos, as epistemologias do Sul têm colocado gradualmente em questão os pressupostos culturais e os padrões conceituais e teóricos subjacentes às epistemologias do Norte. Muitas das premissas e agendas políticas que emergem dessas lutas em diferentes regiões do globo incluem formas de conceber as relações entre a sociedade e a natureza, o indivíduo e a comunidade, e a imanência e a transcendência que são estranhas àquelas que as epistemologias do Norte defendem.

O processo histórico de descolonização epistemológica, para além de a longo prazo, é também desigual e assimétrico, tanto no que se refere a áreas do saber como a regiões do mundo. O trabalho de descolonização epistemológica implica processos sociais e culturais distintos em zonas que foram vítimas de colonialismo histórico, por um lado, e em regiões que foram responsáveis pela colonização, por outro. Apesar de crucial, essa diferença raramente é abordada na literatura descolonial. Nas regiões sujeitas ao colonialismo europeu, as epistemologias do Norte – e a cultura eurocêntrica em geral – começaram como uma imposição que, de modo gradual, parcial e irregular, foi sendo endogeneizada por meio de diferentes formas de apropriação, empréstimo seletivo e criativo, hibridização, etc. Esses processos permitiram o uso contra-hegemônico de saberes ocidentalocêntricos, como testemunham os contributos dados pela ciência moderna, pelo marxismo e pela filosofia ocidental para os movimentos de libertação na África e na Ásia e, mais recentemente, para as concepções alternativas de democracia, direitos humanos e constitucionalismo. Os limites desse uso contra-hegemônico (tanto centrado no Estado como centrado nas bases sociais) na produção de alternativas ao capitalismo, ao colonialismo e ao patriarcado são hoje mais evidentes do que nunca.[159] Os resultados, no mínimo, não são brilhantes, já que a dominação global é hoje em dia mais agressiva

---

[159] Desde cedo Fanon chamou a nossa atenção para esses limites: "Nas colônias, a infraestrutura econômica é também uma superestrutura. A causa é efeito: é-se rico porque se é branco, é-se branco porque se é rico. É por isso que, quando se trata de discutir a questão colonial, a análise marxista deveria ser sempre um pouco matizada" (1967b, p. 40).

do que nunca. O neoliberalismo, a lógica econômica monocultural que alimenta a articulação entre o capitalismo, o colonialismo e o patriarcado, parece já não temer inimigos pela simples razão de que é hoje capaz de recorrer à monotonia da guerra sempre que a monotonia das relações econômicas (Marx) não se mostra suficiente. O uso contra-hegemônico das ideias ocidentalocêntricas cumpre cada vez menos o que promete e é cada vez menos capaz de dinamizar os grupos sociais que lutam contra a dominação.

Porém, esse é apenas um dos lados da história. Como referi anteriormente, nos últimos cinquenta anos as deslocações geopolíticas em termos das dinâmicas das lutas sociais contra o capitalismo, o colonialismo e o patriarcado vem corroendo a corroer cada vez mais a hegemonia das epistemologias do Norte. Problemáticas novas ou anteriormente suprimidas têm se instalado nas comunidades políticas, científicas e educativas animadas por uma série de repertórios antiocidentais, lestecêntricos, sulcêntricos e indigenocêntricos de vida social e individual, natureza, espiritualidade e bem viver. O *Geist* fundamental das estruturas de poder ocidentalocêntricas do nosso tempo é provavelmente esta estranha mistura de sensações: por um lado, a sensação de poder incontestado e dominação crua e, por outro, a sensação de erosão irreversível da autoridade e da hegemonia.

Na Europa e na América do Norte (esta última depois de eliminadas as populações e as mundivisões indígenas), a hegemonia das epistemologias do Norte tem raízes culturais mais profundas. Contudo, as lutas pelo reconhecimento da diversidade cultural, bem como os fluxos migratórios que se seguiram às independências e, mais tarde, em consequência da economia neoliberal, da guerra e das alterações climáticas, desestabilizado gradualmente a hegemonia epistemológica e monocultural, introduzindo discretamente novas problemáticas e novos tipos de abordagens epistemológicas. A reação foi rápida. Os instrumentos censórios podem assumir diferentes formas: o *ranking* das instituições de ensino segundo critérios capitalistas de excelência; a formatação positivista e monocultural dos programas e das carreiras científicas e profissionais; a disciplinação e o silenciamento de cientistas rebeldes; a proibição de livros na educação de jovens por razões ideológicas, religiosas ou outras; o controle da criatividade científica

DESCOLONIZAÇÃO COGNITIVA: UMA INTRODUÇÃO

por via da invocação de critérios estritos de utilidade econômica ou de desempenho acadêmico (por exemplo, publicações avaliadas com base nos chamados "fatores de impacto" e não no seu caráter inovador).

No norte global, a hegemonia das epistemologias do Norte encontra-se mais profundamente arraigada, e os interesses no sentido de evitar a sua erosão, mais organizados. Além disso, é no norte global que existe maior convergência entre as epistemologias do Norte e a cultura eurocêntrica dominante e onde grupos sociais mais amplos se beneficiam direta ou indiretamente da dominação capitalista, colonialista e patriarcal. Assim sendo, a supressão de conhecimentos subalternos baseados em premissas diferentes daquelas que subjazem às epistemologias do Norte é mais radical.[160]

No século passado, depois de Joseph Needham, Carl Jung foi o intelectual europeu que mais se esforçou para perceber o pensamento oriental e é o que melhor exemplifica a dificuldade de descolonização do pensamento eurocêntrico no norte global. Jung expressa do seguinte modo as dificuldades que encontrou ao tentar entender cabalmente o texto chinês intitulado *The Secret of the Golden Flower* [*O segredo da flor dourada*], que ele próprio e o sinólogo Richard Wilhelm tinham traduzido e comentado:

> Completamente ocidental no sentimento, tenho necessariamente de ficar muitíssimo impressionado pela estranheza deste texto chinês. É verdade que possuo algum conhecimento sobre religiões e filosofias orientais que me ajuda, em certa medida, a perceber, intelectual e intuitivamente, estas coisas, tal como consigo entender os paradoxos das crenças primitivas em termos de "etnologia" ou de "religião comparada". Esse é, evidentemente, o modo ocidental de, por assim dizer, esconder os sentimentos sob a capa da chamada compreensão científica. Fazemo-lo, em parte porque a *misérable vanité des savants* teme e rejeita com horror qualquer sinal de simpatia viva, e em parte porque a compreensão solidária poderia transformar o contato com um espírito que nos é estranho numa experiência que tem de ser levada a sério (WILHEM; JUNG, 1999, p. 82)

---

[160] O mesmo se aplica às culturas europeias subalternas consideradas sem utilidade para as tarefas da evangelização, colonização e apropriação capitalistas a partir do século XVI. Analisei esse tema em Santos (2010b, p. 519-562).

Os limites de um gesto potencialmente descolonizador ficam bem patentes na solução de Carl Jung. Confrontado com aquilo que está em causa, Jung sente necessidade de revisitar a especificidade da cultura ocidental antes de se abrir à diversidade:

> Imitar o que é estranho ao nosso organismo ou fazer o papel de missionários não é para nós; a nossa tarefa é desenvolver a nossa civilização ocidental, que é enferma de mil e uma doenças. Isso tem de ser feito de imediato e pelo europeu tal como ele é, com toda a sua normalidade ocidental, os seus problemas conjugais, as suas neuroses, as suas ilusões sociais e políticas e toda a sua desorientação filosófica [...] [A]ssim, é realmente triste quando o europeu se afasta da sua própria natureza e imita o oriente ou o "simula" seja de que forma for. As possibilidades que se abrem perante ele seriam tão maiores se se mantivesse fiel a si mesmo e fizesse evoluir a partir da sua própria natureza tudo aquilo que o oriente criou no decurso dos vários milênios (1999, p. 84).

A proposta explicitamente eurocêntrica de Jung – despudora-damente eurocêntrica, uma vez que ele tem absoluta certeza do que significa ser "genuinamente europeu" – ignora totalmente a arrogân-cia implícita na reivindicação de autenticidade europeia por meio da transformação de outras culturas em matéria-prima. Com o advento do colonialismo, a lealdade do ocidente para consigo mesmo nada mais foi do que a sua arrogância de criar vítimas com uma atitude de superiori-dade paternalista, de ferir com eficácia e de se apropriar de tudo o que lhe era estranho, ou seja, sujeito ao seu poder, e que fosse passível de ser usado com proveito. O reverso de tal orgia de arrogância e de poder é a dificuldade de aceitar o outro, de escutar profundamente o outro e aprender com ele, de reconhecer o desconhecido como um desafio mesmo antes de conhecê-lo, de arriscar distanciar-se até certo ponto dos seus próprios modos e hábitos de proceder (a sua zona de conforto) para conseguir uma maior aproximação com a diversidade do mundo.

Quando consideramos o mundo colonizado segundo a percepção do colonizado, as dificuldades de descolonização do conhecimento e da cultura são igualmente graves, apesar de diferentes. Escrevendo durante a Primeira Guerra Mundial, Rabindranath Tagore e Uma Dasgupta afirmam:

Nós no oriente acreditamos na personalidade. No ocidente, vós tendes a vossa admiração pelo poder [...] Quais são os frutos da vossa civilização? Vós não vedes de fora. Não vos apercebeis da terrível ameaça em que vos haveis tornado para o homem. Nós temos medo de vós. E em todo lado as pessoas desconfiam umas das outras. Todos os grandes países do ocidente se preparam para a Guerra, para uma grande desolação que espalhará veneno por todo o mundo. E esse veneno está no interior de si mesmos [...] Têm a mente cheia de desconfiança mútua e ódio e ira e, no entanto, tentam inventar alguma maquinaria que resolva as dificuldades [...] Têm eficiência, mas, por si só, isso não ajuda. Por quê? Porque o homem é humano, mas a maquinaria é impessoal. Homens de poder têm eficiência em coisas exteriores; mas a personalidade do homem perdeu-se. Não se sente o divino no humano, a divindade que a humanidade é (2009, p. 168-169).

Mais adiante, referindo-se à agressividade ocidental (naquela altura identificada com a Europa colonial), escrevem:

A esfera de sucesso da Europa há muito atrai a nossa atenção, mas onde a Europa falhou foi no nível profundo, na raiz mesmo, e portanto isso foi-nos ocultado. A cobiça da Europa que impôs o ópio à China não morre com a morte da China; o seu veneno entra diariamente nos órgãos vitais da própria vida da Europa [...] A história é um registro de surpresas súbitas que já abalaram nações demasiado convencidas da sua superioridade inviolável no que toca a leis morais (2009, p. 176).

Num gesto que parece ser semelhante ao de Jung, Tagore e Dasgupta também alertam para o perigo de que o oriente possa ter a tentação de imitar o ocidente. Porém, as razões que invocam são radicalmente diferentes. O gesto configura agora um ato de autodefesa perante uma forma de pensar invasora e agressiva. "Tem sido esse o efeito dos ensinamentos do ocidente por todo o mundo. Provocou um espírito universal de antipatia desconfiada. Incita os povos a usar todos os recursos para se aproveitarem dos outros pela força ou por meio de astúcia. Esse culto de orgulho e de egoísmo organizados, essa falsificação deliberada de uma perspectiva moral na nossa visão da humanidade invadiu também com uma nova força as mentes dos indianos" (2009, p. 183).

Dada a hegemonia de que ainda gozam as epistemologias do Norte e a cultura eurocêntrica a elas ligada, o maior desafio que se coloca às epistemologias do Sul é o de tornar crível e urgente a necessidade de se reconhecer a diversidade do mundo, com vista a ampliar e a aprofundar a experiência e a conversa do mundo. Estamos perante processos históricos de longo prazo. Existe, além disso, o perigo de o narcisismo que caracteriza a forma como as epistemologias do Norte menosprezam outras epistemologias se confronte com o narcisismo invertido e rival das epistemologias do Sul. Quebrar esse círculo vicioso de dualismo constitui o cerne do trabalho epistemológico efetuado neste livro. Gostaria de conceber esta tarefa epistemológica como correspondente à tarefa empreendida, a um outro nível, por Frantz Fanon, tal como o autor a define no início de *Black Skin, White Masks* [*Pele negra, máscaras brancas*]: "O branco encontra-se fechado na sua brancura. O negro na sua negrura. Tentaremos determinar as direções desse duplo narcisismo e as motivações que o inspiram [...] A única linha orientadora do meu trabalho tem sido a preocupação de eliminar um círculo vicioso" (1967b, p. 11-12). A possibilidade de enriquecimento mútuo entre saberes e entre culturas constitui a razão de ser das epistemologias do Sul. Nesse processo, poderão ser criados novos tempos-espaços, produzindo cosmopolitismos subalternos, parciais, emergentes e insurgentes que resultam das sinergias potenciadas. Em vez de uma contemporaneidade indiferenciada, torna-se possível pensar em múltiplas formas de ser contemporâneo. A natureza rasa ou a camada única da simultaneidade pode assim ser articulada com a espessura ou a camada múltipla da contemporaneidade.[161]

A imaginação epistemológica

C. W. Mills dedicou uma das suas análises mais brilhantes ao tema da imaginação sociológica. Nas palavras do autor, a imaginação sociológica "consiste, em parte considerável, na capacidade de passar

---

[161] Essa concepção da contemporaneidade difere da que foi proposta por Oswald Spengler, inspirado em Nietzsche, segundo a qual as coisas que não existem em simultâneo na história podem considerar-se contemporâneas se existirem em fases correspondentes de diferentes culturas. Os pré-socráticos dos séculos V e VI a.C. seriam, assim, contemporâneos de Galileu, Bacon e Descartes; Sócrates seria contemporâneo dos enciclopedistas franceses; o helenismo seria contemporâneo de Schopenhauer e Nietzsche, etc. Ver Burke (1954, p. 89).

de uma perspectiva para outra, e no processo de construir uma visão adequada de uma sociedade completa e dos seus componentes. [...] É essa imaginação, evidentemente, que diferencia o cientista social do mero técnico" (2000, p. 211). Mills continua dando exemplos das diferentes formas como a imaginação sociológica pode ser posta em prática. Todas essas formas têm a ver com o uso criativo de métodos da investigação sociológica convencional. A imaginação sociológica possui um tipo de ludicidade que permite, entre outras coisas, fazer perguntas surpreendentes e combinar perspectivas e escalas que parecem incongruentes. Mills é bastante eloquente quanto a esse aspecto:

> Uma vez que apenas podemos ser formados naquilo que já existe, por vezes a formação tira-nos a capacidade de aprender novos modos de fazer; faz-nos revoltar contra aquilo que, no início, é necessariamente informal e até mesmo descuidado. Mas é necessário defender essas imagens e noções vagas, se são nossas, e é necessário trabalhá-las, pois é sob essas formas que as ideias originais, se é que existem, quase sempre surgem de início (2000, p. 212).

Mais adiante, quando tratar a questão metodológica e a questão dos métodos de investigação, terei oportunidade de salientar a sabedoria desse conselho que Mills deixa aos jovens cientistas sociais. Porém, a atitude criativa cuja adoção C. W. Mills defende está completamente confinada às metodologias existentes e, por essa razão, não as questiona; assim, toma por adquiridos os pressupostos epistemológicos que estão na base das ciências sociais eurocêntricas, o mesmo é dizer, as epistemologias do Norte. E isso apesar do fato de Mills ter uma posição crítica relativamente ao empirismo positivista. Como mostrarei no Capítulo 11, Orlando Fals Borda vai muito mais longe do que Mills no questionamento das premissas epistemológicas e metodológicas das ciências sociais eurocêntricas.

O trabalho no sentido da descolonização das ciências sociais eurocêntricas que as epistemologias do Sul nos convidam a fazer obriga-nos a substituir a imaginação sociológica de Mills pela imaginação epistemológica. As epistemologias do Sul são, em termos negativos, um momento de interrupção; em termos positivos, são um momento de imaginação. Temos, portanto, de estabelecer com precisão o tempo histórico das epistemologias do Sul. Trata-se basicamente de um tempo de imaginação epistemológica que visa refundar a imaginação política. Enquanto a imaginação sociológica visa produzir uma crítica interna das ciências sociais eurocêntricas, a imaginação epistemológica parte de uma crítica externa a fim de tornar plausíveis e eficazes as ecologias de saberes e a ciência pós-abissal. Em última análise, o objetivo é fortalecer as lutas sociais contra a dominação.

A imaginação epistemológica exige novas ideias, perspectivas e escalas surpreendentes e relações entre conceitos e realidades convencionalmente não relacionáveis. Destaco as seguintes dimensões da imaginação epistemológica:

1. *Comparar ou contrastar o conhecimento científico e o conhecimento artesanal, a fim de imaginar as diferentes preocupações que cada um deles transmite e os diferentes interesses a que cada um deles serve ou pode servir.* Esse exercício de imaginação permite identificar possíveis exemplos de cooperação ou de concorrência entre os dois tipos de conhecimento. A hermenêutica concreta de preocupações e interesses práticos gerará pragmaticamente as validades relativas, as hierarquias entre conhecimentos e as possibilidades e limites da sua hibridização.

2. *Imaginar perspectivas surpreendentes.* As epistemologias do Sul incentivam perspectivas surpreendentes, aquilo que, inspirando-se em Nietzsche, Kenneth Burke denomina "perspectivas por incongruência" (1954, p. 69), ou seja, perspectivas que fundem ou relacionam categorias que, por convenção, se excluem mutuamente.[162] Um dos exemplos de Burke é o conceito vebleniano de "incapacidade treinada" (em que treino contradiz capacidade) para explicar até que ponto a especialização técnica ou científica pode levar à incapacidade de perceber algo que, apesar de óbvio para os leigos, se situa fora dos limites da especialização. As epistemologias do Sul recorrem a essas perspectivas surpreendentes para formular os seus conceitos fundamentais. Por exemplo, o conceito de sociologia das ausências alia duas realidades aparentemente incompatíveis,

---

[162] Burke afirma sobre Nietzsche: "O estilo mais tardio de Nietzsche é como uma sequência de *dardos* [...] a mente do filósofo parecia um pouco com uma mola sem catraca; desenrolava-se com um zunido, mas, milagrosamente, continuou a fazê-lo durante muitas décadas" (1954, p. 88).

ou seja, estudar na realidade social o que parece aí não existir. De igual modo, o conceito de sociologia das emergências tem a ver com o estudo daquilo que ainda não é realidade, ou que é realidade apenas em potência. Além disso, o conceito de ecologia de saberes imagina relações entre conhecimentos que, à luz das teorias de sistemas convencionais, seriam possíveis apenas entre elementos da mesma totalidade; por contraste, a ecologia de saberes imagina-os como conhecimentos autônomos envolvidos em processos de fusão ou hibridização. O próprio conceito de tradução intercultural sugere, convencionalmente, formas de inteligibilidade das mesmas ideias ou de ideias semelhantes em línguas diferentes, enquanto nas epistemologias do Sul se refere de fato a ideias que são muitas vezes extremamente diferentes e que podem ou não ser expressas na mesma língua.[163]

3. *Imaginar, com a possibilidade de verificação posterior, as diferentes formas através das quais diferentes tipos de conhecimento podem contribuir, positiva ou negativamente, para uma dada luta social, a partir do ponto de vista das diferentes partes envolvidas.* Os contributos em questão podem ser diretos ou indiretos, explícitos ou disfarçados do seu contrário, incondicionais ou sujeitos a condições, traiçoeiros ou perversos, implicando muitos "danos colaterais" ou nenhum, permanentemente disponíveis ou disponíveis apenas em determinados tempos e espaços, etc., etc.

4. *Imaginar, com base em dados históricos aparentemente não relacionados, diferenças e até contradições entre posições convencionalmente entendidas como estando do mesmo lado numa dada luta social.* A impertinência do registro histórico, revisto ele próprio de um modo impertinente, é crucial para despertar a imaginação epistemológica. O mesmo registro pode ser utilizado para analisar conjuntamente lutas muito diferentes, a fim de verificar em que medida elas se potenciam ou neutralizam mutuamente.

---

[163] Por exemplo, no Capítulo 10 cito a tradução intercultural entre o conceito eurocêntrico de desenvolvimento e o conceito de *buen vivir/sumak kawsay/*bem viver dos povos indígenas dos Andes.

5. *Imaginar formas de aprendizagem combinadas com formas de desaprendizagem.* Lembrando que, entre os muitos disfarces da imposição unilateral e da unilateralidade epistemológica, a abertura tolerante, a curiosidade superficial e a solidariedade filantrópica são as mais insidiosas e eficazes.

6. *Imaginar sujeitos onde as epistemologias do Norte apenas veem objetos.* Imaginar sujeitos ausentes onde existem saberes ausentes ou conhecimentos construídos como ausentes pela linha abissal. Imaginar que os saberes ausentes significam provavelmente lutas sociais que efetivamente tiveram lugar, mas das quais não há vestígios nas histórias canônicas.

7. *Imaginar novas cartografias da linha abissal para identificar novas divisões invisíveis entre a sociabilidade metropolitana e a sociabilidade colonial.* Tentar imaginar, por exemplo, que uma sociabilidade colonial *New Age*, ao invadir a sociabilidade metropolitana, pode não ser mais que um novo disfarce para velhas exclusões. Considerar os mapas da exclusão social sendo redesenhados, passando as exclusões não-abissais a exclusões abissais. Imaginar a linha abissal atravessando as ideias e as emoções do investigador pós-abissal enquanto este participa na construção de ecologias de saberes capazes de capacitar grupos sociais oprimidos.

8. *Imaginar as consequências da não separação entre vida e investigação.* Transformar o investigador social pós-abissal num artesão que usa as ferramentas metodológicas de forma criativa, ao ponto de conseguir construir o seu próprio método. Imaginar os riscos e as frustrações que o investigador pós-abissal poderá correr, consciente de que conhecer segundo a lógica pós-abissal (conhecer *com* e não conhecer *sobre*) implica a razão aquecida, isto é, o *corazonar* (Capítulo 5). Imaginar a autoformação e a autoeducação necessárias para pôr em prática naturalmente a ideia de que o trabalho autônomo do investigador social pós-abissal é sempre resultado de partilha. É resultado de uma *minga* epistêmica (Capítulo 7).

9. *Imaginar questões civilizacionais circulando subterraneamente, permanecendo sem resposta e nunca vindo à superfície nos*

debates sobre questões e opções técnicas dentro dos limites da ciência moderna. Perguntar por que razão um dado problema é relevante ou mesmo crucial para um determinado conjunto de conhecimentos. Efetuar esse exercício imaginativo entre o conhecimento científico e o conhecimento artesanal. Imaginar situações nas quais a oposição entre o contexto da descoberta e o contexto da justificação configura um dilema menor do que aquele que, segundo as epistemologias do Norte, aparenta ser. Distinguir convicção íntima e persuasão induzida a partir do exterior, por exemplo, sempre que a ciência abissal mostra de forma persuasiva que todas as questões profundas são irrelevantes apenas porque a ciência não tem respostas para elas.

10. *Imaginar a busca de posições ecológicas contra as posições monopolistas para além da ecologia de saberes.* Uma vez que as epistemologias do Sul visam contrapor ecologias não só à monocultura do conhecimento rigoroso (a ciência), mas a todas as diferentes monoculturas eurocêntricas em geral, a imaginação epistemológica deverá incluir não só ecologias de saberes, mas também ecologias de classificação social, ecologias de escalas, ecologias de temporalidades e ecologias de produtividade (Santos, 2006a, p. 154-167; 2014a, p. 188-211).

11. *Imaginar as ausências que não podem ser descritas pela sociologia das ausências, as emergências que nunca são mais do que potenciais ou que nunca deixam de ser ruínas por antecipação.* Imaginar as epistemologias que virão depois das epistemologias do Sul para lidar com os problemas sociais e políticos por elas identificados, mas não resolvidos, ou até problemas que as epistemologias do Sul nem sequer identificaram, apesar de a sua importância ser apenas agora reconhecida, *ex post facto.*

Descolonizar as metodologias

Como é possível produzir saberes aceitáveis e confiáveis por meio dos métodos que pouco têm a ver com aqueles que a ciência moderna privilegia? A natureza colonialista das metodologias desenvolvidas pelas ciências modernas abissais reside no fato de todas elas serem concebidas com base na lógica do extrativismo. Refiro-me à dimensão cognitiva do mesmo extrativismo que caracteriza o capitalismo e o colonialismo, assim como o patriarcado.[164] A ideia de extrativismo intelectual ou cognitivo foi-me muito convincentemente apresentada por Silvia Rivera Cusicanqui no decorrer de uma conversa que tivemos em 2013 no Valle de las Animas, na cordilheira dos Andes.[165] Na opinião de Cusicanqui, o extrativismo poderá estar presente em alguns contextos bem surpreendentes.[166] O conceito de extrativismo metodológico inspira-se diretamente no conceito de extrativismo cognitivo proposto por Betasamosake Simpson, uma intelectual indígena da nação Mississauga Nishnaabeg, do Canadá, e no conceito de extrativismo epistêmico proposto por Grosfoguel. Segundo afirma Simpson,

> [é] a ideia de que o conhecimento tradicional e os povos indígenas possuem uma espécie de segredo sobre como viver na terra de uma forma não exploradora que a sociedade mais ampla precisa apropriar. Mas a mentalidade extrativista não tem a ver com conversar e dialogar e introduzir o conhecimento indígena nos termos dos povos indígenas. Tem muito a ver é com extrair quaisquer ideias que os cientistas ou os ambientalistas acharam boas e assimilá-las [...] [P]ô-las em papel higiênico e vendê-las às pessoas. Há uma extração

---

[164] Segundo Alberto Acosta, "o extrativismo é um modo de acumulação que começou a estabelecer-se em grande escala há quinhentos anos. Usaremos o termo extrativismo para nos referirmos às atividades que removem grandes quantidades de recursos naturais que não são processados (ou que são processados até um certo limite), especialmente para exportação. O extrativismo não se limita a minerais e petróleo. Está presente também na agricultura, na silvicultura e mesmo na pesca" (2013, p. 62). A ligação entre capitalismo e colonialismo torna-se muito clara nessa definição, Federici (2004) demonstra a ligação entre esses dois sistemas e o patriarcado. Ver também Lugones (2010b, p. 742-759). Nas ciências e na linguagem informáticas, o conceito de "*knowledge extraction*" (extração de conhecimento) também é usado para referir a criação de conhecimento a partir de fontes estruturadas e não estruturadas. Também se utilizam as expressões "*knowledge extraction*" (extração de informação) e "*data mining*" (extração/mineração de dados) a partir de textos e documentos em linguagem natural.

[165] Ver a conversa (em castelhano) na íntegra em: <http://alice.ces.uc.pt/en/index.php/santos-work/conversation-of-the-world-iv-boaventura-de-sousa-santos-and-silvia-rivera-cusicanqui-2/>. Acesso em: 20 jan. 2019.

[166] Ver Grosfoguel (2016b, p. 38-40).

intelectual, uma extração cognitiva e também uma extração física. A máquina montada à volta da promoção do extrativismo é imensa em termos da TV, do cinema e da cultura popular (*in* Klein, 2013).

Grosfoguel comenta ainda que, no que se refere ao extrativismo epistêmico, a teoria que é apropriada surge como se "originalmente produzida" pelo norte global, enquanto os povos do sul global surgem como se tivessem apenas proporcionado os contributos e as experiências que são de imediato apropriadas pelo norte e reformuladas como teorias sofisticadas (2016b, p. 39).

As metodologias extrativistas são orientadas para a extração de conhecimento sob a forma de matéria-prima – informação relevante – que é fornecida por objetos, sejam humanos ou não-humanos. A extração é unilateral: os que extraem nunca são extraídos, por assim dizer; pelo contrário, controlam o processo extrativo. A extração pode ser intensiva ou extensiva, mas parte sempre do princípio de que as fontes de extração estão disponíveis até a sua completa exaustão; o que não apresenta interesse para o processo extrativo é irrelevante e pode ser eliminado como sendo inútil, como lixo ou joio e, idealmente, não deve fazer perder tempo precioso de investigação. Essas metodologias não são descolonizáveis, apesar de, em certas circunstâncias, como mostro adiante, os conhecimentos que produzem poderem ser ressignificados ou reconfigurados e utilizados para fins contra-hegemônicos. A descolonização das metodologias consiste em todos os processos capazes de produzir conhecimento aceitáveis e confiáveis de modo não-extrativista, ou seja, através da cooperação entre sujeitos de saber e não através de interações cognitivas unilaterais sujeito/objeto. Chamo essas metodologias de metodologias antiextrativistas ou pós-extrativistas (mais sobre esse assunto no Capítulo 7).

A questão do método levanta diferentes problemas no caso de conhecimentos nascidos nas lutas e no caso de conhecimentos usados nas lutas, mesmo se delas não nascidos.

Conhecimentos nascidos na luta

Quanto aos conhecimentos nascidos na luta, a construção do conhecimento é a dimensão cognitiva da própria construção e desenvolvimento da luta. A avaliação desse conhecimento é um componente da avaliação geral da própria luta, seus processos, métodos e resultados. Isso não significa que tal conhecimento não tenha validade para além da luta em causa. Pelo contrário, os conhecimentos nascidos numa luta específica podem ser utilizados noutras lutas na medida em que para tal sejam considerados úteis. Na verdade, não entenderemos as lutas sociais do período moderno se não tomarmos em consideração esse vasto processo de aprendizagem.

Os conhecimentos nascidos na luta são o reflexo da ação e, ao mesmo tempo, constituem uma reflexão sobre a própria ação. Entre muitas outras facetas, esse reflexo-com-reflexão torna possível uma visão complexa do presente histórico da qual surge uma compreensão mais profunda do estado presente de uma dada luta. Um presente reflexivo é um triplo presente: o passado-enquanto-presente, o presente-enquanto-tarefa e o futuro-enquanto-presente. O *passado-enquanto-presente* é a memória e a história da experiência vivida, concreta, da luta por uma vida melhor, ou seja, o presente concebido como o desafio de romper com um passado de dominação e injustiça. Em suma, o passado-enquanto-presente é aquilo que torna possível viver o presente sob protesto. O *presente-enquanto-tarefa* é uma avaliação crítica do aqui e agora, da luta como um domínio de contingência e ambiguidade. Será que as lutas atuais constituem uma evolução ou uma regressão relativamente a lutas anteriores? Trata-se de lutas defensivas (que consolidam vitórias) ou lutas ofensivas (que ampliam as reivindicações)? Rompem com o *status quo* ou reproduzem-no? As mudanças são reais ou apenas cosméticas? Onde se situa a linha que demarca resistência e desistência? O *futuro-enquanto-presente* é o presente como projeto, a expectativa de que a ruptura ou o êxito prevaleça sobre a continuidade ou o fracasso, que os riscos implicados na luta possam ser controlados. É esse o presente tal como o concebe a razão aquecida, a razão *corazonada*, dotada das "suficiências íntimas" que apontam para o sucesso (Capítulo 5). As formas como essas diferentes concepções do presente interagem determinam a mistura específica de medo e esperança nas lutas dos oprimidos, com o medo a apelar à resignação e a esperança a apelar à rebelião.

Conhecimentos para serem usados na luta

Sem dúvida a questão do método, como questão autônoma, é relevante apenas no caso de conhecimentos a serem usados numa luta concreta, apesar de não produzidos por ela. Aqui, há de se fazer duas distinções. A primeira é a distinção entre conhecimentos que foram produzidos noutras lutas, noutros tempos e lugares, e conhecimentos produzidos fora do contexto de luta, mas que, em determinadas circunstâncias, podem tornar-se úteis numa dada luta concreta. A segunda distinção refere-se ao conhecimento científico e ao conhecimento não-científico, no sentido em que ambos podem participar das ecologias de saberes. Definidos em termos positivos, os conhecimentos não-científicos são conhecimentos artesanais. São saberes práticos, empíricos, vernáculos, populares, saberes que, apesar das muitas diferenças entre si, possuem uma característica comum: não foram produzidos de modo separado, enquanto prática de conhecimento desligada de outras práticas sociais.

A distinção entre conhecimentos *produzidos* nas lutas e conhecimentos *usados* nas lutas pode tornar-se problemática dada a dificuldade da definição, anteriormente referida, daquilo que constitui uma luta ou do que faz ou não faz parte de uma luta concreta. Quanto mais afastada no espaço, no tempo ou em termos culturais, mais difícil se torna determinar se um dado conhecimento foi produzido enquanto parte da luta, ou não, porque, com a distância temporal, espacial e cultural, torna-se cada vez mais problemático distinguir luta/resistência como evento bem limitado no tempo e no espaço de luta/resistência como um modo de vida "normal". Por outro lado, a distinção entre conhecimento científico e conhecimento artesanal pode também ser problemática, sobretudo porque as ecologias de saberes afetam tanto um como o outro, tornando-os conhecimentos híbridos cuja identidade epistemológica transcende o respectivo estatuto epistemológico original. Atendendo a essas ressalvas, vejamos algumas situações específicas.

Conhecimentos artesanais próprios mobilizados em lutas concretas

As lutas de libertação nacional do passado recente, bem como as lutas atuais de camponeses e povos indígenas em diversos continentes, fizeram muitas vezes uso de conhecimentos ancestrais cuja origem e relevância histórica são importantes na medida em que servem aos objetivos da luta. Esses conhecimentos são selecionados, ressignificados e mesmo reinventados no próprio processo de mobilização para a luta. A confiança que é depositada nesses conhecimentos advém do seu potencial, real ou imaginado, para fortalecer a luta em causa. Esse potencial radica geralmente em duas ideias. Por um lado, os conhecimentos de que falamos pertencem aos grupos em questão; fazem parte do seu respectivo passado-enquanto-presente. Através desses conhecimentos, os grupos em luta tornam-se sujeitos cognitivos e deixam de ser objetos dos saberes alheios que foram usados para justificar a sua sujeição e opressão. Da sujeição à subjetividade – é esse o caminho da esperança contra o medo que os seus próprios conhecimentos lhes permitem percorrer. Por outro lado, não raro esses conhecimentos são reinventados para se referirem a um tempo passado de vida digna, uma vida que pode agora ser recuperada sob novas condições; são, por isso, cruciais para a reivindicação de dignidade. O conhecimento ancestral tem uma dimensão performativa; implica imaginar um passado que se afirma como projeto. Um conhecimento que é nosso significa representar o mundo como nosso. Por outras palavras, a autoria do conhecimento é uma condição prévia para a autoria do mundo.

Conhecimentos artesanais produzidos em lutas anteriores, próprias ou alheias

Trata-se de conhecimentos que surgiram (ou que se considera terem surgido) em lutas sociais que decorreram noutro lugar ou noutro tempo. Esses conhecimentos podem ser tomados como uma referência (noções do que deve ser aceito) ou como uma contrarreferência (noções do que deve ser rejeitado) relativamente à presente luta. Isto é, fortalecem a luta concreta para a qual são mobilizados porque justificam ou o que precisa ser feito ou aquilo que deve ser evitado. Dependendo do contexto em que tais conhecimentos são mobilizados, eles são sujeitos ou a uma hermenêutica de hiperadesão (sendo a sua pertinência seletivamente destacada) ou de hipersuspeição (a respectiva inaplicabilidade é seletivamente destacada), dependendo de o objetivo ser justificar continuidades relativamente a lutas anteriores ou, pelo contrário, justificar rupturas com lutas anteriores. Os movimentos sociais e os partidos de esquerda são normalmente vítimas dessa dupla hermenêutica. A memória da luta é, em geral, uma luta pela memória.

Conhecimentos científicos não produzidos em contexto de luta, mas usados em lutas concretas

É nessa a situação que a ciência moderna e os cientistas modernos se reconhecem mais frequentemente. A consciência ingênua da ciência e dos cientistas modernos concebe o conhecimento científico como uma busca incessante, impulsionada pela curiosidade e orientada por regras e métodos que são autônomos e específicos desse tipo de conhecimento, e sobre a qual os cientistas pensam ter controle absoluto. Essa consciência continua a reproduzir-se, mesmo tendo os estudos sociais da ciência continuado a mostrar que a referida curiosidade, longe de ser incondicional, é, na verdade, influenciada por interesses sociais, econômicos e políticos, e ainda que, em geral, os cientistas trabalham em contextos institucionais que em grande parte não controlam.[167]

---

[167] A defesa mais alargada do enquadramento normativo da ciência pode encontrar-se em Latour (1987; 1999). Para uma discussão mais recente do tema, ver o debate entre Rouse (2003), Fuller (2003) e Remedios (2003). No âmbito dos contextos locais do trabalho científico, tais como laboratórios ou no trabalho de campo, os estudos sociais da ciência e a filosofia da ciência têm se concentrado no modo como as práticas científicas geram a sua própria normatividade constitutiva, através daquilo que Joseph Rouse chamou de responsabilização mútua das práticas (2002; 2007, p. 45-56). Em áreas de investigação especialmente sensíveis a implicações éticas ou políticas, foram efetuadas tentativas de "modular" a prática científica através de formas específicas de diálogo e de trabalho conjunto entre cientistas da natureza e cientistas sociais. Uma reflexão séria sobre uma experiência falha, mas, apesar disso, muito esclarecedora, na área emergente da biologia sintética pode ser encontrada, em especial, em Rabinow e Bennett (2012). Um importante tema de discussão recente é o da política ontológica do trabalho científico, ou, por outras palavras, uma discussão sobre a forma como a atividade científica inevitavelmente exige escolhas e decisões que geram (intencionalmente ou não) mudanças no mundo pelas quais os cientistas e outros atores dos universos da ciência e da tecnologia deveriam responsabilizar-se. Para uma discussão geral, ver Mol (1999, p. 74-89). Esse tema foi também recentemente introduzido na antropologia. Ver os *posts* no fórum promovido pela revista *Cultural Anthropology* em Holbraad, Pedersen e Viveiros de Castro (2014). Algumas cientistas e críticas feministas foram pioneiras e têm estado especialmente ativas no que se refere à reflexão aprofundada desses temas, bem como, mais recentemente,

A utilização do conhecimento científico existente nas lutas sociais é muito frequente. Dado o pluralismo interno da ciência, vários grupos sociais subalternos adquirem acesso, mesmo que uma forma desigual, a um conhecimento científico que pode ser útil para as lutas em que se encontram envolvidos. Como refiro no Capítulo 2, esse conhecimento é sempre utilizado no contexto das ecologias de saberes e deve cumprir o duplo critério de confiança: trata-se de um conhecimento autônomo baseado no uso competente e de boa-fé de metodologias específicas; trata-se de um conhecimento útil em termos dos objetivos das lutas sociais em que será mobilizado.

Conhecimentos científicos produzidos em contexto de luta integrados nas ecologias de saberes

Nesse caso, o conhecimento científico é especificamente produzido tendo em vista uma luta concreta existente e com o objetivo de fortalecer a posição de qualquer grupo que o utilize. Hoje em dia, talvez mais do que nunca, os grupos dominantes recorrem ao conhecimento científico para consolidar e fortalecer as suas posições relativamente a questões contestadas socialmente.[168] Os grupos subalternos e dominados têm menores possibilidades de efetuar investigação científica com o objetivo de fortalecer suas respectivas lutas; apesar disso, essa possibilidade existe, sobretudo graças a alianças com cientistas solidários. As ecologias de saberes não consistem simplesmente em adicionar tipos de saberes diferentes; são campos de produção de saberes novos, híbridos, e também novos modos de articular diferentes conhecimentos, reconhecendo a sua incompletude e parcialidade mútuas. A ciência produzida como parte integrante das ecologias de saberes deve combinar a sua autonomia, que tem de ser preservada, com uma disponibilidade para ser sujeita a uma

---

da questão daquilo que chamam de "capacidade de resposta" (*response-ability*) dos cientistas relativamente aos contextos e às implicações éticas e políticas do trabalho científico (ver, por exemplo, BARAD, 2007; DESPRET, 2002; HARAWAY, 2016; ROUSE, 2016 [sobre Barad]; STENGERS, 2013). Ver também a discussão de Despret e Stengers citada por Latour (2004, p. 205-229).

[168] O novo chavão "sociedade do conhecimento" (não dos conhecimentos, no plural, como é óbvio) é a expressão da utilização da ciência para a promoção de interesses hegemônicos.

hermenêutica descolonizadora tripla: a hermenêutica da parcialidade; a hermenêutica do caráter abissal dessa parcialidade; e a hermenêutica da tensão entre confiança e autonomia. Descolonizar a ciência moderna consiste em colocar em prática essa hermenêutica tripla.

A hermenêutica da parcialidade implica ter em conta a natureza parcial do conhecimento científico, ou seja, reconhecer que, como qualquer outra forma de conhecimento, a ciência é tanto um sistema de conhecimento como um sistema de ignorância. O conhecimento científico é parcial porque não conhece tudo aquilo que é considerado importante e porque *não é capaz* de conhecer tudo aquilo que é considerado importante. Além disso, concebe o seu progresso como um processo de destruição ativa de outros conhecimentos rivais, recusando considerar se essa destruição é um bem humano incondicional ou se é antes um bem humano ou um mal humano dependente de critérios que são exteriores à ciência. No âmbito das ecologias de saberes, a ciência deve ser confrontada com a necessidade de separar a sua autonomia metodológica da sua reivindicação de validade epistemológica exclusiva (como sendo o único saber válido ou rigoroso). Apenas assim poderá a ciência interagir de forma produtiva com outros conhecimentos. Como tenho insistido, a questão não é que todos os conhecimentos devam ser considerados igualmente válidos. A questão é permitir a outros conhecimentos a possibilidade de participarem nas lutas sociais com base nos seus méritos próprios, ou seja, sem a necessidade de serem validados pela ciência. Uma vez que nenhuma luta social se constrói exclusivamente com base na ciência, nenhuma luta social é científica (por oposição a lutas não-científicas).

A segunda hermenêutica descolonizadora diz respeito à *natureza abissal da parcialidade*. Consiste em refletir sobre a lógica que norteou historicamente a parcialidade da ciência. Tal parcialidade não surgiu de um modo anárquico. Foi construída geopoliticamente de forma a estabelecer e reproduzir a linha abissal entre sociedade e sociabilidade metropolitana e sociedade e sociabilidade colonial. Juntamente com o direito moderno, a ciência moderna tornou-se assim o principal produtor de ausências, produzindo ativamente realidades invisíveis, irrelevantes, esquecidas e inexistentes. No seu âmago, a ciência descolonizadora consiste na exploração da possibilidade de uma ciência ativamente empenhada, em conjunto com os saberes artesanais, na identificação e denúncia da linha abissal, a fim de credibilizar a produção de saberes pós-abissais, entre os quais se conta a ciência pós-abissal. No final, o êxito das lutas contra a dominação capitalista, colonial e patriarcal será medido pela capacidade de gerarem saberes hegemônicos pós-abissais.

A terceira hermenêutica diz respeito à *tensão entre confiança e autonomia*; isso significa que se relaciona com a forma como a ciência, após ter integrado a ecologia de saberes, haverá de aprender a lidar e relacionar-se com outros conhecimentos. Essa tensão é quase aporética na medida em que a confiança se constrói tendo em vista um horizonte epistemológico pós-abissal, enquanto a autonomia resulta de uma prática firmemente arraigada no pensamento abissal. Não é redutível à tensão entre objetividade e neutralidade tal como é formulada pelas teorias críticas modernas (ver Capítulo 2). É, efetivamente, bem mais complexa, uma vez que as ecologias de saberes implicam negociações entre diferentes graus e tipos de confiança gerados por diferentes conhecimentos.

A autonomia da ciência é uma característica original desta, entendida como uma prática que é funcionalmente específica tendo em conta os métodos que utiliza; por consequência, é distinta de qualquer outra prática. As ecologias de saberes representam um desafio duplo para a autonomia metodológica da ciência. Por um lado, a ciência pode ter um papel útil nas lutas sociais apenas se se mantiver como um conhecimento metodologicamente autônomo. Por exemplo, a distância crítica e solidária que muitas vezes se exige ao conhecimento científico nas lutas sociais não seria possível sem a autonomia metodológica da ciência. Se assim não fosse, correríamos o risco de acabar no lysenkoismo.[169] Por outro lado, a metodologia que confere autonomia à ciência abissal (autonomia metodológica aliada à exclusividade epistemológica) deve ser profundamente reconstruída se se pretende que a ciência seja entendida em termos pós-abissais (autonomia metodológica sem exclusividade epistemológica). Por outras palavras, é possível produzir ciência dentro das ecologias de saberes, porém não nos termos da lógica exclusivista da ciência moderna abissal. A solidariedade da ciência (e dos cientistas) com a luta social e a articulação da ciência com outros conhecimentos implica a rejeição de algumas metodologias, a

---

[169] Sobre o caso Lysenko, ver, entre outros, Joravsky (1970).

reconstrução crítica de outras e ainda a invenção de outras. No que se refere às ciências sociais, o tema será tratado mais detalhadamente nas seções e nos capítulos que se seguem.

Metodologias pós-abissais e pós-extrativistas

Segundo reza um provérbio chinês, "se o homem errado usar o meio certo, o meio certo funcionará da forma errada". Esse provérbio contradiz as epistemologias do Norte. Segundo estas, o método é quase tudo, sendo a subjetividade de quem quer que utilize esse mesmo método quase nada; ou, pior ainda, a subjetividade é um obstáculo ao uso correto do método. As epistemologias do Sul estão mais próximas do provérbio chinês, apesar de não menosprezarem as metodologias. Porém, têm sempre em mente que a construção social dos atores numa luta é um ato político que precede, excede e condiciona o uso de metodologias. Por outras palavras, as epistemologias do Sul resistem com firmeza a fetichismos metodológicos.

A lógica do pensamento abissal funciona através de um movimento centrífugo. O mundo é um dado, um objeto que compreende entidades humanas e não-humanas, as quais podem ser apropriadas pelo sujeito de conhecimento desde que ele ou ela utilize os métodos e provas adequados. Essa relação é inerentemente assimétrica, uma vez que o objeto não pode de todo se apropriar do sujeito que o conhece. O fetichismo metodológico subjacente ao pensamento abissal consiste na convicção de que se obtém a verdade sobre o objeto pela simples razão de se respeitarem as metodologias, e de que essa é a única verdade relevante. Trata-se de uma convicção infundada, uma vez que as metodologias apenas nos fornecem as respostas sobre o mundo que correspondem às perguntas que foram feitas, sendo essas perguntas uma ínfima parte daquelas que poderiam ter sido colocadas. Na verdade, percepcionamos o mundo como aparentemente completo apenas porque as nossas perguntas sobre ele são sempre muito limitadas. A ciência abissal não tem consciência dessa "fé perceptiva", como lhe chamou Merleau-Ponty.[170]

A lógica do pensamento pós-abissal é completamente diferente, ancorando-se num movimento centrípeto. Nesse caso, o mundo é um

---

[170] Sobre o conceito de fé perceptiva, ver Merleau-Ponty (1964a, p. 49).

projeto coletivo (e não um dado prévio), um horizonte de possibilidades. Essas possibilidades não são partilhadas de modo igual devido às iniquidades de poder e de conhecimento produzidas pelo capitalismo, pelo colonialismo e pelo patriarcado. Tanto a luta pelo reconhecimento de outros saberes como os critérios para a validação que estes merecem são partes constituintes da luta por uma distribuição mais equitativa das possibilidades de partilha e de transformação do mundo. As assimetrias que se verificam nessa distribuição mudam com as mudanças das relações de poder e de conhecimento. O fato de podermos hoje em dia caracterizar modos de pensar dominantes como sendo abissais e denunciar a injustiça cognitiva que produzem indica que algumas dessas mudanças podem estar a ocorrendo. Trata-se de um primeiro passo na direção de modos de pensar não-abissais.

Num mundo em que o capitalismo, o colonialismo e o patriarcado ainda dominam, o pensamento pós-abissal e a autoridade pós-abissal (isto é, relações de poder desiguais transformadas em relações de autoridade partilhada) apontam para um horizonte utópico. Apesar disso, em vez de se tratar de uma situação imaginada de forma abstrata sem qualquer relação com a realidade atual, como acontecia com as utopias modernas, são princípios orientadores de ação social e política que se incorporam em lutas concretas. Os êxitos, aqui e agora, dessas lutas no que se refere a confrontar a linha abissal e a diminuir as desigualdades das relações de poder e de conhecimento são utopias concretas, confirmações do ainda-não. Em suma, integram uma sociologia das emergências. As metodologias orientadas pelo princípio do pensamento pós-abissal, em vez de lutarem por conhecimentos completos e exclusivamente válidos, batem-se por saberes incompletos e pelo esclarecimento de critérios de validação concorrentes, evidenciando assim os processos através dos quais grande parte da população mundial foi historicamente privada da possibilidade de representar e transformar o mundo enquanto projeto próprio. Nisso reside a sociologia das emergências.

No que se refere ao método, para as epistemologias do Sul existem três questões básicas[171]: 1. Como produzir conhecimento científico que

---

[171] Quando falo da questão do método, no singular, refiro-me à metodologia, ou seja, às questões teóricas e analíticas relativas a como a investigação deve ser efetuada no

possa ser usado nas lutas sociais em articulação com conhecimentos empíricos, práticos e artesanais; 2. Como promover o diálogo entre o conhecimento prático, empírico e artesanal e o conhecimento erudito e científico; 3. Como construir as ecologias de saberes constituídas por todos esses diferentes conhecimentos.

As duas primeiras questões estão intimamente relacionadas, uma vez que a construção da ecologia de saberes em contextos de resistência ou de luta implica sempre a "provocação" mútua de dois tipos de conhecimento diferentes. Esses dois conhecimentos põem-se mutuamente em questão em relação a aspectos como relevância e linguagem; a ecologia de saberes desenvolve-se segundo o ritmo dessas interpelações e do modo como, através da sua interação, surgem conhecimentos híbridos, conhecimentos com uma nova identidade, uma identidade própria. Essas interpelações não são simétricas nem fixas. Na fase inicial da construção das ecologias de saberes normalmente ocorrem duas situações típicas. Por um lado, o conhecimento científico tem, por via de regra, uma ideia exagerada da sua própria relevância e é muito pouco ou nada sensível à dificuldade que os participantes sem formação em ciência têm em perceber a sua linguagem.[172] Por outro lado, o conhecimento artesanal normalmente exagera a sua própria capacidade analítica, transformando visões retrospectivas (aquilo que funcionou ou ocorreu no passado) em visões prospectivas (o presente como passado do futuro) e, desse modo, perdendo distância crítica relativamente às novas condições e exigências da luta presente aqui e agora.[173]

---

que diz respeito ao seu próprio contexto e aos objetivos visados. Quando falo de métodos, no plural, refiro-me às técnicas de recolhimento de informação ou aos contextos concretos em que a cocriação de conhecimento tem lugar.

[172] Na investigação que efetuei na década de 1990 sobre o orçamento participativo na cidade brasileira de Porto Alegre, fui testemunha da dificuldade sentida pelos engenheiros do município encarregados dos serviços de águas e saneamento no diálogo com os membros da comunidade sempre que estes, com o conhecimento artesanal obtido apenas por via da experiência de serem todos os anos obrigados a sofrer os efeitos das cheias, ousavam desafiar as suas opiniões "científicas". Ver Santos (2002b, p. 376-465).

[173] Na investigação que efetuei em 2008 sobre a Assembleia Constituinte do Equador, tive a oportunidade de observar que alguns líderes indígenas defendiam o seu conhecimento ancestral sobre o bem viver (*sumak kawsay* em quéchua, *buen vivir* em castelhano) sem realmente terem em conta as dificuldades inerentes a pôr em prática

O domínio relativo a cada um dos saberes em questão vai se alterando permanentemente de acordo com as vicissitudes das próprias lutas. Quando se fala de mobilização de conhecimentos em processos de luta, há de se ter em conta que é fácil cair-se numa falácia antropomórfica. É óbvio que os conhecimentos não se mobilizam por si mesmos; são mobilizados pelos diferentes grupos que integram a luta, dependendo o seu peso relativo de muitos fatores para além da respectiva pertinência cognitiva.[174] É igualmente importante lembrarmos que os cientistas sociais empenhados em lutas sociais não mobilizam apenas conhecimentos científicos (por vezes, nem sequer de forma predominante). Mobilizam da mesma forma conhecimentos artesanais que também dominam. Essa aptidão cognitiva dupla pode ser positiva, mas pode igualmente dar origem a mal-entendidos. É suscetível de ser mal-entendida quando, por exemplo, para reforçar a sua posição, o cientista social apresenta como científico aquilo que é um conhecimento artesanal, ou quando, com o fim de sublinhar a sua posição de pertencimento ao grupo em luta, apresenta como artesanal aquilo que é, de fato, conhecimento científico.

Dada a importância da terceira questão – a que se refere à construção das ecologias de saberes – para as epistemologias do Sul, lhe será dada uma atenção mais detalhada na seção que se segue.

Os contextos das ecologias de saberes

Como tenho defendido, as ecologias de saberes não são um mero exercício intelectual de ócio; servem para fortalecer lutas sociais concretas contra a dominação. Por outras palavras, existem para aumentar a probabilidade de êxito. O conjunto concreto de conhecimentos originado pelas ecologias de saberes tem necessariamente de estar sempre em movimento – é aberto, poroso, incompleto, reversível. O conceito de "ecologias de

---

essas ideias no Equador contemporâneo (mais sobre esse tema no Capítulo 10). Ver Santos (2010c).

[174] No que se refere a lutas religiosas, o peso dos atores está, em geral, intimamente ligado ao conhecimento que mobilizam e à autoridade que invocam para o fazer. Nas lutas ecológicas ou na ajuda ao desenvolvimento efetuadas por ONGs internacionais, o conhecimento científico fica enredado nos interesses geopolíticos dos países dominantes.

saberes" implica interações dialógicas. Contudo, essas interações ocorrem apenas nos momentos e condições permitidos pelas lutas. Como referi anteriormente, ao analisar o conceito de luta, as lutas sociais nem sempre são organizadas; na realidade, muitas vezes não se distinguem da experiência de vida de quem se encontra envolvido na resistência em condições de precariedade extrema e tem de lutar para sobreviver. É necessário distinguir dois momentos diferentes da ação na luta; ação-enquanto-posição e ação-enquanto-movimento.[175]

A *ação-enquanto-posição* é o momento em que se torna possível e necessário refletir sobre a luta em questão e avaliá-la: os seus êxitos e fracassos; os meios utilizados pelos grupos envolvidos na luta e por seus adversários; alterações verificadas nos contextos social, político e cultural em que a luta ocorre; a questão das alianças, linguagens e narrativas privilegiadas e seus respectivos resultados; lições a colher para o futuro, e assim por diante. Trata-se de um momento de reflexão que se usa para avaliar, planejar, posicionar, partilhar e organizar alianças. Tem, em geral, um tempo lento em comparação com o tempo da ação-enquanto-movimento. A *ação-enquanto-movimento* é o momento ativo real da luta, o conjunto de ações de defesa e ataque, reuniões e relatórios diários sobre a evolução da luta, com as suas surpresas e improvisações. O tempo dessa ação é, em geral, mais rápido do que o tempo da ação-enquanto-posição.

Seria demasiado simplista partir do princípio de que as ecologias de saberes são construídas em momentos de ação-enquanto-posição e postas em prática em momentos de ação-enquanto-movimento. De fato, os diálogos, as negociações e as traduções subjacentes às ecologias de saberes exigem condições mínimas para reflexão, convocação, reunião e preparação. Mas a verdade é que as lutas sociais resistem a planos grandiosos, revoltam-se contra a simplicidade, e as suas práticas muitas vezes avançam antes das teorias que supostamente lhes dão sentido. Apesar de os momentos de ação-enquanto-posição serem um tempo-espaço privilegiado para construção e avaliação das ecologias de

---

[175] Recorro a Gramsci (1971) para designar os dois momentos, mas deve ficar claro que utilizo as expressões de modo diferente das suas *"war-as-position"* (guerra–enquanto–posição) e *"war-as-movement"* (guerra–enquanto–movimento).

saberes, na realidade, estas continuam dinamicamente a construir-se e a desconstruir-se em ambos os momentos.

No entanto, a distinção entre *ação-enquanto-posição* e *ação-enquanto-movimento* é especialmente importante hoje em dia, devido à revolução das tecnologias de informação e comunicação e às novas possibilidades de solidariedade global que esta tornou possíveis. Essa revolução deu origem a uma profunda transformação no que se refere aos tempos-espaços das lutas. A qualquer momento de uma dada luta social, a ação-enquanto-posição pode ocorrer a quilômetros de distância do local físico da luta; por sua vez, a ação-enquanto-movimento pode situar-se em continentes diferentes.[176] A distinção entre ação-enquanto-posição e ação-enquanto-movimento é especialmente significativa no caso do conhecimento científico que integra as ecologias de saberes, uma vez que a produção de conhecimento científico depende de condições metodológicas cuja observância poderá ser incompatível com a ação-enquanto-movimento. A ciência pós-abissal pode ser utilizada em qualquer um dos momentos da luta, mas pode apenas ser produzida nos momentos de ação-enquanto-posição. O trabalho das epistemologias do Sul que visa recuperar e desencadear o potencial de construção de ecologias de saberes da ciência requer uma cultura que valorize os momentos de ação-enquanto-posição, e ainda as alianças com cientistas pós-abissais, quer estes pertençam ao grupo em luta quer sejam pessoas exteriores ao grupo ativamente solidárias com a luta.

No Capítulo 12, relato um caso concreto de ecologias de saberes no qual a ciência, regida pelas epistemologias do Sul, é simultaneamente produzida e utilizada em constante interação com outros conhecimentos: as oficinas da Universidade Popular dos Movimentos Sociais.

---

[176] Por exemplo, a Via Campesina e a Marcha Mundial das Mulheres são dois movimentos sociais transnacionais com experiência em ativar questões semelhantes simultaneamente e fazer pressão para que sejam incluídas na agenda política de diferentes países. O trabalho de preparação para as reuniões do Fórum Social Mundial é outro bom exemplo tanto de ação–enquanto-posição como de ação–enquanto-movimento em múltiplos espaços. Ver Santos (2005a; 2006b). Em 2013, fui coorganizador, com alguns movimentos sociais brasileiros e moçambicanos, de uma oficina da Universidade Popular dos Movimentos Sociais, em Maputo, a fim de estabelecer diálogos multilocais sobre problemas como ocupação de terras, megaprojetos e agricultura industrial que afetam as vidas dos camponeses no Brasil e em Moçambique.

A questão metodológica do conhecimento artesanal nas ecologias de saberes em processos de luta

Como já afirmei, a criação de conhecimento artesanal, não sendo este um conhecimento separado, não levanta uma questão de método específica; é a dimensão cognitiva das práticas sociais de luta. Portanto, é apenas no contexto da construção das ecologias de saberes que algumas questões metodológicas específicas se colocam. A distinção entre os dois momentos de conhecimento em luta – ação-enquanto-posição e ação-enquanto-movimento – é menos relevante no caso de conhecimentos artesanais do que no caso de conhecimentos científicos. No entanto, como sugiro a seguir, existem muitos tipos de conhecimentos artesanais que não funcionam da mesma forma nos dois momentos.

Tratando-se muitas vezes de um tipo de conhecimento performativo, o conhecimento artesanal não pode ser avaliado sem referência a quem o formula e em que contexto o faz. Sendo muitas vezes um conhecimento coletivo ou comum, a sua mobilização individualizada depende sempre da autoridade e da eficácia de quem quer que o mobilize. Na verdade, não há realmente um conhecimento, e sim uma combinação conhecimento/conhecedor. Podemos identificar dois tipos de combinação: conhecimento-espelho e conhecimento-prisma.[177] O *conhecimento-espelho* é a combinação reconfortante que perspectiva o presente como ratificação do passado e o futuro como presente que ainda não aconteceu. É reconfortante na medida em que constrói a realidade da luta privilegiando respostas, certezas e confirmações. Além disso, normalmente homogeneíza os tempos e os espaços. Ao contrário deste, o *conhecimento-prisma* assume a incompletude do que já se conhece e constrói a realidade da luta como sendo altamente variada ou multifacetada, privilegiando assim a novidade, a ruptura e o questionamento. Habitualmente, destaca a diferenciação de tempos e espaços. Vê o presente como constituindo uma certa descontinuidade, talvez relativa, com o passado, e, portanto, como

---

[177] Devo essa classificação à distinção entre sábios populares (detentores do que denomino conhecimento–espelho) e sábios filosóficos (detentores do que denomino conhecimento–prisma) proposta por Oruka (1990, p. 27-40).

algo que requer novos investimentos cognitivos expressos em dúvidas, perguntas e distância crítica relativamente ao conhecimento-espelho. Daí a sua natureza inquietante.

Uma vez integrado num contexto de luta, o conhecimento artesanal sofre alterações. A ecologia de saberes equivale a um trabalho cognitivo de composição que privilegia o conhecimento-prisma. Constrói-se compondo novas configurações de conhecimento através da ligação, combinação e interpretação de diferentes tipos de conhecimentos, tanto científicos como artesanais. A composição surge através do diálogo e da argumentação entre os diferentes grupos interessados em convergir na mesma luta ou em articular lutas diferentes. A composição implica um aumento da heterogeneidade dos conhecimentos considerados, o que, por sua vez, poderá fazer aumentar a incerteza. Confrontado com a heterogeneidade e a incerteza, o conhecimento-espelho tem tendência para assumir uma atitude reativa em vez de uma atitude de cooperação. Os diferentes conhecimentos trazem consigo narrativas, linguagens e histórias diferentes; privilegiam desafios e ameaças diferentes, identificam inimigos diferentes e perspectivam diferentes futuros. Tudo isso equivale a um mundo de perguntas e incompletudes, que o conhecimento-espelho encara com dificuldade. Por outro lado, o conhecimento-prisma prospera com o aparecimento de novas realidades, perspectivas e desafios. Em momentos de ação-enquanto-movimento, o conhecimento-prisma adapta-se melhor aos requisitos das ecologias de saberes, contribuindo assim mais eficazmente para o êxito da luta.

A questão metodológica relativa à ciência pós-abissal

Como referido anteriormente, do ponto de vista das epistemologias do Sul, as questões metodológicas são especialmente relevantes no que se refere ao conhecimento científico pós-abissal. A ciência pós-abissal é uma ciência mestiça, produzida em diálogo com saberes artesanais, segundo uma lógica de incompletude mútua. A ciência pós-abissal é, por enquanto, algo a que se aspira, um programa de investigação que, se avaliado à luz do paradigma dominante (as epistemologias do Norte), é, sem dúvida, utópico. Os cientistas que nela apostam são alvo de uma dupla estigmatização: primeiro, porque não são "verdadeiros cientistas" aos olhos dos seus pares no contexto da academia; segundo, porque não são considerados "verdadeiros combatentes" pelos protagonistas das lutas sociais. A aposta dos cientistas é uma aposta exigente em termos profissionais, políticos e existenciais porque requer que assuma diferentes identificações, todas elas opostas entre si. Por outro lado, as lutas sociais não são centros de investigação social nem são bibliotecas (físicas ou virtuais), e o cientista sabe, enquanto cientista, que o seu estatuto nesse contexto é geralmente secundário ou, pelo menos, desprovido de quaisquer privilégios. Tendo, muito provavelmente, tido formação como cientista abissal (um superautor de um superconhecimento), o cientista tem de passar por um processo de autodesaprendizagem para ficar apto a participar eficazmente na luta em que se encontra envolvido. Por outro lado, o estatuto de um cientista pós-abissal integrado em comunidades e instituições científicas dominadas pelas epistemologias do Norte é, por via de regra, muito precário e vulnerável a muita hostilidade e marginalização. Quanto menor o pluralismo interno da ciência, maior a hostilidade e a marginalidade. Evidentemente, o cientista pós-abissal pode optar por abandonar a área epistêmica e institucional dominante, mas tal gesto implica um custo pessoal muito significativo.[178] É por essa razão que ser-se cientista pós-abissal implica uma existência extremamente precária. Esse aspecto é desenvolvido no próximo capítulo.

---

[178] O custo mais óbvio tem a ver com a própria subsistência, a não ser que o rendimento particular do cientista lhe permita adotar a atitude de Schopenhauer, que optou por viver dos seus fundos pessoais a fim de fugir da ortodoxia filosófica da academia alemã, que ele considerava estar submetida ao flagelo dos "filosofastros" e de "Hegelerei".

CAPÍTULO 7

Sobre as metodologias não-extrativistas

A Comuna de Oaxaca

Tenho defendido que a credibilidade e a utilidade das epistemologias do Sul dependem menos de sofisticadas elaborações teóricas do que das práticas dos grupos e movimentos sociais que vão dando testemunho delas nas suas lutas contra a dominação capitalista, colonialista e patriarcal. Entre muitíssimos outros exemplos, a luta do povo de Oaxaca em 2006 é um desses testemunhos, e nessa qualidade a refiro. Tomo a liberdade de citar as palavras de um dos participantes na luta, que é também um dos mais brilhantes intelectuais de retaguarda e proponentes das epistemologias do Sul na América Latina, Gustavo Esteva. O título da narrativa, *Cuando hasta las piedras se levantan*, é bastante eloquente:

> De junho a outubro de 2006, não se via nenhum policial nas ruas de Oaxaca, uma cidade com 600.000 habitantes, nem sequer para orientar o trânsito. Como não podiam ir para os seus gabinetes, o governador e os funcionários da sua equipe reuniam-se em segredo em hotéis ou em casas particulares. A APPO [acrônimo castelhano de Assembleia Popular dos Povos de Oaxaca] tinha organizado *sit-ins* permanentes em todos os edifícios públicos, estações de rádio, e estações televisivas públicas e privadas sob o seu controle. Quando o governador começou a enviar os seus capangas para lançarem ataques de guerrilha contra os *sit-ins* durante a noite, foram colocadas barricadas para resistir aos ataques. Todos os dias,

pelas 23.00 horas, montavam-se mais de mil barricadas à volta dos *sit-ins* ou em cruzamentos críticos, que eram desmontadas na manhã seguinte para permitir a circulação. Apesar desses ataques, segundo uma organização de direitos humanos, durante os meses em causa houve menos crimes em Oaxaca (assassinatos, assaltos, roubos) do que noutro qualquer período semelhante nos últimos dez anos. Os trabalhadores sindicalizados, membros da APPO, asseguraram muitos serviços, tais como a recolha do lixo [...] A 25 de novembro, a PEP (Polícia Preventiva Federal), apoiada pelo exército e pela marinha, lançou um ataque repressivo brutal, o pior da história de Oaxaca, incluindo violações de direitos humanos em massa e atos que é legítimo qualificar de terrorismo de Estado. As autoridades criam que essa estratégia intimidatória, em conjunto com a prisão dos alegados líderes da APPO, liquidaria o movimento, servindo de advertência para todo o país (Esteva; Valencia; Venegas, 2008 p. 21).[179]

Na sua análise da Comuna de Oaxaca, na qual participaram ativamente, Gustavo Esteva, Rubén Valencia e David Venegas dão um belíssimo exemplo de conhecimento nascido da luta, nesse caso, da luta do povo de Oaxaca contra o autoritarismo do Estado mexicano. A escrita desses autores é polifônica, compreendendo reflexão pessoal e correspondência trocada entre eles (um dos quais se encontrava detido), todos os três elementos da *Voces Oaxaqueñas Construyendo Autonomía y Libertad* (VOCAL). No seu prólogo à narrativa, Norma Giarracca descreve muito bem a ideia das epistemologias do Sul posta em prática:

> O modo como nós, os latino-americanos, abordamos os novos movimentos desafia as velhas dicotomias de investigador-investigado, sujeito-objeto, estrutura-ação. Implica um trabalho hermenêutico no qual estamos envolvidos não apenas como investigadores, mas também como sujeitos interessados em eliminar

---

[179] Essas características levam muitos analistas a referir-se à luta de Oaxaca como "Comuna de Oaxaca", por analogia com a Comuna de Paris de 1871. Esteva refere que, perante essa analogia, os oaxaquenhos responderam que a Comuna de Paris tinha durado cinquenta dias, enquanto a sua já durava mais de cem. Esteva publicou um grande número de estudos relativos à Comuna de Oaxaca; ver, por exemplo, Esteva (2006; 2007a; 2007b). Ver também Nasioka (2017) e Nahón (2017).

o modelo de sociedade que se desenvolveu nas últimas décadas. É hoje em dia frequente falar-se de um "investigador militante" ou de um "investigador envolvido". Recorrendo aos novos estilos intelectuais, fortalecemos as regras do trabalho intelectual e a responsabilidade política e acadêmica da investigadora, esclarecendo ao mesmo tempo que praticamos várias formas de estudo e que nos recusamos a produzir uma falsa "objetividade e neutralidade". O que está em causa é a necessidade de distinguir "objetividade" de "neutralidade", como ensina Boaventura de Sousa Santos. Objetividade, porque recorremos a metodologias próprias das ciências sociais para obtermos um tipo de conhecimento rigoroso que nos defenda de dogmatismos; por outro lado, estamos conscientes de que vivemos em sociedades extremamente injustas em relação às quais não podemos, e nem queremos, ser neutros [...] Começamos por baixo, por assim dizer, a partir das pessoas que, lá em baixo, oferecem resistência, mudando assim os velhos cenários dos anos 1990. Esse é o lugar de inovação e criatividade dos saberes [...] Pensar coletivamente; promover uma comunidade de pensamento; reunir intelectuais de diferentes regiões que trabalham no mesmo registro e em registros diferentes. É essa a experiência narrada pelos oaxaquenhos que a viveram na realidade. São ativistas, mas de um tipo diferente; são intelectuais, mas intelectuais "des-profissionalizados"; em suma, são os únicos que podem dar testemunho do fenômeno sem preconceitos, sem teorizações europeizantes, sem os requintes da política ocidental. Estão mais próximos das populações zapotecas e mixtecas do que dos novos teóricos da democracia participativa (ESTEVA; VALENCIA; VENEGAS, 2008, p. 6-9).

Na reflexão final sobre essa publicação, Norma Giarracca contrasta assim os pressupostos epistemológicos e metodológicos em que se estabelece o estudo de Esteva, Valencia e Venegas com as epistemologias do Norte que dominaram as ciências sociais da América Latina durante o século XX:

> Os jovens cientistas sociais de meados do século passado costumavam distanciar ou separar a sua investigação, baseada em inquéritos e estudos, estimativas, curvas e desvios-padrão, de outras atividades que os faziam crescer intelectual e emocionalmente: o ativismo político, as

práticas artísticas, as intervenções espontâneas, não programadas, em mundos interessantes. Muito frequentemente, nos diários de campo em que registavam a recolha de dados, surgiam casos de situações de envolvimento pessoal não permitidas profissionalmente [...] Na segunda metade do século XX, testemunhamos a profissionalização do pensamento social, ou seja, o surgimento de carreiras universitárias nas ciências sociais. Desde o início, o objetivo era definir os limites daquilo que se considerava, ou não, "científico". O texto científico tinha de ser distinguido do mero ensaio, ou de qualquer texto baseado nas hermenêuticas da compreensão. Era a época em que prevalecia a sociologia norte-americana, que teve tanta influência na América Latina como na Europa (GIARRACCA, 2008, p. 122).

Quanto à Comuna de Oaxaca, a influência das epistemologias do Sul zapatistas é bastante evidente. De fato, Gustavo Esteva é o grande motor por detrás da UNITERRA (a universidade zapatista) de Oaxaca (ver Capítulo 12).

Mingas epistêmicas

A ciência pós-abissal visa construir conhecimento científico em cooperação com outros tipos de conhecimento, para que tanto o conhecimento científico como o conhecimento artesanal possam vir a se beneficiar dessa cooperação. Recorrendo a um termo camponês – *minga* – utilizado pelos povos indígenas andinos para denominar a agricultura colaborativa para o bem comum de toda a comunidade, poderíamos chamar aquela cooperação de minga *epistêmica*. Tal cooperação baseia-se em três ideias orientadoras: 1. a incompletude de todos os conhecimentos nela envolvidos; 2. um interesse comum em promover a convergência de interesses diferentes; 3. O fato de esse interesse não ser um interesse intelectual variável, mas antes um interesse em capacitar e fortalecer as lutas contra a dominação capitalista, colonialista e patriarcal, tratando-se, nesse sentido, de um interesse metacognitivo. O uso do termo camponês pode dar a impressão de que a *minga* cognitiva se constrói com todos os seus participantes frente a frente num mesmo local. De fato, assim é em muitas situações, mas não necessariamente. Os processos de cooperação cognitiva podem ocorrer sem contato presencial, a grande distância, quer no espaço, quer no tempo, e não apenas por vivermos em tempos de cibercultura. A sociologia das ausências, por exemplo, é uma *minga* cognitiva entre o historiador (ou o sociólogo ou o antropólogo) pós-abissal e povos ou lutas em distintos tempos e espaços e os conhecimentos artesanais que utilizaram para conduzir as suas vidas dentro e fora das relações de dominação (mais sobre esse tema adiante).

A contribuição principal do conhecimento científico pós-abissal para a *minga* cognitiva consiste em esclarecer os diferentes modos de dominação: o que são e como funcionam em geral e no caso concreto de uma dada luta social; as suas causas e a sua trajetória histórica; as suas diferentes manifestações e disfarces; as suas forças e as suas fraquezas; os modos como se articulam para reproduzir a dominação social, econômica, política e cultural; os modos como os grupos sociais oprimidos têm organizado a sua resistência e as suas lutas em diferentes espaços e tempos; os êxitos e os fracassos; etc. O conhecimento artesanal, por sua vez, contribui com a experiência vivida dentro e fora das relações de dominação: a memória do sofrimento injusto inscrito nos corpos, nos territórios e nas culturas; as características específicas e as vicissitudes da luta e da resistência; as consequências dos erros e dos acertos, dos fracassos e dos êxitos; as oscilações ao longo do tempo entre o sentir-pensar com medo e o sentir-pensar com esperança; etc. Cada uma das contribuições tem uma lógica cognitiva própria e sua incompletude manifesta-se no modo como cada uma pode surpreender a outra.

A surpresa é a atitude ante o que não se sabe ou o que, eventualmente, nem sequer se compreende. Na *minga* cognitiva, a zona de surpresa não suscita afastamento ou estranheza; suscita antes curiosidade e humildade com base na qual se pode construir uma nova proximidade e familiaridade. Essa disponibilidade e abertura recíprocas decorrem da cumplicidade metacognitiva que une os titulares de conhecimento científico social e os titulares de conhecimentos artesanais: o interesse comum em fortalecer a resistência e a luta dos oprimidos. Em função dessa cumplicidade, a zona de surpresa é uma zona de aproximações parciais, muitas vezes envolvendo tradução intercultural, de onde vão emergindo narrativas mestiças, conhecimentos híbridos. O conhecimento científico abre-se a recontextualizações que o levam a despensar-se e a repensar-se de novo, enquanto o conhecimento artesanal se dispõe a repensar a experiência vivida sem ter de a despensar. As narrativas *mestiças* e os conhecimentos híbridos não são epistemologicamente mais completos do que os conhecimentos que lhes serviram de base, são apenas mais adequados para levar a cabo a tarefa em mãos, a tarefa metacognitiva de fortalecer as lutas contra a opressão.

O conhecimento científico pós-abissal é sempre coconhecimento que surge de processos de *conhecer-com* em vez de *conhecer-sobre*. Possui uma autonomia relativa. Exige constante autorreflexividade para cumprir o duplo critério de confiança referido no Capítulo 2. As suas orientações metodológicas não são receitas mecânicas, pelo simples motivo de que os contextos de produção de conhecimento são muitíssimo diversificados. A ciência pós-abissal exerce o seu compromisso de fortalecer as lutas sociais contra a dominação de muitos modos diferentes. O conhecer-com pode ter lugar em arquivos, em bibliotecas ou em tempos e espaços habitados por grupos sociais subalternos; pode afirmar estar presente e partilhar uma certa ação ou experiência em curso, ou estudá-la anos ou mesmo séculos depois de ter acontecido; pode consistir em abrir o passado para entender o presente ou fechar o passado para abrir o futuro; pode implicar diálogos que, por sua vez, podem ser de viva voz ou virtuais, reais ou imaginários, com seres humanos ou não-humanos; pode afirmar possuir competências documentais ou conversacionais; pode ou não suscitar uma mudança de hábitos, de língua e de linguagem; pode ou não necessitar de um forte investimento emocional ou físico; pode exigir um treino especial de cada um dos cinco sentidos (ver Capítulo 8). A diversidade de condições, contextos e objetivos específicos é virtualmente infinita. Recomenda-se grande flexibilidade na aplicação das orientações metodológicas nas suas variadas articulações.[180]

O cientista social como artesão

O cientista pós-abissal recorre às metodologias do mesmo modo que o artesão recorre às técnicas que aprendeu e aos instrumentos que usa. Ou seja, criativamente e não mecanicamente. O bom conhecimento das

---

[180] Ver Cunha (2014).

técnicas e o respeito pelos instrumentos são essenciais para não repetir o que já foi feito, para produzir peças novas, e de algum modo únicas, em que se reflete a personalidade e o investimento emocional do artesão ou da artesã. No capítulo anterior, ao falar da imaginação epistemológica, mencionei a reflexão de Wright Mills sobre a imaginação sociológica. As suas reflexões a esse respeito são muito relevantes para aquilo que entendo como o uso criativo das metodologias. Cito Mills, em *"On Intellectual Craftsmanship"* [Sobre o artesanato intelectual], sobre aquilo que o autor considera ser o primeiro "preceito": "Sê um bom artesão. Evita quaisquer conjuntos rígidos de procedimentos. Sobretudo, procura desenvolver e utilizar a imaginação sociológica. Evita o fetichismo do método e da técnica. Estimula a reabilitação do artesão intelectual despretensioso e tenta tornar-te tu próprio um deles. Que cada pessoa seja o seu próprio metodólogo; que cada pessoa seja o seu próprio teórico; que a teoria e o método voltem a fazer parte do exercício de um ofício" (2000, p. 224). Menciono a seguir algumas das orientações metodológicas (ou preceitos) a que o investigador pós-abissal deve dar atenção. Muitas outras estão contidas no desenrolar dos próximos capítulos.

1. Tal como o artesão, o investigador pós-abissal é humilde; não vive obcecado pela originalidade ou pela autoria pois, conhecendo-com (não conhecendo-sobre), não aspira a ser superautor. Nunca falará sozinho do alto da montanha; trabalhará nas planícies e encostas do mundo, participando ativamente em conversas e práticas importantes (investigador de retaguarda). Mas, tal como o artesão, o respeito pelos materiais e pelas técnicas é o ponto de partida para exercer a sua curiosidade e a sua criatividade. Todd Gitlin escreve no seu posfácio a *The Sociological Imagination* [A imaginação sociológica]:

> o ofício, não a metodologia – a distinção era crucial. A metodologia era o *rigor mortis*, o rigor morto, o rigor fossilizado, rigor tornado arcano da prática estatística tão fetichizado que eclipsara os verdadeiros desafios da investigação [...] O ofício participava do rigor, mas o rigor não garantia o ofício. A maestria do ofício exigia não só conhecimento técnico e lógica, mas uma curiosidade geral, um leque de competências renascentista, uma compreensão da história e da cultura (2000, p. 232).

2. A apropriação pessoal e criativa das técnicas e dos métodos não significa anarquia metodológica.[181] Nem espontaneidade leviana, como testemunham as sólidas investigações sociológicas que Mills levou a cabo (1948; 1951; 1956). Significa tão só que o investigador tem um compromisso pessoal com o seu trabalho e com a sociedade em geral que não pode ser substituído pelo cumprimento de uma qualquer receita mecanicamente aplicada. No caso do investigador pós-abissal, esse compromisso é ainda mais denso, uma vez que resulta do duplo critério de confiança que a sua investigação tem de respeitar (os procedimentos que garantem a autonomia do conhecimento que produz e o contributo que pode dar para o fortalecimento de uma dada luta social contra a dominação).

3. A importância e o significado dos problemas não são determinados pelo lugar que ocupam nas disciplinas ou nas especializações do conhecimento acadêmico. São determinados pela artesania das práticas de que eles fazem ou farão parte. Diferentes temas de investigação suscitam diferentes exigências metodológicas, mas tais exigências devem ser definidas tendo em atenção o contexto da artesania das práticas em que a investigação poderá se integrar. Tais exigências não podem ser as que decorrem de uma qualquer especialização acadêmica. Os temas de investigação reportam-se a problemas importantes ou significativos do ponto de vista do contexto social, da época histórica, da artesania das práticas de que são feitas as lutas sociais. Segundo Mills, "trata-se dos *teus* estudos; fazem parte daquilo que és; não deixes que te sejam tirados por quem os tornaria impenetráveis com jargão esquisito e pretensões de *especialização*" (2000, p. 225).

4. O investigador pós-abissal confronta-se frequentemente com o problema de as metodologias existentes, mesmo quando usadas criativamente, não poderem dar respostas aos desafios da investigação. Por essa razão, as epistemologias do Sul encorajam a adoção de novas orientações metodológicas. Estas são particularmente necessárias quando se trata de analisar e amplificar simbolicamente

---

[181] Ver Feyerabend (1975).

as práticas emergentes que decorrem da substituição das monoculturas do pensamento abissal pelas ecologias do pensamento pós-abissal, ou seja, quando se procede à sociologia das emergências. A ecologia da transescala recomenda o uso de várias escalas de análise. Por exemplo, a luta contra a grilagem de terras dos camponeses moçambicanos, dos dalits indianos ou dos povos indígenas dos Andes deve ser analisada na sua escala local, na escala nacional dos seus respectivos países, e na escala global do capitalismo. A ecologia das temporalidades recomenda que o fenômeno que se manifesta aqui e agora como um *Jetztzeit* de Walter Benjamin (1968, p. 253-264) seja sujeito ao revisionismo (da história lida a contrapelo, como também aconselha Benjamin). O estudo pós-abissal das lutas que acabei de referir exige que o camponês e o economista do Banco Mundial sejam vistos como representantes de duas contemporaneidades rivais. Exige ainda que a temporalidade do colonialismo moderno seja integrada na análise. Mesmo que eu parta de premissas epistemológicas diferentes das de Mills convirjo ainda com ele, quando aconselha: "toma como período de tempo o curso da história humana e localiza nele as semanas, os anos, as épocas que analisas" (2000, p. 225). Por sua vez, a ecologia das produtividades exige que as lutas pela terra não sejam analisadas em função do que é mais ou menos produtivo, mas antes à luz das diferentes concepções de produtividade que se chocam nelas. Finalmente, a ecologia das diferenças obriga a desnaturalizar as diferenças e as hierarquias que as acompanham. Ainda no exemplo das lutas pela terra, os camponeses, povos indígenas e dalits são homens e mulheres, e a discriminação sexual no acesso à terra é muitas vezes omitida nas narrativas oficiais sobre eles e mesmo nas suas próprias narrativas.

5. Todas essas orientações podem ser condensadas numa só. Tendo em mente que as práticas sociais em que é produzido (ou para as quais é produzido) o conhecimento pós-abissal são concebidas pelas epistemologias do Sul como artesania das práticas (ver Capítulo 1), só uma produção artesanal de conhecimento permite que este sirva eficazmente aos objetivos para os quais é produzido.

Os de dentro e os de fora

A trajetória moderna da ideia de pertencimento ou identidade encontra-se marcada pela linha abissal. As sociedades e sociabilidades metropolitanas sempre se pensaram como pertencentes à humanidade, ao nível existencial, e à universalidade, ao nível teórico. Esses configuravam dois modos cruciais de pertencimento (ser-se humano e ser-se universal), mas evocavam uma diferença que era, paradoxalmente, indiferente. O que quer que fosse diferente deles era, necessariamente, uma monstruosidade. A questão do pertencimento, como expressão de diferença e de identidades desqualificadas ou desqualificadoras, foi deixada para os grupos sociais subalternos.[182] Como tenho argumentado, tal desqualificação não ocorria apenas aos níveis social e político; ocorria também aos níveis ontológico, epistemológico e metodológico. Ao nível metodológico que aqui trato, ao estudar grupos sociais subalternos – em especial os que são vítimas de exclusões abissais –, a ciência moderna sempre foi uma ciência produzida por alguém de fora sobre alguém de dentro (a velha distinção entre *outsiders* e *insiders*), sendo este último concebido como objeto de investigação, provável fornecedor de informação, mas nunca de conhecimento. No caso raro de alguém de dentro (um *insider*), alguém que pertence à comunidade, ascender à condição de cientista, o protocolo científico sempre exigiu que agisse como alguém de fora (um *outsider*), como se não pertencesse à comunidade.

Pertencer ou não pertencer à comunidade dos excluídos é uma questão diferente para a ciência pós-abissal. A comunidade decisiva de pertencimento ou identidade tem a ver com partilhar a luta contra a dominação. Saber de que lado se está é mais decisivo do que saber quem se é. Apenas nessa base é possível construir as alianças políticas e as ecologias de saberes exigidas pelas epistemologias do Sul. Isso não quer dizer que pertencer a uma comunidade não seja existencialmente importante. É claro que é, e por duas razões principais que efetivamente exemplificam a maior autorreflexividade que se exige ao investigador de dentro, que pertence à comunidade ou grupo. Por um lado, quem é de dentro possui

---

[182] Por essa razão, as reivindicações de diferença e de direito à diferença dos grupos subalternos assumiram necessariamente características contra-hegemônicas.

uma experiência da comunidade que vai muito além da sua presença nela enquanto cientista. Os conhecimentos artesanais que circulam por toda a comunidade são-lhe, no mínimo, tão bem conhecidos quanto o conhecimento científico que detém. Porém, a construção de ecologias de saberes capazes de fortalecer a resistência e a luta contra a dominação não lhe é necessariamente mais fácil. Na verdade, pode até ser mais difícil se a autonomia relativa do conhecimento científico (a sua dimensão crítica, por exemplo) for menos valorizada porque o cientista é alguém de dentro. Além disso, o cientista que pertence à comunidade tem, em geral, acesso a conhecimento privilegiado, o qual, dependendo da situação em causa, pode ser valorizado por aquilo que diz sobre a comunidade ou por aquilo que se pode dizer sobre ela sem o referir (por exemplo, por ser tabu).

Pertencer à comunidade é ainda mais importante por uma terceira razão: ao efetuar a sua investigação, o cientista que pertence à comunidade sabe que a multiplicidade de razões[183] que o ligam a essa mesma comunidade (para além de cientista, é também vizinho, membro de clubes, grupos, clãs ou igrejas, padrinho, professor, etc.) será afetada tanto pelos seus métodos de pesquisa e pelos seus resultados como pela utilização que for dada a esses resultados dentro ou fora da comunidade. No seu trabalho de referência sobre a investigação efetuada por pessoas de dentro, pertencentes à comunidade entre o povo maori da Nova Zelândia, Linda Tuhiwai Smith descreve a situação de forma eloquente:

> a principal diferença [entre um cientista que é de dentro e um cientista que é de fora] acontecendo com as suas famílias e comunidades. Por esse motivo, os investigadores que pertencem à comunidade precisam construir tipos específicos de sistemas de apoio e relações com a comunidade baseados na investigação. Têm de possuir a capacidade de definir objetivos de pesquisa claros e "linhas de relacionamento" que sejam específicas em termos do respectivo projeto e um tanto diferentes das das suas próprias redes familiares. Os investigadores pertencentes à comunidade têm também de definir quando o trabalho está concluído e de possuir as capacidades necessárias para dizer "não" e as capacidades necessárias para dizer "continua" (2012, p. 137).

---

[183] Conceito originalmente usado por Max Gluckman (1955).

A obra de Smith é extremamente relevante no sentido em que descreve com extraordinária lucidez a transição do povo maori de povo investigado para povo investigador.[184] Ao nível metodológico, essa transição implica o surgimento de metodologias híbridas que combinem metodologias próprias das comunidades com metodologias desenvolvidas pela ciência extrativista e que são agora usadas de modo contra-hegemônico. Como afirma a autora,

> as metodologias indígenas são frequentemente uma mistura de abordagens metodológicas já existentes e de práticas indígenas. Tal mistura reflete a formação de investigadores indígenas, que continua a ser feita no âmbito da academia, e os parâmetros e entendimentos de investigação de senso comum que regem a forma como comunidades e investigadores indígenas definem as suas atividades (1999, p. 143).

No campo da arqueologia, deve também referir-se o trabalho de Sonya Atalay, que defende uma arqueologia indígena realizada por arqueólogos indígenas. Segundo ela:

> Existe um número cada vez maior de pessoas indígenas com carreiras, de um modo ou de outro, no âmbito da arqueologia, e a influência desses líderes nativos, que muitas vezes se consideram ativistas indígenas que trabalham com vista a mudar a disciplina de arqueologia a partir de dentro, é agora capaz de ter um impacto profundo sobre o rumo dos métodos, teorias, práticas e éticas arqueológicos [...] Enquanto agentes de uma prática descolonizadora, os arqueólogos indígenas pretendem mudar a narrativa-mestra e procuram descentralizar a prática arqueológica convencional (*mainstream*) no sentido de devolverem aos povos indígenas o poder de estabelecer a agenda relativa ao seu próprio patrimônio, de fazer perguntas, de determinar onde se procede a escavações e de participar nas interpretações e na divulgação de conhecimento que refletem os seus próprios métodos tradicionais de gestão de recursos culturais [...] essa agenda

---

[184] Noutros continentes ou regiões do mundo, os acadêmicos indígenas dedicaram-se também à descolonização das metodologias com as quais a ciência abissal os convertia em objetos de investigação, e produziram metodologias indígenas. Um dos primeiros e brilhantes exemplos é o *Taller de Historia Oral Andina* de Silvia Rivera Cusicanqui e René Arze (1986, p. 83-99). Começa a estar disponível uma bibliografia vasta e muito rica. Como exemplos, relativamente ao caso do Canadá, ver Kovach (2009); quanto ao caso dos Estados Unidos, ver Wilson e Bird (2005).

de investigação poderá ainda incluir a identificação das relações de poder existentes na prática arqueológica convencional, trazendo para primeiro plano o desequilíbrio de poderes. A arqueologia indígena existe de fato e está atualmente crescendo porque os povos indígenas, marginalizados e vitimizados pelo desenvolvimento precoce e pela prática diária da antropologia, da arqueologia e de outras ciências sociais, estão encontrando formas de criar contradiscursos que confrontam o poder das interpretações do passado" (2006, p. 294).[185]

O lugar da resistência e da luta na experiência de vida das pessoas

Os grupos sociais subalternos do presente (ou do passado) vivem (ou viveram) vidas complexas, muito para além do que se pode chamar de resistência ou luta. No Capítulo 4, chamo a atenção para a necessidade de se conceber a luta social num sentido mais amplo, para que possa abarcar as ações e omissões de grupos subalternos que, quando olhados de forma superficial, parecem não integrar resistência ou luta contra a dominação. É claro que o investigador pós-abissal, que se rege pelas epistemologias do Sul, tem especial interesse em produzir e valorizar conhecimentos capazes de fortalecer a resistência contra a dominação. Deve, porém, contemplar duas outras situações. Primeiro, deve perceber que a vida social não é feita apenas de resistência e luta, incluindo também fruição e reflexão; que há momentos e contextos de sociabilidade ou de convívio social que são experienciados como se não houvesse qualquer dominação e, portanto, como se não fosse necessária qualquer resistência ou luta. Em segundo lugar, poderá deparar-se com situações nas quais, embora a dominação seja reconhecida enquanto tal, existe um consenso sobre a impossibilidade de resistência ou de luta e, logo, que há de se aceitar a desistência e a derrota. Ambas as situações exigem uma postura de humildade própria do intelectual de retaguarda.

No primeiro caso, a humildade implica reconhecer que os caminhos que levam à resistência e à luta são potencialmente infinitos e que o projeto de investigação em que se está envolvido apenas alcança

---

[185] Ver também, Atalay (2012).

uma pequena parte da situação global. Nos grupos subalternos, festas, carnaval, rituais, refeições fartas e prazer sexual são formas relativamente autônomas de apropriação do mundo. São representações do mundo como sendo seu e, por isso, representações de um mundo suscetível de mudança no sentido de se eliminarem as relações de dominação e as privações e sofrimento injusto que provocam. Usufruir de um tempo-espaço como se não existisse dominação parece uma atitude de fuga ou alienação, mas pode também testemunhar o fato de que quem é dominado nunca o é na totalidade; pode bem encontrar-se aí a semente de insurgência e rebelião. O investigador pós-abissal não tem alternativa senão sofrer o desassossego causado pelos limites da sua investigação. Sobretudo, não deve pensar que é desistência tudo aquilo que não é resistência.

No segundo caso (a resistência impossível, em que desistência e derrota são, ou parecem ser, aceitas), a desistência surge como inevitável, uma vez que, apesar de a dominação ser reconhecida, a capacidade ou a vontade de lutar contra ela não o é. Não é tarefa fácil viver essa situação com a postura própria de um intelectual de retaguarda. A distância crítica exercida pelo investigador pós-abissal não deve consistir na identificação e denúncia dessa desistência como falsa consciência ou alienação. O investigador de retaguarda não deve, sobretudo, imitar o intelectual de vanguarda sofisticado da modernidade ocidental que foi Jean-Jacques Rousseau. Em *Du contrat social*, Rousseau defendia que quem quer que se oponha à vontade geral que garante liberdade para todos deverá ser obrigado a ser livre. A distância crítica não pode ser exercida através de respostas a perguntas que o grupo social não reconhece como tal. Pode implicar fazer perguntas, mas nunca perguntas retóricas, cujas respostas são já presumidas. O investigador pós-abissal deve valorizar as realidades e as questões conhecidas como se se tratasse das únicas possíveis naquelas circunstâncias. Sem respeito pela desistência (os que desistem de lutar) não é possível a cumplicidade eficaz com a resistência (aqueles que continuam a lutar). A investigação pós-abissal adquire nesse caso uma importante dimensão pedagógica (que inclui a autoaprendizagem); a pedagogia da libertação, de Paulo Freire, oferece uma orientação preciosa sobre como proceder nesse domínio (ver Capítulo 11).

Desaprender/despensar

A trajetória pessoal do investigador pós-abissal, cujo perfil estou tentando traçar, condiciona o processo de investigação e os exercícios de autorreflexividade que ele deve efetuar. Dada a hegemonia das epistemologias do Norte e das ciências abissais a que servem de base, é muito provável que o investigador pós-abissal tenha feito a sua formação à luz das metodologias por elas desenvolvidas e adquirido o conjunto de atitudes que dele se esperam no seu trabalho e na sociedade (o *habitus*, de Bourdieu). Assim, o exercício de autorreflexividade anteriormente referido deve começar por incidir sobre a sua trajetória pessoal para que possa questionar muito do que aprendeu e, sobretudo, muito do que aprendeu sobre como aprender.

Desaprender não significa esquecer. Significa lembrar de um modo diferente. Significa retirar as metodologias e as atitudes previamente adquiridas do lugar onde se encontram facilmente à mão, dando uma sensação de segurança aos que as utilizam, e colocá-las num espaço mental onde podem ser sujeitas aos exercícios de desconforto que passo a referir. O primeiro consiste em analisar até que ponto a respectiva eficácia depende de três pressupostos, todos eles problemáticos: 1. A sociedade é um objeto de conhecimento e não um sujeito de conhecimento; 2. Por essa razão, o cientista enquanto cientista pode apenas ser questionado ou contestado por outros cientistas; 3. Metodologias e atitudes dão respostas a questões científicas; o fato de a sociedade não ser científica e poder estar interessada em obter respostas a perguntas diferentes daquelas que são colocadas pela ciência não é necessariamente um problema.

O segundo exercício de desconforto consiste em avaliar até que ponto as metodologias, uma vez fora do seu âmbito, perdem a respectiva monumentalidade e adquirem o tipo de humildade que permite ao cientista "ver" de forma intuitiva aquilo que essas metodologias não lhe permitem "ver" analiticamente. O cientista será então surpreendido por outras metodologias ou atitudes que poderão revelar outros tipos de conhecimentos e campos de análise. Ou seja, aprenderá a ser analítico de outro modo. Uma vez criado o espaço mental para outras abordagens e atitudes possíveis, o terceiro exercício de desconforto consiste em explorar essas novas possibilidades. Esse exercício é já influenciado pela perspectiva pós-abissal sobre a sociedade e a ciência e, como tal, deve ser orientado para a produção de conhecimento-com. Não pode, portanto, ser um exercício solipsístico do investigador; o próprio exercício deve ser um exercício-com, implicando nele os grupos sociais com os quais o cientista está investigando. E, finalmente, o quarto exercício de desconforto consiste em reavaliar o lugar que está "deslocado" ou "fora do lugar" nas metodologias e atitudes próprias da ciência abissal e em valorizar os contributos analíticos que podem dar, uma vez articuladas com orientações metodológicas pós-abissais e a elas sujeitas.

A intensidade desses exercícios depende da convivência anterior do investigador com as metodologias e atitudes das ciências sociais abissais. Há de se lembrar que a ciência pós-abissal é uma ciência a contracorrente; é, por enquanto, uma aspiração a um paradigma emergente. Gradualmente, a partir de uma identidade prévia de investigador abissal, a identidade de um investigador pós-abissal surgirá da prática de diferentes exercícios de autorreflexividade. Um dos exercícios iniciais consiste em levar em conta que a identidade de um investigador abissal é sempre precária: deve sempre lembrar que a autonomia relativa da ciência depende do critério duplo de confiança referido no Capítulo 2. Um segundo exercício visa neutralizar a tentação de *triunfalismo intelectual*. A tentação consiste em concluir-se de modo demasiado fácil que os riscos pessoais e profissionais para efetuar a investigação pós-abissal valeram a pena, como provam os resultados da pesquisa, e que o controle das orientações metodológicas é agora irreversível. Esta convicção animadora deve ser sujeita a um terceiro exercício, o exercício da dúvida e da inquietação. É seu objetivo neutralizar a tentação de *heroísmo político*. Esta tentação consiste em acreditar que, se as orientações metodológicas forem completamente respeitadas, o contributo para a resistência e fortalecimento das lutas contra a dominação se encontra garantido. Nada mais falacioso. A solidariedade e a cumplicidade com a luta são atos de vontade para o investigador pós-abissal, mas o seu contributo efetivo para o fortalecimento da luta pode apenas ser avaliado por quem trava o combate real. Avaliar-com pode ser tarefa árdua e cheia de surpresas. Trata-se de um dos contextos cruciais em que se define o que significa ser um intelectual de retaguarda.

Ser-se observado e estudado

O conhecimento pós-abissal é construído através de *mingas* epistêmicas, ou seja, através de trabalho coletivo (a cocriação de conhecimento) por um bem considerado comum (o fortalecimento da resistência e das lutas contra a dominação). Não é nunca tarefa fácil levar a sério a ideia de reciprocidade, cooperação, mutualidade e complementaridade sempre que aquilo que está em jogo não é o conhecimento nascido da luta, mas antes o conhecimento produzido para ser usado na luta. A tarefa é especialmente difícil quando os investigadores não pertencem à comunidade, sobretudo quando não conhecem os processos de aprendizagem/desaprendizagem propostos pelas epistemologias do Sul. O pressuposto é que a investigação é sempre autorizada pelo grupo em causa, até (ou, talvez, sobretudo) quando o grupo tem as suas reservas a propósito da pessoa "esquisita" que quer conhecer-com-o-grupo, por oposição ao tradicional conhecer-sobre-o-grupo.

Uma das maiores dificuldades é a observação mútua. O investigador pós-abissal deve ter sempre em consideração que a ciência progride conforme a confiança que inspira quanto aos objetivos da luta contra a dominação. A confiança no conhecimento nunca é avaliada sem que seja tida em conta a confiança depositada na pessoa do investigador. As características pessoais físicas, fenotípicas, psicológicas do investigador, bem como o seu estilo de vida, são a face visível da investigação. O investigador que foi treinado para pensar que essas características são irrelevantes para o tipo de trabalho que pretende levar a cabo rapidamente perceberá que são elas, e não o seu trabalho, o alvo da observação atenta dos elementos do grupo social, por mais genuína que seja a sua intenção de estudar-com eles e de fazer parte da luta. Em suma, a observação participante pós-abissal não é possível sem a observação participante observada.

Voltarei a esse tema no Capítulo 8, ao analisar a experiência profunda dos sentidos. Por agora insisto na necessidade de estabelecer (formal ou informalmente, dependendo do contexto e das culturas) acordos de convívio que sugiram que a observação é recíproca, que os benefícios são mútuos e que as expectativas quanto aos contributos para o fortalecimento da luta do grupo devem ser realistas. Sobretudo, a "devolução" deve ser agora bem mais intensa do que a que foi teorizada nos anos 1960 pela sociologia crítica,[186] consistindo em voltar às comunidades para discutir com o grupo os resultados da investigação aí efetuada. Num certo sentido, só o conhecimento-sobre (conhecimento sujeito-objeto) exige "devolução"; o conhecimento-com (conhecimento sujeito-sujeito) requer uma avaliação do grau de cumprimento do segundo critério de confiança, o critério referente aos objetivos das lutas concretas. Por mais difícil que seja imaginá-lo, no final, a validade da ciência pós-abissal pode apenas ser determinada *a posteriori*.

Correr riscos, tratar feridas, curar

Tenho defendido que, em certos contextos, o conhecer-com pode implicar riscos pessoais, profissionais ou patrimoniais para o investigador. Não me refiro a riscos relativamente previsíveis para os quais se podem ativar seguros. Refiro-me, sim, a riscos existenciais, imprevisíveis, para o investigador, sua respectiva família, instituição, etc. A ciência abissal raramente teve em conta o fato de a investigação muitas vezes acabar por colocar em risco os objetos que investiga. Contudo, quando o faz, normalmente considera que o contributo específico para o progresso da ciência deve prevalecer como interesse ou valor primordial, justificando assim esse risco. Do ponto de vista das epistemologias do Sul, o duplo critério da confiança, a que a ciência pós-abissal tem de ser sujeita, resolve, pelo menos em parte, os riscos que podem representar perigo para os grupos sociais oprimidos e as suas lutas contra a opressão. Estou pensando em riscos que ameaçam o investigador que quer conhecer-com.

Partilhar a construção de conhecimento pode implicar situações que a filosofia existencialista chamou de situações-limite, isto é, situações nas quais o sujeito enfrenta condições de risco quase dilemático; por outras palavras, optar por uma ou outra linha de ação pode de fato significar o mesmo tipo de risco. Ou, com base na teoria dos sistemas de Ilya Prigogine (1980; 1997), em situações de bifurcação, isto é, em sistemas que estão longe de um estado de equilíbrio, a menor oscilação

---

[186] No Capítulo 2, *ao espelho* (SANTOS, 2014b, p. 91–365), discuto as dificuldades e até as antinomias inerentes à "devolução".

pode originar uma alteração sistêmica importante. Tais ações ou situações podem ser de variados tipos, e seu respectivo nível de risco depende dos contextos em que ocorrem. Por exemplo, dar testemunho de algo só porque "se esteve lá"; participar numa ação de resistência e luta específica; negar informação a alguém que a ela tem direito e que a exige para castigar o grupo; salvar corpos feridos; enfrentar forças repressivas, e assim por diante. Algumas ações ou omissões podem até ser ilegais; podem, por exemplo, infringir os códigos deontológicos da ciência abissal (a questão da neutralidade). O investigador pós-abissal não se rege pelo aventureirismo irresponsável nem pelo voluntarismo. O aventureirismo consiste em correr riscos desnecessários e, provavelmente, contraprodutivos. O voluntarismo consiste em correr riscos sem consultar ou comunicar os grupos sociais diretamente envolvidos na luta e que irão sofrer as consequências de quaisquer erros que forem cometidos, mesmo se com a mais angélica das intenções.

No caso do investigador que pertence à comunidade, essas questões têm pouca relevância existencial. Porém, tal não acontece relativamente ao investigador que vem de fora. Não podemos esquecer que a confiança nos objetivos da luta contra a dominação não se distingue da confiança em quem conhece, isto é, no sujeito ou cossujeito desse conhecimento. Aquilo que está em causa nunca é o conhecimento; o que está em questão é o estatuto da pessoa que possui esse conhecimento e que o usa (ou recusa usar) em momentos ou condições de perigo. Além disso, em muitas situações, especialmente no início da investigação, o investigador que é exterior ao grupo não é considerado como pessoa individual, e sim como um ser coletivo, um ícone, um fantasma, um monstro, um representante "involuntário" da história da dominação capitalista, colonialista e patriarcal; por isso, relutantemente ou não, o investigador que não pertence à comunidade ou grupo é considerado como sendo cúmplice de muito sofrimento injusto e de muitas memórias dolorosas. Nesse caso, estamos perante os não-ditos que raramente afloram à superfície das relações, surgindo como uma espécie de desconforto, como silêncios pesados, como desconfiança disfarçada de curiosidade, como distância disfarçada de reverência.

A investigação pós-abissal do nosso tempo tem algo de justiça transicional, incluindo todas as contradições que lhe são características e que são bem conhecidas.[187] Justiça transicional significa o conjunto de instituições criadas em períodos pós-conflito para assegurar a transição pacífica de governos violentos caracterizados por atrocidades abomináveis e violações em massa de direitos humanos para governos legítimos que permitam uma vida cívica e política decente. A justiça transicional conheceu já muitas formas, mas é geralmente orientada pela ideia de reconciliação, o que, na maioria dos casos, exige esquecimento (ou memória seletiva) e perdão. As contradições dessa justiça residem no seu apelo a rupturas com o passado que podem acabar por ser continuidades; em destacar alguns abusos de poder e esconder outros, talvez até mais graves; em criticar alguns exercícios de poder e simultaneamente legitimar o poder que os exerce; em alterar o debate sobre o passado de tal forma que as causas das injustiças cometidas não são referidas e, portanto, não são eliminadas.

É claro que a investigação pós-abissal não é um exercício de justiça transicional. Contudo, tem em comum com ela a ideia de que entre o passado e o futuro existe uma linha abissal que deve ser definida por quem quer que tenha a "vontade histórica" de a denunciar e lhe pôr fim. Portanto, a autorreflexividade do investigador pós-abissal tem de incluir uma reflexão sobre se a linha abissal está sendo identificada de forma adequada para poder ser efetivamente denunciada e, uma vez denunciada, se há forças políticas e epistemológicas disponíveis para lhe pôr fim. É certo que o investigador pós-abissal não pode desempenhar individualmente aquilo que é uma tarefa coletiva de dimensões históricas. Deve, no entanto, agir como se, dentro do seu âmbito de conhecer-com-ação, tudo dependesse de si. Se não o fizer, pode acabar por cair em contradições semelhantes às da justiça transicional. Como frequentemente dei a entender, o caráter abissal é o "estado natural" da investigação em ciências sociais do nosso tempo; por isso, lutar pelo pós-abissal é sempre lutar contra a corrente.

Se, pelo contrário, a autorreflexividade for suficientemente profunda e agir em conformidade, a investigação pós-abissal pode adquirir

---

[187] Existe hoje em dia uma extensa bibliografia sobre a justiça transicional e as Comissões de Verdade e Reconciliação. Ver, por exemplo, Gready (2011) (África do Sul); Niezen (2013) (Canadá); Ferrara (2015) (Chile) e uma visão geral, de Roht-Arriaza e Mariezcurrena (2006).

uma dimensão curativa.[188] A cura que refiro é uma cura coletiva com repercussões em trajetórias individuais. A cura é o processo pelo qual os corpos feridos, tanto individuais como coletivos, se reconciliam com a vida e com o mundo sem se renderem à reconciliação com a injustiça e com o sofrimento injusto. No seu sentido mais amplo, a cura é uma ação que visa restaurar ou reforçar a esperança de um dado grupo que enfrenta os fatores estruturais geradores de injustiça sistêmica, indutora de medo, revolta, raiva ou resignação. Tais fatores, não sendo entidades abstratas, são as inscrições mais concretas dos poderes capitalista, colonial e patriarcal em corpos mercantilizados, racializados e sexualizados. As inscrições concretas dependem das articulações contextuais dos três modos de dominação modernos com os poderes-satélite que funcionam em conjunção com eles, seja a religião, o nacionalismo, a geração, o regionalismo, etc. A cura pode, portanto, assumir muitas e diferentes formas: o ressarcimento de atos ilícitos, o reconhecimento da opressão silenciada e do branqueamento da história, a restituição de direitos e a reposição da legalidade, o ajuste de contas históricas (entre os chamados heróis que foram, na verdade, vilões e aqueles conhecidos como vilões, mas que foram, na verdade, heróis), o reconhecimento da diferença cultural ou da integridade territorial, etc.

A investigação pós-abissal contribui para atenuar o sofrimento injusto e para curar, pondo em prática a sociologia das ausências e a sociologia das emergências. Os grupos sociais subalternos, especialmente aqueles que são vítimas de exclusões abissais, sofrem literalmente na pele a humilhação e o isolamento social. Uma vez que as causas mais profundas da humilhação e do isolamento raramente são transparentes, a prática do saber-com pode contribuir para resgatar a dignidade e a decência dos que vivem em condições indignas e indecentes através da desnaturalização e da denúncia da dominação e para restaurar a esperança por meio da identificação dos ainda-não, ou seja, pela prática da sociologia das emergências.

A dimensão terapêutica da investigação pode levantar duas questões: a primeira tem a ver com a relação entre cura e verdade. Segundo as epistemologias do Norte, a busca da verdade é o objetivo último do

---

[188] Tal como muitas outras dimensões da investigação pós–abissal, essa dimensão representa um flagelo para a ciência abissal moderna.

conhecimento, sendo a verdade entendida, em geral, como a representação da realidade. Na perspectiva das epistemologias do Sul, a verdade é uma questão de confiança e a confiança está diretamente ligada aos resultados obtidos na prática das vidas subalternas, especialmente nas práticas de resistência e luta contra a exclusão abissal. Curar coloca o problema de como se inscrevem as transformações coletivas a que aspira o conhecer-com, aqui e agora, nos corpos coletivos e individuais que sofrem e que resistem ao sofrimento injusto. A verdade consiste numa cura que não é um placebo.

A segunda questão é a da relação entre cura e mudança social. O pensamento crítico eurocêntrico moderno sempre imaginou a mudança orientada para o futuro, um futuro em ruptura total ou parcial com o passado, o que muitas vezes significou o sacrifício das gerações do presente em nome de um futuro melhor para as gerações vindouras. Em tempos recentes talvez o pacto intergeracional mais convincente tenha sido o Estado-providência criado pela social-democracia europeia na sequência da Segunda Guerra Mundial. A institucionalização desse pacto tornou transparente a estimativa do sacrifício, por um lado, e os seus benefícios, por outro. Dada a reciprocidade e a reversibilidade do sacrifício (sacrificar-se hoje para colher os benefícios amanhã), considerava-se justo sofrer em nome de um futuro melhor. Por causa da linha abissal, o sacrifício era considerado justo, apesar de se aplicar apenas a este lado da linha, isto é, às sociedades e sociabilidades metropolitanas. Na verdade, o caráter "justo" desse sacrifício pressupunha a invisibilidade de outro sacrifício extremamente violento imposto às populações do outro lado da linha abissal (sociedades e sociabilidades coloniais). A ideologia do colonialismo como portador de civilização mal disfarçava o fato de que os sacrifícios do outro lado da linha não eram impostos em troca de qualquer benefício futuro para as populações sacrificadas.

A ideologia do progresso tinha, portanto, duas faces: a face da relativa simetria entre sacrifício e benefício, e a face da incomensurabilidade entre sacrifício e benefício. A linha abissal impedia que essas duas faces se vissem uma à outra no espelho. Além disso, para lá do sacrifício-benefício da social-democracia e do sacrifício-sem-compensação do colonialismo, a ideologia do progresso tinha uma terceira face, a do sacrifício com compensação a longo prazo, ou seja, a face revolucionária. Nesse caso, o sacrifício exigido era, não raro, severo e violento, tendo atingido um ápice com Stalin; perdia-se qualquer hipótese realista de reciprocidade ou reversibilidade do sacrifício. Quanto maior a discrepância imaginada entre as experiências presentes (miséria e opressão) e as expectativas de futuro (abundância e libertação), maior o sacrifício exigido e mais reduzida a relação realista com benefícios futuros. Autoritarismo e vanguardismo foram as respostas à falta de transparência relativamente ao sacrifício.

As epistemologias do Sul rejeitam a ideia abstrata de progresso, concentrando-se, ao contrário, em escutar profundamente as experiências de vida de grupos sociais que são vítimas das exclusões e do sofrimento injusto causado pelo capitalismo, pelo colonialismo e pelo patriarcado; privilegiam conhecimentos produzidos e utilizados por esses grupos e pelos seus aliados na resistência e nas lutas contra práticas concretas de dominação e opressão. As mudanças por que anseiam nada têm a ver com qualquer das três faces do progresso eurocêntrico, apesar de poderem manter ainda traços de cada uma delas. Essas mudanças ocorrem num tempo de impaciência histórica, no qual os deserdados da terra estão já cansados de esperar por futuros gloriosos que nunca chegam e de acreditar em promessas que se revelam vãs, ou até, de fato, se concretizam no contrário do que tinha sido prometido. As mudanças têm de ocorrer aqui e agora e devem ser capazes de originar alterações concretas nas experiências existenciais dos grupos sociais que são vítimas de sofrimento injusto. Tais mudanças são resultado de transformações das relações de poder desiguais que minimizam ou eliminam o sofrimento injusto e devolvem dignidade aos grupos sociais humilhados e excluídos, valorizando os conhecimentos que lhes permitirão representar o mundo como seu e mudá-lo como se fosse a sua casa. Essas mudanças não ocorrem por meio de imperativos éticos ou de obrigações morais; ocorrem, sim, devido a alterações nas relações de poder que transformam os referidos imperativos e obrigações em práticas de bem viver – ou *buen vivir* (ver Capítulo 10).

Uma *minga* epistêmica

Como explico no Capítulo 6 e refiro no início deste, o termo "*minga*", de origem quéchua, refere-se a um projeto de trabalho comunitário, coletivo e voluntário de utilidade pública. Uma *minga* epistêmica é o trabalho comunitário ou coletivo que visa criar ou preservar conhecimentos comuns ou de interesse comum. Tenho defendido que, enquanto todas as práticas sociais produzem conhecimento, a questão da metodologia aplica-se apenas a uma ínfima parte dessas práticas, àquelas cujo objetivo específico é criar conhecimento enquanto objeto social relativamente autônomo (a ciência pós-abissal). As seções anteriores citam frequentemente um investigador individual. Na medida em que o objetivo é conhecer-com e não conhecer-sobre, todo o trabalho de investigação orientado pelas epistemologias do Sul é, na sua essência, coletivo. Contudo, existem metodologias de investigação que são coletivas num sentido mais forte do termo, ou seja, situações nas quais todo o processo de criação de conhecimento é, desde o início, coletivo. Esses coletivos de investigação podem ser compostos apenas por investigadores "de dentro", ou seja, por membros da própria comunidade que se estudam a si próprios, ou, em alternativa, através de colaboração entre investigadores que pertencem à comunidade e investigadores que não pertencem à comunidade. Esses tipos de colaboração levantam problemas metodológicos e epistemológicos específicos.

Os processos em questão (*mingas*) têm uma vocação seguramente descolonizadora na medida em que têm sido usados principalmente pelos grupos, povos e nações que a modernidade ocidental colocou do outro lado da linha abissal, isto é, em sociedades e sociabilidades coloniais que os sujeitaram às mais violentas formas de exclusão. Constituem uma das mais convincentes manifestações da justiça cognitiva que serve de base às epistemologias do Sul. São as mais eloquentes práticas de sociologia das ausências e de sociologia das emergências. As *mingas* epistêmicas são muito variadas e têm uma grande complexidade epistemológica. Criam, em simultâneo, autoria individual e coletiva; combinam diferentes tipos de conhecimentos artesanais, científicos e híbridos, constituindo, assim, também um bom exemplo de ecologias de saberes; recorrem a suporte multimídia para reunir textos escritos, registros de áudio e vídeo, arte, música e teatro; algumas são revivalistas (o passado que ratifica o presente) enquanto outras são insurgentes (o passado que denuncia o presente e anuncia a possibilidade de um futuro diferente e melhor). Uma tal diversidade permite que a sociologia das emergências assuma tanto a forma de arquivo como a forma de intervenções sobre os cânones literário e artístico, ou mesmo de interrupções destes.

Como exemplo, cito uma *minga* epistêmica insurgente com a qual colaborei em Chiapas, no sul do México, e que reúne autorias indígenas e mestiças, sendo coordenada por Xochitl Leyva Solano, Camila Pascal e Axel Köhler.[189] Nas palavras de Xochitl:

> Esta obra colegiada, composta por três volumes, não está desvinculada do momento histórico em que vivemos, pelo contrário, é fruto dele, das nossas pesquisas como estudiosos(as) e como seres humanos habitantes do planeta Terra. É importante assinalar que quando cada um(a) dos co-autores(as) nos perguntamos sobre o eixo que nos convocou produção de conhecimento, vindo de onde, de quem, para que, para quem, com quem, quando e como?, fizêmo-lo desde uma posição crítica e reflexiva que incluiu agir e não apenas pensar sobre as situações particulares que enfrentamos, nós próprios (as) e os sujeitos-atores(as) com que trabalhamos, nestes tempos de globalização neoliberal (Solano *et al.*, 2014, p. 23).

---

[189] Outro dos projetos, já referido na nota 184, é o *Taller de Historia Oral Andina*, criado em 1983 por Silvia Rivera Cusicanqui com intelectuais indígenas e que tem por objetivo valorizar a identidade e os saberes orais dos movimentos populares Aymara. Também já mencionei a investigação levada a cabo por investigadores indígenas na Nova Zelândia, relatada por Linda Smith. Na América do Norte, ver, entre muitos outros, "*Writing of Indigenous New England*" [A escrita da Nova Inglaterra indígena] (disponível em: <indigenousnewengland.com>. Acesso em: 23 jan. 2019), um projeto coordenado por Siobhan Senier e alguns líderes indígenas. Ver também Senier (2014a), organizado por onze coordenadores tribais, e Senier (2014b).

CAPÍTULO 8

A experiência profunda dos sentidos

O conhecimento não é possível sem experiência, e a experiência é inconcebível sem os sentidos e os sentimentos que acordam em nós. É através da experiência que nos abrimos ao mundo, uma "abertura" que é concedida apenas pelos sentidos. Se os sentidos são essenciais para se conhecer, é difícil perceber por que razões as epistemologias do Norte lhes deram tão pouca atenção.

Levar a sério a ideia de que o conhecimento é corporizado requer ter consciência de que conhecer é uma atividade corpórea que implica os cinco sentidos, ou mesmo até um sexto, resultante das muitas combinações possíveis entre eles. Nas epistemologias do Norte, está fora de questão valorizar os sentidos como fonte de conhecimento.[190] Só a mente conhece, apenas a razão é transparente relativamente ao que é conhecido; portanto, apenas a razão é confiável. Como refere Merleau-Ponty, "o cartesianismo nega dignidade filosófica aos sentidos: não são os

---

[190] A bibliografia sobre a fisiologia dos sentidos é imensa, sendo, no entanto, relativamente escassa no que se refere à história cultural dos sentidos, e mais escassa ainda quanto à história intercultural dos sentidos. Apesar disso, ver, entre outros, Ackerman (1995); Di Bello e Koureas (2010); Taussig (1993). A quantidade de estudos ocidentais sobre a fisiologia dos sentidos é reveladora em vários níveis. Por um lado, mostra a hegemonia da cultura científica que projeta nos sentidos as perspectivas que lhe são mais familiares. Por outro, revela a aversão da cultura ocidental cristianizada aos sentidos como incentivadores do pecado (mesmo os pecados por pensamentos implicam o exercício dos sentidos). Além disso, a transparência da mente é considerada superior à opacidade do corpo, contra a qual a filosofia trabalha sem cessar.

olhos que veem, e sim a mente" (1978, p. 115).[191] Contudo, a verdade é que sem os sentidos não existem sensações, sem sensações não existem emoções, sem emoções não há percepções e sem percepções não haveria mundo tal como ele se nos apresenta e nós nos apresentamos a ele. Sem os sentidos seria impossível aquecer a razão, como recomendam as epistemologias do Sul (ver Capítulo 5), gerando assim o sentir-pensar, o *corazonar* que torna possível a transformação do mundo num mundo concebido como uma responsabilidade pessoal.

A ciência moderna concebeu os sentidos como mal necessário, veículos que, apesar de traiçoeiros, são indispensáveis, devendo ser selecionados ou desmascarados pela razão.[192] O mundo é pensado e possuído pelo intelecto porque só o intelecto apresenta provas convincentes da existência do mundo. A ciência moderna nunca tratou os sentidos de forma igual; sempre privilegiou a visão e a audição, treinando-as para o exercício do extrativismo cognitivo e tornando-as, respectivamente, visão abissal e audição abissal. Porque o extrativismo é sempre orientado por aquilo que visa extrair, o olhar abissal foi treinado para ver apenas aquilo que quer ver, da mesma forma que o ouvido abissal foi treinado para ouvir apenas aquilo que quer ouvir. O que não pode ser visto ou ouvido não é considerado relevante. A experiência dos sentidos abissais é, assim, parcial e superficial, parcialidade e superficialidade essas que foram fundamentais para produzir (e para tornar invisível) a linha abissal presente na origem da ciência moderna. Nesse sentido, poderemos dizer que o pensamento abissal também compreende ver e ouvir, porém com olhos e ouvidos capitalistas, colonialistas e patriarcais.

Na tradição filosófica ocidental, os corpos abrem-se ao mundo por via dos sentidos. Mas essa afirmação abstrata, por relevante que seja no âmbito filosófico, é vazia ao nível sociológico na medida em que os processos sociais e as relações de poder que condicionam a abertura de

---

[191] Ver também Merleau-Ponty (1962).

[192] No paradigma cultural ocidental, a experiência profunda dos sentidos foi reservada ao domínio da racionalidade estético-expressiva, isto é, da experiência artística em geral. A reflexão sobre esse tipo de experiência cabe à estética, à filosofia da arte e à fenomenologia da percepção. Citei já Merleau-Ponty, mas ver também Chrétien (2003), que, na minha opinião, inclui uma das reflexões mais sutis sobre a obra de arte. Igualmente relevante nesse contexto é a teoria estética de Adorno (1997).

um corpo ao mundo não são tidos em conta. Abrir-se ao mundo pode ser uma experiência mais ou menos ampla e diversa. Eis alguns parâmetros de variação dessa experiência: a abertura pode ser voluntária ou imposta; pode permitir o controle do mundo exterior ou o contrário; o mundo ao qual os corpos se abrem pode ser um dado ou uma projeção; pode ser conhecido e acolhedor ou estranho e hostil; alguns corpos estão abertos ao mundo apenas porque outros corpos estão fechados para o mundo; a abertura globalizada ao mundo de alguns corpos pode ser condição da imposição da abertura localizada ao mundo de outros corpos. De fato, a abertura globalizada ao mundo dos corpos do humanismo renascentista europeu implicava a abertura (ou mesmo o fechamento) ao mundo de corpos considerados não-humanos ou sub-humanos que habitavam o outro lado da linha. E assim, a linha abissal criou dois mundos aos quais corpos diferentes se abriam de formas radicalmente diferentes: o mundo sensorial das sociedades e sociabilidades metropolitanas e o mundo sensorial das sociedades e sociabilidades coloniais. A linha abissal criou experiências dos sentidos tão assimétricas que se tornaram incomensuráveis. Durante toda a modernidade ocidental desenvolveu-se uma economia política dos sentidos e da sensorialidade nos termos da qual se estabeleceram hierarquias dos sentidos e das pessoas segundo a orientação ou a acuidade dos diferentes sentidos. O século XIX colocou a visão e a audição no topo da hierarquia porque esses dois sentidos se associavam com a cognição, enquanto o paladar, o olfato e o tato eram considerados sentidos menores, especialmente desenvolvidos nas raças inferiores.[193]

A experiência pós-abissal dos sentidos é, sobretudo, uma experiência de reciprocidade: ver e ser visto, ouvir e ser ouvido, e assim por diante.[194] Trata-se frequentemente de uma reciprocidade assimétrica.

---

[193] Darwin pensava ser o sentido do olfato o mais desenvolvido nos "selvagens". Ver Classen (2014, p. 19).

[194] De fato, reciprocidade poderá ser um termo incorreto, na medida em que pressupõe dois seres ou entidades distintos e previamente constituídos. Na verdade, ver muda tanto o que vê como o que é visto. Durante esse processo, ocorre uma dupla penetração que subverte a distinção entre interior e exterior, criando como que uma mistura: uma terceira entidade (MERLEAU-PONTY, 1978, p. 284). "Existe um corpo humano quando, entre o que vê e o visto, entre o que toca e o tocado, entre um olho e o outro, entre mão e mão ocorre uma espécie de fusão – quando a faísca

O investigador pós-abissal deve começar estando consciente tanto da reciprocidade quanto da respectiva assimetria e avançar na perspectiva de maximizar a simetria ou minimizar a assimetria. A forma como isso se faz varia segundo os diferentes sentidos. No entanto, em geral, a dificuldade da distinção entre "sentir" e "ser-se sentido" é a primeira experiência concreta da natureza problemática da dualidade sujeito/ objeto. O mundo não é um espelho; produz significados sensoriais que se projetam no investigador, "sentindo-o" de modos que ele mal poderá suspeitar. Não existe qualquer sistema uniforme de equivalência dos sentidos que se entrecruzam. Por exemplo, o que o investigador vê num grupo específico não coincide forçosamente com aquilo que o grupo vê no investigador que o vê. Na verdade, a reciprocidade pode ocorrer entre diferentes sentidos sem que quem está envolvido perceba isso. Um determinado sentido do investigador pode ser correspondido por um outro sentido por parte dos elementos do grupo com os quais interage. O investigador pode ter como objetivo ouvir o grupo, enquanto o objetivo do grupo pode ser o de o ver. Pode estar saboreando a comida que lhe foi oferecida, enquanto a pessoa que a ofereceu pode estar concentrada em vê-lo comer. Essa reciprocidade implica dois sentidos diferentes: entre a audição e a visão ou entre o paladar e a visão. A intensidade dos dois sentidos que se entrecruzam pode ser igualmente alta. Os dois sentidos podem fluir sem problemas ou podem colidir e afetar-se mutuamente. Muitas vezes, as interações dos sentidos encontram obstáculos e esses obstáculos são sempre outros sentidos, ou interpretações diferentes dos contextos em que os sentidos se expressam.

Esse cruzamento múltiplo dos sentidos é um dos temas mais complexos no âmbito das interações sociais. O mesmo objeto ou prática pode ser socialmente construído para ser visto e, apesar disso, a um nível mais profundo, pode destinar-se também a ser ouvido, tocado, cheirado ou saboreado. Nesses casos, para se entender mais profundamente esse objeto ou prática é necessária a confluência de vários sentidos. Esse tipo de profundidade sensorial baseada na intersensorialidade não é

---

se acende entre o senciente e o sensível, acendendo o fogo que não deixará de arder até que um acidente do corpo desfaça o que nenhum acidente teria bastado para fazer" (MERLEAU-PONTY, 1964a, p.163-164).

compatível com a racionalidade instrumental da modernidade ocidental, uma vez que põe em causa a linearidade, a unidirecionalidade e a unidimensionalidade da percepção extrativista. Como sugeri anteriormente, a reflexão sobre o papel da intersensorialidade na compreensão profunda foi deixada à filosofia da arte. Chrétien escreve: "Afirmar que a pintura é silenciosa é dizer que não só a vemos, mas também que a ouvimos" (2003, p. 19). Com as suas violas e bandolins, as pinturas de Braque e de Picasso são música silenciosa; tal como as naturezas mortas de Van Gogh ou de Gauguin são para serem vistas, tocadas e saboreadas; como as cores e as paisagens de Beethoven são para serem vistas e cheiradas. As epistemologias do Sul valorizam a experiência estética intersensorial na medida em que esta possui afinidades eletivas com os processos não-extrativistas de interação cognitiva que subjazem ao saber-com, às ecologias de saberes e à tradução intercultural.

As dificuldades da definição de reciprocidades e equivalências resultam da economia política capitalista, colonialista e patriarcal dos sentidos e da sua inscrição específica nos corpos. Tal inscrição produziu corpos diferentes e corpos desiguais. Os corpos são diferentes devido às diferenças culturais que os constituem e por causa dos diferentes contextos em que são acionados; os corpos são desiguais devido às diferenças de poder na sua abertura ao mundo. Os corpos são desiguais porque sentem e são sentidos de modos que reproduzem as desigualdades sociais que "fixam" os espaços-tempos nos quais as oportunidades de sentir e ser sentido estão distribuídas de forma desigual. A "abertura ao mundo" será um mero conceito filosófico abstrato se não se tiver em conta que os corpos não se abrem todos ao mundo com a mesma capacidade de o representar como próprio e de o mudar de acordo com os seus próprios interesses e aspirações. A grande maioria dos corpos do mundo não podem se abrir senão a um mundo muito reduzido de vizinhos; são, no entanto, forçados a estar "abertos", isto é, expostos perante um mundo infinitamente mais vasto e para fins que não controlam, como a guerra. Nesses casos, "estar aberto ao mundo" significa estar exposto perante um mundo-panóptico, um mundo que tudo observa sem que ele próprio seja observado. Os corpos subalternos têm sentidos subalternos e são sentidos dessa forma. Sentir de uma forma subalterna significa ser-se obrigado a transcrever o que se sente na linguagem e nos termos do opressor. Equivale a transcrever o que é ativo de um modo passivo. Ser *vítima* significa assumir essa transcrição como sendo a única e a verdadeira. Ser *resistente* significa questionar essa transcrição, confrontando-a com a própria de um modo ativo.

No que se refere aos sentidos, ser investigador pós-abissal implica dois compromissos. Primeiro, o investigador deve considerar que poderá estar perante corpos desiguais e que, se não for controlada, a desigualdade dos sentidos pode boicotar a sua investigação e o seu papel na luta. Segundo, a investigação deve ser convertida numa pedagogia para a libertação dos sentidos; as transcrições que produzem passividade têm de ser questionadas a fim de criar espaço para transcrições alternativas. Esse duplo compromisso permite ao investigador pós-abissal contribuir para transformar corpos-vítimas em corpos-resistentes, sem que nesse processo se tornem corpos-vítimas do investigador.

Corpos diferentes resultam da diferença cultural inscrita nos sentidos. Essa diferença cultural é quase sempre destacada pelos diferentes contextos sociais nos quais os sentidos são especialmente ativados; trata-se de contextos em que se vê, ouve, saboreia, cheira e toca; são contextos que combinam sempre outros sentidos para além do sentido que é privilegiado em cada caso. A ideia de que corpos e sentidos são interculturais é a mais complexa de todas porque a diversidade não se limita a corpos e sentidos humanos; tem a ver também com corpos vivos não-humanos. Tem a ver com as relações, igualmente interculturais, que os humanos têm com não-humanos. Se o sistema de equivalência entre sensações e percepções é complexo nas relações entre humanos, o é muito mais ainda no que se refere à relação dos humanos com não-humanos, nomeadamente, com a natureza.

A diversidade intercultural dos sentidos foi há muito reconhecida pelas ciências sociais modernas, mas esse reconhecimento tem se regido pelo modelo extrativista. Em consequência disso, a distância cultural entre investigador e investigado reforçou a separação entre sujeito e objeto, bem como a linha abissal entre sociedades/sociabilidades metropolitanas e sociedades/sociabilidades coloniais. O aparentemente nobre reconhecimento da diferença contribuiu para sublinhar a distância entre "nós" e os "outros" e, assim, justificar a impossibilidade de solidariedade e cooperação com os "outros" nas suas lutas contra a dominação.

O investigador pós-abissal corre sempre o risco de estar ele próprio fora do contexto e, por esse motivo, de interpretar erradamente certos modos de sentir apenas porque não entendeu o contexto em que foram mobilizados. É um erro comum esquecer que ser-com (partilhar a vida e a luta) é muitíssimo mais complexo do que conhecer-com. A investigação, mesmo a investigação pós-abissal, cria o seu próprio contexto, que é limitado e que pode de fato interferir negativamente noutros contextos – a vida, a sociabilidade, a luta – em que ocorre. Os contextos não são armazéns de sentidos e de sensações prontos a serem usados. Alteram a identidade dos que sentem e dos que são sentidos. Os corpos sentem e são sentidos em contextos. Alguns contextos são mais complexos do que outros. Existem dois que são especialmente complexos: o contexto do sagrado e o contexto das relações entre humanos e não-humanos. O contexto do sagrado ou do transcendente é aquele a que é mais difícil o investigador aceder no caso de não pertencer à comunidade. No entanto, se o investigador cauteloso e inseguro evitar lidar com esse contexto, pode bem correr o risco de "ver" todos os outros contextos de modo errado. Como referi, o contexto das relações entre humanos e não-humanos levanta, também ele, questões complexas. O caminho fácil da antropomorfização do não-humano é um dos mais traiçoeiros; trata-se de uma armadilha na qual o investigador pós-abissal com uma herança cultural ocidental frequentemente se deixa apanhar.[195]

A experiência profunda dos sentidos do próprio investigador e das pessoas com quem interage é muito complexa, revelando constantemente rupturas no sistema de equivalências. Imaginar transparências abstratas é uma doença moderna. Viver com o erro, o incomensurável e o ininteligível não é viver como um ser limitado, é viver como um ser humano.[196] Identificar e interagir em situações em que existem rupturas no sistema de equivalências e nos mal-entendidos a que dão origem é um dos maiores objetivos das ecologias de saberes e da tradução intercultural, o único modo de promover alianças entre grupos sociais subalternos em luta contra a dominação e também entre o investigador pós-abissal e o grupo com quem estuda. Partilhar lutas e riscos não dispensa a

---

[195] Sobre esse assunto, ver o importante trabalho de Viveiros de Castro (2014), e também de Danowski e Viveiros de Castro (2017).

[196] Ou como aquele a que o poeta John Keats chamou "*a Man of Achievement*" [um homem de sucesso], isto é, "[…] um homem […] capaz de permanecer em incertezas, mistérios, dúvidas, sem nenhuma busca impaciente de fato e razão" (1958, p. 193-194).

intervenção do *corazonar*. "Estar lá" no momento de perigo e assumir riscos permite um encontro testemunhal dos sentidos, isto é, uma equivalência criadora de um mandato que se impõe como necessário.

A diversidade e a desigualdade dos corpos e dos seus sentidos são responsáveis pela maior parte das dificuldades de organização de lutas eficazes contra a dominação. Ao nível dos sentidos, a estranheza que uma forma completamente distinta de experienciar a visão, a audição, o olfato, o paladar ou o tato por parte de um "outro" pode causar num de "nós" é a mesma, quer o "outro" seja um opressor, quer seja um grupo oprimido. A diversidade da experiência sensorial pode, assim, obliterar a desigualdade de poder dos sentidos. A experiência diferencial dos sentidos pode facilmente fazer com que um grupo dominado "veja" num outro grupo dominado um grupo dominador, e vice-versa. A possível convergência de interesses é neutralizada pela diferença de experiência sensorial. Os grupos sociais dominantes sabem disso e, por esse motivo, promovem a diversidade sempre que ela contribui para esconder a iniquidade e dificultar ou impedir alianças entre grupos sociais que lutam contra a dominação. Os opressores sabem muito bem que o seu fim estaria muito próximo se essas alianças viessem a realizar-se. Isso explica a razão pela qual as epistemologias do Sul ou são concretizadas em corpos e sentidos ou nunca serão concretizadas na sociedade e na transformação social.

A seguir, abordo algumas das características da experiência profunda dos sentidos relativamente a cada um deles. É evidente que, como qualquer outra experiência, a experiência de investigação é uma ação social totalizadora, implicando, por isso, todos os sentidos. As observações que se seguem devem entender-se como uma reflexão sobre as diferentes dimensões dessa ação totalizadora. Aquilo que é válido para um dos sentidos é muitas vezes válido, com algumas adaptações, para outros. Por esse motivo, nas seções que se seguem, aquilo que se pode deduzir diretamente do primeiro sentido abordado, a visão, não será repetido relativamente aos outros sentidos.

A visão profunda

Pelo que foi dito, deverá ter ficado claro que a visão é um dos sentidos que mais necessita de ser descolonizado. O paradigma moderno da visão – ver tudo sem se ser visto – foi originalmente formulado por Descartes e depois transformado em filosofia política por Jeremy Bentham: o panóptico que Foucault tornou famoso.[197]

A concepção anticartesiana dos sentidos de Merleau-Ponty é até agora a mais coerente a ser proposta por um intelectual ocidental, tratando-se de uma concepção baseada na reciprocidade da visão, em ver e ser-se visto, na continuidade entre quem vê e aquilo que é visto. Nas palavras de Merleau-Ponty, "o mundo visível e o mundo dos meus projetos motores são ambos partes totais do mesmo Ser [...] Imerso no visível pelo corpo, ele mesmo visível, aquele que vê não se apropria do que vê; apenas o aborda pelo olhar, abre-se ao mundo [...] O enigma é que o meu corpo vê e é visto em simultâneo" (1964b, p. 162).

Essa concepção parece próxima da de visão profunda ou de ver profundamente proposta pelas epistemologias do Sul. No entanto, o problema da posição de Merleau-Ponty é que, em plena consonância com as convenções ocidentais, a teoria é formulada em termos que expressam uma característica humana universal que funciona de forma monotônica, independentemente de contextos, culturas do corpo e relações de poder entre corpos. Pelo contrário, o investigador pós-abissal deve aprender a ver profundamente, mas sempre tendo em conta o fato de que lida com corpos desiguais e desigualmente diferenciados, e que essas desigualdades e diferenças definem as formas como os corpos são vistos e também como veem o investigador, e ainda as formas como se veem a si próprios entre si.

A visão profunda não se refere apenas ao ver; poderíamos chamar-lhe um "encontro" do ver e do ser visto. Utilizo nesse contexto o termo "profundidade" por analogia com o conceito de profundidade das ciências óticas, apesar de lhe dar um sentido diferente. Na ótica, a profundidade refere-se à possibilidade de criar uma percepção visual tridimensional por meio de mecanismos tais como perspectiva, dimensão, escala, gradientes de textura e sobreposição parcial dos objetos (oclusão). Tal como uso aqui o conceito, "visão profunda" ou "ver profundamente" tem mais afinidades com a percepção visual criada pelos artistas, especialmente pintores, uma perspectiva de profundidade construída de forma

---

[197] Foucault elabora a sua filosofia política baseada no *Panopticon* em *Discipline and Punish* (1995).

criativa[198] com o objetivo de maximizar a proximidade ou a distância, a ambiguidade ou a precisão, o movimento ou a estase, conforme o que o pintor pretende que o objeto pintado nos comunique e o tipo de emoção que se espera que suscite em nós. Ao contemplar a pintura, a visão inicia uma viagem que tem apenas um ponto de partida. As emoções e a imaginação que desperta apenas em parte dependem de quem vê. Além disso, tais emoções e imaginação duplicam-se com um olhar interior que contempla e questiona quem vê. Na arte, como na religião, não existe a possibilidade de ver sem se ser visto. O ego tem de desdobrar-se em dois sob pena de não conseguir apreciar a arte como arte (por exemplo, não vendo no quadro nada mais senão a moldura, a tela ou o tipo ou tom da tinta).

Essa referência à visão na arte é pertinente porque o investigador pós-abissal vê profundamente quando "vê" que aquilo que está ao seu alcance é uma entidade social que "quer" ser vista nos seus próprios termos, sob pena de apenas ser permitida uma visão trivial e superficial. Ver nos termos do outro, sendo o "outro" concebido como uma entidade que não depende de quem vê, implica exigir que quem vê se familiarize com ângulos e perspectivas inesperados, muitas vezes incômodos, que se abra a emoções imprevisíveis suscetíveis de colocar em risco rotinas e certezas. O "outro" que é visto pelo investigador pós-abissal é como um pintor que retrata uma sociedade situada fora do âmbito da sua prática, das suas ideias e aspirações, dos seus textos orais e escritos, do seu conhecimento e ignorância, dos seus prazeres e sofrimentos, da sua resistência e desistência. Qualquer observação é sempre completada por aquilo que é observado ou por quem quer que seja observado.

A visão profunda efetua-se de diferentes modos. O primeiro tem a ver com o *visível* e o *invisível*.[199] Em situações de exclusão,

---

[198] Ângulos múltiplos, tal como no cubismo, perspectivas curiosas, como na pintura flamenga/holandesa. Ver Santos, (2014a, p. 161-162).

[199] Não abordo aqui as discussões filosóficas de Merleau-Ponty sobre as dimensões da invisibilidade contidas no visível, e vice-versa. No entanto, Merleau-Ponty (1964b) ajuda-nos de fato a perceber a relatividade e a complementaridade do visível e do invisível. Apenas em relação ao visível é que algo é considerado invisível, e vice-versa.

resistência e luta, muitas vezes o visível é bem menos importante do que o invisível.[200] O que é invisível pode ter sido escondido do investigador, ou pode ser invisível para todos ou para a grande maioria das pessoas. O investigador moderno foi treinado para prestar especial atenção ao invisível. A ciência moderna baseia-se no pressuposto de que o invisível é mais importante do que o visível e que, por tal razão, a missão da ciência é descobrir e revelar, no sentido de pôr a descoberto. Paradoxalmente, esse pressuposto baseia-se num metapressuposto que contradiz o primeiro. Ou seja, trata-se da linha abissal que separa a sociabilidade metropolitana da colonial e que a ciência moderna simultaneamente produz e torna invisível. A ciência abissal moderna está interessada no invisível que se possa tornar visível através do trabalho científico e não no invisível que ela própria gera.

O investigador pós-abissal deve ser capaz de diferenciar várias situações. Quando o grupo sabe distinguir entre aquilo que está escondido e aquilo que é, "por natureza", invisível, o investigador pós-abissal deve respeitar totalmente as suas decisões. Nesse caso, ver profundamente significa cultivar a capacidade de ver a presença ou a ausência do invisível no visível. Deve perceber que as pessoas ou as interações que observa lhe indicam que ele não vê nada, o que significa que olham para ele como se fosse uma pessoa idiota ou ignorante que toma a parte pelo todo. Os olhos empenhados na luta são olhos desconfiados devido às muitas experiências traiçoeiras que se acumulam em toda a história. Nesse caso específico, partilhar a luta tem de ser um ato de humildade; o investigador não pode esperar ser capaz de ver o invisível ou o oculto até ter gradualmente conquistado a confiança do grupo.

Existe, no entanto, uma situação em que o investigador pós-abissal deve aplicar a distância crítica a fim de tornar visível o invisível. Aí reside um outro modo de praticar a visão profunda: ver o *inimaginável*. Refiro-me a algo que não é sequer considerado socialmente

---

[200] Entre o visível e o invisível pode haver gradientes e percepções dependentes da escala, da distância ou de qualquer outra variável que contribua para a ambiguidade entre o que é visto e o que não é visto. Em certos contextos sociais, tal ambiguidade pode constituir um recurso precioso.

invisível pela simples razão de que não se pode imaginar que exista, ou seja, a linha abissal que divide sociedades/sociabilidades metropolitanas e sociedades/sociabilidades coloniais. Ser investigador pós-abissal implica, na maior parte dos casos, praticar uma pedagogia pós-abissal, uma pedagogia baseada no reconhecimento da linha abissal. Essa linha funciona um pouco como o inconsciente coletivo de Carl Jung (1969). Não o inconsciente coletivo universal e imemorial de Jung, e sim o inconsciente coletivo do capitalismo, do colonialismo e do patriarcado. Refiro-me à ferida profundíssima que é infligida nos corpos e nas sociedades/sociabilidades modernas, uma ferida que é causa de sofrimento sem nome, de dor "grotesca", "diabólica" e "primitiva", usando os termos junguianos: a ferida da apropriação/violência sem a qual a regulação/emancipação moderna não funcionaria no passado e sem a qual também ainda não funciona hoje. Sem querer forçar a analogia, diria ainda que o investigador pós-abissal, tal como o psiquiatra junguiano, deve facilitar a emergência do inconsciente coletivo. Ou seja, deve tornar visível a linha abissal a fim de a tornar alvo de denúncia e de luta política. É essa a pedagogia pós-abissal, talvez a mais difícil tarefa do ver profundo. Quer investigue exclusões abissais ou não-abissais, o investigador pós-abissal deve sempre ter em conta a linha abissal; se não o fizer, não poderá combater eficazmente nenhum dos tipos de exclusão.

A pedagogia pós-abissal começa necessariamente por ser uma autopedagogia. A linha abissal, apesar de "inimaginável" como tal, é "vista" pelo grupo social vítima de exclusão abissal sob uma forma fantasmagórica, uma forma que é totalmente surpreendente, ou mesmo perturbadora, para o investigador pós-abissal na medida em que se trata da própria forma do investigador pós-abissal. No caso de ele ser alguém que é de fora da comunidade, e apesar de se tratar de uma pessoa individual e solidária, é "visto" pelo grupo como mais uma versão da dominação, mesmo que o grupo não pense em capitalismo, colonialismo e patriarcado. Quando o grupo olha para ele, em especial no início, não vê apenas uma pessoa; "vê" uma história e um coletivo imenso e hostil. O grupo pode estar disposto a suspender o que a memória lhe diz, mas não esquece. Qualquer gesto mal calculado por parte do investigador pode levar ao cancelamento dessa suspensão.

A visão profunda implica que o investigador pós-abissal esteja disposto a "ver" o que efetivamente não vê e sim aquilo que sabe ou presume que o grupo vê no que se refere a si pessoalmente. Tem plena consciência de que a forma como trata essas assimetrias do ver decidirá o destino do conhecer-com e da partilha da luta. O próprio investigador é, por assim dizer, um mapa atravessado pela linha abissal; o seu projeto de conhecer-com tem de incluir a cura da ferida causada pela linha abissal, sob pena de o seu trabalho deixar de ser aquilo que afirma ser (um projeto de investigação pós-abissal). O dilema do investigador pós-abissal é ter de reconhecer que ele próprio é a linha abissal e que construir o pós-abissal é sobretudo um ato de autodestruição. O necessário trabalho de autor-reflexividade e de autotransformação é um esforço quase desumano para promover a humanidade. Serão precisas várias gerações de investigadores pós-abissais para levar a cabo essa tarefa, de modo que o atual paradigma do conhecimento extrativista venha a ser ultrapassado. Durante muito tempo ainda, ser investigador pós-abissal será, em parte, uma experiência sacrificial.

A visão profunda pode ainda ser efetuada de uma outra forma que, na verdade, está também presente nos dois modos anteriormente referidos (*visível e invisível* e *ver o inimaginável*). Refiro-me a *olhares desiguais* e o*lhares diferentes*. Os olhares subalternos são diferentes e desiguais. Criados em exclusão abissal, os olhares subalternos veem coisas que o investigador não vê; mesmo quando os olhares subalternos e o investigador veem as mesmas coisas, a forma como avaliam ou atribuem sentido ao que veem raramente é coincidente. A desigualdade de poder das visões presentes é geralmente paralela à diferença cultural da visão; no entanto, a desigualdade de poder e a diferença cultural devem ser consideradas em separado para efeitos analíticos. Os olhares subalternos foram localizados pela dominação global moderna. Por consequência, o respectivo campo de visão é normalmente mais reduzido, embora vejam com um gradiente de textura muito afinado. Em termos estruturais, são como mapas de grande escala representando um território pequeno em grande pormenor. A exclusão, principalmente a exclusão abissal, treina os olhares para o aqui e agora, para aquilo que está próximo e é necessário de imediato. É a lógica existencial da sobrevivência. Alargar o campo de visão pode implicar o risco de negligenciar os pormenores que a asseguram.[201] O investigador pós-abissal deve respeitar essa escala e depois tentar ajudar a fortalecer a resistência por via de articulações entre essa e outras escalas. O seu campo de visão é mais amplo, cobrindo um território muito maior ou um mais vasto tempo-espaço de exclusões e lutas contra a exclusão. Sabe que a ciência pós-abissal constrói distância crítica através da ampliação do campo e, portanto, da alteração de escala, a fim de tornar o campo visível. Mas sabe também que ampliar o campo (uma luta, um território) implica o desperdício de pormenores, uma vez que é necessário um gradiente de textura mais grosseiro. O investigador pós-abissal sabe que, para lutar eficazmente contra um tipo de exclusão que lança os grupos excluídos para os níveis inferiores dos recursos e das oportunidades da vida – o nível da sobrevivência –, a luta tem de ser empreendida a um nível superior ao da mera sobrevivência. Na verdade, ao nível da escala da sobrevivência é apenas possível reproduzir a sobrevivência, e não ultrapassá-la. Mas nenhum desses fatos se consegue comunicar ou partilhar facilmente com aqueles que seriam os mais interessados e que mais se beneficiariam de ter acesso a esse conhecimento.

O investigador pós-abissal deve ter consciência de uma outra não coincidência (a visão assimétrica) que se refere à reciprocidade e à cumplicidade aparente dos olhares. Mesmo quando parecem olhar para a mesma realidade, o investigador pós-abissal e o grupo social em luta veem-na em diferentes escalas; na verdade, não veem a mesma realidade, uma vez que não vemos os fenômenos, mas apenas escalas de fenômenos.[202] Assim sendo, a visão profunda implica que as escalas se aproximem gradualmente, e, nesse caso, o investigador pós-abissal precisa recorrer a uma pedagogia transescala: a pedagogia de ver o grande no pequeno e o histórico no aqui e agora sem perder de vista o pequeno e o aqui e agora. Para os grupos sociais excluídos, uma mudança de escala só faz sentido se criar expectativas

---

[201] A ciência moderna, em geral, bem como as teorias críticas modernas, fornece uma grande quantidade de exemplos do caráter conservador dos grupos sociais excluídos, apesar de, aos olhos dos analistas e dos teóricos, esses grupos terem todas as razões para não serem conservadores, uma vez que nada têm a perder senão as correntes que os prendem.

[202] Trato as escalas mais detalhadamente em Santos (1987, p. 279-302).

críveis de que as coisas vão melhorar como resultado da luta contra a dominação. Para os que se encontram à beira da não sobrevivência, qualquer alteração deve ser cuidadosamente ponderada, uma vez que poderá vir a ter consequências graves. Se tudo na vida já se encontra em risco, arriscar ainda mais pode ser fatal.[203] A pedagogia transescala situa-se nos antípodas do ditame científico abissal, que simplesmente impõe a escala de visão que lhe permite dominar cientificamente o grupo excluído (conhecer-sobre), transformando todas as outras escalas em localismos descartáveis. É essa a natureza do olhar imperial.

Olhares subalternos são necessariamente olhares diferentes porque foram treinados numa cultura diferente. Nesse caso, a visibilidade é ainda mais enigmática e a possibilidade de não coincidência (a visão assimétrica) ainda maior. Uma visão culturalmente diferente ocorre segundo perspectivas, escalas, texturas, cores e movimentos que podem ser ininteligíveis para o investigador pós-abissal. Esses desacordos são concebidos como "curiosidades" analíticas para o investigador abissal que estuda-sobre e conhece-sobre. Contudo, para o investigador pós-abissal que estuda-com e conhece-com, tais desacordos colocam em perigo o seu projeto existencial. Apenas um exemplo: um investigador pós-abissal pode estar vendo e sendo visto através de olhares que veem o coletivo no individual, a natureza na sociedade, o transcendente no imanente, o passado no presente, o futuro no passado ou, vice-versa, o passado no futuro. Ou através de olhares que veem os antepassados como estando presentes e participando das reuniões; ou veem sons; ou veem abundância onde o investigador apenas vê escassez ou lixo; ou veem as cores que apenas os pássaros veem, e assim por diante. Conhecer-com exige, nessas circunstâncias, que as diferenças sejam transformadas em oportunidades de inteligibilidade intercultural. Não se trata de eliminar as diferenças culturais visuais. Trata-se, sim, de criar alguma inteligibilidade recíproca que permita a criação de ecologias de saberes visuais,

---

[203] A ideia marxista de que se espera que a luta venha de grupos sociais que nada têm a perder exceto as correntes que os prendem normalmente esquece que, em termos existenciais, as correntes nunca prendem tudo ou nunca prendem a totalidade do que quer que seja acorrentado. Não suscetíveis de serem acorrentados são a dignidade e o espanto de estar vivo em condições inimaginavelmente duras. A aspiração a continuar a estar vivo é inescrutável.

tornando assim possível articulações e alianças capazes de fortalecer as lutas contra a dominação. Trata-se de realizar tradução visual intercultural e a pedagogia de tradução intercultural que ela exige.

A escuta profunda

Em termos gerais, a cultura ocidental privilegia a escrita e a fala em detrimento do ouvir e da escuta. Apesar do fato de que uma grande maioria da população passa o mesmo tempo da sua vida ouvindo e falando, as escolas ensinam a falar, mas não a ouvir. No máximo, podem ensinar a ouvir, mas não ensinam a escutar. Essa distinção é mais importante do que parece. Nas palavras de Alfred Tomatis, "ouvir implica um uso superficial do nosso ouvido, enquanto escutar implica um ato de vontade, vontade de nos ligarmos ao ambiente sônico e de aprender aquilo que deve ser conhecido. É através da postura de escuta que passamos da consciência passiva de que existe alguma espécie de som para a escuta: prestar atenção ao som e envolvermo-nos ativamente com ele" (2005, p. 86).[204]

O ouvido do investigador abissal é um ouvido treinado para se ouvir a si mesmo, reduzindo ao mínimo os sons exteriores com que necessariamente se depara. É um ouvido treinado para o extrativismo; apenas ouve o exterior quando não se está ouvindo exclusivamente a si próprio, e, mesmo quando o faz, aplica uma economia de audição muito austera que visa extrair a máxima quantidade de informação relevante no menor período de tempo. Essa economia auditiva não permite que o investigador abissal empreenda qualquer ato de autorreflexividade.[205] Isso quer dizer que, quando escuta, não se escuta a si mesmo escutando. Ao contrário da reciprocidade entre ver e ser visto, a reciprocidade entre ouvir e ser ouvido funciona por sequências. O ouvir abissal é o tipo de audição que procura controlar as sequências máximo possível:

---

[204] Ver também Tomatis (1991, p. 16).

[205] Mesmo não se concordando inteiramente com a sua teoria psicanalítica, há de se reconhecer que Freud interrompe a tradição ocidental ao valorizar a escuta como processo intersubjetivo. É evidente que foi revolucionário conceder ao médico, que costumava formular juízos de forma rápida, a tarefa de escutar o paciente, e durante períodos longos de tempo. Seguindo embora a mesma lógica da ciência ocidental, esse treino de escuta tinha um propósito instrumental e extrativista: extrair dos pacientes os recursos necessários para a sua "cura".

o investigador decide quando quer ouvir (o que quer ouvir) e quando quer ser ouvido; decide igualmente não ter de tolerar sobreposições (por exemplo, ter de ouvir enquanto fala ou ter de falar enquanto ouve). Controlar a sequência é crucial para manter o monopólio do critério relativo àquilo que é ou não é relevante.

A escuta profunda é uma experiência muito complexa que ocorre nos antípodas da experiência auditiva abissal.[206] Tem sido feita uma importante reflexão no âmbito educativo sobre a centralidade da escuta no ato de ensinar. A influência de Paulo Freire é óbvia. Katherine Schultz concebe o ato de ensinar como um ato de escuta: "Colocar a escuta no centro do ato de ensinar contraria a noção de que o professor fala e o aluno ouve, sugerindo, em vez disso, que os professores escutam para ensinar e os alunos falam para aprender" (2003, p. 7). Embora formulada no contexto pedagógico, essa noção de ensino como escuta tem muitas afinidades com a noção de escuta profunda que aqui proponho. Vem a propósito uma extensa citação:

> Tal como é usado aqui [o termo escuta] sugere a forma como uma professora dá atenção aos indivíduos, à turma enquanto grupo, ao contexto social mais amplo e, transversalmente a todos eles, ao silêncio e aos atos de silenciamento. Os professores procuram escutar as vozes e os gestos individuais nas suas salas de aula; procuram escutar também o sentir ou o caráter do grupo. Enquanto a literatura sobre pedagogia muitas vezes destaca a importância da observação, irei focar-me propositadamente na escuta, a fim de sublinhar a centralidade das relações no ensino. A observação pode efetuar-se a distância; escutar requer proximidade e intimidade. A expressão "escutar para ensinar" implica que o conhecimento de quem o ouvinte é e a compreensão que tanto quem ensina como quem aprende trazem para uma situação constituem o ponto de partida para ensinar. Escutar engloba palavras escritas e as que são ditas, palavras murmuradas, interpretadas nos gestos, e ainda as que não chegam a ser ditas (SCHULTZ, 2003, p. 8).

Menciono agora algumas dimensões ou tipos de prática da escuta profunda. A primeira tem a ver com o som do *inaudível*. Não é este o

---

[206] Para uma ênfase inicial na escuta no âmbito do ensino, ver Duker (1966).

lugar para analisar detalhadamente o papel do silêncio na sociedade nem os vários tipos de silêncio.[207] Para o investigador pós-abissal, o silêncio é talvez a forma mais complexa de interação social. Som e silêncio são inseparáveis; quando o som não é possível, o silêncio também não o é. Em processos de luta, a relação entre som e silêncio adquire um importante valor estratégico; o investigador pós-abissal deve sempre ter consciência de que respeitar essa relação (não interferir nela, evitando colocá-la em perigo) é um dos requisitos básicos do conhecer-com. O que não é ouvido pode bem ser um som que não é audível ou é inteligível para ouvidos extrativistas. Ou talvez seja comunicado através de outros sentidos, o que, por sua vez, poderá proporcionar reinterpretações significativas. O silêncio visto não é a mesma coisa que o silêncio ouvido ou cheirado ou tocado. Os ouvidos subalternos estão treinados para detectar sentidos indiscretos ou invasivos.

O investigador pós-abissal sabe que não será capaz de ouvir a voz do silêncio se não se submeter ele próprio a um profundo autossilenciamento. O autossilenciamento profundo é a condição necessária para se ouvir a voz do inaudível. O objetivo é fazer com que sons e vozes surjam da convergência de dois movimentos antifônicos: o silêncio profundo do investigador, por um lado, e o silêncio da ação ou da omissão com que se confronta, por outro. A convergência antifônica requer tempo, treino e disponibilidade; requer, sobretudo, *corazonar*. Apenas essa convergência torna possível a escuta profunda. O investigador pós-abissal vive intensamente a multiplicidade de "vozes" que podem, efetivamente, ser inaudíveis. A voz mais recôndita e fugidia é a voz inaudível produzida pela linha abissal e pelas exclusões abissais que gera. A apropriação/violência traduz-se em vozes inaudíveis porque essas vozes se referem a realidades que se tornaram impronunciáveis devido ao silenciamento reiterado. Essas realidades são uma falta abissal, a ser resgatada apenas pela sociologia das ausências como algo que nunca existiu, mas que deveria ter existido.[208]

---

[207] Sobre tipos de silêncio e como interpretá-los, ver Santos (1995, p. 146-156).

[208] Se existe um inaudível subalterno, também existe um inaudível dominante, feito de silêncios intencionais e estratégicos decididos pelos opressores a fim de aumentar e fortalecer a dominação. Num mundo de meios de comunicação superabundantes, os

O som do ininteligível

A ininteligibilidade é mais difícil do que a inaudibilidade porque apenas a última se disfarça de ausência; pelo contrário, aquilo que é ininteligível "posiciona-se perante o ouvinte" sempre como uma presença incontrolável e, portanto, potencialmente perigosa. A ininteligibilidade tem sempre a ver com a língua ou o código através dos quais o som é transmitido. Afirmar que uma aprendizagem extrativista da língua ou do código permite desvendar o ininteligível é uma das falácias da ciência social abissal. Os ouvidos subalternos são diferentes na medida em que sua respectiva cultura lhes permite reconhecer diferentes sons e silêncios, aos quais atribuem fontes e origens que apenas serão inteligíveis por intermédio da tradução intercultural. Um som não-humano pode ouvir-se como um som humano, e vice-versa; um som do passado pode ouvir-se como um som do presente, ou até do futuro, e vice-versa.

Sequências e ritmos

Os ouvidos subalternos são-no porque não controlam as sequências e os ritmos dos sons e dos silêncios. Ouvem-se escutar não por decisão própria nem em alturas por eles escolhidas. O investigador pós-abissal enfrenta aqui um dos seus maiores desafios. A escuta profunda implica a perda de controle das sequências e dos ritmos como forma de reduzir a desigualdade do ouvido subalterno. É o oposto da escuta ativa,[209] um dos modos mais eficazes de escuta extrativista. É por isso que o silêncio é uma das armas de resistência dos corpos subalternos, sendo não raro a única disponível. As sequências e os ritmos condicionam os conteúdos ou os sentidos do som e da ausência de som, daquilo que é ouvido ou

---

silêncios estratégicos da parte das elites dirigentes ou dominantes são tão importantes quanto insidiosos.

[209] A escuta ativa é uma técnica de comunicação, usada em aconselhamento, na formação e na resolução de conflitos, que exige que quem ouve repita a quem fala aquilo que ouve, como forma de reafirmação ou paráfrase, nas suas próprias palavras, do que ouviu, para confirmar o que foi ouvido e, além disso, para confirmar o entendimento de ambas as partes. A técnica é amplamente usada pelas ciências sociais abissais, muitas vezes sob pretexto de aumentar a qualidade de informação e de exaltar as metodologias qualitativas utilizadas.

não ouvido. Alguns conteúdos ou sentidos do som são apenas identificáveis em sequências e ritmos partilhados.

Silenciamento e vocalização

Trata-se de um domínio especialmente relevante da escuta profunda. Ter controle sobre as sequências e os ritmos implica ter a capacidade de silenciar e de dar voz. Quando não foi a voz indireta dos grupos sociais dominantes, a ciência social moderna destacou-se por dar voz aos grupos sociais dominados. Como mostra de forma eloquente Gayatri Spivak (1988, p. 271-314), a tragédia das ciências críticas modernas foi ceder à tentação de dar voz aos silêncios dos corpos subalternos. O pressuposto ingênuo do investigador abissal é o de que a sua voz é transparente, que não se confunde com as vozes dominantes e que pode, portanto, ser "dada" aos dominados como se fosse deles. Essa tentação assenta numa dupla falácia. Por um lado, não se pode partir do princípio de que o silêncio dos oprimidos é sempre o resultado de um silenciamento imposto. Pode tratar-se, na verdade, de um silêncio de revolta ou protesto contra o silenciamento imposto. Há direito à voz apenas quando existe também direito ao silêncio. Por outro lado, a voz que é "dada" é sempre uma voz sobreposta a outra voz que existe na realidade, mas que não se ouve. Dar voz é menos transparente do que afirma ser; pode ser (e muitas vezes foi) ou uma voz dominante traduzida num dialeto dominado ou uma voz dominada seletivamente traduzida num dialeto dominante. Em qualquer um dos dois casos, o que temos é uma voz falsa, uma voz ventríloqua. Não admira, pois, que continue a ser a única "voz dos oprimidos" entendida pelos grupos dominantes. Não surpreende também que os grupos dominantes não se sintam ameaçados por ela.

A pedagogia da escuta pós-abissal tem dois aspectos principais. Por um lado, a dominação funciona muitas vezes de modo silencioso por meio daquilo que anteriormente referi como o inaudível dominante. Nesse caso, o investigador tem de aprender a detectar o silêncio e a denunciá-lo ao grupo social com o qual partilha conhecimentos e riscos. Não é uma pedagogia fácil, pois tem de ultrapassar a barreira de credibilidade colocada pelos grupos dominantes à volta de todos os sons que usam para justificar a sua dominação. Como Gramsci (1971) defendeu tão convincentemente, a hegemonia dos grupos dominantes é avaliada pela sua capacidade de convencer os dominados de que não existem outros "sons na cidade". Nesse caso, a distância crítica que caracteriza a investigação pós-abissal precisa ser cuidadosamente ponderada, sob pena de o investigador correr o risco de se tornar um parceiro não confiável quando denunciar a credibilidade da voz dominante. A sua voz pode soar falsa.

O segundo aspecto da pedagogia pós-abissal tem a ver com a oposição silenciamento/vocalização anteriormente referida. Trata-se de uma área em que, dada a hegemonia das epistemologias do Norte, o investigador pós-abissal deve fazer um exercício de profunda autorreflexividade a fim de evitar tanto o risco de silenciar como o risco oposto, o de vocalizar. Deve treinar a voz para que funcione em coro, ou, pelo menos, para que sirva de amplificador de som. Em algumas situações, pode ser mais adequado imaginar a voz como sendo um eco. Tal como no caso de todos os outros sentidos, o sistema de equivalência é sempre aberto e precário. Sons de esperança podem ser ouvidos como sons de medo, sons de resistência podem ser percebidos como sons de desistência, e vice-versa. Pode também acontecer que o investigador pós-abissal perceba que está sendo ouvido de uma forma que considera "surpreendente" ou "inesperada", ou porque o que diz é altamente valorizado ou porque é recebido com sorrisos de troça. Nesses casos, esses desacertos ou desencontros serão sempre de pouca importância, uma vez que o partilhar da luta, o estar presente nos momentos de perigo e o *corazonar* tratarão de atestar, de forma gradual, em qual dos lados o investigador pós-abissal está.

O olfato, o paladar e o tato profundos

A visão e a audição são normalmente consideradas os sentidos mais importantes para a nossa ligação com o mundo. Contudo, a verdade é que, nas relações sociais, é através dos sentidos do olfato, do paladar[210] e do tato que a "abertura ao mundo" se torna um contato físico, material

---

[210] O sabor que refiro aqui é o sentido do paladar, da percepção gustativa ou degustação, cujo domínio privilegiado é hoje a culinária ou a prova de alimentos. Mais amplo é, contudo, o conceito de gosto enquanto mecanismo de discriminação social, analisado de modo brilhante por Bourdieu (1979). Engloba, para além da comida, o vestuário e

com esse mundo. Além disso, enquanto os órgãos de quatro dos cinco sentidos (visão, audição, paladar e olfato) residem apenas numa parte do nosso corpo (o cérebro, embora isso seja hoje discutível), o órgão do sentido do tato reside na pele; daí, estende-se a todo o corpo, expondo-o a mais contato. A vida sem tato ou autotato é literalmente impossível. O tato é considerado o sentido mais básico, pois, como afirma Montagu, "é ele que nos dá conhecimento da profundidade ou espessura e da forma; sentimos, amamos e odiamos, somos sensíveis ao toque e somos tocados através dos corpúsculos táteis da nossa pele" (1971, p. 1). Montagu afirma inclusive que, a seguir ao cérebro, a pele é o mais importante de todos os nossos sistemas orgânicos. Segundo ele, o tato é o único sentido sem o qual é impossível viver: "vejam: enquanto sistema sensorial, a pele é, em grande medida, o sistema orgânico mais importante do corpo" (1971, p. 7).[211]

Como afirmei anteriormente, a história cultural dos sentidos revela a existência de uma diversidade cultural infinita. No que se refere ao tato, as diferenças culturais têm um papel especialmente importante, na medida em que diferentes culturas têm diferentes códigos de toque. Isso significa que a compreensão total do significado da experiência dos sentidos, tanto no âmbito de experiências de conhecimento como de experiências de luta, pode necessitar de tradução intercultural. No debate entre Guru e Sarukkai (2012) sobre a intocabilidade na Índia (o problema dos intocáveis, os dalits), é dedicada alguma atenção à questão da tradução intercultural. Sarukkai contrasta as concepções ocidentais do toque, que podem ser encontradas já em Aristóteles, com as concepções indianas (2012, p. 156-199). Por exemplo, a distinção essencial na cultura indiana assenta na oposição entre tato e contato (2012, p. 164). Segundo

---

a moda, a arte, a música, o entretenimento, etc. Evidentemente, ambos os conceitos têm em comum percepções que são, em grande medida, socialmente construídas.

[211] Segundo Paterson, "temos um pressuposto cultural persistente, presente em Platão e exacerbado no Iluminismo, relativo à primazia da visão. Na famosa hierarquia aristotélica dos cinco sentidos em *De Anima*, de c.350 a.C., a visão é o sentido superior, enquanto o tato é relegado para a posição inferior, a mais vil. Em *Ética*, Platão reserva o desprezo para os prazeres 'bestiais' do paladar, embora, em especial, para o toque erótico (1118a24–25)" (2007, p. 1).

Sarukkai, "uma vez que as perspectivas filosóficas indianas se refletiram de várias formas na ordem social, será útil começarmos por interpretar a intocabilidade através de categorias específicas das tradições culturais e filosóficas indianas" (2012, p. 167). O debate Guru/Sarukkai sobre a intocabilidade é exemplar sob muitos aspectos. Traz à discussão não só experiências existenciais diferentes (diferenciadas por casta), mas também sistemas culturais e filosóficos diferentes (o ocidental e o indiano). Ilustra também o superior cosmopolitismo das posições dos dois filósofos indianos relativamente às dos filósofos ocidentais que discutem, sobretudo Derrida e Merleau-Ponty. Enquanto estes se limitam à tradição ocidental como se fosse uma tradição universal, Guru e Sarukkai provincializam, muito acertadamente, os filósofos ocidentais, ampliando as nossas perspectivas e aprofundando a nossa compreensão. Ilustram assim um dos pressupostos essenciais das epistemologias do Sul: a compreensão do mundo ultrapassa em muito a compreensão ocidental do mundo.

A cultura dominante, cristianizada, do ocidente tem sido mais aberta relativamente às diferenças culturais que dizem respeito aos outros sentidos do que àquelas em torno do tato.[212] No decurso da história moderna do ocidente, o tato perdeu gradualmente relevância como fonte de contato com o mundo e foi protegido, por assim dizer, em nome da higiene e do conforto.[213] Numa sólida reflexão sobre a cultura tátil do ocidente, Thayer afirma de forma muito significativa: "O tato representa uma continuação das nossas fronteiras e da nossa separabilidade, enquanto permite uma união ou conexão com os outros que transcende os limites físicos. Por esse motivo, entre todos os canais de comunicação, o tato é o mais cuidadosamente reservado e controlado, o menos frequentemente usado e, no entanto, o mais poderoso e imediato" (1982, p. 298).[214]

---

[212] Não se trata de uma característica exclusiva da cultura cristianizada. Basta referir o sistema de castas do hinduísmo e o papel da intocabilidade já discutido.

[213] O tato foi também "salvo" por razões religiosas. Uma das regras da Companhia de Jesus (os Jesuítas) estipulava: "Ninguém deve tocar outra pessoa, mesmo por brincadeira" (BARRETT, 1927, p. 130). Sobre a história cultural do tato, ver Classen (2005).

[214] Dentro do mesmo espírito, Ruth Finnegan afirma: "Na 'bolha' de privacidade que as pessoas mantêm à sua volta, o toque representa talvez a invasão mais direta. Não

O olfato e o paladar,[215] e também o tato, são os sentidos relativamente aos quais as equivalências sensoriais são mais problemáticas e o respeito pela intimidade e pela integridade dos corpos é mais rigoroso. Talvez por essa razão as epistemologias do Norte tenham sido especialmente relutantes em conceder valor epistêmico a esses três sentidos, considerando-os mais como meros instrumentos físicos ou químicos de apoio a diferentes formas de sociabilidade. Esse "menosprezo" serve também aos interesses extrativistas da ciência moderna. As experiências sensoriais dos grupos sociais dominados são socialmente construídas e declaradas não relevantes com o intuito de rebaixar os corpos subalternos, justificando assim a subalternização. Nesse caso, o capitalismo, o colonialismo e o patriarcado usam ideologias sensoriais que atribuem sentidos inferiores às classes, raças e gêneros considerados inferiores. Os corpos definidos como desiguais e diferentes são corpos que possuem cheiros e sabores estranhos; de forma mais direta, são corpos que "cheiram mal" ou "tresandam" e cujos sabores (seja de comida ou outros) são entendidos como "selvagens", "inconvenientes" ou "não saudáveis". São apresentados como corpos distantes, degradados que, enquanto objetos de sociabilidade, podem ser apropriados e violados;[216] como sujeitos de sociabilidade, devem ser mantidos a distância e, sempre que possível, não serem tocados.

Os desafios do cheirar, do saborear e do tocar profundos são enormes, uma vez que para as epistemologias do Sul conhecer-com implica sentir-com. A distinção feita anteriormente entre os de dentro e os de fora é decisiva nesse âmbito. O investigador que pertence à comunidade não tem dificuldade em sentir-com, o que não significa que as equivalências sensoriais tornem automaticamente mais fácil para si o conhecer-com. Aquilo que parece fácil pode ser extremamente traiçoeiro. Como tenho afirmado, partilhar as lutas de um grupo não dispensa o *corazonar*.

---

surpreende, portanto, que a sua prática seja regulada [...] Quando alguém, inadvertidamente ou numa situação inevitável, toca em pessoas estranhas ou que não lhe são íntimas, especialmente em espaços públicos, muitas vezes pedem desculpa para tornar claro que o gesto intrusivo aparentemente implicado nessa pressão tátil não foi efetivamente intencional" (2005, p. 18-25).

[215] Esses dois sentidos estão ligados, uma vez que o nosso paladar tem muitas vezes origem no olfato.

[216] É desse modo que se considerava que os escravos eram menos sensíveis à dor. Ver Bourke (2014, p. 301-319).

Partilhar sentimentos não é possível sem, de alguma forma, partilhar as experiências dos sentidos: cheirar, comer e tocar o que o grupo cheira, come ou toca. Porém, isso não significa de todo ter as mesmas experiências sensoriais e reagir a estímulos de igual modo. O sentir-com apenas exige que as diferenças não sejam estigmatizadas ou convertidas em curiosidades etnográficas. Os desacertos ou desencontros de equivalências (para mim, cheira bem ou agrada ao paladar; para ti, cheira mal ou não agrada ao paladar) são menos importantes do que a cumplicidade com a luta contra a dominação. No entanto, por outro lado, essa cumplicidade pode ser valorizada pela descoberta de equivalências surpreendentes, semelhanças de paladares, prazer partilhado no saborear de comida ou bebida. O *corazonar* é fortalecido pela comunhão sensorial, seja na dança e no canto, seja na partilha de refeições. O investimento do corpo é especialmente profundo a esse respeito, subvertendo qualquer ideia de distinção entre o que é e o que não é relevante para a investigação.[217]

É claro que não podemos minimizar as dificuldades. É necessário agora enfrentar uma questão quase dilemática: como podemos esperar que os corpos subalternos – cuja sensibilidade é sujeita a um processo de naturalização que os limita – libertem os sentidos, sendo que nenhum conhecimento é libertador sem a libertação dos sentidos? Os corpos subalternos são corpos cujas experiências sensoriais são fortemente condicionadas por fatores que não controlam. Para ser eficaz, a investigação pós-abissal deverá inverter a relação entre a lógica da descoberta e a lógica da partilha: deverá começar por tornar crível a existência de limitações de sensibilidade antes de revelar de forma plausível os

---

[217] O maior desafio que o investigador pós-abissal enfrenta tem a ver com a comida que não consegue deixar de achar repugnante. Evidentemente, esse problema existe ou torna-se significativo apenas no contexto da investigação que implica conhecer-com e sentir-com. Neste (como talvez noutros domínios), Charles Darwin situa-se nos antípodas da situação do investigador pós-abissal. "Em Tierra del Fuego, um nativo tocou com o dedo numa carne de conserva fria que eu estava comendo no nosso acampamento e mostrou claramente grande repugnância ao sentir como era mole; pela minha parte, senti grande repugnância pelo fato de um selvagem desnudo tocar a minha comida, apesar de não me parecer que tivesse as mãos sujas" (1872, p. 257). A repugnância mútua causada pela enorme distância cultural levou Darwin a registar a sua perplexidade: dois mundos que se tocam fisicamente; porém, incomensuráveis no que toca a todo o resto. Sobre reações a comida repugnante, ver Prescott (2012).

fatores que causam essa limitação. Sem o constrangimento que resulta de experiências sensoriais cuja falta é considerada grave e injustamente causada, nenhum tipo de dominação se sentirá ameaçado.

A pedagogia sensorial intercultural a que o investigador pós-abissal deve se submeter tem vários aspectos. O primeiro consiste em ter sempre em consideração que as premissas básicas das epistemologias do Sul estão enraizadas em corpos concretos. Uma dessas premissas – a variedade infinita das experiências do mundo – é especialmente relevante nesse contexto. Porém, essa variedade infinita encontra-se contraditoriamente situada em corpos finitos. Os modos como os corpos vivem as suas experiências sensoriais são sempre apenas uma das versões possíveis, apesar de, para os próprios corpos, essa versão específica parecer apresentar-se como a única possível. Isso acontece porque a reprodução continuada de desigualdades de poder e de diferenças culturais "naturaliza" a sensibilidade (e a insensibilidade). Quanto mais desiguais forem as relações de poder e mais rígidas forem as diferenças culturais, mais limitada é a experiência sensorial dos corpos subalternos. Essa limitação é uma das armas mais eficazes dos poderes dominantes. A verdade é que não é possível conhecer e agir de uma forma diferente se não nos sentirmos de uma forma diferente. O investigador pós-abissal deve aprender a imaginar as potencialidades sensoriais reprimidas pela naturalização da sensibilidade vigente, tanto a sua como a do grupo com o qual partilha a investigação. Imaginar as potencialidades sensoriais constitui em si mesmo um ato de rebelião contra poderes desiguais e culturas desigualmente diferentes. Tal rebelião, uma vez partilhada pelo grupo, é o primeiro passo para desnaturalizar sensibilidades vedadas ou interditadas.

A pedagogia sensorial intercultural exige que o investigador pós-abissal se distancie daquilo que conhece e esteja disposto a familiarizar-se com aquilo que lhe é estranho. Precisa construir uma ecologia interna de experiências sensoriais capaz de lhe proporcionar suficiente flexibilidade para atender aos diferentes encontros gerados pela investigação (e, por vezes, também pela luta). A copresença e o *corazonar* podem exigir que, em momentos de perigo, sejam tratados os corpos feridos ou ofendidos e que, em momentos de festa, os corpos jubilosos possam desfrutar de comida, de bebida, da dança e do canto.

CAPÍTULO 9

A desmonumentalização do conhecimento escrito e arquivístico

No Capítulo 3, afirmei que as epistemologias do Norte privilegiam o conhecimento escrito, seja na ciência, nas humanidades ou na literatura. Para além de conferir fixidez ou estabilidade e permanência ao conhecimento, a escrita facilmente diferencia o conhecimento de outras práticas sociais; sem essa distinção, não seria possível estabilizar as condições e os critérios de precisão, excelência, inovação e criatividade do pensamento moderno. A autonomia do conhecimento escrito é resultado, e não causa, das condições e critérios que cria. Passo a seguir a referir-me apenas à ciência, embora muito do que afirmarei possa, com algumas adaptações, aplicar-se a outros conhecimentos cultos ou eruditos, ou seja, conhecimentos socialmente reconhecidos como distintos de outras práticas sociais, e também autônomos, devido a condições e critérios que produziram por si mesmos.

Quanto à ciência, a autonomia, em conjunto com a exclusividade do rigor ou a precisão e a eficácia instrumental e racional, confere à ciência um caráter monumental, uma grandiosidade que estabelece distância, uma perenidade que permite a memória, uma arquitetura narrativa que evoca o heroísmo. A ciência é um monumento *sui generis*. Tal como qualquer outro monumento, possui um interior e um exterior. O exterior é o ser social da ciência, o modo como ela se apresenta na esfera pública; o interior refere-se ao trabalho efetivo associado ao fazer científico enquanto está sendo feito. O interior confuso e desordenado da ciência contradiz completamente o seu exterior monumental; porém, isso não afeta minimamente a credibilidade do monumento. Fazer ciência e ser ciência são duas realidades incomensuráveis unidas por uma crença,[218] por uma fé na ciência que é independente daquilo que ela faz e do modo como o faz. Hegemonia de ciência é a versão secularizada dessa fé.

Do ponto de vista das epistemologias do Sul, a ciência abissal é uma ciência monumental. A sua eventual inclusão nas ecologias de saberes exige uma intervenção *desmonumentalizadora*. Essa intervenção tem vários componentes. Um deles foi já analisado no Capítulo 1: consiste em submeter a ciência a um critério de confiança duplo através do qual a sua autonomia relativa é confrontada com a tarefa pragmática de fortalecer as lutas contra a dominação. Os outros componentes são a oralização, a personalização e a lógica argumentativa.

A oralização do conhecimento escrito

O conhecimento científico abomina a oralização; aceita-a apenas de uma forma muito limitada e em contextos altamente controlados. Alguns desses contextos são a sala de aulas, o laboratório, os congressos, estando sempre presente o texto escrito a fim de controlar a inexatidão das interações orais. Pelo contrário, os contextos em que as ecologias de saberes têm lugar, em geral, são pouco controlados; na medida em que exista algum controle, as prioridades em questão são muito diferentes das que subjazem aos contextos científicos. Do mesmo modo, trata-se de contextos nos quais prevalece a oralidade, se não por outro motivo, porque todos os conhecimentos intervenientes para além da ciência são orais. Além disso, nesses contextos, os debates sobre conhecimentos não visam aos conhecimentos em si, pretendendo em vez disso perceber como eles podem contribuir para valorizar a resistência e fortalecer as lutas. É por isso que a oralização não afeta apenas o conhecimento; afeta igualmente a pessoa do cientista, tanto enquanto cientista como enquanto cidadão.

---

[218] Sobre a diferença entre a ciência como crença e a ciência enquanto conjunto de conhecimentos, ver Ortega y Gasset (1942).

Não há oralização do conhecimento sem uma certa *personalização do conhecimento*. A noção do intelectual-ativista, que tenho definido como intelectual de retaguarda, é crucial nesse contexto porque só ela assegura a coerência e a convicção necessárias para a transposição ou tradução do conhecimento científico para contextos cognitivos não controlados pelo cientista. Sem o envolvimento pessoal do cientista enquanto cientista, o conhecimento científico poderá não ser capaz de dar o seu contributo potencial para as ecologias de saberes.

Longe do texto escrito ou num contexto não dominado pela escrita, o conhecimento científico apresenta-se frágil e muitas vezes pouco convincente. Se o intelectual de retaguarda não tiver em conta a natureza da comunidade argumentativa que empreende a ecologia de saberes, pode acabar por boicotar o seu próprio voluntarismo e a possível utilidade do conhecimento científico. A inutilidade ou a falta de adequação do conhecimento científico é muitas vezes resultado da arrogância e do hermetismo do cientista. Por outras palavras, uma vez confinado à respetiva zona de conforto – a comunidade científica –, o conhecimento científico recorre à sua própria retórica argumentativa,[219] uma retórica que é totalmente ineficaz quando o conhecimento é invocado fora da sua zona de conforto, por exemplo, em contextos de luta social. Os contextos em que ocorrem as ecologias de saberes criam comunidades epistêmico-políticas que exigem outros tipos de argumentação retórica: em vez de linguagem técnica, a língua vernácula; em vez de narrativa monológica, a narrativa dialógica; em vez de explicação, tradução; em vez de precisão metodológica, resultados inteligíveis; em vez de contributo para a ciência, contributo para a sociedade; um equilíbrio entre novas respostas e novas perguntas; nem certezas nem dúvidas imoderadas.

Desmonumentalizar os conhecimentos monumentais[220] é uma condição prévia para a abertura de espaços argumentativos nos quais outros saberes possam mostrar o seu possível contributo para uma compreensão do mundo mais diversa e mais profunda e para uma transformação

---

[219] Essa retórica encontra-se hoje em dia bem documentada. Ver a bibliografia referida em Santos (2007).

[220] Abordo aqui a ciência, o conhecimento monumental mais influente do nosso tempo. No passado, e durante muitos séculos, o conhecimento monumental mais influente foi a teologia. Em algumas sociedades ainda continua a sê-lo.

social progressista mais eficaz e mais amplamente partilhada. Tenho me dedicado nos últimos anos a alguns projetos de investigação que se regem pelas orientações epistemológicas e metodológicas que proponho neste livro. Com base na minha experiência de investigação, apresento a seguir dois processos de desmonumentalização de conhecimento: *Conversas do Mundo* e *Vozes do Mundo*. Um terceiro processo, as oficinas da Universidade Popular dos Movimentos Sociais, será apresentado no Capítulo 12.

Conversas do Mundo

O projeto "ALICE – Espelhos estranhos, lições imprevistas: definindo para a Europa um novo modo de partilhar as experiências do mundo" (Disponível em: <http://alice.ces.uc.pt/>) integrou experimentalmente algumas inovações metodológicas que visavam promover o diálogo e explorar outras articulações entre diferentes tipos de conhecimentos. Essas metodologias inovadoras têm como objetivo testar as possibilidades de cocriação de conhecimento em contextos cognitivos desmonumentalizados. Duas delas implicam a desmonumentalização de conhecimentos da autoria de superautores, dos quais selecionei dois tipos: intelectuais de renome e ativistas de renome. No caso dos intelectuais, a monumentalidade é também inerente ao conhecimento escrito. Essas duas metodologias inovadoras dão realce à oralidade. São elas *Conversas do Mundo*, que abordarei na próxima seção, e as oficinas da Universidade Popular dos Movimentos Sociais que, como já referi, serão tratadas no Capítulo 12.

Conversas do Mundo consiste em diálogos longos entre mim e ou distintos intelectuais em cuja obra teórica identifico uma forte presença das epistemologias do Sul ou ativistas conhecidos pelas lutas que empreendem contra o capitalismo, o colonialismo e o patriarcado. Quanto às conversas com intelectuais, a conclusão mais importante tem a ver com a comparação entre as teorias e as ideias que propõem nas suas obras e o modo como as formulam oralmente, especialmente quando participam num diálogo.[221] As ideias escritas são transfiguradas de forma surpreendente quando expostas oralmente e num contexto de

---

[221] As *Conversas do Mundo* estão disponíveis em: <http://alice.ces.uc.pt/en/index.php/has_video/conversations-of-the-world/?lang=pt>. Acesso em: 25 jan. 2019.

diálogo. Em geral, através da oralização, o conhecimento torna-se mais incerto, mais incompleto e menos diferenciado relativamente a outros conhecimentos. Aqui, trato apenas de diálogos em que o próprio autor ou a própria autora apresenta uma versão oral do seu conhecimento escrito. É claro que poderemos imaginar outras situações em que as ideias escritas de um autor são apresentadas oralmente por terceiros, como acontece no contexto de uma aula. Há muitas formas de proceder à transfiguração oral de um texto escrito.

A inversão da lógica da descoberta e da lógica da justificação[222]

De início, a conversa tende para o contexto e para a lógica da justificação e apenas gradualmente passa da lógica/contexto da enunciação para a lógica/contexto da descoberta, ou seja, para os verdadeiros processos e motivos (motivos esses muitas vezes afetivos, intuitivos, não-científicos) que levaram à formulação inicial de um dado avanço científico ou intelectual. Quando esse movimento ocorre, o conhecimento escrito perde muita da sua linearidade e irrepreensível racionalidade. Deixa-se descrever segundo fatores, incidentes ou mesmo anedotas que teriam descredibilizado o texto se tivessem figurado na sua versão escrita: por exemplo, os contextos em que ocorreu a escrita, os motivos que nada tiveram a ver com curiosidade científica *tout court*, influências que muitas vezes foram silenciadas no texto escrito, hesitações, gestos de desistência e recuperação, formulações muito díspares, intenções analíticas diferentes das que foram mais tarde atribuídas ao projeto. Tudo isso faz com que as ideias adquiram uma humanidade e uma vivacidade que se encontram totalmente ausentes do texto escrito.

Da flecha ao caranguejo e ao sapo

Por meio da oralidade e do diálogo, o conhecimento escrito perde linearidade, isto é, a trajetória e a direção próprias da flecha, e adota,

---

[222] Na filosofia da ciência há um grande debate sobre a distinção entre o contexto da descoberta e o contexto da justificação, distinção que não é aceita de forma consensual. Ver a entrada sobre a descoberta científica em *Stanford Encyclopedia of Philosophy* (Disponível em: <http://plato.stanford.edu/entries/scientific-discovery/#DisBetCo nDisConJus>. Acesso em: 25 jan. 2019) (SCHICKORE, 2014). Ver ainda Schickore e Steinle (2006), e Kordig (1978, p. 110-117).

em diferentes momentos da sua criação, dois movimentos animais. Por um lado, há o movimento do caranguejo, quando o processo de construção de conhecimento avança lento e confuso, em ziguezague, em direção a uma meta final. Por outro, há o movimento do sapo, quando o conhecimento progride em saltos súbitos. Em ambos os casos, o movimento é destituído de qualquer aura de autonomia, uma vez que ocorre sem referência a qualquer protocolo metodológico. Através da oralização, torna-se evidente que todo conhecimento criado por humanos, incluindo o conhecimento científico, é, em última análise, ametódico.

Ausência de rigor

Durante o processo de oralização, o conhecimento altera-se, deixando de lado a lógica retórica e a técnica própria da escrita, e abrindo-se, quiçá com dificuldade, a uma lógica retórica "natural" que tem de levar em conta o senso comum.[223] Refiro-me à retórica da relevância pragmática, ou seja, ter-se em consideração os benefícios que advêm dos resultados e pressupor que se trata de um contexto social, político e econômico em que o cientista ou o filósofo possui apenas a competência de um cidadão normal. Nesse processo de oralização, especialmente se ele ocorrer em contexto de diálogo, a distinção entre o que é relevante e o que não o é, distinção crucial no conhecimento escrito, praticamente desaparece. O conhecimento escrito torna-se uma história que poderia ser contada por alguém que não fosse cientista.

Nesse processo, o conhecimento teórico ou científico adquire uma forte capacidade de persuasão, mesmo perdendo rigor em termos de protocolos metodológicos. Evidentemente, pode suspeitar-se que, ao ser desmonumentalizado através da perda de rigor, o conhecimento em causa poderá, por sua vez, ser remonumentalizado pela persuasão adicional que adquire. Arrisco-me a sugerir que tal não será muito provável; a persuasão ocorre num contexto dialógico, e não se dialoga com monumentos, como ficará claro no que se segue.

---

[223] No caso do conhecimento científico escrito, a atitude-padrão quanto ao senso comum é a de estigmatizá-lo para que possa ser mais fácil refutá-lo.

Familiaridade e proximidade

Afirmei anteriormente que a monumentalidade da ciência reside na crença naquilo que a ciência é, mais do que naquilo que faz, ou no modo como o faz. Evidentemente, o cientista pode intensificar a monumentalidade apresentando-se, em contextos não-científicos, como ícone ou mesmo como um ídolo da monumentalidade da ciência. Porém, os intelectuais cujo trabalho se orienta pelas epistemologias do Sul e, sobretudo, os cientistas que aceitam participar em ecologias de saberes são acérrimos críticos da monumentalidade da ciência; assim, diálogos como os que aqui descrevo tornam-se verdadeiros flagelos para ícones e ídolos. Ao destacar os modos de fazer ciência e de criar conhecimento, o cientista ou o filósofo mostra que é um ser humano como qualquer outro, tornando-se assim um mediador ou tradutor que leva a ciência para mais perto dos cidadãos normais, como ele. Como consequência disso, o conhecimento escrito torna-se mais familiar e mais próximo das experiências de vida das pessoas e dos grupos sociais.

Espaço-tempo e a corporalidade do conhecimento

Como facilmente decorre do visionamento de *Conversas*, os contextos e os ambientes em que o diálogo se desenrola mostram com clareza que aquilo que circula na conversa é muitíssimo mais do que aquilo que é dito. Os espaços-tempo que nos circundam, e que não são referidos, também afetam o diálogo. A sua presença silenciosa torna-se muito mais poderosa ao assumir a forma de um ícone transcendente que nos observa, nos acolhe, nos protege. Alguns exemplos: a conversa com D. L. Sheth tem lugar em Ahmedabad, junto do rio Sabarmati, não muito distante da Ashram de Gandhi. A conversa com Mogobe Ramose ocorre em Pretória, no Freedom Park, um monumento imponente que celebra a luta contra o *apartheid* e a nova África do Sul. A conversa com Silvia Rivera Cusicanqui desenrola-se no Valle de las Animas, a 3.900 metros de altitude; por detrás de nós ergue-se o Illimani, a montanha sagrada dos povos indígenas dos Andes. O forte simbolismo desses lugares impregna tudo o que é dito e não dito, os nossos corpos e gestos, as ideias e imagens que surgem no debate. Impregna os silêncios e os ritmos dos diálogos, a forma como nos dispomos a escutar profundamente. Mesmo o respeito mútuo dos interlocutores é sublinhado pelo seu próprio respeito pelos lugares e pelas memórias à sua volta. As interações intelectuais misturam-se com afetividades; surge um *corazonar* que os impele a ir mais fundo e a criar mais confiança mútua. O conhecimento que emerge é, de algum modo, muito local, por mais universais que sejam os temas em discussão. É um conhecimento profundamente situado que não pode ser totalmente compreendido por alguém que apenas leia a transcrição do diálogo. Numa palavra, trata-se de uma ecologia de saberes *sui generis* porque começa como uma ecologia que envolve conhecimentos eruditos e acaba como uma ecologia de saberes que abandonaram a erudição sem saberem o que, de concreto, ganharam nesse processo. No entanto, existencialmente, esses saberes constituem uma experiência plena, não uma mera experiência cognitiva, mas também uma experiência humana, não só uma experiência individual, mas também coletiva, uma experiência não simplesmente rodeada de natureza, mas também impregnada por ela, e não só imanente, mas também transcendente, não apenas cumprida no presente-presente, mas também no presente-enquanto-memória e no presente-enquanto-utopia.

Não é certo que esse conhecimento possa ser transmitido fora dos contextos em que foi gerado sem ficar mais ou menos gravemente empobrecido, circunstância em consonância plena com as epistemologias do Sul. Os conhecimentos que têm vitalidade suficiente para fortalecer as lutas sociais devem surgir de contextos intensos e complexos, contextos como os que permitem que o *corazonar* invente razões que a razão fria desconhece, a fim de os mobilizar para a partilha de lutas e riscos.

Coconhecimento

Se o diálogo tiver êxito, a circulação de conhecimentos será intensa; a dada altura, a circulação torna-se interpenetração ou mesmo construção cooperativa de conhecimento novo. Devo sublinhar que, no que se diz respeito a *Conversas do Mundo*, e uma vez que sou um dos interlocutores, o meu próprio conhecimento escrito é submetido a oralização e, desse modo, as transformações que o conhecimento do meu interlocutor ou da minha interlocutora sofre são paralelas às do meu próprio conhecimento. Assim, sem perder a respectiva identidade, os conhecimentos-em-diálogo ganham novos elementos que surgem do processo de cocriação.

Interromper disciplinas racializadas

Uma vez que a linha abissal atravessa e constitui o pensamento eurocêntrico moderno, todas as disciplinas modernas são racializadas: foram estabelecidas deste lado da linha abissal (o lado da sociabilidade metropolitana) como se a existência do outro lado da linha (a sociabilidade colonial) não importasse ou não as influenciasse. Na verdade, os processos históricos do desenvolvimento das várias disciplinas foram bastante distintos, daí resultando que a presença perturbadora da linha abissal se sentiu mais profundamente em algumas dessas disciplinas. Entre elas, a filosofia é provavelmente a que melhor conseguiu exorcizar a presença fantasmagórica da linha abissal, sendo, portanto, a mais abissal das disciplinas.[224] O seu caráter abissal tem, de fato, várias dimensões. Por um lado, considera-se que a filosofia universal é a filosofia ocidental, com origem na Grécia Antiga; a Grécia, por seu lado, a partir do século XIX, foi concebida como sendo exclusivamente europeia e não também egípcia e persa. Por outro lado, o fato de a linha abissal ser traçada em conjunto pela raça e pelo gênero pode ter algo a ver com o fato de a filosofia ser, em geral, um ramo de conhecimento praticado por homens brancos. Não é este o lugar para uma análise de como essa concepção de filosofia tem sido recentemente contestada.[225] No contexto das *Conversas do Mundo*, quero frisar que o reconhecimento do número cada vez maior de mulheres filósofas e de filósofos negros, afrodescendentes ou indígenas não significa o reconhecimento de filosofias feministas, negras, africanas ou indígenas. Além disso, mesmo quando se reconhecem essas filosofias, são geralmente consideradas em conjunto, como um grupo homogêneo com características específicas que as distinguem da grande disciplina a que pertencem. Portanto, enquanto a pluralidade de correntes filosóficas situadas no âmbito da tradição filosófica canônica é discutida *ad nauseam*, as outras filosofias

---

[224] Sobre filosofia africana, ver Santos (2014a, p. 202-204) e a bibliografia aí citada.

[225] Sobre raça e racismo, ver, por exemplo, Babbitt e Campbell (1999), Bernasconi (2003) e Valls (2005). Sobre preconceitos de gênero na filosofia, ver Tuana (1992), Tuana e Tong (1994), Warren (2009) e Zack (2000). Sobre pontos de vista mais antigos, mas ainda muito importantes, relativamente ao tema, ver Gould (1983), Lloyd (1984), Spelman (1988) e Waithe (1987).

são racializadas ou sexualizadas, entre outros fatores, por causa da opacidade que é criada em torno da sua diversidade interna.

Nas *Conversas do Mundo*, procurei interromper a linha abissal da filosofia em dois níveis: a divisão racial e a negociação ou invisibilidade da diversidade interna. Admiro muitíssimo o trabalho dos dois filósofos com quem conversei; são ambos negros e africanos e têm posições muito divergentes sobre o que significa filosofar e sobre o estatuto da filosofia africana. Trata-se dos professores Valentin Mudimbe e Mogobe Ramose.[226]

Promover autorias cognitivas outras

O caso dos sábios-filósofos de Odera Oruka

Desmonumentalizar o conhecimento erudito pode resultar de um processo através do qual um autor erudito promove ativamente a emergência de autores de outros tipos de conhecimento que veiculam representações outras do mundo. Explícita ou implicitamente, o autor erudito em questão pode fazê-lo com o propósito de desmonumentalizar o seu próprio conhecimento. O caso mais conhecido é talvez o de Odera Oruka, o já referido filósofo queniano que, insatisfeito com a noção eurocêntrica de que a filosofia é a quintessência do conhecimento erudito e escrito, se dedicou a um projeto que denominou "*Sage Philosophy*" [filosofia da sagacidade], a fim de divulgar a filosofia dos sábios-filósofos do seu país, alguns dos quais não sabem ler e escrever. Mais tarde, surgiram seguidores do projeto noutros contextos e noutras regiões do mundo.[227] A iniciativa de Oruka tem muitas facetas inovadoras. Para os meus objetivos neste capítulo, a mais importante tem a ver com o destaque da dialética monumentalização/desmonumentalização.

---

[226] A conversa com o professor Mudimbe está disponível em: <http://alice.ces.uc.pt/en/index.php/santos-work/conversation-of-the-world-ii-valentin-y-mudimbe-and-boaventura-de-sousa-santos/?lang=pt>. Acesso em: 25 jan. 2019. A conversa com o professor Ramose está disponível em: <http://alice.ces.uc.pt/en/index.php/democratising-democracy/conversation-of-the-world-vi-boaventura-and--mogobe-b-ramose/?lang=pt>. Acesso em: 25 jan. 2019. Reconheço que ainda não tive oportunidade de analisar a dimensão de gênero da linha abissal na filosofia em *Conversas do Mundo*.

[227] Em Moçambique, ver Castiano (2015).

Ao colocar os camponeses sábios do seu país ao mesmo nível epistemológico que ele próprio, filósofo credenciado pela tradição filosófica ocidental e hegemônica, Oruka desmonumentaliza essa tradição, assim como o seu conhecimento erudito adquirido. Contudo, pode argumentar-se que, ao fazê-lo, o filósofo formado no ocidente acaba por monumentalizar a "sagacidade". Esse argumento ganha força por via da distinção que Oruka propõe entre o sábio-filósofo e o sábio-popular, ou seja, entre o sábio que reflete crítica e criativamente sobre o conhecimento africano ancestral e o que não o faz. Apenas o sábio-filósofo tem perante a tradição a atitude que se espera de um filósofo, seja ou não filósofo profissional.

Uma reflexão mais profunda nos levaria a dizer que Oruka desmonumentaliza a filosofia no seu todo ao mostrar não só a diversidade das teorias filosóficas como também a diversidade de autorias filosóficas e de processos de criatividade e legitimação autoral. A iniciativa de Oruka ajuda-nos também a precisar o conceito de extrativismo metodológico que apresentei como característica crucial da ciência abissal moderna. Os sábios/*sages* são autores, e mesmo superautores, no sentido que atribuí ao termo no Capítulo 3; porém, são autores nas suas comunidades, nas quais a autoridade do seu conhecimento é por todos reconhecida. Não são, nem se apresentam como autores para além desse contexto. Para que se tornem autores, que é, no final de contas, o objetivo último de Oruka, o filósofo tem de extrair deles um segundo e diferente tipo de autoria, tem de os entrevistar e levá-los a formular as suas ideias da melhor forma possível, confrontando-os com questões e situações que testemunham a natureza reflexiva, crítica e criativa do seu pensamento. Para esse efeito, Oruka adota uma posição metodológica muito semelhante à do investigador abissal e extrativista.[228] Tem de ser seletivo, unidirecional e guiar-se por um objetivo que é o seu próprio objetivo e não o do seu entrevistado. Contudo, a semelhança termina aqui.

---

[228] O conselho que Oruka deixa aos investigadores aponta nessa direção: "O papel do entrevistador é funcionar como provocador do sábio. A entrevista serve para ajudar o sábio a dar à luz todas as suas ideias sobre o assunto em análise. Durante a discussão, o entrevistador deve usar o gravador para registar tudo o que é discutido. Alguns sábios, porém, podem ficar agastados com a persistência das provocações. Mas outros apreciam-nas e vão querer continuar" (1990, p. 31).

Enquanto o investigador abissal pretende extrair informação para sobre ela construir o seu próprio conhecimento, Oruka pretende extrair conhecimento (e não, de todo, informação) para criar conhecimento outro; pretende questionar-se a si próprio enquanto autor credenciado de conhecimento erudito, reunindo um grupo de pares em termos de conhecimento, apesar de as credenciais e habilitações desses seus pares serem de um tipo e terem uma origem completamente diferentes das suas. Oruka empreende uma importante revolução cognitiva, tão importante como a de Paulo Freire na área da educação e da pedagogia com as suas obras *Pedagogia do oprimido* (1974) e *Pedagogia da libertação* (Shor; Freire, 1987). Tanto Oruka como Freire visam ampliar a conversa do mundo, multiplicando as representações capacitadoras do mundo da autoria de grupos sociais excluídos, dominados ou subalternos. Por isso, Oruka posiciona-se nos antípodas do extrativismo abissal. A segunda autoria que busca nos sábios-filósofos acaba por ser uma coautoria de que participam os sábios/*sages* e ele próprio.

As Vozes do Mundo

Existem muitos outros modos de promover a autoria cognitiva. Um deles surge no decurso de um outro projeto que coordenei em 1999-2001, subsidiado pela MacArthur Foundation e pela Fundação Calouste Gulbenkian. O projeto, "Reinvenção da Emancipação Social" (disponível em: <http://www.ces.uc.pt/emancipa/pt/index.html>),[229] mobilizou 69 cientistas sociais oriundos de 6 países – África do Sul, Brasil, Colômbia, Índia, Moçambique e Portugal. Dado que muitos dos temas em análise se relacionavam com as lutas sociais e os movimentos sociais nelas envolvidos, propus que alguns dos líderes dos movimentos sociais com quem os investigadores tinham uma forte relação de confiança fossem por eles entrevistados, em entrevistas não convencionais, violando as receitas metodológicas das ciências sociais abissais. As entrevistas podiam ter a duração de um dia inteiro ou até mais; deviam centrar-se nos temas que tinham sido objeto de análise nos estudos de caso, embora pudessem abordar também quaisquer outros

---

[229] Resultantes desse projeto são as seguintes publicações mais importantes em português: Santos (2002c; 2002d; 2003b; 2005c; 2005d; 2009).

assuntos que o entrevistado ou o entrevistador considerassem relevantes. O objetivo não era obter informação adicional, e sim conhecimentos e perspectivas diferentes. Essas entrevistas foram mais tarde publicadas num livro com o título *As vozes do mundo*[230] (2008), com uma breve nota biográfica escrita pelo entrevistador abrindo cada entrevista.

Foi assim possível ouvir as vozes de ativistas sociais e políticos de dois países africanos (Moçambique e África do Sul), dois países asiáticos (China e Índia), dois países latino-americanos (Brasil e Colômbia) e um país europeu (Portugal).[231] As vozes eram representativas apenas pelo seu caráter exemplar, pela natureza única das lutas, histórias de vida e narrativas que nos apresentavam com insuperável transparência. Milhões de outras vozes poderiam ter sido escolhidas, todas elas igualmente representativas segundo o critério da exemplaridade. Essas vozes não ouvidas constituem o silêncio planetário inapreensível através do qual as vozes dos ativistas falaram e cuja pesada presença reconheceram.

Quem é ativista?

A escolha dos entrevistados circunscreveu-se, em princípio, às lutas e movimentos analisados no projeto. Contudo, é claro que essa delimitação admitia uma margem muito considerável. Numa primeira abordagem, poderia dizer-se que os potenciais entrevistados foram os Gandhis desconhecidos, um Martin Luther King Jr., um Nelson Mandela, uma Rosa Parks, um Emiliano Zapata, uma Rigoberta Menchú, um Subcomandante Marcos, um Chico Mendes, etc. Mas como identificá-los se o nosso objetivo era analisar lutas e movimentos em curso, por outras palavras, antes de os ativistas terem atingido o reconhecimento público? Lembremos que muitas vezes os ativistas são amplamente reconhecidos apenas depois de mortos.

Em alternativa, poderíamos definir o perfil dos ativistas através do conceito gramsciano do "intelectual orgânico" ou referirmo-nos simplesmente a pensadores-ativistas. Essa abordagem também não seria

---

[230] Ver Santos (2009).

[231] A seleção não foi feita segundo qualquer critério geral de representatividade, seja a diversidade regional, o tipo ou o tema da luta, ou o equilíbrio de sexo. No último caso, houve algum esforço nesse sentido, infelizmente sem êxito. Há cinco vozes de mulheres e nove de homens.

correta. O intelectual orgânico de Gramsci implica um conhecimento técnico que surge no contexto da classe trabalhadora e é orientado para a organizar e prepará-la para ordenar e gerir a sociedade em geral.[232] A designação estaria correta em relação a alguns (mas não todos) dos ativistas envolvidos nas lutas dos trabalhadores, embora não relativamente àqueles envolvidos nos muitos outros contextos da luta social.

De uma forma geral, o critério foi escolher para as nossas entrevistas ativistas ou líderes de lutas, movimentos, iniciativas e organizações progressistas comprometidas com a resistência contra a opressão e em luta por uma sociedade mais justa e por uma vida coletiva melhor; líderes ou ativistas que tinham tido êxito nas suas lutas e nelas tinham adquirido uma experiência e um conhecimento práticos que estavam dispostos a partilhar. Os níveis de educação formal poderiam variar; alguns poderiam até não saber ler e escrever. O importante era que possuíssem um conhecimento prático que, tendo surgido de experiências e lutas muito concretas, incluía saber como tirar dessas lutas lições úteis para outros ativistas empenhados em lutas noutros lugares.[233] Tal como no caso dos sábios-filósofos de Oruka, os critérios para promover autores de conhecimento outro eram propostos a partir de fora. Não estávamos perante o tipo de *mingas* epistêmicas analisado no Capítulo 7.

Os conhecimentos dos ativistas

Ao ler *As Vozes do Mundo* e ao confrontar as declarações dos ativistas com as entrevistas que tinham dado anteriormente aos investigadores

---

[232] "Todas as pessoas são intelectuais [...], mas nem todas têm na sociedade a função de intelectuais" (GRAMSCI, 1971, p. 9). Uma das características mais importantes de qualquer grupo que esteja evoluindo no sentido da dominação é a luta para assimilar e conquistar "ideologicamente" os intelectuais tradicionais, embora essa assimilação e conquista se torne mais rápida e mais eficaz quanto mais o grupo em causa conseguir elaborar em simultâneo os seus próprios intelectuais orgânicos (GRAMSCI, 1971, p. 10).

[233] Foi usado um critério suplementar relativamente à exposição de líderes e ativistas aos meios de comunicação social. Na altura, a minha opinião (que mantenho) era que é preferível selecionar ativistas ou líderes que não tivessem tido demasiada exposição midiática. Essa exposição implica muitas vezes uma espécie de treino perverso de um discurso narcisista, pontuado por banalidades, ou mesmo mentiras, sempre que estas possam servir ao objetivo do entrevistado de se engrandecer a si próprio.

ligados ao projeto já referido, fica-se surpreendido com a seletividade extrativista das metodologias científicas sociais convencionais que orientaram esse projeto de investigação. No decorrer da investigação, cidadãos e cidadãs, autores e autoras das suas próprias vidas e ideias, detentores de uma grande amplitude de conhecimentos, viam-se limitados a responder a perguntas e a lidar com temas que eram do interesse apenas dos investigadores. Dos textos dos ativistas surge uma análise muitas vezes bem semelhante à dos sábios-filósofos de Oruka. Quero com isso dizer, um tipo de análise que é mais denso e possui uma textura mais refinada e mais diversificada do que as análises convencionalmente científicas. As convenções que restringem a semântica, a linguística e a narrativa estão ausentes em *As Vozes*. É-nos permitido "ver" o que essas convenções ocultam.

O conhecimento científico está, apesar disso, presente através da escolha de manifestações concretas de conhecimento não-científico, artesanal, através da escolha de perguntas que conferem estrutura à história de vida do indivíduo e, principalmente, através da conversão ou tradução de um conhecimento oral numa narrativa escrita. No entanto, o estatuto epistemológico do conhecimento científico social é diferente nesse caso: em vez de produzir conhecimento, o papel do conhecimento científico é facilitar a emergência e a autoapresentação de conhecimentos outros. Poderíamos conceber *As Vozes do Mundo* como um conjunto de exemplos de "senso comum emancipatório". Em termos das próprias vozes, tratava-se de histórias de sequências de acontecimentos causados pelos narradores ou de que estes foram vítimas e de interpretações do universo mais amplo que surgia das suas experiências ao tentarem transformar o mundo num lugar melhor. Tratava-se de conhecimentos de ativistas como autoexpressão de ativismo passado, presente e futuro. Os relatos eram simultaneamente coletivos e extremamente pessoais. Dada a sua diversidade, tratava-se de conhecimentos diferentes e não de manifestações diversas de uma forma única de conhecimento.

Será que *As Vozes do Mundo* foi efetivamente *um projeto de investigação pós-abissal?* Em retrospectiva, pode dizer-se que se tratou de um projeto de investigação quase pós-abissal. Por um lado, o projeto reconhece o valor epistemológico do conhecimento dos ativistas. Por outro, esse conhecimento surge totalmente separado do conhecimento científico produzido sobre as lutas em que esses ativistas participaram. Como referi, não houve qualquer *minga* epistêmica. *As Vozes do Mundo* foi publicado como um livro autônomo, o que significa que, ao serem publicadas noutros livros, as análises científicas efetuadas no âmbito do projeto de investigação estavam "protegidas", ou, pelo menos, "isoladas" das "vozes do mundo". Foram os textos científicos protegidos a fim de preservar a sua monumentalidade? E terá a monumentalidade acabado por se traduzir num empobrecimento? Além disso, ao ser publicado em separado, será que *As Vozes do Mundo* criou a sua própria monumentalidade?

Como poderia o projeto ter ido mais longe na direção da investigação pós-abissal? A separação estrita entre o conhecimento científico e o conhecimento dos ativistas impediu imaginar as ecologias de saberes; na altura, não era possível assumir claramente a tarefa de passar do saber-sobre ao saber-com; sempre que os investigadores se envolviam nas lutas, parecia tratar-se de uma opção política sem quaisquer consequências ao nível epistêmico. Seja como for, a caracterização dos conhecimentos dos ativistas revela claramente o ímpeto emergente das epistemologias do Sul. E o faz dos seguintes modos:

1. Esses conhecimentos não fazem distinções entre teoria e prática porque não existem fora das práticas sociais em que ocorrem. De fato, quando falamos desses conhecimentos, falamos necessariamente dos agentes, indivíduos e grupos sociais que os detêm e produzem.

2. Não são escritos nem registados, e sim expressos através daquilo que fazem acontecer no mundo e das suas interpretações dele.

3. Não fazem distinção entre o verdadeiro, o bom e o justo, porque são obtidos nos verdadeiros processos da luta por uma sociedade mais justa e por uma vida melhor. Contudo, por outro lado, não se interessam por ideias abstratas de justiça ou de uma vida boa, as quais, na verdade, nem consideram inteligíveis. E, a esse propósito, a ideia de emancipação social também não lhes é necessariamente inteligível. Trata-se de conhecimentos concretos nascidos de lutas concretas pela sobrevivência, por uma vida condigna, por dignidade, por igualdade, por direito à diferença, numa palavra, pela aspiração a uma vida melhor. O que têm em

comum é o fato de conceberem a realidade como sendo uma tarefa social. Não reduzem a realidade àquilo que existe porque aquilo que não existe e deveria existir é, na verdade, a sua razão de ser enquanto conhecimentos.

4. Recusam ser definidos por proposições lógicas, preferindo fórmulas, provérbios, histórias, mitos, gestos, silêncios. Tornam-se mais precisos por meio de exemplos, ilustrações, casos. São capazes de raciocinar sobre o mundo, a vida, o futuro, deus; porém, fazem-no sempre como se narrassem casos concretos de mundos, vidas, futuros, deuses.

5. Consideram não ser nem tradicionais nem modernos, nem seculares nem religiosos, nem especializados nem não especializados. São pragmáticos. Recorrem a tudo, incluindo à ciência moderna, na medida em que seja útil para os objetivos das práticas em que surgem. Contudo, são completamente inequívocos e clarividentes nas suas definições dos inimigos, das forças, dos males e dos poderes contra os quais lutam.

6. Não são donos da verdade, mas sentem que estão a serviço de verdades práticas em contextos e situações concretas. Essas verdades são verdades sobre o conhecer e o fazer; são políticos no sentido em que apenas existem porque são apropriados para os objetivos a atingir; e são éticos porque distinguem sem ambiguidades a bondade concreta do mal concreto.

7. Não são conhecimentos metodológicos, no sentido de estabelecerem em abstrato uma via única que leva da ignorância ao conhecimento. Os seus critérios de relevância e pertinência são vagos e, por esse motivo, estão disponíveis para estabelecer conexões entre realidades ou condições que a ciência separa. A sua gestação e emergência é sempre enigmática para quem os encara a partir de fora. São coletivos, mas falam através dos indivíduos que lhes servem de porta-vozes e que se reconhecem pelo modo como formulam esses conhecimentos, sobretudo perante estranhos.

8. São conhecimentos prováveis e antitotalitários que não se afirmam através da demonstração e sim por confirmação prática e argumentação persuasiva. São conhecimentos retóricos que

se exprimem em linguagem comum e cujos argumentos são validados dentro da comunidade, organização ou movimento envolvido em lutas sociais específicas.

O arquivo do futuro como *Nunca Más*

O arquivo dominante é a forma abissal moderna de produzir conhecimento sob pretexto de o armazenar. É uma intervenção epistêmica ativa que se apresenta como uma reformulação passiva e neutra. Essa dissimulação implica um poder duplo: o poder de produzir ou selecionar o tipo de conhecimento que se considera valer a pena armazenar e o poder de fingir que não existe qualquer seleção e, portanto, que o ato de selecionar e o modo de armazenamento, em si mesmos, não correspondem a conhecimento novo. Em vez de surgir como exercício de poder, o armazenamento é justificado enquanto cumprimento de um dever cultural. Num estudo notável sobre o modo como o British Museum "criou" o Antigo Egito, Stephanie Moser afirma:

> A questão de como se produz sentido numa exposição centrou-se na demonstração de como certas disposições ou estilos de apresentação de objetos construíram uma visão específica sobre um tema. Isso requer não apenas uma investigação de quais os tipos de objetos que estão presentes ou ausentes numa mostra, mas exige uma investigação mais abrangente do sistema representacional que foi criado para se retratar um assunto [...] a disposição formal da cultura material cria uma "imagem mental" que funciona como um enquadramento interpretativo para a compreensão de um determinado tema, grupo cultural ou episódio histórico (2006, p. 2).[234]

O arquivo moderno é o cartógrafo "oficial" da linha abissal. O outro lado da linha – as sociedades e as sociabilidades coloniais – é registado no arquivo através de uma dupla negação: a primeira é a negação do critério colonial que apagou como ausências, irrelevâncias e invisibilidades tudo aquilo que pudesse denunciar o caráter abissal da sociedade e sociabilidade

---

[234] Ver também Hooper-Greenhill (1992; 2000), Macdonald (1998) e Macdonald e Fyfe (1996).

metropolitanas; a segunda é a negação da dominação colonial que tornou possível a extração daquilo que é registado. Seja qual for o modo de seleção, o que não é selecionado pelo arquivo é, apesar disso, constitutivo daquilo que é selecionado. O que não é selecionado engloba não apenas conhecimentos, mas também tempos, ritmos, cronologias, sequências, narrativas, espaços, mitos fundadores, tensões, memórias, identidades e representações. A outra face do arquivo é o epistemicídio moderno e todas as suas repercussões históricas. Num comentário sobre o magnífico Museu do Ouro, em Bogotá, Michael Taussig refere:

> Mas há uma história que falta. O museu é silencioso no que diz respeito ao fato de que, durante mais de três séculos de ocupação espanhola, aquilo que a colônia significou e aquilo de que dependeu foi o trabalho de escravos africanos nas minas de ouro. Na verdade, foi esse ouro, somado à prata do México e do Peru, que acionou a bomba do desenvolvimento capitalista na Europa, a sua *acumulação primitiva* (2004, p. x).

Para as epistemologias do Sul, o arquivo abissal é um artefato epistêmico. Assim sendo, deve ser sujeito a uma interrupção epistemológica e metodológica. Tal interrupção inclui vários momentos ou dimensões correspondentes às especificidades do arquivo. Seleciono quatro dessas especificidades: contas acertadas, monumentalidade, docilidade e ambiguidade. Em termos históricos, essas características não existem sem os seus respectivos opostos. É missão do arquivo esconder tal contradição aqui e agora.

Contas acertadas

O arquivo mostra o presente sob o disfarce de um passado concluído. O que passou é passado e não há nada a fazer; pode ser questionado, mas não há forma de voltar atrás. O arquivo pode ser visitado e utilizado, mas é intocável. É imutável, embora possa admitir acréscimos. Aquilo que integra o arquivo nunca pode sair dele, mesmo que jamais seja apresentado ao público. Não existe arquivo vivo sem arquivo morto. O arquivo ratifica o presente, por problemático que seja, e dramatiza a irreversibilidade do tempo. Como ápice da história, o arquivo é, em si mesmo, anti-histórico. Um conto acabado é um fato histórico, mas não é história.

No entanto, como sugeri, numa perspectiva histórica, as contas nunca estão definitivamente acertadas. Podem estar acertadas no momento presente, e esse é o momento que o arquivo transforma em momento final. Ann Stoler mostra muito eloquentemente as "ansiedades epistêmicas" do arquivo colonial holandês com o passar do tempo:

> Como tal, os documentos presentes nesses arquivos coloniais não se tornaram matéria morta depois de passado o momento da sua elaboração. O que foi "deixado" não foi "abandonado" nem ficou obsoleto. Nas Índias holandesas, esses arquivos coloniais constituíam um arsenal de todo tipo de documentos que eram reativados para servir a novas estratégias de governação. Os documentos afinados na busca de questões anteriores podiam ser solicitados para a escrita de novas histórias, podiam ser reclassificados para novas iniciativas, podiam ser renovados para reforçar medidas de segurança contra o que fosse interpretado como novos ataques à soberania imperial e às suas pretensões moralizantes (2009, p. 3).

Monumentalidade

O arquivo tem uma monumentalidade dupla: os objetos ou documentos que armazena e o espaço no qual os armazena. Objetos e espaço fortalecem-se mutuamente. A arquitetura do arquivo sublinha o peso e o valor histórico daquilo que é armazenado e preservado. Tal como o conhecimento escrito, erudito, o rigor do material arquivado é meticulosamente preservado pelas regras arquivísticas e museológicas. Também nesse caso, as vicissitudes sofridas pelo arquivo ao longo da história revelam a natureza frágil da monumentalidade, o caos existente por detrás das fachadas organizadas, a controvérsia que se gera em momentos de mudança política, que pode até, em determinadas situações, provocar a destruição do arquivo.

Docilidade

Contudo, paradoxalmente, o arquivo, cuja monumentalidade provoca distância e agressividade, é também próximo, afável e disponível. Muitas vezes a monumentalidade desenrola-se em miniatura, o transcendente à mão, por assim dizer, quando o olhar capta a peça no museu ou a mão toca o documento. Tal como o Jardim Botânico, a outra grande invenção da modernidade imperial do ocidente, o arquivo expõe-se expondo, mostra-se mostrando. Guarda os seus segredos tão bem que parece não ter nenhum segredo. Sob um ponto de vista histórico, a docilidade do arquivo é enganadora, pois a qualquer momento a sua seletividade nega-se a si mesma na medida em que apenas reflete aquilo que está disponível. Seja por motivos de reserva política, seja por reserva moral, o que está indisponível não permite contestação ou, simplesmente, não é contestado porque não é conhecido, ou porque é declarado não existente.

Ambiguidade

O arquivo é paradoxal de uma outra forma ainda; não consegue iluminar sem projetar sombra ou duplicar imagens. Não é capaz de glorificar o vencedor sem exibir o vencido; não pode apresentar artefatos que não se apresentem a si próprios. O arquivo revela a complexidade das classificações e a perplexidade dos registros perante novas situações. Em suma, o arquivo não é capaz de tornar totalmente invisíveis a história e a memória negadas. O que resta do sentido é um sentido solto, indeterminado, que carrega consigo as sementes da contestação e da contradição. Com o passar do tempo, o arquivo recorre a várias técnicas para eliminar a ambiguidade. Uma das técnicas recentes mais usadas consiste em disponibilizar versões autorizadas das memórias e histórias negadas como se fossem as únicas existentes no arquivo na sequência de uma "escavação" supostamente exaustiva.

Tendo em conta essas características, podemos concluir que o arquivo abissal, como cartógrafo "oficial" da linha abissal, é, na verdade, um cartógrafo muito vulnerável. Mas essa vulnerabilidade é apenas evidente quando o arquivo é confrontado com uma intervenção epistêmica hostil, uma intervenção que contrapõe ao arquivo um contra-arquivo. As epistemologias do Sul propõem duas interrupções do arquivo abissal: o arquivo-palimpsesto, orientado para a sociologia das ausências, e o arquivo insurgente, orientado para a sociologia das emergências. Ambos visam criar critérios plurais de autoridade para que um arquivo não autorizado não seja um arquivo sem autoridade.

O *arquivo-palimpsesto* resulta de uma intervenção na linha abissal que existe hoje em dia, intervenção essa que consiste em raspar a superfície daquilo que o arquivo mostra a fim de identificar as marcas, sinais, sombras e silêncios do que foi destruído ou produzido como ausente, invisível e irrelevante no processo de construção do mundo passível de ser arquivado. Por meio dessa intervenção, o arquivo torna-se um pergaminho *sui generis* que foi reutilizado antes mesmo de ser utilizado pela primeira vez. Por outras palavras, sofreu muitas inscrições antagônicas antes de uma delas ter suplantado as outras, definindo-se como a única merecedora de ser arquivada. Desse modo, o arquivo teve muitas vidas antes de se tornar o arquivo que conhecemos hoje. Ao interpelarem o arquivo abissal, as epistemologias do Sul obrigam-no a regressar à história que um dia abandonou de modo triunfante e a assistir ao filme da sua própria gênese, um filme que ele não autorizou. O arquivo da história torna-se a história do arquivo.

O arquivo-palimpsesto é um arquivo pós-abissal que funciona através da apropriação contra-hegemônica de uma forma hegemônica. Recorre com frequência à ambiguidade do arquivo, ou seja, ao fato de o arquivo abissal não poder deixar de revelar aquilo que visa esconder tão eficazmente. Iain Chambers escreveu algumas das páginas mais brilhantes sobre o processo que aqui chamo de arquivo-palimpsesto; centra-se especificamente na forma como as migrações e os imigrantes desestabilizam o arquivo. Segundo o autor, as migrações não são uma história da modernidade ocidental; são, sim, a própria história da modernidade (2012, p. 15).[235] Inspirando-se nas ideias de Foucault, Chambers concebe o arquivo pós-colonial, ainda por completar, como uma heterotopia, um lugar-outro, aqui e agora, um arquivo que enfrenta os próprios processos de exclusão, apagamento, silenciamento e esquecimento que foram necessários para fazer do arquivo aquilo que é. O arquivo deve ser sujeito a perguntas não autorizadas para que a historicidade dos objetos sem história possa surgir.

> As coordenadas de tempo, lugar e pertencimento que foram retiradas às interpretações aparentemente adquiridas e de senso comum apresentam-nos inevitavelmente a sua produção social e a sua fabricação histórica [...] Interromper a continuidade artificial que garante uma narrativa histórica implica recortar pedaços do

---

[235] Em Santos (2010a, p. 31-83), defendo que uma das manifestações da persistência da linha abissal nos nossos dias consiste naquilo que chamo de regresso do colonial, simbolizado na figura do trabalhador migrante indocumentado, de quem solicita asilo ou refúgio e da pessoa suspeita de ser terrorista.

passado e voltar a montá-los segundo outro ritmo e outra série de ênfases [...] O museu pós-colonial, ainda por realizar, que evoca uma outra economia de sentido por explorar, promove uma avaliação perspicaz da divisão sujeito-objeto que mantém a relação de poder complexa e aparentemente neutra sobre um mundo não europeu e aparentemente não moderno (CHAMBERS, 2012, p. 20-23).236

Também Lidia Curti, centrando-se na "linguagem" das práticas arquivísticas, concebe o museu como

> um espaço-teatro ou um evento-encontro, com a sua interação com passados, presentes e futuros, gêneros artísticos e identidade de gênero, preto e branco, num movimento entre a transformação e a imobilidade. As mudanças produzidas pela "irrupção" do outro, produzindo uma interrupção do arquivo, e o movimento de objeto colonizado a sujeito pós-colonial em sistemas museológicos e expositivos – cujo prestígio reside precisamente nas representações de alteridade – torna-se a base de um discurso ainda por realizar (2012, p. 187).

O arquivo-palimpsesto é o contra-arquivo a construir na base do arquivo abissal existente, submetendo-o a um questionamento e a uma intencionalidade não autorizados, uma "perspectiva curiosa" que o desestabiliza. A "perspectiva curiosa",[237] muito em voga no século XVII, consiste no uso de dispositivos que manipulam a perspectiva linear com vista a obter efeitos visuais surpreendentes. No caso do arquivo-palimpsesto, a perspectiva curiosa nada tem a ver com efeitos lúdicos; o objetivo é desmonumentalizar o arquivo, obrigando-o a reconhecer a sua natureza abissal.

O *arquivo insurgente*. Enquanto o arquivo-palimpsesto mantém a forma de museu ou a forma de arquivo, dando-lhe, contudo, um significado contra-hegemônico, o arquivo insurgente rompe com a forma de arquivo, dispersando-a por uma multiplicidade de sítios e de tipos de prática que visam arquivar, mesmo se de forma efêmera, um presente não oficial e não autorizado, um presente denso cuja força advém

---

[236] Ver também Chambers, Grechi e Nash (2014) e Chambers *et al.* (2014).

[237] Mais sobre este assunto em Santos (2014a, p. 160-163).

da reivindicação de um passado suprimido. Refiro-me a um arquivo disperso por ruas e paredes, *performances*, vídeos, livros e exposições. Integra muitas manifestações artísticas, sendo todas elas intervenções estéticas não autorizadas que, por esse motivo, assumem a forma de contraestética, tais como murais, grafites, *breakdance*, *DJing*, *hip-hop*, *rap*,[238] bem como todas as *mingas* epistêmicas que referi anteriormente. Portanto, do ponto de vista das epistemologias do Sul, a arte tem uma existência contra-hegemônica dupla, enquanto manifestação estética e enquanto exercício arquivístico. A arte interrompe simultaneamente as convenções estéticas e as convenções arquivísticas. É por isso que o arquivo insurgente tem mais potencial para realizar a sociologia das emergências, ou seja, para permitir que as representações, as memórias e as experiências negadas assumam as suas próprias formas de expressão. O ainda-não daquilo que está latente assume um caráter prefigurativo ao inscrever-se no presente como promessa de um futuro diferente – o futuro aqui e agora. Num sentido metafórico, o livro *My Cocaine Museum* [*O meu museu da cocaína*], de Taussig, pode ser visto como um arquivo insurgente:

> Acho-os [os museus] lugares mortos, até hostis, criados para uma burguesia entediada, desprovida de experiência e de vida. Interessa-me é a vida do ouro e a vida da cocaína, em que um está morrendo e a outra em ascensão [...] para combinar uma história das coisas com uma história de gente forçada pela escravatura a orientar-se no meio dessas coisas [...] Para que, em paralelo com os fantasmas da escravatura que assombram os museus, a própria natureza seja libertada na corrida da magia compactada no tempo do ouro e da cocaína (2004, p. xix).

Tanto o arquivo-palimpsesto como o arquivo insurgente são arquivos pós-abissais, duas formas de desestabilizar o arquivo ou o museu abissal. A ênfase em um ou em outro depende do contexto. Cabe aos grupos sociais que resistem à dominação avaliar, em cada contexto, a melhor estratégia arquivística contra-hegemônica a adotar. Grupos diferentes podem preferir estratégias diferentes. Porém, deve

---

[238] Abstenho-me de entrar na polêmica sobre a existência ou não de diferença entre o *rap* e o *hip-hop*. Ver Shaw (2013).

sempre ter-se em conta que a recusa de um determinado regime de representação pode por vezes implicar a recusa de toda e qualquer representação. A sociologia das ausências visa denunciar as ausências, as invisibilidades e os silenciamentos que foram impostos como exercícios de dominação. Não há lugar para a sociologia das ausências quando os grupos oprimidos assumem a própria ausência como uma forma de luta, como direito seu à invisibilidade e ao silêncio. Nesses casos, a ausência é, em si mesma, pós-abissal. Uma ausência autônoma é uma presença sob protesto.

Um dos movimentos mais consistentes que visa articular o arquivo-palimpsesto e o arquivo insurgente é a museologia social ou a sociomuseologia. Existe um movimento internacional com uma forte presença no Brasil.[239] Esse movimento já assumiu muitos nomes, como museologia popular, museologia ativa, ecomuseologia, museologia comunitária, museologia crítica, museologia dialógica, museologia da libertação. Como as próprias designações indicam, trata-se de um movimento muito diversificado, sendo que muitas das suas vertentes acabam por, de uma forma ou de outra, reproduzir a linha abissal e as epistemologias do Norte. No entanto, refiro-me aqui a uma corrente claramente contra-hegemônica que tem sido muito forte no Brasil e que é eloquentemente descrita por Mário Chagas e Inês Gouveia nos seguintes termos:

> [...] quando falamos em museu social e museologia social, estamos nos referindo a compromissos éticos, especialmente no que dizem respeito às suas dimensões científicas, políticas e poéticas; estamos afirmando, radicalmente, a diferença entre uma museologia de ancoragem conservadora, burguesa, neoliberal, capitalista e uma museologia de perspectiva libertária; estamos reconhecendo que durante muito tempo, pelo menos desde a primeira metade do século XIX até a primeira metade do século XX, predominou no mundo ocidental uma prática de memória, patrimônio e museu inteiramente comprometida com a defesa dos valores das aristo-cracias, das oligarquias, das classes e religiões dominantes e domi-nadoras. A museologia social, na perspectiva aqui apresentada, está

---

[239] Em Portugal, começou a ser publicada em 1993 uma revista pioneira nesse âmbito: *Cadernos de Sociomuseologia*.

comprometida com a redução das injustiças e desigualdades sociais; com o combate aos preconceitos; com a melhoria da qualidade de vida coletiva; com o fortalecimento da dignidade e da coesão social; com a utilização do poder da memória, do patrimônio e do museu a favor das comunidades populares, dos povos indígenas e quilombolas, dos movimentos sociais, incluindo aí, o movimento LGBT, o MST e outros (2014, p. 17).

Assim entendida, a museologia social é um exercício da sociologia das ausências e da sociologia das emergências que visa construir o arquivo e o museu pós-abissais em consonância com as epistemologias do Sul. Interessa-se pela memória daqueles que não conseguem esquecer o sofrimento injusto causado pela dominação capitalista, colonialista e patriarcal e que invocam essa lembrança como parte integrante da sua luta contra os que se recusam a lembrar. É, portanto, uma memória orientada para o futuro. De fato, tanto o arquivo-palimpsesto como o arquivo insurgente são, em última análise, arquivos do futuro.

Ao rejeitarem a ideia de "contas acertadas", tanto o arquivo-palimpsesto como o arquivo insurgente afirmam a possibilidade de um futuro que se impõe como uma interrupção radical de um passado de exclusão, opressão e sofrimento injustos. O topos retórico que elegeram é *"Nunca Más"*. *"Nunca Más"* é o título do relatório sobre os crimes cometidos pela ditadura militar da Argentina, publicado em 1984 pela Comisión Nacional sobre la Desaparición de Personas (CONADEP). Há quem afirme que a expressão se inspirou nos *slogans* judeus no Gueto de Varsóvia durante a famosa revolta de 1943. Desde 1984, *"Nunca Más"* tem sido usado em múltiplas manifestações de protesto social contra a dominação capitalista, colonialista e patriarcal.

O Museu da Maré:
um exemplo de museologia insurgente

Eu morei nas palafitas, hoje moro no Pinheiro, tenho 31 anos, já levei tiro, já fui agredido fisicamente e mentalmente. Mas essa visita faz você notar a evolução de um povo que não tinha

nenhuma chance, um povo que luta, que sofre e que com certeza
vence a cada dia que passa. Falo isso como um
vencedor que tem muito que fazer para continuar na luta!

Marcos Antônio A. Santos
Testemunho registrado no livro dos visitantes do Museu da Maré
5 de junho de 2006

A favela da Maré foi construída na área da Baía da Guanabara, no Rio de Janeiro, nos anos 1940. Constitui hoje o Complexo da Maré, nome dado ao conjunto de 16 comunidades que se desenvolveram à volta do núcleo principal.[240] Ali vivem mais de 130 mil pessoas, numa área de 800 mil metros quadrados. O Museu da Maré foi aberto ao público em 2006. Foi inaugurado pelo então ministro da Cultura do presidente Lula da Silva, o grande compositor e cantor popular Gilberto Gil, que ficou conhecido pelo ímpeto enérgico com que reconheceu e promoveu as iniciativas culturais de comunidades populares.

As origens do museu remontam a 1997, ano da fundação do Centro de Estudos e Ações Solidárias da Maré (CEASM). Trata-se de uma organização fundada por moradores e antigos moradores que conseguiram ter acesso à universidade e prosseguir uma carreira acadêmica. Isso tornou possível à Rede Memória da Maré, que foi criada subsequentemente, estabelecer uma parceria com a Universidade Federal do Estado do Rio de Janeiro (UNIRIO). Nos termos dessa parceria, foram organizadas oficinas sobre museologia social, bem como exposições temporárias, tendo sido ainda criado o Arquivo Dona Orosina Vieira, em 2001,[241] e o próprio Museu da Maré, em 2006.

---

[240] As favelas da Maré compreendem as seguintes localidades ou comunidades: Baixa do Sapateiro, Morro do Timbau, Parque Maré, Nova Maré, Nova Holanda, Rubens Vaz, Parque União, Conjunto Esperança, Conjunto Pinheiros, Vila do Pinheiro, Vila do João, Salsa e Merengue, Marcílio Dias, Roquete Pinto, Praia de Ramos, Bento Ribeiro Dantas e Mandacaru.

[241] Diz-se que Dona Orosina Vieira foi a primeira residente, e, portanto, a fundadora da Maré. Segundo Mário Chagas, tratava-se de "uma mulher da favela negra, pobre, capaz de se sustentar (como tantas outras mulheres da favela negras, pobres), capaz de fundar uma favela e de enviar um telegrama em que apresentava a sua reclamação ao presidente da república, Getúlio Vargas. Continua a ser um forte polo aglutinador e é uma referência importante para as lutas de outras mulheres e homens" (comunicação pessoal).

O êxito da fundação do museu dependeu de vários fatores convergentes: a mobilização local; o trabalho de memória já efetuado e devidamente reconhecido; as oficinas de formação em competências consideradas importantes pela comunidade; a criação de um grupo de gestão; o estabelecimento de parcerias; o recurso a apoio interno e externo; o desenvolvimento do projeto com base em critérios estabelecidos. Segundo os fundadores do Museu, tudo tinha sido ponderado, estudado criticamente e analisado. Fora claro desde o início que não haveria lugar para improvisação, apesar de a poética e a criatividade serem muito bem-vindas.

O Museu está estruturado segundo uma narrativa baseada em doze tempos, como as doze horas do relógio ou os doze meses do ano. Esses tempos são os seguintes: Tempo da Água, Tempo da Casa, Tempo da Imigração, Tempo do Trabalho, Tempo da Resistência, Tempo da Festa, Tempo da Feira, Tempo do Cotidiano, Tempo da Fé, Tempo da Criança, Tempo do Medo e Tempo do Futuro. Essa estrutura, como explicam os organizadores, foi inspirada num folheto do CEASM no qual se publicava todos os meses a foto de uma família da favela, acompanhada de um depoimento escrito. A escolha dos doze tempos (ou temas) resultou também de debate e reflexão. Atualmente, o Museu inclui um arquivo, uma biblioteca e um espaço de materiais técnicos. Há também espaços para exposições temporárias e permanentes e disponibilização de vários cursos e oficinas. Existem ainda estúdios de artesanato (Marias da Maré), bem como vários projetos de teatro, música, dança, capoeira e contação de histórias.

Desde a sua fundação, o Museu já recebeu vários prêmios. Tem sido uma importante fonte de inspiração para atividades semelhantes. Trata-se, de fato, de um exemplo concreto de como é possível colocar a memória e o patrimônio a serviço da coesão social, da dignidade e da capacitação. Infelizmente, dadas as obrigações dos títulos de propriedade, o Museu confronta-se atualmente com um problema que os habitantes da favela conhecem muitíssimo bem: a ameaça de despejo e deslocação. Contudo, a direção do Museu, apoiada pela respectiva comunidade (residentes, antigos residentes, artistas, intelectuais, professores, estudantes), está determinada a resistir e a fazer frente a um grupo capitalista de grande poder que reivindica a propriedade das terras em que o museu foi construído. A resistência baseia-se em três tipos de interpelações à sociedade civil e ao poder político. De que serviram os prêmios e os louvores se não garantem a sobrevivência do Museu da Maré? Que tipo de compromisso é que se pode esperar do poder público (federal, estadual e municipal) no sentido de apoiar um museu popular que continua a inspirar as políticas culturais públicas? Como não apoiar um museu insurgente e contra-hegemônico que faz toda a diferença na cena museológica do Brasil de hoje?

O Museu da Maré expõe um conjunto impressionante de objetos. No entanto, o seu acervo mais importante são as pessoas e os seus saberes e fazeres. O Museu da Maré é atualmente um lugar de encontro, um lugar de relacionamentos, um lugar de luta, resistência e celebração da vida.

PARTE III

Pedagogias pós-abissais

PARTE II
Pedagogias pós-abissais

CAPÍTULO 10

Gandhi, um arquivista do futuro

Da necessidade de tradução intercultural e interpolítica

A tradução intercultural ocupa um lugar central nas epistemologias do Sul por ser um instrumento decisivo nas aprendizagens recíprocas entre grupos sociais oprimidos que, em diversas regiões e tempos históricos, resistem e lutam contra as diferentes formas de dominação de que são vítimas. A tradução intercultural é sempre uma tradução interpolítica e, nesse sentido, não apresenta nada de novo. Ao longo dos tempos, os grupos sociais em luta contra a opressão e a dominação sempre procuraram conhecer, na medida do possível, as experiências de luta de outros grupos sociais e aprender com elas, quer para não cometer os mesmos erros, quer para procurar inspiração nos caminhos a seguir. Esse trabalho de aprendizagem recíproca e permanente nunca foi valorizado pelo pensamento crítico eurocêntrico. Por um lado, tal aprendizagem ocorria em contextos que não eram considerados como contextos de produção intelectual e nos quais circulavam conhecimentos orais ininteligíveis colados a experiências de vida desconhecidas e em que participavam indivíduos e coletividades não certificadas para produzir verdadeiro conhecimento. Por outro lado, ancorado nas epistemologias do Norte, o pensamento crítico eurocêntrico sempre assumiu ter o monopólio do conhecimento objetivo e rigoroso sobre a emancipação social. Nessa medida, a tradução intercultural não podia deixar de ser vista como uma perigosa perda de rigor.

Nas últimas décadas, como resultado da globalização, a tradução intercultural adquiriu uma nova visibilidade. O que é chamado vulgarmente de globalização é um fenômeno complexo, não só por ocultar os processos de localização que também provoca, mas sobretudo por incluir formas de globalização contraditórias. Em livro publicado em 1995 (SANTOS, 1995), analisei dois tipos de globalização: a globalização hegemônica, neoliberal, e a globalização contra-hegemônica, dos movimentos sociais em luta contra o neoliberalismo, o colonialismo e o patriarcado. No que diz respeito a esta última, a primeira edição do Fórum Social Mundial (FSM) realizada em Porto Alegre em 2001 foi uma afirmação pujante e surpreendente de novas articulações no horizonte entre diferentes lutas e entre diferentes movimentos sociais decorrentes das novas possibilidades de interconhecimento e intercomunicação. Assim sendo, a tradução intercultural tornava-se necessária.[242]

Para os objetivos analíticos deste capítulo, três observações me parecem particularmente pertinentes. A primeira é que, desde 2001, o interconhecimento de diferentes movimentos e organizações oriundas de diferentes regiões do mundo aumentou extraordinariamente. Esse interconhecimento conduziu à articulação intercontinental de lutas entre movimentos que lutavam em diferentes regiões do mundo contra o mesmo tipo de dominação. Foi assim que surgiram, entre outras, a "Via Campesina", uma articulação de movimentos de camponeses de 73 países, a "Marcha Mundial da Mulheres", articulando movimentos feministas do norte global e do sul global, e diversas coligações de povos indígenas agregando movimentos indígenas de diferentes continentes. Todas essas articulações têm permitido aos movimentos e organizações que as integram definir agendas comuns de ação política, quer ao nível dos diferentes países, quer nas instâncias internacionais. Todas essas agregações e articulações implicaram na prática muita tradução intercultural entre os povos, movimentos e organizações envolvidos, com uma ecologia de saberes posta a serviço do fortalecimento das lutas por via de uma internacionalização e cooperação mais avançada.

O lado menos brilhante desse processo de globalização consistiu no fato de que não tiveram até hoje grande êxito as articulações entre

---

[242] Analisei, num outro contexto, o processo FSM. Ver Santos (2005a; 2006b).

movimentos e organizações envolvidos em lutas contra diferentes tipos de dominação, por exemplo, articulações entre movimentos operários e movimentos de mulheres ou movimentos ecologistas, ou entre movimentos indígenas e movimentos camponeses ou movimentos de direitos humanos, ou ainda entre movimentos urbanos e movimentos rurais, ou movimentos pela paz. Da perspectiva das epistemologias do Sul, essas articulações seriam essenciais para enfrentar a complexidade da dominação moderna.

A segunda observação é que, sobretudo nas últimas décadas, têm se multiplicado os obstáculos à interação internacional dos movimentos e organizações. Por um lado, as formas mais benévolas da chamada "ajuda ao desenvolvimento", sobretudo por parte dos países europeus, que no passado tinham contribuído para a sustentabilidade de algumas organizações e movimentos, vêm sendo substituídas pela chamada "diplomacia econômica", um *slogan* que visa canalizar os fundos da "ajuda" para os agentes econômicos, em detrimento dos agentes sociais ou culturais. Por outro lado, a chamada "guerra contra o terrorismo" e a paranoia securitária que produz e de que se alimenta tiveram como consequência a imposição de cada vez mais restrições à circulação de líderes de movimentos e de organizações do sul global.[243] A globalização neoliberal visa assim "localizar" por diferentes vias todos aqueles que se lhe opõem. Esse fato tem levado os movimentos sociais a privilegiar as lutas e articulações nacionais ou regionais. Finalmente, a terceira observação é que, para além dos objetivos mais diretamente securitários ou econômicos, as tecnologias de informação e de comunicação foram massificadas por via da despolitização das interações, da autoexposição da intimidade e superficialização da privacidade, e da promoção de um individualismo narcisístico que só conhece a solidariedade que não implica riscos ou a partilha do que é trivial.

Em face disso, vivemos um tempo em que a tradução intercultural é cada vez mais necessária, em que existem determinadas condições técnicas que a poderiam facilitar, mas em que os obstáculos que se lhe

---

[243] Eis um exemplo dramático: o governo liberal do Canadá recusou 400 vistos de entrada a líderes de movimentos sociais do sul global que pretendiam viajar para Montreal em agosto de 2016, para participar da 12ª edição do FSM. Muitos outros foram dissuadidos de solicitar vistos.

contrapõem são cada vez mais difíceis de ultrapassar. Como referi anteriormente, a tradução intercultural é um fenômeno antigo, mesmo no sentido restrito que lhe é dado pelas epistemologias do Sul (a tradução intercultural e interpolítica como instrumento de articulação de lutas contra a dominação). Por isso é importante interpelar os processos de tradução intercultural do passado para fortalecer as possibilidades de tradução intercultural do presente. Pela sua espetacularidade, os processos de globalização mais recentes podem fazer-nos esquecer que em tempos passados houve outras globalizações igualmente intensas, ainda que por vezes de âmbito geográfico mais restrito.

Nos últimos 150 anos é possível identificar muitos processos de tradução intercultural e de aprendizagem política recíproca por parte de movimentos de luta anticapitalista e anticolonial em diferentes países. Entre eles, e a mero título de exemplo, menciono as organizações e os líderes operários que se juntaram na Primeira Internacional Comunista (*International Workingmen's Association*, que existiu entre 1864 e 1876); os movimentos revolucionários com forte inspiração anarquista do final do século XIX e suas articulações em algumas capitais europeias, sobretudo em Paris; as discussões ideológicas e partilhas de experiência entre diferentes movimentos de libertação do colonialismo europeu na Conferência dos Países Não Alinhados realizada em Bandung em 1955 e entre os diferentes movimentos africanos de libertação em Gana e na Argélia após as suas independências; e por fim, mas não menos importante, o extraordinário caso de tradução intercultural protagonizado por Gandhi.

No Capítulo 4, ao analisar os diferentes conhecimentos nascidos ou mobilizados pelas lutas sociais, fiz algumas referências aos movimentos africanos de libertação. O caso dos revolucionários anticapitalistas do final do século XIX é muito interessante e pouco conhecido. Em pleno colonialismo europeu, as vicissitudes da política europeia e, sobretudo, a repressão contra a oposição política, tanto nas metrópoles como nas colônias, contribuíram para algumas interações e articulações pouco conhecidas entre as lutas anticapitalistas e anticoloniais. Revolucionários europeus, por vezes empenhados na propaganda pelo ato (*propaganda by the deed*)[244] – que incluía

---

[244] Consistia em "*attentats* espetaculares contra autoridades e capitalistas reacionários, com o objetivo de intimidá-los e de incentivar os oprimidos a prepararem-se de novo para

o assassinato de líderes políticos –, e revolucionários das colônias (quase todos de origem europeia), voluntária ou forçadamente obrigados a residir na Europa e empenhados na libertação dos seus países, encontraram-se nas mesmas cidades, e por vezes nas mesmas prisões. Conhecidos anarquistas europeus (Felix Fénéon, Errico Malatesta, Louis Blanqui, Louise Michel, Émile Verhaeren, Élisée Reclus, etc.) e revolucionários vindos de Cuba, Porto Rico, Santo Domingo e das Filipinas (José Rizal, Ramón Betances, Fernando Tarrida del Mármol, Mariano Ponce, etc.) leram-se, conviveram, colaboraram nas mesmas revistas anarquistas (como, por exemplo, *La Revue Blanche*) e discutiram mutuamente seus respectivos trabalhos. A cidade de Paris e a prisão de Montjuich, em Barcelona, foram alguns dos pontos nodais dessa convivência, descrita com uma vivacidade inigualável por Benedict Anderson num dos seus livros menos famosos (ANDERSON, 2005).

Neste capítulo centro-me no trabalho intercultural de Gandhi, tanto no que ele realizou como naquele que pode ser imaginado usando o seu método antropofágico[245] de apropriar-se seletiva e criativamente de todos os conhecimentos que podiam fortalecer a sua luta pela libertação da Índia do colonialismo britânico. Trato de analisar o método de Gandhi para, com base nele, poder imaginar e oferecer aos movimentos sociais do nosso tempo, e sobretudo aos seus intelectuais de retaguarda, um programa de tradução intercultural orientado para as exigências das lutas de libertação do futuro. No século passado, Mahatma Gandhi foi sem dúvida um dos principais protagonistas da tradução intercultural. Se considerarmos os tipos de tradução intercultural que propus no Capítulo 1, Gandhi distinguiu-se na tradução intercultural didática envolvendo conhecimentos e culturas do sul global e do norte global. Mas a riqueza da reflexão e da prática de Gandhi é tal que também se pode partir dele para realizar tradução intercultural sul-sul. O trabalho

---

a revolução" (ANDERSON, 2005, p. 72). No último quarto do século XIX, o anarquismo internacional era a ideologia dominante na luta global contra o capitalismo, o autoritarismo e o imperialismo. Segundo dados estatísticos confiáveis sobre "ativistas sérios e simpatizantes anarquistas", só na Espanha existiam 25.800 ativistas e 54.300 simpatizantes, metade dos quais na Andaluzia (ANDERSON, 2005, p. 173).

[245] A antropofagia é uma apropriação metafórica do outro. O "Manifesto Antropófago" (1990) de Oswald de Andrade, originalmente publicado em 1928, foi o texto de referência do modernismo brasileiro.

de tradução intercultural de Gandhi é mais relevante hoje do que nas primeiras décadas após a sua morte. Nessa altura viviam-se intensamente as promessas da independência dos países que depois seriam chamados Terceiro Mundo. Como analisei no Capítulo 4, o impulso libertador das lutas pela independência deve muito aos ideais emancipatórios da modernidade eurocêntrica. Eram assim largamente partilhadas pelos movimentos de libertação as promessas do desenvolvimento, capitalista ou socialista, a crença na ciência e no direito modernos e no progresso que eles gerariam, a aceitação do Estado vestfaliano, monocultural, centralizado e burocraticamente organizado como modelo óbvio para os novos Estados. Nesse contexto, as concepções e propostas de Gandhi não podiam deixar de ser consideradas excêntricas, utópicas, produto de uma mentalidade brilhante, mas que tinha perdido o contato com o mundo do seu tempo e que arrogantemente recusava reconhecer os imperativos do desenvolvimento, os únicos que poderiam vir a garantir a sobrevivência e a prosperidade das grandes maiorias oprimidas pelo colonialismo. Contudo, a crença no desenvolvimento foi perdendo força e brilho com as muitas desilusões nas décadas seguintes. Gradualmente, foi se tornando claro que a independência não era sinônimo de auto-determinação, que a promessa do desenvolvimento era sucessivamente adiada, que ao colonialismo histórico se seguira o neocolonialismo e que o Estado pós-independência tinha mais continuidades do que descontinuidades com o Estado colonial.[246] O primeiro e talvez o mais brilhante alerta foi dado por Kwame Nkrumah em 1965 com o seu livro sobre neocolonialismo.[247] Foi se tornando evidente que a linha abissal se deslocara com as independências, mas não desaparecera. As diferentes vias seguidas pelos diferentes países saídos do colonialismo acabaram por conduzir à mesma ideia de frustração histórica. Nada disso, porém, conduziu até há pouco tempo a um questionamento

---

[246] A esse propósito, uma observação muito reveladora de Eduardo Mondlane, o líder da libertação de Moçambique: "Não temos a possibilidade de herdar nada de Portugal nem de acumular riqueza por nós próprios. Então, o que fazer? Temos de começar com o que quer que se encontre disponível. E o que se encontra disponível é o Estado. O Estado controlará todos os recursos naturais e o povo investirá as suas energias nas atividades do Estado" (KITCHEN, 1967, p. 51).

[247] Ver Nkrumah (1965). Ver também Rodney (1981).

profundo do modelo de desenvolvimento seguido em vão, e muito menos ao questionamento da modernidade ocidental como horizonte filosófico e ideológico da transformação social. As próprias ideias de promessas não cumpridas e de frustração histórica foram sendo apagadas pelo neoliberalismo à medida que a globalização que ele protagonizou foi se aprofundando e, com ela, se foi generalizando a ideia de que não havia qualquer alternativa aceitável ao desenvolvimento capitalista. A crise ecológica que, entretanto, entrou na agenda política global pôde, quando muito, legitimar a ideia de desenvolvimento alternativo e gerar debates em torno dela. Mas nunca legitimou a ideia bem mais radical das alternativas ao desenvolvimento.

Essa situação só começou a mudar quando, nos últimos vinte anos, aumentou a força política e a visibilidade midiática de movimentos que punham em causa radicalmente a ideia de desenvolvimento e o faziam a partir de premissas culturais, filosóficas e existências não-ocidentais. Entre esses movimentos salientaram-se os movimentos indígenas e os movimentos camponeses. No momento presente, esses movimentos e as lutas que eles organizam dominam a atualidade de muitos países, dos dalits na Índia e camponeses em Moçambique, Brasil, Colômbia e México aos povos indígenas nas Filipinas, Chile, Argentina, Peru, Bolívia, Equador, Colômbia, Venezuela, Nicarágua, Guatemala, México, Canadá e mesmo nos EUA.[248] A violência a que estão sendo sujeitados – desde

---

[248] Dada a extensão do genocídio de americanos nativos, pode ser surpreendente que algumas lutas ainda decorram. Os ativistas da reserva sioux de Standing Rock passaram meses organizando enormes protestos contra o oleoduto da Dakota do Norte, que iria transportar petróleo numa extensão de mais de 1.900 quilômetros desde os poços da Dakota do Norte, atravessando esse estado e o de Iowa, até um porto de embarque em Illinois. Os manifestantes afirmam que a construção e a dimensão do oleoduto de Dakota, o *Dakota Access Pipeline*, colocariam a única fonte de fornecimento de água potável da reserva em risco de derramamento de petróleo e de contaminação e ameaçariam os lugares sagrados. Existe também preocupação relativamente ao aumento de emissões de dióxido de carbono. O Parlamento Sami, da Noruega, que representa o povo indígena sami, convenceu o fundo de pensões a desinvestir no oleoduto, num ato de solidariedade internacional entre povos indígenas. No momento em que escrevo (abril de 2017), o petróleo já corre no oleoduto, sob o rio Missouri, a cerca de 900 metros a norte da reserva sioux de Standing Rock, na Dakota do Norte. A luta terminou de forma abrupta quando, num dos primeiros atos da sua presidência, Donald Trump anulou uma ordem do seu antecessor, o presidente Barack Obama, e cancelou um novo estudo de impacto ambiental.

a expropriação ilegal aos assassinatos de líderes, à expulsão das terras ancestrais e à contaminação da água –, é uma nova versão daquilo a que Karl Marx chamou de acumulação primitiva e que Rosa Luxemburgo via como uma característica estrutural e permanente do capitalismo. Na América Latina, essa nova versão é geralmente chamada de neoextrativismo.[249] Na origem desse fenômeno estão a sempre renovada sede de recursos naturais por parte do capitalismo global, a exploração mineira a céu aberto numa escala sem precedentes, a exploração petrolífera em parques nacionais com uma imensa biodiversidade, os megaprojetos (barragens, rodovias continentais), o *land grabbing*, sobretudo na África e na Ásia mas também na América Latina, com os consequentes deslocamentos de milhares e milhares de indígenas e camponeses pobres. As consequências sociais e ecológicas dessas transformações e as resistências e lutas que elas suscitam são responsáveis por encorajar um número crescente de ativistas e acadêmicos a colocar nas suas agendas de reflexão e ação coletivas o questionamento da ideia de desenvolvimento no seu todo. Trata-se de questionar as escandalosas desigualdades sociais, os padrões de consumo, os modos de vida, as relações entre os humanos e a natureza. Ou seja, questionam as premissas culturais, filosóficas e ideológicas que sustentam a modernidade ocidental. É nesse contexto que Gandhi adquire uma nova atualidade enquanto brilhante dissidente do modelo de desenvolvimento, no momento de apogeu global da modernidade ocidental. A sua relevância, tal como a concebo neste capítulo, não reside nas soluções concretas que advogou e por que lutou com tanta perseverança. Reside, outrossim, no seu método, no modo como diligenciou para não desperdiçar nenhuma experiência social e cultural existente no mundo que pudesse contribuir para a causa da autodeterminação dos povos e para a liberdade individual e coletiva da humanidade.

Os opositores do oleoduto tinham grandes expectativas de conseguir parar a construção, mas o fracasso não os surpreendeu. "Desde que Colombo 'descobriu' a América, os americanos nativos têm sido obrigados a sofrer os piores males", afirmou Steven Willard, habitante da reserva de Standing Rock que vive em Fort Yates, a jusante do oleoduto. "Isso vai ser mais um objeto que recai sobre nós e teremos de encontrar uma forma de lidar com ele."(MCKENNA, 2017).

[249] Ver nota 164, no Capítulo 6.

Refletir sobre o trabalho de tradução intercultural de Gandhi pode ajudar a promover a formação de "mil Gandhis" que estejam preparados para as exigentes tarefas de tradução intercultural e de tradução interpolítica que certamente vão ser necessárias para fortalecer as lutas contra a dominação numa escala cada vez mais global e num tempo cada vez mais dominado pelo sectarismo da "guerra de civilizações", o nacionalismo agressivo, o essencialismo identitário, o terrorismo, o terrorismo de Estado, a vigilância securitária permanente, etc.

No contexto das epistemologias do Sul, a reflexão sobre Gandhi enquanto tradutor intercultural só faz sentido na medida em que ela própria for concebida como um exercício de tradução intercultural entre Gandhi e as necessidades dos movimentos de resistência e das lutas do nosso tempo e dos nossos lugares. Não nos interessam as conclusões ou os resultados concretos a que Gandhi chegou nem os processos e os métodos que usou para os obter. Não é meu objetivo monumentalizar Gandhi, o que, aliás, estaria em contradição com as epistemologias do Sul.[250] Procuro antes identificar a lógica profunda da inquietação de Gandhi na busca de novas respostas para novos problemas a partir de uma tradição cultural subvertida, concebida em constante diálogo com outras tradições culturais, interrogada em função das necessidades do presente. Essa inquietação e a lógica profunda que a move levam Gandhi a transformar-se num exímio construtor de ecologias de saberes e de artesanias das práticas, dois procedimentos básicos das epistemologias do Sul. Essa abordagem é menos exegética do que arqueológica. Mas é uma arqueologia que, em vez de criar distância, cria proximidade. Ou seja, voltando a Gandhi, é

---

[250] Pelo contrário, estou bem consciente das ambiguidades de Gandhi no que diz respeito não apenas à discriminação de casta na Índia, mas também no que toca ao Império Britânico durante a sua vida na África do Sul. Desai e Vahed (2016, p. 16) retratam Gandhi como o "maqueiro do Império": "Este livro mostra que Gandhi procurou cair nas boas graças do Império e da sua missão durante os seus anos na África do Sul. Ao fazê-lo, não se limitou a invisibilizar a exploração e opressão sobre os africanos, mas, em algumas ocasiões, constituiu uma parte ativa da sua subjugação e da construção de um estereotipo racial. Esse não é o Gandhi de que falam os discursos hagiográficos dos políticos mais de um século mais tarde. É um homem diferente trilhando o seu caminho entre a escória do seu tempo, que não era um tempo qualquer, mas o auge do colonialismo; não num país qualquer, mas numa terra que testemunhou três séculos de incessante conquista, de brutalidade e de carnificina racial".

possível efetuar não só traduções interculturais norte-sul ou sul-norte, mas também tradução intercultural sul-sul.

No que se segue, não se trata de apresentar Gandhi como um cultor exemplar das epistemologias do Sul. Trata-se antes de analisar Gandhi à luz das epistemologias do Sul, valorizar nele tanto a estranheza que nos causa (desfamiliarização) como a proximidade que nos surpreende (refamiliarização). Recorrendo aos conceitos que venho propondo, concebo Gandhi em termos de duas formas de sociologia das emergências: como ruína-semente e como apropriação contra-hegemônica (ver Capítulo 1).

Gandhi foi um tradutor intercultural assíduo e competente na zona de contato entre as concepções eurocêntricas e não-eurocêntricas. A seu ver, aprender com o sul, o seu principal objetivo, poderia ser facilitado pelo aprender com o norte.[251] Aprender com o norte seria uma espécie de aprendizagem negativa, o desaprender daquilo que se afirmava como universal apenas porque tinha mais poder. Esse processo de aprendizagem/desaprendizagem envolvia também as vozes discordantes, as "contraculturas" que no norte global lutavam contra o capitalismo, o patriarcado e o colonialismo ou, ainda, mais genericamente, contra a civilização moderna, eurocêntrica. Essa aprendizagem foi fundamental para que Gandhi atingisse o seu objetivo principal: questionar a sua tradição ancestral e reinventá-la de uma forma que lhe permitisse servir de base e de orientação para as tarefas políticas que se seguiriam. O objetivo último era assim fazer surgir e crescer o sul anti-imperial como um contributo para o mundo – tanto norte e sul como ocidente e oriente.

Neste capítulo, começo por salientar alguns dos aspectos da formação de Gandhi que mais terão contribuído para desenvolver a sua enorme

---

[251] Existe uma vastíssima literatura sobre as fontes ocidentais de Gandhi e comparações entre o pensamento gandhiano e o de alguns pensadores ocidentais de relevo, como Rousseau (DALTON, 1993, p. 212), Marx (BONDURANT, 1964) e, em especial, os críticos da civilização moderna que influenciaram diretamente o jovem Gandhi, como Thoreau, John Ruskin e Tolstoi, como analiso adiante. Mukherjee (2010) critica as quatro principais escolas historiográficas sobre a Índia moderna – a marxista, a de Cambridge, a nacionalista e a subalterna – por não reconhecerem a diferença teórica e epistemológica entre a concepção gandhiana de liberdade e a concepção ocidental liberal de liberdade.

capacidade de tradução intercultural. Em seguida, proponho dois exercícios de tradução intercultural sul-norte-sul a partir de Gandhi, um imaginário e outro real. O primeiro, imaginário, ocorre entre Gandhi, por um lado, e dois conhecidos intelectuais eurocêntricos críticos, Habermas e Chomsky, por outro; o segundo, realmente conduzido por Gandhi, tem lugar entre ele próprio e um intelectual eurocêntrico dissidente e contraintelectual, Tolstoi. Passo depois a propor dois exercícios de tradução intercultural sul-sul, de novo um real e outro imaginário. O primeiro decorre entre a prática política de Gandhi e os movimentos de direitos civis afro-americanos. O outro, o imaginário, tem lugar entre Gandhi e a filosofia dos povos indígenas dos Andes.

A construção de um tradutor intercultural

Existem vários fatores que podem ter contribuído para estabelecer as bases da tradução intercultural no pensamento e na prática gandhianos. Ao contrário de muitas outras crianças criadas em lares hindus na época, Gandhi passou a infância num ambiente multicultural.

> O lar em que Mohandas Gandhi cresceu era um lugar onde a mente de um jovem podia ter a experiência do pluralismo religioso posto em prática. Os pais pertenciam a seitas diferentes [no âmbito do hinduísmo]. Além disso, a casa dos Gandhi recebia frequentemente a visita de monges jainistas, que eram seus conselheiros religiosos, e de amigos muçulmanos. Estava aberta a pessoas de todas as crenças e nesses encontros muitas vezes discutiam-se questões religiosas. O pluralismo religioso era uma realidade viva na vida de Mohandas, um dado adquirido (JORDENS, 1998, p. 148).

Assim, as sementes da tradução intercultural e inter-religiosa poderão ter sido plantadas no ambiente que foi proporcionado a Gandhi durante a infância. Mais tarde, aprendeu com um jaina místico, de nome Ravjibhai Mehta, a filosofia jaina e vários ensinamentos sobre temas como a alma, Deus, a libertação, o *Gita*, os *Vedas*, a *anekantavada* [a pluridimensionalidade da verdade] e *dharma*.[252] Dessa filosofia, Gandhi absorveu os conceitos-chave da pluralidade e da diversidade multilateral

---

[252] Parel (1997, p. xlviii).

do mundo.[253] A *anekantavada* é uma das doutrinas fundamentais do jainismo. Refere-se aos princípios do pluralismo radical ou ontológico (um multiverso ou pluriverso em vez do universo) e de uma multiplicidade de perspectivas, a noção de que a verdade e a realidade são percepcionadas de forma diferente a partir de diferentes pontos de vista e de que nenhum ponto de vista único corresponde a toda a verdade.[254]

A disponibilidade de Gandhi para ir ao encontro de outras culturas radica na sua adoção da concepção jainista da "realidade multíplice" e, de uma forma mais geral, na sua concepção da religião. Segundo Gandhi, citado por Jordens,

> a minha experiência é que, do meu ponto de vista, tenho tido sempre razão e, do ponto de vista dos meus críticos sérios, muitas vezes não a tenho. Sei que, dos nossos respectivos pontos de vista, ambos temos razão. E saber isso impede-me de atribuir motivos aos meus opositores e críticos [...] aprecio muitíssimo essa doutrina da "realidade multíplice". Foi ela que me ensinou a julgar um muçulmano a partir da sua própria perspectiva e um cristão a partir da dele (1998, p. 151-152).

Durante algum tempo, Gandhi acreditou que o hinduísmo era superior às outras religiões devido à sua capacidade de incluir todas elas. Provavelmente porque uma asserção baseada nesse tipo de razões configurava uma *contradictio in adjecto*,[255] a sua filosofia mais tardia aceitava todas as religiões como sendo iguais entre si:

---

[253] "O conceito de hinduísmo [de Gandhi] era mais amplo do que aquele que é adotado pela maioria dos indianos: para ele, o termo hinduísmo incluía sempre sob o seu leque abrangente o jainismo e o budismo" (JORDENS, 1998, p. 151).

[254] Segundo Jordens: "A doutrina *anekantavada* do jainismo é a doutrina segundo a qual a realidade não é uniforme, mas múltipla; é tão complexa que muitas proposições aceitáveis sobre ela podem ser muito diferentes, e mesmo contraditórias, dependendo do ponto de vista de quem observa. Daí se infere o princípio lógico da *syadvada*: uma vez que todas as proposições sobre a realidade apenas conseguem apresentar perspectivas parciais, deveriam ser, todas elas, qualificadas através da palavra *syad* [possivelmente] ou introduzidas pela expressão 'de um determinado ponto de vista', deixando espaço para diferentes afirmações que são também verdadeiras a partir de outros pontos de vista" (1998, p. 151).

[255] Se o hinduísmo é superior por ter a maior capacidade de aceitar a pluralidade das outras religiões, então o hinduísmo é apenas uma delas, não podendo, por isso, reivindicar qualquer superioridade.

Na realidade essencial não existe qualquer diferença; a diferença reside apenas no olhar de quem vê. Se acreditarmos nisso, se captarmos a essência, faremos progressos na religião. Qualquer que seja a religião que professeis, eu não tomo partido a favor nem contra ela. Vale a pena dizer apenas o seguinte: seja qual for o método, a devoção ou o *dharma* pelo qual a contaminação da alma por este mundo é destruída, é esse o *dharma*, é essa a disciplina que deveis seguir [...] Este mundo tem sido incapaz de descobrir a verdade porque se encontra tolhido pelos grilhões das disputas doutrinais (JORDENS, 1998, p. 150).

A ideia da igualdade das religiões é claramente ilustrada através do uso de uma nova metáfora: "Assim como uma árvore tem um tronco único, mas muitos ramos e folhas, assim também existe uma religião verdadeira e perfeita, que se transforma em muitas ao passar pela intermediação humana". Anteriormente, Gandhi usara a seguinte metáfora: "As religiões são todas rios que confluem num mesmo oceano". Essa imagem destacava a semelhança do objetivo final em cuja direção, pelos seus meandros individuais, todas as religiões mais cedo ou mais tarde levavam. Contudo, não sugeria a igualdade das religiões – embora todas vão dar ao oceano, algumas podem ser rios majestosos, de corrente rápida, outras riachos estagnados e de águas salobras. A nova metáfora concentrava-se na igualdade da essência: as religiões são iguais porque, na raiz, no tronco, são realmente apenas uma – "existe uma Religião verdadeira e perfeita cujos vários ramos partilham de igual forma da sua madeira e da sua seiva" (JORDENS, 1998, p. 154-155). Esta ideia da multiplicidade de pontos de vista que, todavia, contém a igualdade na essência fez surgir outra mudança na visão de Gandhi. Durante muito tempo, ele afirmou que

> "Deus é a Verdade", implicando que a verdade era uma das muitas propriedades de Deus e que o conceito de Deus era, em termos lógicos, prévio ao de Verdade. Em 1926, o filósofo indiano inverteu os termos da proposição, afirmando que "A Verdade é Deus". Considerava ter sido essa uma das suas descobertas mais importantes, entendendo que a expressão sintetizava os seus anos de reflexão (PAREKH, 1997, p. 26).

Essa concepção mais tardia aproxima muito Gandhi da concepção spinozana de Deus (SPINOZA, 1888, p. 3-56).

Outro fator importante que potenciou a capacidade tradutiva intercultural de Gandhi foi a perspectiva externa que desenvolveu ao longo da vida. Esse aspecto é significativo porque, no meu entender, sem a experiência existencial de ver as coisas a partir do ponto de vista de quem está de fora, seria difícil que a aceitação de noções como a da multiplicidade e multilateralidade da realidade fosse incorporada nas suas ações. A vida de Gandhi posicionou-o no sentido de possuir uma perspectiva externa relativamente a todas as escolas de pensamento a que aderiu: durante o tempo que viveu na África do Sul, passou pela experiência do racismo e adquiriu uma perspectiva sobre o nacionalismo indiano a partir de fora (GANDHI, 2001). Com ideias muito próximas do ateísmo, Gandhi adotou uma perspectiva externa relativamente à religião no geral e, especificamente, em relação ao hinduísmo. Durante algum tempo foi um marginal em relação à sua seita e à sua comunidade por ter optado por uma formação acadêmica eurocêntrica; adquiriu essa educação eurocêntrica e passou na Inglaterra o tempo suficiente para ser capaz de decidir o que aceitar e o que rejeitar relativamente à modernidade eurocêntrica. Gandhi não se considerava como pertencendo nem a elementos extremistas nem a partidos políticos moderados, ambos, a seu ver, contaminados por concepções oriundas da modernidade eurocêntrica; inspirava-se nas filosofias jainistas, cristãs, budistas e islâmicas, embora sem aderir por completo a qualquer uma delas. Pelo fato de assimilar conceitos de outras religiões a fim de enriquecer a sua concepção de hinduísmo, Gandhi não era considerado pelos elementos hindus extremistas como um hindu puro.

Essa perspectiva distanciada relativamente a diferentes escolas de pensamento permitiu a Gandhi ver as deficiências e os problemas inerentes a cada uma. Perceber que cada ponto de vista traz consigo as suas próprias deficiências faz parte integrante do movimento na direção da "multiplicidade da realidade" porque nos leva a entender que não existe um ponto de vista que seja completo nem isento de falhas. É evidente que isso não é sinônimo de relativismo ou ecleticismo. Tendo em conta as teorias feministas do conhecimento situado, poderíamos até falar de tradução intercultural situada. Trata-se da tradução intercultural na prática; cria um distanciamento relativamente ao nosso próprio ponto de vista a fim de avaliar a sua relação, de competição ou de cooperação, com outros pontos de vista. Apesar de tudo, Gandhi baseava-se em algumas convicções fundamentais: o hinduísmo, a civilização indiana, a história indiana, a verdade, a não-violência, etc. Contudo, punha continuamente à prova essas crenças à luz da moralidade, da humanidade e da razão e exprimia a sua oposição a práticas corruptoras tais como a intocabilidade, o patriarcado, o tradicionalismo injustificado, etc.[256] O percurso gandhiano mostra que existe um meio-termo entre o orgulho excessivo nas convicções próprias e o seu abandono em favor de uma visão do mundo multifacetada.

Esse meio-termo é o espaço da tradução intercultural. Gandhi seguia na direção da tradução intercultural quando muitos dos seus contemporâneos, nas mesmas circunstâncias, adotavam um nacionalismo provinciano, um hinduísmo de direita, ou aderiam acriticamente às filosofias materialistas eurocêntricas. Os três anos passados na Inglaterra estudando direito significaram para Gandhi uma zona de contato prolongada e decisiva para a tradução intercultural. Passou a conhecer bem a cultura e a política imperiais que dominavam a Índia e seduziam uma parte das elites indianas e transformou a sua estadia num fluxo permanente de interações interculturais entre textos eurocêntricos e indianos e os conceitos centrais de áreas como o direito, a religião, a política e a filosofia (NANDA, 2007, p. 54). Lloyd Rudolph resume de forma muito direta o trajeto de Gandhi enquanto tradutor cosmopolita:

> O encontro com a cultura da modernidade, as tradições britânicas e a epistemologia cristã colocou um desafio às raízes e aos sistemas de convicções e de conhecimento de Gandhi. No entanto, em vez de se apressar a aderir à modernidade, como vários indianos tinham feito, Gandhi retomou as suas próprias raízes e as suas próprias tradições. Além disso, ao regressar à sua própria cultura, não o fez recorrendo a um nacionalismo provinciano, de vistas curtas; pelo contrário, regressou a ela com uma mente aberta para poder

---

[256] Sobre a participação das mulheres nas lutas nacionalistas da Índia, ver Kasturi e Mazumdar (1994) e Menon (2011).

identificar as suas vantagens e os seus defeitos, decidindo que, se estes fossem superiores àquelas, certamente quebraria os seus laços com essa cultura. Essas foram condições fundamentais para a tradução intercultural. Foi o encontro internacional que o levou a ler e a articular as suas "concepções 'nativas'" (1996, p. 41).

Gandhi e as traduções sul-norte:
Habermas e Chomsky

A necessidade de nos mantermos um tanto ou quanto distanciados da tradição crítica eurocêntrica[257] implica uma *démarche* desconstrutiva a ser complementada por uma *démarche* reconstrutiva. O fato de esse distanciamento criar espaços analíticos não significa que novos instrumentos analíticos para reconstrução teórica e epistemológica fiquem automaticamente disponíveis. As epistemologias do Sul fazem parte integrante desse trabalho reconstrutivo. Gandhi representa muito bem a tensão entre as tarefas de desconstrução e as tarefas de reconstrução. Sem perder de vista as suas raízes, o hinduísmo, Gandhi submete-o a uma constante avaliação crítica que, surpreendentemente, se torna aceitável por via da crítica igualmente exigente que faz à modernidade eurocêntrica. Gandhi é exímio em praticar a dupla negação para, com base nela, definir uma positividade nova, o seu caminho de luta. Essa dupla negação está ausente no pensamento crítico eurocêntrico. Daí o interesse em comparar e contrastar Gandhi com dois pensadores que no norte global têm se distinguido pela sua crítica à modernidade ocidental. Refiro-me a Habermas e Chomsky.

O sul global anti-imperial surge através de um ato duplo de desfamiliarização, tanto em relação ao norte global como em relação ao sul global imperial, isto é, o sul que reproduz ativamente os mecanismos econômicos, políticos e culturais que sustentam a dominação global do capitalismo, do colonialismo e do patriarcado.[258] Com o avanço da desfamiliarização do norte global imperial, as concepções e práticas do norte global que foram suprimidas, reprimidas ou marginalizadas

---

[257] Ver Santos (2014a); ver também Capítulo 6.

[258] No Capítulo 6 defendo que essa desfamiliarização se reveste de formas diferentes quando efetuada no norte global ou no sul global.

pelo pensamento imperial hegemônico começam a ser vistas a uma luz diferente, tornando-se assim mais visíveis e até mais reconhecíveis. O mesmo acontece relativamente às concepções e práticas existentes no sul global antes da dominação colonial e imperial ou que foram produzidas enquanto parte da resistência contra aquela. Assim, a desfamiliarização implica refamiliarização.

O argumento principal das epistemologias do Sul é que essa desfamiliarização na verdade começa no momento em que se identifica e denuncia a linha abissal, quando, por outras palavras, se tornam possíveis a sociologia das ausências e a sociologia das emergências. Não é suficiente reconhecer o caráter imperial do domínio global do norte no mundo moderno (ou seja, perceber que existe um sul).[259] Também não é suficiente condenar o sofrimento injusto causado pelo imperialismo e mostrar solidariedade com as suas vítimas (ou seja, aprender a ir para o sul). A linha abissal só é devidamente identificada e denunciada quando se considera que a dominação moderna oculta a desumanização dos opressores e dos oprimidos que ela própria causa, ocultando também o valor existencial e epistêmico dos oprimidos, o qual excede em muito aquilo que é codificado através da relação de dominação. Uma vez que a chave da verdadeira libertação global se encontra na luta contra a opressão, em vez de se mostrar solidariedade para com os oprimidos é absolutamente necessário que nos aliemos à luta e aprendamos com ela e, através dela, aprendamos a tornar-nos completamente humanos (ou seja, aprender com o sul). A desfamiliarização do norte imperial é, portanto, uma *démarche* epistemológica mais complexa do que possa parecer.

Passo a exemplificar essa complexidade através de uma breve discussão de Gandhi numa tradução imaginada com Habermas e Chomsky, dois pensadores do norte global que criticaram de diferentes formas as versões dominantes da modernidade eurocêntrica, podendo por isso ser considerados pensadores opositivos, Chomsky muito mais marcadamente do que Habermas.

---

[259] Quando o pensamento crítico (e pós-moderno) critica o império, o faz concebendo-o como "nós", e não como "nós" e "eles". Isso explica por que motivo as realidades não europeias estão tão ausentes desse pensamento. Em relação ao eurocentrismo de Foucault, ver Slater (1992).

A obra de Jürgen Habermas ilustra muito bem a dificuldade que representa para um pensador ocidental desfamiliarizar-se relativamente ao norte global. Para Habermas, a modernidade eurocêntrica não é um projeto fracassado, mas antes um projeto incompleto. A sua famosa teoria da ação comunicativa enquanto novo modelo universal da racionalidade discursiva visa precisamente maximizar as possibilidades de completar o projeto moderno (HABERMAS, 1981). Com essa sua teoria, Habermas pretende propor um *telos* de desenvolvimento para a humanidade em geral na base do qual seja possível rejeitar o relativismo e o ecleticismo. Contudo, quando lhe perguntaram se a sua teoria crítica do capitalismo avançado poderia ser de alguma forma útil para as forças socialistas do Terceiro Mundo e ainda se essas forças poderiam, por seu turno, ter alguma utilidade para as lutas socialistas democráticas nos países avançados, Habermas respondeu: "Estou tentado a responder 'não' em ambos os casos. Estou consciente de que se trata de uma perspectiva limitada eurocêntrica. Prefiro não responder" (1985, p. 104). O que essa resposta significa é que a racionalidade comunicativa de Habermas, apesar da pretensão de universalidade, começa por excluir da participação no discurso quatro quintos da população mundial. Tal exclusão é decretada por critérios cuja legitimidade reside na universalidade que lhes é atribuída. A declaração de exclusão pode, portanto, ser feita com a máxima sinceridade ("Estou consciente do fato de que se trata de uma perspectiva limitada eurocêntrica") e também com extrema cegueira relativamente à sua insustentabilidade (ou talvez a cegueira não seja afinal extrema, considerando a estratégia de fuga adotada: "Prefiro não responder"). Assim, o universalismo habermasiano revela-se um universalismo imperial que controla totalmente a decisão relativa às suas próprias limitações, impondo-se assim àquilo que inclui e àquilo que exclui. Existe um debate relativo às afinidades e divergências intelectuais entre Habermas e Gandhi. Por um lado, Thomas Pantham (1988) sublinha as diferenças entre as restrições eurocêntricas do universalismo habermasiano e a confiança de Gandhi no hinduísmo como possibilitador de uma alternativa criativa; por outro, Dipankar Gupta (2009) considera Gandhi um precursor das ideias liberais, seculares e democráticas mais tarde desenvolvidas por Habermas, salientando assim as afinidades entre ambos os pensadores.

Nesse debate, os argumentos invocados por Pantham parecem-me ser os mais convincentes.

Enquanto Habermas é um exemplo da incapacidade de compreender a necessidade de desfamiliarização epistemológica relativamente ao norte imperial, Noam Chomsky mostra de forma muito eloquente que a desfamiliarização é muito mais fácil com base em fundamentos políticos do que por razões epistemológicas. Aprendemos com Chomsky que existe um sul e que temos de ir para o sul em solidariedade com ele. Mas, por outro lado, Chomsky é pouco útil quando se trata de nos ajudar a aprender com o sul. Para isso teremos de recorrer a Gandhi. Sendo inquestionavelmente um dos mais brilhantes críticos radicais do norte imperial, Chomsky é quem, no norte global, está mais próximo de representar a desfamiliarização relativamente ao norte imperial. Desde que, na década de 1960, se tornou um dos porta-vozes mais eloquentes contra a Guerra do Vietná, Chomsky nunca deixou de ser um ativista anti-imperialista muito consistente.[260] A fim de desmontar o imperialismo, Chomsky empreende uma crítica radical do papel das ciências sociais na "naturalização" da relação imperial. Os seus escritos políticos assumem um caráter claramente não teórico, o que se torna ainda mais surpreendente perante o fato de que, enquanto linguista, Chomsky é um teórico de renome mundial. Na verdade, a teoria chomskiana da gramática generativa transformacional é por muitos considerada uma revolução tão importante na linguística quanto a revolução de Einstein foi na física. A natureza não teórica dos seus escritos políticos é parcialmente responsável pelo silêncio ou descrédito com que foram recebidos nos círculos profissionais. No mínimo, os escritos políticos de Chomsky foram objeto de duras críticas. Wolin comenta: "Os escritos políticos de Chomsky são curiosamente ateóricos [...] O seu pressuposto óbvio é que a política não é um tema teórico [...] Ao ler Chomsky, fica-se com a impressão de que, se não fosse uma necessidade urgente pôr a descoberto as mentiras, a imoralidade e o abuso de poder, a política não teria qualquer direito sério à atenção das mentes teóricas" (1990, p. 103).

Quanto ao domínio profissional das ciências sociais, Chomsky afirma o seguinte:

---

[260] Entre outros escritos políticos de Chomsky, ver (2010; 2014; 2016).

Penso que a estrutura profissional de guilda das ciências sociais serviu frequentemente como um magnífico dispositivo para as proteger do discernimento e da compreensão, para expulsar as pessoas que levantam questões que não são aceitáveis, para limitar a investigação – não à força, mas por toda a sorte de outros meios mais sutis – sobre questões que não representam qualquer ameaça. Veja-se uma associação profissional qualquer; haverá certos temas que terá muita relutância em investigar. Especificamente, uma das coisas que essas associações muito provavelmente não estudam é a forma como, na realidade, o poder é exercido na sua própria associação ou ainda a sua própria relação com esse poder. Trata-se de temas que não querem entender, que não querem estudar (1987, p. 30).

A conclusão é que as ciências sociais modernas têm muito pouco préstimo no que se refere à desfamiliarização do norte imperial. Como tal, Chomsky propõe a criação de um novo senso comum. Chama-o, de forma muito significativa, de "senso comum cartesiano". A percepção de Chomsky é que as pessoas vulgares têm um conhecimento imenso em muitas áreas diferentes. O exemplo específico que dá é o das conversas e discussões sobre esporte na nossa sociedade. Afirmando que as pessoas vulgares põem em prática a sua inteligência e as suas capacidades analíticas, acumulando uma grande quantidade de conhecimentos e percebendo muito sobre essa área específica, Chomsky defende que as mesmas competências intelectuais e capacidade de compreensão poderiam ser usadas em áreas realmente importantes para a vida humana em sociedade. Faz questão de dizer que, sob diferentes sistemas de governação que incluam a participação popular em áreas de decisão importantes, a capacidade de conhecimento das pessoas vulgares seria sem dúvida usada de modos relevantes. Recorrendo ao seu megaexemplo – a Guerra do Vietnã –, Chomsky escreve:

Quando falo, por exemplo, do senso comum cartesiano, o que quero dizer é que não é necessário ter-se um conhecimento profundo e especializado para se perceber que os Estados Unidos estavam invadindo o Vietnã do Sul. E, na verdade, desmontar o sistema de ilusões e mentiras que funciona no sentido de evitar que a realidade contemporânea seja entendida não é uma tarefa que exija competências ou capacidades intelectuais extraordinárias. Requer apenas o tipo normal de ceticismo e de vontade de aplicar as competências analíticas que quase todas as pessoas possuem e que podem pôr em prática (1987, p. 35).

Do ponto de vista das epistemologias do Sul, a proposta desteorizadora avançada por Chomsky representa um contributo importante, tendo, contudo, limitações fatais. Ao admitir a separação total entre as suas atividades acadêmica e política, Chomsky está aceitando de forma acrítica uma das dicotomias básicas do paradigma da ciência moderna, a dicotomia entre a ciência e a política, que é, de fato, um dos componentes mais enraizados do velho senso comum eurocêntrico. A crítica radical de Chomsky relativamente às ciências sociais modernas não reconhece o fato de que estas fazem parte de um paradigma epistemológico mais vasto que engloba a ciência moderna em geral e, portanto, também a linguística. Assim, não vê que a dicotomia entre a ciência e a política é uma dicotomia política e não acadêmica, sendo, por esse motivo, refém da política do norte global imperial.[261] Com a exceção do anarquismo, Chomsky dedica pouca atenção às tradições excêntricas e periféricas suprimidas pela modernidade eurocêntrica e não dá qualquer atenção ao conhecimento produzido no sul a partir de um ponto de vista anti-imperial. Por outras palavras, com Chomsky não se aprende a aprender com o sul.

Para se aprender a aprender com o sul enquanto sul anti-imperial é necessário em primeiro lugar que se ouça o sul falar, que se escute profundamente e se entenda o que ele tem a dizer, uma vez que o que melhor identifica o sul é o fato de ter sido silenciado. Gandhi[262] é

---

[261] A aceitação acrítica da distinção moderna entre ciência e política por parte de Chomsky explica algumas das possíveis contradições entre o seu ativismo político anti-imperialista e a sua política científica e profissional. Assim, a posição progressista relativamente àquele pode coexistir com uma posição conservadora quanto a esta. Sobre a política da concepção chomskiana de "linguística autônoma", ver Newmeyer (1986).

[262] A seguir, centro-me em Gandhi, mas, com o aprofundar da crise da modernidade e o evidenciar do seu caráter imperialista, surgiu no sul nas últimas décadas um fermento intelectual e político inspirado num conceito do sul global anti-imperial que tenta elaborar uma política emancipatória fora dos moldes ocidentais. Nesse sentido, muitos líderes políticos e intelectuais africanos apelaram a uma nova política emancipatória na África. Ver, entre muitos outros, Kagame (1956), Hountondji (2002; 2007), Oruka

uma das vozes mais eloquentes do sul global anti-imperial, um mestre notável no que se refere ao processo de aprender com o sul (e a partir dele). Como procurarei mostrar mais adiante, a voz de Gandhi surge a partir de um processo complexo de tradução intercultural. Gandhi e Frantz Fanon simbolizam duas das rejeições mais radicais do norte imperial: um na primeira metade do século XX e o outro na segunda metade.[263] Quando, em 1909, perguntaram a Gandhi o que teria a dizer aos ingleses sobre a dominação colonial a que sujeitavam a Índia, respondeu que, entre outras coisas, diria o seguinte:

> Consideramos que a civilização que apoiais é o oposto de civiliza-ção. Consideramos que a nossa civilização é muitíssimo superior à vossa [...] Consideramos que as vossas escolas e os vossos tribunais não servem para nada. Queremos que as nossas escolas e os nossos tribunais antigos sejam restabelecidos. A língua comum da Índia não é o inglês, mas o hindi. Portanto, deveríeis aprendê-lo. Só podemos manter comunicação convosco na nossa língua nacional (1956, p. 118).

Como Nandy corretamente sublinha, "A visão gandhiana resiste à tentação de se igualar ao opressor em violência e de recuperar a autoesti-ma como concorrente dentro do mesmo sistema" (NANDY, 1987, p. 35).

O conceito e a prática da não-violência e da não-cooperação, a que Gandhi dedicou toda a sua vida, são as características mais marcantes da desfamiliarização política e cultural relativamente ao norte imperial. O objetivo não é conquistar o poder num mundo corrupto, mas sim

---

(1990), Wamba dia Wamba (1991), Ramose (1992), Masolo (2003) e Wiredu (1996). No que se refere à Ásia, com base na ideia de que um aspecto significativo das estruturas de conhecimento pós-coloniais do Terceiro Mundo corresponde a uma forma peculiar de "imperialismo de categorias", Nandy procura estabelecer uma base para a tolerância étnica e religiosa independente da linguagem hegemônica do secularismo popularizada pelos intelectuais ocidentalizados e pelas classes médias expostas à linguagem globalmente dominante do Estado-nação da Ásia meridional (1988, p. 177). Paul Gilroy (1993) defende convincentemente uma "cultura atlântica negra" enquanto contracultura de modernidade, convidando-nos a aprender com o sul *dentro do* norte global imperial. Esse é o panorama mais geral do pensamento não-eurocêntrico para o qual a literatura descolonial (ver Capítulo 6) contribuiu de forma decisiva mais recentemente.

[263] A comparação entre a defesa da não-violência de Gandhi e a defesa da violência por parte de Fanon é muito esclarecedora. Num artigo publicado em 1997, Odera Oruka aborda esse debate de forma bastante interessante.

criar um mundo alternativo onde se possa recuperar a humanidade do humano: "No nosso estado atual", afirma Gandhi, "somos em parte humanos e em parte animais, e, na nossa ignorância, ou mesmo arrogância, dizemos que cumprimos verdadeiramente o propósito da nossa espécie quando reagimos a um golpe com outro golpe e atingimos o nível de raiva necessário para esse propósito" (1951, p. 78). Assim, como vemos, em Gandhi a desfamiliarização relativamente ao norte imperial é também desfamiliarização relativamente ao sul imperial.

Em 1938, ao falar sobre a prática da *satyagraha*, Gandhi afirma: "Sendo um movimento de purificação, a não-cooperação está trazendo à superfície todas as nossas fraquezas e até excessos, mesmo dos nossos pontos fortes" (1951, p. 80). Portanto, para Gandhi, o marxismo e o comunismo europeus, embora configurem indubitavelmente uma profunda crítica do norte imperial, estão ainda demasiadamente comprometidos com ele para poderem funcionar como modelos para a construção de um sul não imperial.

> A guerra de classes é estranha ao gênio essencial da Índia, que é capaz de fazer evoluir o comunismo na base alargada dos direitos de todos e de igual justiça para todos [...] O *Ramarajya* dos meus sonhos assegura de igual modo o direito do príncipe e o do pobre [...] Não nos deixemos obcecar com palavras de ordem nem com *slogans* sedutores importados do ocidente. Não possuímos nós as nossas tradições orientais bem particulares? Não somos nós capazes de encontrar a nossa própria solução para a questão do trabalho e do capital? [...] Tendo sido um estudioso simpatizante da ordem social ocidental, descobri que, subjacente à febre que enche a alma do ocidente, existe uma incansável procura da verdade. Valorizo esse espírito. Estudemos as nossas instituições orientais nesse espírito de pesquisa científica e seremos capazes de evoluir para um socialismo mais verdadeiro e para um comunismo mais verdadeiro do que o mundo alguma vez possa ter sonhado. É claramente errado presumir que o socialismo ou o comunismo ocidentais são a última palavra no que diz respeito à questão da pobreza em grande escala (GANDHI, 2009, p. 39-40).

A desfamiliarização relativamente ao norte e ao sul imperiais não é, para Gandhi, um fim em si mesma. Trata-se, na verdade, de um meio de criar um mundo alternativo, uma forma nova de universalidade capaz de libertar tanto a vítima como o opressor. A esse respeito, e como a análise anterior demonstra de forma clara, o contraste flagrante entre Gandhi e Habermas favorece muitíssimo mais o primeiro. Para começar, o conceito de racionalidade gandhiano é muito mais abrangente do que o de Habermas no sentido em que Gandhi dá relevo à corrente quente da razão, que defendi no Capítulo 5. Gandhi recusa a distinção entre verdade, por um lado, e amor e alegria, por outro: "A força do amor corresponde à força da alma ou da verdade", como escreve em certa época (1956, p. 110). Assim sendo, Pantham tem razão quando afirma que "a *satyagraha* de Gandhi é um modo integral de praxis política que é restrita ao raciocínio crítico". E acrescenta, de forma um tanto ou quanto excessiva: "A *satyagraha* de Gandhi começa a partir do ponto em que a argumentação racional ou o raciocínio crítico acaba" (1988, p. 206).[264] Em segundo lugar, a "indagação científica" de Gandhi não reivindica qualquer privilégio epistemológico. O conhecimento sempre existiu, por assim dizer, e a única coisa que precisava fazer era "experiências": "Não tenho nada a ensinar ao mundo. A verdade e a não-violência são tão antigas como as colinas. Tudo o que fiz foi tentar experiências nas duas áreas numa escala tão grande quanto me foi possível. Ao fazê-lo, por vezes errei e aprendi com os meus erros. Para mim, a vida e os seus problemas tornaram-se, assim, experiências relativas à prática da verdade e da não-violência" (GANDHI, 1951, p. 240).

Gandhi advoga as ecologias de saberes que fortalecem a luta de libertação e, ao mesmo tempo, prefiguram os tipos de sociabilidade da sociedade liberta. A sua proposta engloba um vasto projeto de tradução intercultural que abrange tanto o questionamento rigoroso do norte imperial a fim de "extrair" o respectivo potencial anti-imperial como o questionamento da sua própria cultura, uma vez que o potencial

---

[264] As ideias e a política de Gandhi são tema de aceso debate. Nandy (1987) sublinha o fato de Gandhi ter escapado à dominação cultural colonial, formulando assim um nacionalismo indiano autêntico e eficaz. Com base num enquadramento gramsciano, Chatterjee considera que a ideologia gandhiana, subvertendo embora o pensamento elitista-nacionalista, criou simultaneamente a oportunidade histórica para a apropriação política das classes populares no âmbito da evolução das formas do novo Estado indiano (1984, p. 156). Fox (1987) destaca os dilemas da resistência cultural de Gandhi num sistema mundial de dominação cultural.

imperial desta, que está longe de ser evidente, tem também de ser "extraído". Gandhi questiona a sua própria cultura hindu com o objetivo de aprender a dialogar com outras culturas com a máxima tolerância discursiva e a reconhecer que as outras culturas possuem também aspirações emancipatórias semelhantes: "A não-violência é, portanto, na sua forma cativa, boa vontade perante a vida no seu todo. É puro amor. Leio isso nas escrituras hindus, na Bíblia, no Corão" (GANDHI, 1951, p. 77).

O contraste entre Gandhi e Habermas é mais evidente do que o contraste entre Gandhi e Chomsky. Existem, contudo, diferenças óbvias entre Gandhi e Chomsky quanto ao conhecimento, às fronteiras disciplinares e à política. A distinção que Chomsky faz entre ciência e política seria inaceitável para Gandhi. Este tem ideias muito mais concretas sobre os meios e os fins (que nunca se devem separar) das lutas sociais do que Chomsky e certamente ambos teriam opiniões diferentes sobre os vários modos de resistência dos grupos oprimidos.[265] Por outro lado, ambos tentam alicerçar um novo senso comum emancipatório numa prática exigente e altamente arriscada. Cada um a seu modo faz uma crítica radical do conhecimento profissional hegemônico que implica a desteorização da realidade como única forma de a reinventar. Além disso, cada um parte de uma interpelação radical da respectiva cultura, procurando perceber o que a poderá aproximar de outras culturas, estando ambos abertos a diálogos interculturais. Chomsky desenterra as raízes mais profundas do liberalismo europeu e descobre um novo comunitarismo e uma nova solidariedade sob a forma política do anarquismo. Segundo o seu pensamento, a sociedade anarquista, baseada na livre associação de todas as forças produtivas e no trabalho cooperativo, satisfaria os requisitos de todos os seus membros de forma adequada e justa:

> Numa sociedade assim, não há razão para que as recompensas dependam de uma série de atributos pessoais qualquer, por mais excelentes

---

[265] Ver, como exemplo, a controvérsia na Índia provocada pela "*Open Letter to Noam Chomsky*" [Carta aberta a Noam Chomsky], de Nirmalangshu Mukherjee, publicada em 21 de outubro de 2009 (Disponível em: <https://kafila.online/2009/10/21/open-letter-to-noam-chomsky-nirmalangshu-mukherjee>. Acesso em: 26 jan. 2019). Mukherji critica Chomsky por ter assinado uma declaração que condenava a repressão brutal de guerrilheiros maoistas e de povos tribais pelo estado indiano e por não condenar as estratégias violentas dos maoistas.

que sejam. A desigualdade de dons faz simplesmente parte da condição humana – fato pelo qual devemos estar gratos; uma sociedade feita de peças intercambiáveis seria uma possível imagem do inferno. Isso não tem quaisquer implicações relativamente a proveitos sociais [...] Sem laços de solidariedade, simpatia e preocupação com os outros é impensável uma sociedade socialista... Os socialistas acreditam com empenho que não estamos condenados a viver numa sociedade baseada na cobiça, na inveja e no ódio. Não conheço nenhuma forma de provar que têm razão, mas também não há motivos para a convicção geral de que devem estar errados (1987, p. 192).

O louvor da comunidade e a solidariedade de Chomsky podem ser traduzidos nas preocupações que Gandhi exprime a partir da perspectiva que constrói da sua própria cultura. Curiosamente, no entanto, na sua interpelação radical do comunitarismo hindu, Gandhi descobre o valor da autonomia e da liberdade do indivíduo. Um pouco antes da sua morte, alguém lhe perguntou qual era para si o significado de socialismo, já que distinguia a sua noção de socialismo da da versão europeia. Gandhi respondeu do seguinte modo:

Não quero ascender sobre as cinzas dos cegos, dos surdos e dos mudos. No seu socialismo [europeu], esses provavelmente não têm lugar. O único alvo é o progresso material [...] Eu quero a liberdade de poder expressar cabalmente a minha personalidade. Tenho de ser livre para construir uma escada até Sirius, se assim o desejar. Isso não significa que eu queira fazer tal coisa. No outro socialismo não existe liberdade individual. Nada nos pertence, nem sequer o nosso corpo (1956, p. 327).

Provenientes de locais de partida tão radicalmente distantes, Chomsky e Gandhi convergem em questões muito significativas. Através de uma análise profunda da sua respectiva cultura, cada um deles procura abrir-se à outra cultura. Mas isso torna-se ainda mais interessante se considerarmos que o modelo político que parece descrever da melhor forma as afinidades entre os dois pensadores é o de um certo tipo de anarquismo, um anarquismo não-violento. Na verdade, o que Gandhi tem a dizer sobre o anarquismo não é assim tão diferente daquilo que acabamos de constatar em relação a Chomsky. Gandhi afirma:

> Se a vida nacional se tornar tão perfeita a ponto de ser capaz de se autorregular, não será necessária qualquer representação. Existe então um estado de anarquia iluminada. Num estado assim cada indivíduo é o seu próprio governante. Governa-se a si próprio de um modo que o leva a não ser nunca um impedimento para o seu vizinho. No estado ideal, portanto, não existe poder político porque não existe Estado. Mas na vida o ideal nunca é totalmente atingido. Daí a afirmação clássica de Thoreau segundo a qual o melhor governo é o que governa menos (GANDHI, 1951, p. 244).

Provavelmente não será coincidência que a convergência entre Chomsky e Gandhi encontre no anarquismo uma das suas formulações. De fato, entre todas as tradições políticas transformadoras da modernidade euro-cêntrica, o anarquismo é uma das mais desacreditadas e marginalizadas pelo discurso político hegemônico, seja ele convencional ou crítico. Como representação relativamente inacabada, o anarquismo mostra, por isso, mais disponibilidade para a tradução intercultural.[266] E, por fim, como Chomsky corretamente faz notar, o anarquismo é o único projeto político transformador que não concede qualquer privilégio especial aos intelectuais e ao conhecimento profissional. A desteorização da realidade como condição prévia da sua reinvenção, almejada tanto por Chomsky como por Gandhi, encontra no anarquismo não-violento um campo favorável.

Gandhi e os ocidentes não-ocidentalistas: Tolstoi (e Ruskin e Thoreau)[267]

No meu trabalho anterior analisei as modernidades centrífugas e os ocidentes subalternos como forma de explorar novas possibilidades de

---

[266] Como prática política, o anarquismo floresceu apenas no sul do norte, tendo tido a sua concretização mais completa na Espanha republicana do anos 1930. Por outras palavras, floresceu nas margens do sistema de dominação, onde as hegemonias se afirmavam com maior fraqueza. Contudo, essa explicação não dá conta do ressurgimento do anarquismo em alguns movimentos de *Los Indignados* e *Occupy* de 2011, em diferentes regiões do mundo.

[267] Existe uma bibliografia muito significativa sobre as afinidades entre o pensamento de Gandhi e o pensamento de Ruskin e Thoreau. A obra de Thoreau que mais influenciou Gandhi foi *"Resistance to Civil Government"* (1849). Ver também Thoreau (1957). No caso de Ruskin, ver, por exemplo, e entre outros, Dantwala (1995, p. 2793-2795), Mehta (1962, p. 252-257) e Hendrick (1956, p. 462-471).

libertação resultantes das tradições eurocêntricas que, pelo fato de não se ajustarem aos objetivos da dominação capitalista, colonialista e patriarcal, foram suprimidas ou silenciadas (SANTOS, 2014a, p. 99-115). Como investigador e ativista, Gandhi estava muito atento a essas possibilidades. Estava particularmente interessado em conhecer e salientar a diversidade interna do pensamento e da política ocidentais com vista a integrar no seu pensamento e na sua prática tudo aquilo que no ocidente se distanciava das concepções hegemônicas colonialistas e imperialistas. Tal como os modernistas brasileiros seus contemporâneos,[268] Gandhi vivia intensamente a necessidade de o colonizado absorver antropofagicamente tudo o que no colonizador poderia favorecer a sua autonomia e a sua libertação.[269] No caso das concepções eurocêntricas, centrífugas, subalternas e contraculturais, Gandhi via nelas um ponto de encontro entre o colonizador e o colonizado, uma cumplicidade e uma solidariedade preciosas para fortalecer a causa anticolonial. Quando no norte global surgiram movimentos que criticavam radicalmente os modelos civilizacionais vigentes, incluindo o Estado e as organizações políticas que tinham liderado o colonialismo e o imperialismo, o mais importante para Gandhi não era apenas identificar aliados. O mais importante era aprender com eles e integrar seletivamente as suas ideias na luta dos colonizados. Tratava-se, pois, de proceder à tradução intercultural cosmopolita que subjaz às epistemologias do Sul. Por outras palavras, procurar relações transnacionais tanto quanto possível horizontais e submeter o trabalho de tradução às necessidades políticas dos oprimidos na sua luta contra o capitalismo, o colonialismo e o patriarcado. Foi isso que levou Gandhi a traduzir Tolstoi, Ruskin e Thoreau para o gujarati.[270] Em várias ocasiões, Gandhi referiu esses autores como sendo os que mais o influenciaram. Foi assim também que Gandhi se sentiu atraído pelo vegetarianismo enquanto manifestação da contracultura eurocêntrica.[271] Todas essas tradições eurocêntricas centrífugas estavam imbuídas de convicções

---

[268] Ver nota 245 .

[269] Para uma análise detalhada das relações entre Gandhi e o ocidente, ver Lal (2009, p. 281-313).

[270] Gujarati é a língua nacional do Estado de Gujarati, Índia, onde Gandhi nasceu.

[271] O caso do vegetarianismo é especialmente interessante. Gandhi não só descobriu nele uma versão da contracultura europeia como também o perspectivou como algo que validava e reforçava a sua própria civilização, a civilização indiana.

e princípios que eram caros a Gandhi. A seletividade e a criatividade com que traduziu as diferentes ideias e práticas centrífugas do ocidente e as pôs a serviço da sua própria filosofia e luta fez com que Gandhi se transformasse numa voz contracultural autônoma, uma alternativa de pensamento crítico e de orientações para práticas transformadoras capaz de atrair adeptos em contextos culturais muito distintos dos seus. Adotou e reconstruiu criativamente aquilo que das tradições encontradas considerou adequado (por exemplo, direitos humanos do ocidente, deveres do oriente; democracia do ocidente, federação de aldeias do oriente, etc.). Lloyd Rudolph sublinha a forma como Gandhi incorporou aspectos da contracultura do ocidente no seu desafio a partir da periferia e como, por seu turno, esse desafio se transformou num desafio ao próprio ocidente, integrando uma contestação global da civilização moderna (1996, p. 37).

Na relação entre Gandhi e o pensamento dissidente ou contracultural eurocêntrico, o mais importante é o método e a lógica de tradução intercultural usados por Gandhi. A interpretação que proponho assenta numa leitura arqueológica de Gandhi à luz das epistemologias do Sul. Gandhi está bem consciente da existência da linha abissal; o povo colonizado, seja ele sul-africano ou indiano, está sujeito a formas de exclusão abissal, que o pensamento social eurocêntrico dominante oculta ou banaliza, e, por essa razão, é de pouca utilidade para ajudar a pensar a libertação. Pelo contrário, os pensadores eurocêntricos dissidentes que denunciam radicalmente o sofrimento injusto causado pelo capitalismo nas próprias sociedades europeias e se solidarizam ativamente com os grupos sociais mais excluídos no interior dessas sociedades podem ser estudados com proveito e interpretados estrategicamente de modo a contribuir para a formulação do pensamento de libertação anticolonial. Esses autores reconhecem, pelo menos implicitamente, que a linha abissal que divide a sociabilidade metropolitana da sociabilidade colonial atravessa as próprias sociedades europeias, criando formas de exclusão abissal, como as que atingem os camponeses famintos (caso de Tolstoi) ou os operários e, sobretudo, as crianças operárias na Inglaterra (caso de Ruskin).[272] A radicalidade da sua dissidência leva o

---

[272] Sobre os camponeses, ver, adiante, a discussão de Tolstoi. Ruskin, por seu turno, tem a dizer o seguinte: "Nada na história foi tão indigno para o intelecto humano quanto

pensamento eurocêntrico até seus últimos limites e constitui, nessa medida, uma autêntica contracultura. Com base nesses pensadores é possível imaginar e credibilizar novos horizontes teóricos e políticos nos quais insuspeitadas convergências com o pensamento antieurocêntrico e anticolonial podem se detectar. Por outro lado, os pensadores dissidentes que Gandhi admira são coerentes com as teorias que propõem e praticam-nas na sua vida de cidadãos ativos e comprometidos com as lutas sociais dos oprimidos. Acresce que a denúncia radical da violência das relações entre pequenas minorias ostentatoriamente ricas e grandes maiorias miseráveis e da brutal repressão da resistência não leva esses autores a propor que os oprimidos resistam aos opressores usando as mesmas armas, nomeadamente, a ação direta violenta. Pelo contrário, a superioridade ética dos oprimidos consiste em serem eles e elas portadores de uma ideia de sociedade sem exploração nem violência, pelo que a sua resistência deve dar testemunho disso. No que se segue, restrinjo-me às relações entre Gandhi e Tolstoi.

Gandhi teve contato cedo com a obra de Tolstoi, mas a sua relação com ele começou verdadeiramente quando chegou ao seu conhecimento uma carta que o autor russo tinha escrito em dezembro de 1908 a um nacionalista indiano em resposta a um pedido de apoio para a libertação da Índia do colonialismo britânico. Na "Carta a um hindu" (1987, p. 44-60), Tolstoi defendia os princípios do amor e da não-violência (protestos, greves e outras formas de resistência) na luta contra o colonialismo britânico. Gandhi traduziu a carta para gujarati e publicou-a com uma introdução reveladora do seu método de tradução intercultural. Escreve Gandhi em 19 de novembro de 1909:

> Para mim, como humilde seguidor desse grande mestre que desde há muito considero um dos meus guias, é uma questão de honra estar ligado à publicação da sua carta, especialmente a que está agora

---

a nossa aceitação como ciência das doutrinas vulgares da economia política" (1872, p. 88). Ruskin escreve: "Os ricos não recusam alimento aos pobres; recusam sabedoria; recusam virtude; recusam a salvação" (1872, p. 129). Gandhi viu em Ruskin o símbolo da oposição radical ao individualismo típico da Manchester industrial do século XIX e ainda oposição à polarização entre o indivíduo e a comunidade. Quando traduziu o livro de Ruskin para gujarati, Gandhi deu-lhe o título de *Sarvodaya* [*Bem-estar para todos*].

sendo entregue ao mundo [...] Afirmar que todos os indianos, quer o assumam quer não, têm aspirações nacionais é uma mera constatação. Mas relativamente ao significado exato dessa aspiração, e mais especificamente ainda quanto aos meios a usar para obter o fim, há tantas opiniões quanto existem indianos nacionalistas [...] Um dos métodos aceitos e tradicionais para se atingir o fim é o da violência. O assassinato de Sir Curzon Wyllie é um exemplo de tal método na sua pior e mais detestável forma. A vida de Tolstoi foi dedicada a substituir o método da violência para eliminação da tirania ou obtenção da reforma pelo método da não-resistência ao mal. Tolstoi respondia ao ódio expresso na violência com o amor expresso no autossofrimento. Não admite qualquer exceção que possa restringir essa grande e divina lei do amor. Aplica-a a todos os problemas que atormentam a humanidade [...] Se não queremos os ingleses na Índia, temos de pagar o preço. Tolstoi mostra-nos isso. [...]

Não precisamos aceitar tudo o que Tolstoi afirma [...] para percebermos a verdade fundamental da sua condenação do sistema atual, a qual consiste em perceber e tomar medidas relativamente ao poder irresistível da alma sobre o corpo, do amor, que é um atributo da alma, sobre a força bruta ou física gerada pelo estímulo de paixões negativas dentro de nós (1987, p. 41-43).[273]

Aquilo que mais impressionou Gandhi relativamente a Tolstoi foi o ardor e a indignação da sua descrição da violência do governo czarista contra os camponeses famintos. Escreve Tolstoi:

Aconteceu eu viajar de trem para uma localidade nos governos de Tula e Ryazan, onde os camponeses tinham passado muita fome no ano anterior, e mais ainda passavam no ano que decorria. Numa das estações, o trem em que eu seguia cruzou-se com um trem especial que, sob a chefia do governador, transportava tropas armadas com pistolas, munições e bastões para torturar e matar esses mesmos camponeses famintos (2007, p. 286).

---

[273] Gandhi enviou a Tolstoi um exemplar de *Hind Swaraj*, o seu manifesto, acompanhado da sua biografia escrita pelo reverendo Joseph Doke em 1909 (a primeira de muitas). Tolstoi leu ambos os textos. Nas palavras de Green, "milagrosamente, nos últimos meses de vida, Tolstoi aprendeu a conhecer a figura muito distante daquele que viria a ser o seu herdeiro. Gandhi foi o destinatário da última carta extensa que Tolstoi escreveu" (apud RUDOLPH, 1996, p. 38).

Como se propositadamente, após os meus dois anos de tensão reflexiva numa única e mesma direção, o destino fez-me contatar com esse fenômeno, o que me mostrou com absoluta evidência, na prática, aquilo que tinha se tornado já claro em termos teóricos, nomeadamente, que toda a estrutura da nossa vida não se baseia, ao contrário do que os homens que detêm uma posição de vantagem na ordem das coisas vigente gostam de imaginar, em quaisquer princípios jurídicos e sim na violência mais simples, mais grosseira, no assassinato e tortura de seres humanos (2007, p. 293).

Lloyd Rudolph comenta: "Pode dizer-se que, no momento em que Gandhi leu essas linhas, nasceu o seu movimento pela não-violência, o caso isolado mais impressionante de um movimento mundial pela paz e pela justiça social em geral amorfo" (RUDOLPH, 1996, p. 38). Em minha opinião, o que mais aproxima Gandhi de Tolstoi é a complexa relação entre tradição e razão. Essa relação está expressa de modo lapidar num pequeno e pouco conhecido texto de Tolstoi intitulado "*Reason and Religion*", escrito em resposta à pergunta de um dos seus muitos correspondentes: "Mas não deveis fazer aquilo que aconselham as pessoas que preferem não obedecer à lei: não deveis controlar a razão com a tradição, mas, pelo contrário, deveis controlar a tradição com a razão" (2007, p. 203).

Traduções interculturais sul-sul

Durante todo o século XX, a resistência contra o colonialismo foi levada a cabo recorrendo, mesmo que de forma seletiva, a ideais do Iluminismo europeu e a concepções modernas de progresso linear, virando-as contra os colonizadores. Como referi no Capítulo 4 ao analisar os conhecimentos que circularam nas lutas de libertação contra o colonialismo, muitas vezes o marxismo, o comunismo e o socialismo foram mobilizados em combinação com os modos de ser e de conhecer africanos. Embora as bases culturais e filosóficas eurocêntricas dessas novas propostas políticas fossem discutidas, elas não punham em causa as perspectivas eurocêntricas dominantes. Assim, a primeira grande manifestação política de articulação sul-sul, o Movimento dos Não Alinhados (PRASHAD, 2008), apesar de ajudar a desencadear o debate sobre as clivagens culturais e epistemológicas que separavam o sul global do norte global, teve pouco impacto relativamente aos principais projetos políticos. Mas a estratégia gandhiana da não-violência manteve-se presente. Na África do Sul, por exemplo, o Congresso Nacional Africano (ANC), profundamente influenciado pelo ideal da resistência pacífica de Gandhi, apresentou-se durante muitos anos como um movimento pertencente à tradição pacifista; sem abandonar a resistência não-violenta, o ANC combinava-a com a luta armada (LUTHULI, 1978, p. 41). Mesmo se, em vários casos, as nações que tinham adquirido recentemente a independência se mantivessem ligadas (pela filiação cultural das respectivas elites) às dos ex-colonizadores, houve durante todo o século XX muitos movimentos sociais que consideraram Gandhi uma referência fundamental. Questionaram os alicerces culturais e filosóficos da metrópole colonial e reivindicaram legados esquecidos de universos culturais não-eurocêntricos, resgatando ou reinventando as suas raízes pré-coloniais, os conhecimentos tradicionais, as formas tradicionais de governo e as religiões não-eurocêntricas. Tudo isso nos convida a, uma vez mais, revisitar Gandhi enquanto tradutor intercultural e interpolítico.

Nesta seção apresento dois exercícios de tradução intercultural sul-sul que envolvem Gandhi, um que efetivamente teve lugar e outro, hipotético, que poderá ser considerado como uma sociologia das emergências.

Gandhi e os movimentos dos direitos civis afro-americanos

O primeiro exercício da tradução intercultural ocorre nesse caso entre o sul do sul, o sul anti-imperial localizado no sul geográfico (Gandhi), e o sul do norte, o sul anticolonialista das minorias racializadas localizado no norte geográfico (EUA). Entre os anos 1920 e os anos 1960 houve uma articulação intensa entre o pensamento e a prática de Gandhi e os diferentes movimentos negros em luta contra a discriminação racial nos EUA.[274] Nesta seção estou apenas interessado em salientar

---

[274] Sobre esse tema, ver, entre outros, Fox (1997, p. 65–82) e Chabot e Duyvendak (2002, p. 697–740).

os processos de tradução intercultural e interpolítica que tiveram lugar nos EUA ao longo dos anos. Estes basearam-se em debates tanto sobre a filosofia política de Gandhi como sobre as formas de luta e o estilo organizativo propostos e aplicados por Gandhi. Envolveram viagens à Índia por parte de ativistas norte-americanos e viagens de ativistas indianos aos EUA, para além de correspondência com o próprio Gandhi. Uma análise aprofundada dessas interações mostra que constituíram um extraordinário exercício de tradução intercultural. De fato, os participantes, autênticos intelectuais de retaguarda, nunca perderam de vista as lutas concretas em que estavam envolvidos e sempre procuraram que as aprendizagens recíprocas tivessem em conta os diferentes contextos políticos e culturais em que as lutas tinham lugar. Como sempre acontece nas relações intermovimentos, sobretudo quando estão em presença de diferentes universos culturais, houve uma tensão entre um certo essencialismo identitário, que salientava as diferenças e a impossibilidade ou inutilidade das aprendizagens, e o cosmopolitismo subalterno, que via na filosofia e na prática de Gandhi um contributo precioso para fortalecer as lutas contra a opressão no contexto norte-americano, desde que fossem feitas as adaptações necessárias. Essa tensão pode ser manipulada num ou noutro sentido por forças estranhas e até hostis aos movimentos. No caso de Gandhi, o essencialismo identitário saía reforçado sempre que a imagem veiculada sobre Gandhi salientava os fundamentos religiosos hindus da sua filosofia e a sua santidade. Richard Fox analisa a cobertura do *New York Times* sobre ele entre os anos de 1920 e 1940 e conclui: "A própria mensagem surge quase completamente como uma filosofia moral, o que advém dos princípios religiosos, do espírito de sacrifício e do amor de Gandhi. Não se trata de uma cultura política capaz de resistir, e muito menos de prevalecer, independentemente de Gandhi e fora da Índia" (1997, p. 71).

Essa leitura influenciava os próprios movimentos e organizações sociais. Por exemplo, durante os anos 1920, Du Bois, apesar de grande admirador de Gandhi, considerava que as propostas deste eram próprias de uma cultura oriental em que o ascetismo, o jejum e a não-violência estavam fortemente enraizados. Concluía, assim, que não poderiam ser aplicadas numa sociedade moderna ocidental como os EUA e que, se o fossem, seriam certamente consideradas "*a joke or a bit of insanity*" [uma piada ou uma certa loucura] (CHABOT; DUYVENDAK, 2002, p. 718). Em 1943, Du Bois escrevia: "Os nossos padrões de cultura no ocidente e no oriente são tão completamente diferentes que aquilo que faz sentido num dos mundos poder ser *nonsense* no outro".[275]

A verdade é que, com o tempo, o cosmopolitismo subalterno acabou por prevalecer, para o qual contribuiu uma compreensão de Gandhi menos centrada na sua filosofia moral do que na sua filosofia política e nos modos de resistência e de organização da luta que decorriam dela. Essa mudança advinha da necessidade sentida pelos diferentes movimentos negros dos EUA de radicalizar a luta e foi facilitada por muita discussão com vários proeminentes gandhianos e com o próprio Gandhi. Entre os ativistas gandhianos que vieram para os EUA destaca-se Khrisnalal Shridharani. Depois de ter participado em 1930 da Marcha do Sal, foi forçado ao exílio, tendo ido viver nos EUA, onde contribuiu decisivamente para divulgar a prática política de Gandhi entre os movimentos negros. O seu livro *War without Violence: the sociology of Gandhi's satyagraha* [*Guerra sem violência: a sociologia da* satyagraha *de Gandhi*], publicado em 1939 (originalmente correspondendo à sua dissertação de doutorado, defendida na Universidade de Columbia), constitui um modelo do tipo de seletividade, adequação e reconfiguração criativa que está na base do trabalho de tradução intercultural e interpolítica realizado com êxito. As suas palavras na introdução são eloquentes a esse respeito: "Do ponto de vista dos leitores ocidentais, o interesse deste livro reside no fato de nele surgir finalmente um contributo oriundo da Índia cujo atrativo não se baseia no tradicional 'misticismo do oriente', e sim num pragmatismo muito objetivo. Centra-se na obtenção de uma ação eficaz, distante das práticas destrutivas da guerra, com o fim de obter fins realistas e necessários" (1939, p. XXVIII). Shridharani formula a sua proposta para o público norte-americano e o faz em termos que maximizam potenciais convergências e aprendizagens mútuas. Assume explicitamente uma postura antifilosófica ao pôr de lado a filosofia oriental, mas de fato, e subliminarmente, substitui uma postura filosófica por outra, a filosofia

---

[275] Du Bois privilegiava a luta legislativa e judicial, bem como a propaganda no espaço público, como armas na luta contra o racismo e a supremacia branca.

hindu pelo pragmatismo deweyano, na época uma das correntes filosóficas mais influentes nos EUA. Refere-se ao tradicionalismo (o "misticismo oriental") com indisfarçável desprezo, em nome da moderna eficácia e eficiência. Por isso, o pragmatismo é adjetivado sem necessidade evidente: "*matter-of-fact pragmatism*" [pragmatismo prático]. Por último, a convergência não assenta em princípios abstratos ou utopias inalcançáveis, mas nas consequências, nos objetivos concretos que se pretende alcançar, ou seja, a luta pacifista por objetivos realistas e necessários.

Houve muitas visitas de ativistas norte-americanos à Índia com o objetivo de explorar e fortalecer as possibilidades de levar a cabo o gandhianismo sem Gandhi e num contexto social e político totalmente distinto. Gandhi era completamente a favor dessa aprendizagem e tradução intercultural e interpolítica. Numa entrevista a ativistas norte-americanos, comentou: "Bom, se vier a concretizar-se, poderá ser através dos negros que a mensagem não adulterada da não-violência será transmitida ao mundo" (Rustin, 1971, p. 103). Quando questionado sobre a relevância da sua prática política, respondeu: "Uma minoria pode fazer muito mais em termos de não-violência do que uma maioria [...] retraí-me menos ao lidar com a minha minoria na África do Sul do que aqui lidando com uma maioria" (Chabot; Duyvendak, 2002, p. 719).

O impacto de Gandhi no movimento afro-norte-americano pelos direitos civis torna-se muito mais evidente a partir de meados da década de 1950 e, especificamente, quando Martin Luther King Jr. e a Montgomery Improvement Association (MIA) organizam o boicote aos transportes públicos em Montgomery, Alabama, em 1955 e 1956. Na época, como salienta David Garrow (1986, p. 68), King não conhecia muito sobre Gandhi, mas o movimento encarregou duas pessoas, Bayard Rustin e Glenn Smiley, de acompanhar King e garantir que os princípios da *satyagraha* fossem seguidos. "O Southern Christian Leadership Council (SCLC) [Conferência da Liderança Cristã do Sul] servia de veículo institucional para King e outros ministros envolvidos em campanhas de *satyagraha*. Na sua declaração de objetivos, o Student Nonviolent Coordinating Committee (SNCC) [Comitê Coordenador Estudantil Não-Violento], fundado na sequência dos protestos estudantis de 1960 e 1961, referia-se explicitamente à ação direta não-violenta. E o CORE (Congress of Racial Equality [Congresso da Igualdade Racial], criado na década de 1940 por Bayard Rustin, entre outros), que parecia ressurgir com a *Freedom Ride* de 1961, continuou empenhado nos seus objetivos originais – pelo menos até 1965" (CHABOT; DUYVENDAK, 2002, p. 715).[276] Tem se afirmado que a influência de Gandhi foi interrompida no final dos anos 1960 com a emergência dos movimentos negros mais radicais. Nico Slate contesta essa ideia com base numa análise muito ampla das partilhas de lutas pela liberdade nos EUA e na Índia. Segundo ele, "recordar a história do compromisso afro-americano com Gandhi revela a continuidade entre o nacionalismo negro inicial e as noções posteriores de *Black Power*, demonstrando simultaneamente que o *Black Power* nem sempre implicou uma retórica de violência" (2012, p. 246).

Gandhi e os povos indígenas andinos ao espelho

Durante os últimos trinta anos, a força e a visibilidade cada vez maiores dos movimentos e das lutas sociais que afirmam basear-se em conhecimentos e culturas não-eurocêntricos obrigaram a incluir na agenda política de muitos países a denúncia da supressão cultural, levando, em alguns casos, a transformações constitucionais importantes orientadas por ideias de plurinacionalidade, interculturalidade, pluralismo jurídico profundo, concepções não-eurocêntricas de natureza, alternativas ao desenvolvimento ocidentalocêntrico, etc. É esse o caso de vários movimentos indígenas da América Latina, em especial da Bolívia e do Equador, países cujas constituições, de 2009 e 2008, respectivamente,

---

[276] No que se refere a Rustin, e revelando as contradições no interior dos movimentos, é interessante notar que, apesar da sua experiência e do seu conhecimento, ele foi recebido com desconfiança em Montgomery por alguns membros do movimento. Como explica David Garrow, "o seu currículo público, salientavam, incluía uma breve ligação, como membro, com a Young Communist League [Liga dos Jovens Comunistas], uma pena de prisão por insubmissão militar e uma condenação, três anos antes, por atividade homossexual com dois homens num automóvel num parque de estacionamento. Qualquer dessas situações, ou todas elas, podia servir para manchar a liderança de Montgomery no caso de Rustin se associar publicamente a eles" (1986, p. 66). Por uma razão qualquer, mas talvez devido à sua homossexualidade, Rustin nunca obteve o reconhecimento público que lhe era devido pelo seu contributo para os movimentos pelos direitos civis. Ver Young (2015). Os seus textos mais emblemáticos encontram-se publicados em Rustin (1971).

determinaram alterações profundas na estrutura estatal e no modelo de desenvolvimento, com base em conceitos provenientes dos universos de conhecimento e cultura ancestrais indígenas. Esses conceitos foram inscritos nos textos constitucionais nas línguas nativas (quéchua e aimará), um feito notável no âmbito dos textos constitucionais modernos da América Latina.

Os contributos indígenas para as novas constituições ajudam a expandir a nossa imaginação política e teórica para além dos limites ocidentais. Além disso, esses contributos constituem uma oportunidade sem precedentes para novas comparações e traduções interculturais com outras lutas e movimentos baseados em ideias e concepções não-eurocêntricas. Como tenho insistido, a tradução intercultural pressupõe a existência de diferença cultural, mas não a polaridade entre entidades pristinas e incontaminadas. O fato de concepções, cosmovisões ou filosofias indígenas serem reconhecidas por um documento hipermoderno (a Constituição política do país) constitui em si um ato de tradução intercultural entre o conhecimento oral, ancestral, e o conhecimento escrito, eurocêntrico. Como veremos adiante, é possível identificar formas de hibridação das quais emergem fenômenos culturais novos irredutíveis às diferentes partes que os compõem. Essa perspectiva não essencialista e pragmaticamente orientada para o fortalecimento das lutas sociais (bem ou mal, os movimentos indígenas da Bolívia e do Equador entenderam que o reconhecimento constitucional das suas ideias fortaleceria as suas lutas) abre novas possibilidades de tradução intercultural entre movimentos e lutas em diferentes regiões do mundo. E aqui Gandhi é de novo um excelente ponto de partida para traduções interculturais, agora entre universos culturais distintos do sul anti-imperial e entre lutas também distintas, mas com o objetivo comum de resistência anticolonial e anticapitalista.[277]

---

[277] Dada a diversidade interna da Índia, qualquer exercício de tradução intercultural sul-sul que tenha a ver com Gandhi deverá incluir as suas complexas relações com a lutas dos dalits (bem documentadas nas discussões entre Gandhi e Ambedkar) e as lutas dos adivasi, a população tribal da Índia. É importante não associar as concepções e movimentos adivasi e gandhianos, apesar de existirem afinidades entre eles. Estão bem documentados vários exemplos de líderes gandhianos que tentaram converter (o contrário de traduzir) os adivasi a princípios e normas de conduta hindus (HARDIMAN, 2003, p. 148).

Tanto as lutas indígenas como as de Gandhi afirmam a radicalidade das suas reivindicações, formulando-as ao nível de um debate civilizatório. Invocam uma alternativa civilizatória à versão capitalista e colonialista da civilização eurocêntrica que lhes foi imposta para criar uma perspectiva externa que lhes possibilita entrar num debate e numa confrontação que não estejam viciados à partida pelo fato de os seus termos terem sido previamente definidos pelos opressores. Essa perspectiva externa tem um valor performativo, na medida em que visa negar a desigualdade abissal entre opressores e oprimidos praticada ao longo de décadas ou de séculos. Aponta para uma plataforma minimamente aceitável de interações que podem envolver apropriações seletivas, aprendizagens recíprocas, articulações e hibridações não assimilacionistas. Nas seções seguintes proponho dois curtos exercícios de tradução intercultural entre Gandhi e os movimentos indígenas andinos, um centrado na questão do Estado e outro na do modelo de desenvolvimento (consciente como estou da armadilha eurocêntrica que esses conceitos trazem consigo).

Plurinacionalidade e swaraj

Uma das reivindicações centrais dos movimentos indígenas da América do Sul tem sido o reconhecimento da plurinacionalidade do Estado.[278] Tal reivindicação, se abordada de forma consistente, implicaria a refundação do Estado.[279] Efetivamente, ela coloca um desafio radical ao conceito de Estado moderno baseado na ideia de uma nação cívica – uma nação cívica concebida como o conjunto dos habitantes (não necessariamente moradores) de um certo espaço geográfico que são reconhecidos pelo Estado como cidadãos – e, portanto, com base na ideia de que em qualquer Estado existe apenas uma nação, daí o Estado-nação. A plurinacionalidade é, pelo contrário, a exigência do reconhecimento de um outro conceito de nação, a nação

---

[278] Sobre esse tema, ver Schavelzon (2015) e Lupien (2011, p. 774-796). Em alguns países africanos, a plurinacionalidade é chamada de federalismo étnico. Ver Akiba (2004, p. 121-155) e Keller (2002, p. 33-34). Na Espanha, o partido Podemos apelou ao reconhecimento constitucional da Espanha como estado plurinacional (PODEMOS, 2016).

[279] Analisei num outro contexto a refundação do Estado em termos daquilo que, no rastro de Upendra Baxi, chamo de constitucionalismo transformador (SANTOS, 2010d).

étnico-cultural, concebida como pertencente a uma determinada linha de antepassados, etnicidade, cultura ou religião. Essa concepção não impede que a unidade nacional continue a ser celebrada e fortalecida; evita apenas que a plurinacionalidade seja ignorada ou desvalorizada a pretexto de unidade.[280]

Na linguagem dos direitos humanos, a plurinacionalidade implica o reconhecimento dos direitos coletivos dos povos ou grupos sociais em situações em que os direitos individuais dos seus membros não são suficientes para garantir o reconhecimento e a continuidade da respectiva identidade cultural ou o fim da discriminação social a que estão sujeitos. Como prova a existência de vários Estados plurinacionais (por exemplo, o Canadá, a Bélgica, a Suíça, a Nigéria, a Nova Zelândia e a Etiópia), a nação cívica pode coexistir com várias nações culturais dentro do mesmo espaço geopolítico, no âmbito do mesmo Estado. O reconhecimento da plurinacionalidade implica a noção de autogoverno e de autodeterminação, embora não necessariamente a ideia de independência. Tem sido esse o entendimento dos povos indígenas do subcontinente latino-americano, um entendimento que conduz também os tratados internacionais relativos aos povos indígenas, como a Convenção nº 169 da Organização Internacional do Trabalho (OIT) e, mais recentemente, a Declaração das Nações Unidas sobre os Direitos dos Povos Indígenas, de 2007.

A ideia de autogoverno que subjaz à plurinacionalidade tem muitas implicações: um novo tipo de institucionalismo, uma nova organização territorial, democracia intercultural, pluralismo jurídico e políticas públicas (saúde, educação e segurança social interculturais), novos critérios para o planejamento do Estado e para a administração, participação dos cidadãos e serviços públicos. Cada uma delas coloca desafios às premissas em que se baseia o Estado capitalista, colonial e patriarcal moderno. O reconhecimento da plurinacionalidade implica um outro projeto para o país, outros objetivos para a ação estatal e outros tipos de relações entre Estado e sociedade. O reconhecimento

---

[280] Constituição da Bolívia, Art. 3: "A nação boliviana é formada pela totalidade das bolivianas e dos bolivianos, as nações e povos indígenas originários e as comunidades interculturais e afro-bolivianas que, em conjunto, constituem o povo boliviano" (BOLÍVIA, 2009).

de diferenças nacionais ou culturais não implica uma justaposição de cosmovisões *ad hoc* ou um hibridismo ou ecleticismo duvidosos, uma vez que a plurinacionalidade está vinculada à Constituição, ou seja, aos mecanismos e critérios constitucionais que norteiam o convívio plurinacional e intercultural. [281]

A reivindicação de plurinacionalidade na América Latina apresenta semelhanças surpreendentes com a reivindicação gandhiana de *swaraj*.[282] No centro de ambas encontra-se a ideia de que, dadas as continuidades culturais e institucionais entre o Estado colonial e pós-colonial, a independência política relativamente ao colonizador não produz uma verdadeira libertação.[283] Gandhi foi capaz de perceber isso mesmo quando escreveu *Hind Swaraj or Indian Home Rule*, em 1908. Os povos indígenas da América Latina têm vivido essa experiência nos últimos duzentos anos. A sua experiência mais básica são os múltiplos expedientes através dos quais o colonialismo se reinventou após a independência, escondendo-se não raro por detrás de ideias "progressistas", tais como direitos de cidadania, autonomia individual, progresso, desenvolvimento ou modernização.[284] Além disso, tanto no *swaraj* gandhiano como nas reivindicações dos povos indígenas está presente o mesmo apelo a uma cultura ou civilização ancestral e pré-colonial concebida como o principal recurso para derrotar com êxito as imaginações e as imposições eurocêntricas.

Existem também diferenças, sendo a principal que Gandhi lutava pela independência política total, ao passo que os povos indígenas não

---

[281] O outro lado da diferença intercultural é a diferença intracultural. As várias nações ou identidades culturais em presença estão longe de ser internamente homogêneas.

[282] Existem também afinidades óbvias com as atuais reivindicações de autonomia dos movimentos adivasi na Índia, recorrendo muitas vezes aos mesmos instrumentos internacionais que garantem o autogoverno indígena.

[283] Comparar as afirmações fluentemente formuladas, mesmo que por vezes contraditórias, de um indivíduo tão brilhante como Gandhi com concepções coletivas, internamente diferenciadas e nunca completamente desenvolvidas de movimentos indígenas não é isento de problemas.

[284] O conceito de colonialismo interno consegue explicar em parte esse fato. Ver González Casanova (1969) e Santos (2010c). Trata-se, a meu ver, de uma explicação parcial na medida em que as versões mais correntes do conceito sublinham a opressão de classe mais do que a opressão racial ou étnica.

questionam a existência das entidades geopolíticas já estabelecidas; lutam tão simplesmente pelo autogoverno no âmbito dos Estados existentes. Por outro lado, no entanto, embora de formas diferentes, tanto Gandhi como os movimentos indígenas da América Latina têm imaginações políticas e institucionais igualmente híbridas, nas quais o modelo não-ocidental/ancestral se combina com o modelo ocidental/moderno. Ao mesmo tempo que contribuiu fortemente para a fundação da democracia indiana, baseada no ocidente, Gandhi viu no *swaraj* uma república baseada na democracia comunitária.[285] De modo semelhante, a Constituição boliviana estabelece três formas de democracia: representativa, participativa e comunitária, correspondendo esta última às formas de poder local indígena baseadas no consenso, na rotatividade e no princípio de governar obedecendo (Art. 11 da Nova Constituição da Bolívia). Esse exercício de tradução intercultural tem outra virtualidade, a de revelar que, dependendo dos contextos, ideias convergentes podem ser expressas por conceitos muito distintos. Tanto Gandhi como os povos andinos defendem uma organização política que reflita melhor os seus modos de vida e as suas culturas e que corresponda às suas expectativas e aspirações. No fundo, aspiram a uma organização política da sociedade que lhes permita representar o mundo como próprio e como suscetível de ser transformado de acordo com os seus interesses. Para os povos indígenas essa aspiração é formulada pelo conceito de plurinacionalidade, um conceito que, como vimos, faz sentido no pressuposto de que a plurinacionalidade vai ser posta em prática em unidades geopolíticas pré-constituídas chamadas Estados-nação. No caso de Gandhi, a mesma aspiração de autonomia em relação à concepção eurocêntrica de Estado é formulada como nacionalidade (*Indian home rule*) que se afirma contra um ocupante estrangeiro e que só pode ser concretizada por via de uma independência total. Não cabe aqui discutir os modos como a nacionalidade gandhiana combina a nação cívica e a

---

[285] Gandhi afirmou: "A minha ideia do *swaraj* da aldeia é que se trata de uma república completa, independente dos seus vizinhos em termos de necessidades básicas, sendo, no entanto, interdependente no que se refere a muitas outras relativamente às quais a dependência é uma necessidade [...] Numa estrutura composta por inúmeras aldeias [...] a vida não será uma pirâmide com o vértice sustentado pela base, mas sim um ciclo oceânico cujo centro será o indivíduo" (GANDHI, 1942).

nação étnico-cultural (hinduísmo) e como se articula contraditoriamente com as aspirações autonômicas dos povos tribais (adivasi) ou das castas inferiores, sobretudo os dalits.

Sumak kawsay, pachamama, swadeshi

Uma das novidades das constituições do Equador e da Bolívia é o fato de recorrerem a conceitos indígenas formulados em línguas indígenas para definir as bases da transformação social prevista no novo projeto político. Na Constituição do Equador o conceito-chave é *sumak kawsay*, expressão quéchua[286] que é normalmente traduzida para castelhano como *buen vivir* e para português como "bem viver". Encontramos concepções e preocupações semelhantes na Constituição da Bolívia.[287] Pela primeira vez numa Constituição moderna, a Lei Fundamental equatoriana reconhece direitos à natureza, entendida segundo a cosmovisão andina como *pachamama* (mãe terra), como refiro mais adiante. No seu conjunto, essas disposições estabelecem que o projeto para o país deve seguir vias muito diferentes daquelas que levam às economias capitalistas, dependentes, extrativistas e agroexportadoras do presente. Pelo contrário, privilegiam um modelo econômico-social

---

[286] Em aimará, a língua indígena dominante na Bolívia, o conceito correspondente é *suma qamaña*.

[287] Constituição do Equador, 2008, Art. 275: "O regime de desenvolvimento é o conjunto organizado, sustentável e dinâmico dos sistemas econômicos, políticos, socioculturais e ambientais que garantem a realização do *buen viver*, do *sumak kawsay*. O Estado planejará o desenvolvimento do país para garantir o exercício dos direitos, a consecução dos objetivos do regime de desenvolvimento e os princípios consagrados na Constituição. A planificação propiciará a equidade social e territorial, promoverá a concertação e será participativa, descentralizada, desconcentrada e transparente. O *buen vivir* exigirá que as pessoas, comunidades, aldeias e nacionalidades gozem efetivamente dos seus direitos e exerçam responsabilidades no âmbito da interculturalidade, do respeito pelas respectivas diversidades e da convivência harmoniosa com a natureza".
Constituição da Bolívia, 2009, Art. 8: "O Estado assume e promove como princípios ético-morais da sociedade plural: *ama qhilla, ama llulla, ama suwa* (não sejais preguiçosos, não sejais mentirosos, não sejais ladrões), *suma qamaña* (bem viver), *ñandereko* (vida harmoniosa), *teko kavi* (vida boa), *ivi maraei* (terra sem mal) e *qhapaq ñan* (caminho ou vida nobre)".
Art. 307: "O Estado reconhecerá, respeitará, protegerá e promoverá a organização econômica comunitária. Essa forma de organização econômica comunitária compreende os sistemas de produção e reprodução da vida social, fundados nos princípios e na visão próprios das nações e povos indígenas originários e camponeses".

solidário e soberano (LEÓN, 2009, p. 65; ACOSTA, 2009, p. 20). Esse modelo baseia-se numa relação de harmonia com a natureza, que deixa de ser, segundo a formulação de Gudynas (2009, p. 39), capital natural para se tornar patrimônio natural. Tal não exclui a possibilidade de a Constituição aceitar uma economia capitalista, mas impede que sejam as relações capitalistas globais a ditar a lógica, a orientação e o ritmo do desenvolvimento do país. A complexidade dessas inovações constitucionais reside no fato de assinalarem não apenas diferentes identidades culturais, mas também novas economias políticas, como ilustra a reivindicação do controle dos recursos naturais. Na Bolívia, essas reivindicações incluem a nacionalização dos recursos naturais, uma luta que é pelo menos tão antiga quanto a Revolução de 1952 e ganhou de novo centralidade nas chamadas "Guerra da Água" (2000) e "Guerra do Gás" (2003), as esmagadoras mobilizações sociais que levaram à eleição de Evo Morales.

Mas a ambição programática dessas disposições constitucionais tem um âmbito ainda mais vasto. Para além de determinarem um novo modelo econômico e político, colocam em cima da mesa a questão do projeto civilizacional. A civilização indígena ancestral faz a sua entrada num documento ocidentalocêntrico moderno e propõe um *modus vivendi* com os modelos ocidentais (tanto o modelo capitalista como o socialista) de sociedade, economia e política. O debate civilizacional é representado através do uso de conceitos expressos numa língua não colonial e sem equivalência direta numa língua colonial. Interpreto isso como um contributo indígena para o desperdício de termos essenciais na teoria crítica eurocêntrica, como discuti já em trabalhos anteriores (SANTOS, 2014a, p. 33-34). Como referi anteriormente, as palavras soam de forma estranha e aquilo que exprimem é também alheio à tradição crítica eurocêntrica. Em si mesmo, esse fato não elimina a miscigenação ou o hibridismo, como verificaremos a seguir.

Baseando-se em cosmovisões e em saberes e formas de sentir ancestrais e partilhadas, *sumak kawsay* é um modo de conviver em harmonia, não só entre seres humanos, mas também com a natureza. Essa concepção norteia a regulamentação de áreas tão diversas como a água e a terra, a biodiversidade, a gestão de recursos naturais, a ciência e a tecnologia, a saúde, a educação, etc. As duas definições de *sumak kawsay* que se seguem, expressas pouco depois da aprovação da Constituição, uma por um líder indígena e outra pela Agência de Planejamento do Estado, mostram a complexidade e a ambiguidade do conceito.[288] Segundo o antigo presidente da Confederação das Nacionalidades Indígenas do Equador (CONAIE),

> a lógica de *sumak kawsay* é a lógica do "bem viver" (*buen vivir*), viver num ambiente saudável, comer bem, desfrutar de um espaço vital, ter uma educação em consonância com a nossa realidade, saúde [...] uma série de projetos de que todos os seres humanos necessitam para subsistir e dar vida às gerações futuras [...] O "*buen vivir*" estava mais ou menos articulado com o modelo econômico: partilhar de forma equitativa e respeitar a Mãe Natureza [...] Daí a inclusão da Mãe Natureza como sujeito por direito próprio e de um capítulo sobre os Direitos da Natureza (SANTI, 2008).

Segundo a Agência de Planejamento Equatoriana, *sumak kawsay* é uma aposta na mudança:

> O *buen vivir* procura conseguir a satisfação das necessidades, a consecução de uma qualidade de vida e uma morte digna, o amar e ser-se amado, o florescimento saudável de todos e de todas, em paz e harmonia com a natureza e com o prolongamento indefinido das culturas humanas diferentes. O *buen vivir* pressupõe a necessidade de tempo livre para a contemplação e a emancipação e para que as liberdades, oportunidades, capacidades e potencialidades reais dos indivíduos se ampliem e floresçam, para que permitam alcançar simultaneamente o que a sociedade, os territórios, as diversas identidades coletivas e cada um – visto simultaneamente como um ser humano individual E UNIVERSAL – valoriza como objetivo de uma vida desejável. Obriga-nos a reconstruir o público para nos reconhecermos, compreendermos e valorizarmos uns aos outros – enquanto diversos mas iguais – com o objetivo de tornar possível a reciprocidade e o reconhecimento mútuo e, com ele, a autorrealização e a construção de um futuro social e partilhado (SENPLADES, 2009).

---

[288] Existe hoje uma vasta bibliografia sobre o conceito de *sumak kawsay*. Ver, entre outros, Acosta (2014, p. 93-122), Chancosa (2014), Giraldo (2014), Gudynas (2011, p. 441-447), Hidalgo Capitán, García e Guazha (2014, p. 13-23), Tortosa (2011), Waldmüller (2014), Walsh (2010, p. 15-21) e Unceta (2014, p. 59-92).

Essas duas formulações são diferentes e não apenas porque foram produzidas em dois contextos culturalmente diferentes – o discurso de base indígena, por um lado, e o discurso técnico oficial eurocêntrico, por outro. É possível dizer que as duas definições anteciparam as diferentes interpretações a que o conceito viria a ser submetido nos anos subsequentes, as ambiguidades a que essas interpretações dariam origem e os conflitos políticos que daí adviriam.

Pachamama é um outro conceito central da nova linguagem constitucional não colonial. Numa tradução aproximada, *pachamama* é a mãe terra, uma entidade viva que compreende tanto os seres humanos como os seres não-humanos. O respeito pelos seus ciclos vitais é condição para a sustentabilidade de todo o resto que existe na terra. No que se refere aos direitos da natureza, a Constituição do Equador vai muito além da Constituição boliviana. Após identificar "a natureza, *pachamama*, da qual fazemos parte e que é fundamental para a nossa existência", o preâmbulo da Constituição equatoriana anuncia o objetivo de "uma nova forma de os cidadãos viverem em conjunto, em diversidade e em harmonia com a natureza, de modo a atingirem o bem viver, o *sumak kawsay*".

Em todo o texto constitucional, os direitos da natureza encontram-se especificados em diferentes contextos. Por exemplo, o Art. 71 afirma o direito da natureza de ser totalmente respeitada na sua existência; o direito de os seus ciclos vitais, estrutura, funções e processos evolutivos serem sustentados e regenerados; e o direito de todas as pessoas, comunidades, povos ou nações a exigir das autoridades públicas que os direitos da natureza sejam respeitados e que o Estado promova essas iniciativas. O Art. 71 refere ainda o direito à restauração e o dever das pessoas coletivas ou singulares de indenizar os sujeitos individuais ou coletivos que dependam dos sistemas naturais afetados.

A posição de Gandhi sobre a boa sociedade (os conceitos de *swaraj, swadeshi, sarvodaya*) é muito semelhante às ideias de *sumak kawsay* e *pachamama* dos povos indígenas dos Andes. A cosmologia não-violenta de Gandhi desafia o antropomorfismo da ciência moderna e defende também a natureza não-humana, a *pachamama* dos povos andinos. Provenientes de universos culturais tão diferentes, essas ideias têm em comum a origem não-eurocêntrica e o fato de serem invocadas para resistir e apresentar alternativas ao colonialismo e ao capitalismo ocidentais. Bhikhu Parekh sublinha que a boa sociedade gandhiana deveria valorizar o pluralismo epistemológico:

> Deveria perceber que a razão, a intuição, a fé, as tradições, a sabedoria coletiva acumulada entre gerações e as emoções foram todas fontes valiosas de conhecimento e deram os seus próprios contributos específicos no sentido de se compreender e de saber lidar com as complexidades da vida humana. A boa sociedade deveria promover um diálogo, uma interação criativa entre elas, não permitindo que apenas uma adquira um papel hegemônico ou se torne árbitro de todas as outras (1997, p. 75-76).

A ideia de autonomia e de autogoverno encontra-se presente em ambas as concepções e baseia-se, em ambos os casos, em universos simbólicos, códigos normativos e concepções de vida individual e coletiva não-europeus. *Swaraj*, tal como *sumak kawsay*, apela à democracia comunitária. Referindo-se ao *swaraj* no contexto da aldeia, Gandhi explica:

> O governo da aldeia será gerido por um Panchayat [conselho de aldeia] com cinco pessoas eleitas anualmente pelos habitantes adultos, homens e mulheres, que possuam as habilitações mínimas exigidas. Terão toda a autoridade e jurisdição necessárias. Uma vez que não existirá um sistema de sanções no sentido tradicional, o Panchayat será a combinação do legislativo, do judiciário e do executivo para funcionar durante o respectivo ano de mandato. Qualquer aldeia pode hoje tornar-se uma república nesses moldes sem grande interferência mesmo do governo atual, cuja única ligação efetiva com as aldeias é a cobrança dos rendimentos locais [...] Aqui existe a democracia perfeita baseada na liberdade individual. O indivíduo é o arquiteto do seu próprio governo (1942).

Existe, contudo, uma diferença entre a concepção indígena e a concepção gandhiana de comunidade. Enquanto a ontologia indígena é comunitária e o indivíduo é concebido como uma versão individualizada da comunidade, em Gandhi (em alguns dos seus escritos mais do que noutros), a autonomia do indivíduo parece ter um papel mais importante. Tal como *sumak kawsay*, *swadeshi* é um ideal de autonomia econômica baseada no uso mais do que na acumulação. A ideia de providência universal está presente tanto em *sumak kawsay* como em *sarvodaya*. Como refere Dallmayr, a *"swadeshi [é]* um termo amplo que designa a autossuficiência nacional, a preferência por produtos cultivados no país e o cultivo de recursos de desenvolvimento (materiais e espirituais) indígenas" (2002, p. 223).

Existem também semelhanças entre a concepção não dualista de natureza em Gandhi (a ideia da continuidade ontológica entre a natureza e a sociedade) e a concepção de *pachamama*, a mãe terra que nos engloba a todos.[289] Nos textos védicos, a terra é a Nossa Mãe (*Dharti Mata*) ou a Mãe Universal. Segundo T. N. Khoshoo (1995, p. 8), para Gandhi fazemos *parte* da natureza, ao contrário de estarmos *apartados* dela. Necessidade sem cobiça e conforto sem luxo são os princípios que devem nortear as nossas relações com a natureza. Segundo Dalton,

> a economia gandhiana parece ser especialmente relevante hoje em dia em termos das nossas preocupações sobre o ambiente, uma vez que sublinha que não devemos violentar a natureza para satisfação dos nossos próprios caprichos. Num apelo ao comedimento, Gandhi distinguiu as necessidades essenciais da acumulação desnecessária de coisas, ou as necessidades dos desejos. O seu argumento em defesa do controle voluntário destes últimos é o centro magnético de todo o seu pensamento sobre economia. O conceito de *sarvodaya* é extremamente otimista ao pressupor que as pessoas podem usar o bom senso para exercer contenção na promoção dos seus próprios interesses: não com base num instinto de compaixão, mas a partir de um juízo racional de que o nosso planeta não será capaz de resistir para sempre ao ataque de uma ânsia aquisitiva ilimitada (1996, p. 132).

Nas vésperas da independência da Índia, questionado sobre se o país alcançaria níveis de vida semelhantes aos britânicos, Gandhi respondeu: "A Inglaterra precisou de metade dos recursos do planeta para alcançar o seu nível de prosperidade atual. De quantos planetas iria a Índia

---

[289] Durante muitos séculos, os povos tribais também conceberam a natureza como mãe terra. Por exemplo, para as populações tribais que vivem no distrito de Thane, no estado de Maharashtra, Índia, a natureza e a terra são *Dharitri*, a mãe terra (ver *"We are the Adivasi from Thane!"*. Disponível em: <http://adivasiyuva.blogspot.com/2010/07/we-are-adivasi-from-thane.html>. Acesso em: 29 jan. 2019).

precisar?" (BAWA, 1996, p. 3048). Recorrendo a diferentes raízes culturais e passados imaginados, as ideias gandhianas formuladas no início do século XX cruzam-se com as ideias de movimentos indígenas na sua luta pela libertação e autonomia genuínas no início do século XXI. Para lá da comparação mais ou menos superficial das respectivas formulações, devemos focar-nos nos processos paralelos de hibridismo cultural surgidos em lutas que recorrem a raízes culturais não-eurocêntricas para resistir ao colonialismo e ao capitalismo em tempos e lugares diferentes. Gandhi foi um tradutor intercultural inventivo em busca de novas constelações culturais e políticas que combinassem um certo entendimento do hinduísmo ancestral com ideias ocidentais de emancipação e libertação, especialmente as oriundas de contraculturas ocidentais. Muitos dos seus conceitos revelam esse hibridismo, como acontece no caso do apelo à autonomia individual, anteriormente referido, ou na sua concepção de uma verdade religiosa universal, construída com base nos contributos de diferentes religiões instituídas, nenhuma delas detentora do monopólio absoluto da verdade.

Verifica-se a mesma construção de hibridismo nas formas como as concepções indígenas foram plasmadas nas novas constituições políticas. O conceito de *sumak kawsay* surge em combinação com concepções ocidentais de desenvolvimento integral, sustentável e alternativo e com os direitos ambientais. Além disso, a ideia de "direitos da natureza/ *pachamama*" é em si mesma um conceito híbrido. De fato, no âmbito da cosmovisão indígena, *pachamama* é a doadora e a protetora da vida. Como tal, faz tão pouco sentido falar-se dos direitos da natureza como falar-se dos direitos de Deus no contexto da cosmovisão cristã. "Direitos da natureza" é um híbrido que combina a concepção eurocêntrica de direitos com uma concepção indígena de natureza. Além disso, a concepção de *pachamama* não é completamente desconhecida do norte global, embora neste tenha surgido apenas ou no pensamento filosófico marginal do passado (o conceito de *natura naturans* em Spinoza) ou em concepções científicas marginais, como a hipótese de Gaia – Gaia, a deusa da terra da mitologia grega – recentemente proposta por James Lovelock.

Na medida em que os povos andinos recorrem ao conceito de direitos humanos e ao de *buen vivir*, estão mais próximos das concepções gandhianas sobre esses temas do que das concepções europeias dominantes.

A abordagem de Gandhi aos direitos humanos é um bom exemplo do tipo de hermenêutica diatópica dos direitos humanos e de outras gramáticas de dignidade humana que tratei noutras ocasiões (SANTOS, 1995, p. 340-342).[290] A abordagem gandhiana mostra até que ponto é possível produzir concepções híbridas que integram componentes orientais e ocidentais. Segundo Parel, embora Gandhi seja um defensor de direitos, defende-os à sua própria maneira.

A defesa de Gandhi das liberdades e direitos baseia-se na sua visão da natureza humana, que bebe em fontes indianas. Os seres humanos são compostos corpo-alma. São, por natureza, seres sociais [...] Como seres corpóreos, cada um tem tendência para reclamar as coisas como "minhas". Isso é razoável desde que tal reivindicação se mantenha dentro dos limites da sociabilidade natural e dos princípios da autonomia, e desde que tais princípios tenham a sua origem na alma espiritual (2000, p. 9).

Gandhi não considera os seres humanos como indivíduos egoístas e racionais (como, segundo ele, a filosofia eurocêntrica faz), mas como membros de uma sociedade e como indivíduos solidários. Os seres humanos não são todos indivisivelmente bons ou maus; são, sim, indivíduos imperfeitos que cometem erros e que, quando lhes é dado escolher entre o bem e o mal, tendem, em geral, para o bem.[291] Essa visão da natureza humana presta-se ao desejo de chegar aos outros a fim de preencher as diferenças e conseguir perceber o ponto de vista de cada um. Nas palavras de Parekh,

> os princípios reguladores da boa sociedade de Gandhi provêm da sua teoria da natureza humana [...] Para ele, os seres humanos eram depositários do resto da criação, interdependentes e de natureza quadridimensional [...] A boa sociedade deveria possuir o espírito de compaixão cósmica [...] Dado que os seres humanos não eram donos e sim guardiães do resto da criação, deveriam organizar a sua vida coletiva de forma que esta respeitasse a integridade, a diversidade, o ritmo e o equilíbrio interior desses outros elementos da

---

[290] Ver também Santos (2007c, p. 3-40).

[291] A esse respeito, é crucial distinguir-se as pessoas das suas crenças, ou os indivíduos dos sistemas. É por isso que Gandhi não culpa o povo britânico pela colonização, mas antes a própria modernidade.

criação, não exigindo mais do que o necessário para uma vida de conforto moderado (1997, p. 75-76).

Conclusão

Na segunda metade do século XX surgiram novas e exaltantes expectativas de globalização contra-hegemônica envolvendo movimentos sociais, organizações e pessoas em luta contra diferentes modos de dominação em diferentes regiões do mundo. O ímpeto que então se gerou não se desenvolveu tanto quanto se esperava. Como referi no início deste capítulo, para isso contribuíram as limitações internas da globalização contra-hegemônica e as medidas repressivas que os poderes políticos nacionais e imperiais tomaram para conter a contestação social pacífica (a criminalização do protesto social), dando, aliás, provas de uma capacidade de articulação global muito superior à dos movimentos contra-hegemônicos. Vivemos hoje um tempo de perplexidade consternada, um tempo dominado pela globalização neoliberal, cada vez mais intensa e agressiva, e pela estagnação, se não mesmo retrocesso, da globalização contra-hegemônica que a poderia contestar.

Uma das condições para inverter esse processo e reforçar as alianças entre os movimentos sociais que lutam contra diferentes formas de dominação reside em aprofundar o interconhecimento estratégico entre esses movimentos. A tradução intercultural e interpolítica é uma das vias para atingir tal objetivo, sobretudo num tempo em que começa a ser evidente que não existe justiça global sem justiça cognitiva global. Para exemplificar o método e as virtualidades da tradução intercultural e interpolítica procedi a uma arqueologia, por vezes real, por vezes imaginária ou hipotética, do trabalho de tradução de Gandhi ou a partir de Gandhi.

Procurei mostrar como as concepções não-eurocêntricas podem efetivamente pôr em questão concepções eurocêntricas e, eventualmente, enriquecê-las, desde que estas aprendam a desaprender os seus monopólios cognitivos imperiais e a aceitar a riqueza global de conhecimentos e cosmovisões diversos e incompletos. Através do questionamento recíproco é possível contemplar um cosmopolitismo não imperial, um cosmopolitismo da base para o topo. Gandhi não poderia estar mais em consonância com Lilla Watson, a artista visual indígena australiana, e com a sua formulação de um processo descolonizado de tradução intercultural: "Se vocês [o norte global] vierem apenas para me ajudar, então podem voltar para casa. Mas se consideram que a minha luta faz parte da vossa sobrevivência, então talvez possamos trabalhar em conjunto".[292]

Procurei também mostrar os imensos obstáculos que ainda se colocam ao funcionamento da tradução intercultural recíproca e genuína. Mostrei como, apesar daquilo que os separa, dois distintos intelectuais eurocêntricos críticos, Habermas e Chomsky, se apoiam confortavelmente nas bases epistemológicas da modernidade eurocêntrica, preocupando-se apenas em confrontá-la com a necessidade de corresponder aos valores, ideias e concepções de racionalidade que proclama. Para ambos, o norte global, enquanto cultura, contém em si mesmo os elementos para a construção de uma sociedade melhor, mais livre e mais justa no mundo inteiro. Habermas confronta a modernidade eurocêntrica ao propor uma forma de racionalidade mais robusta e mais inclusiva, capaz de resistir à colonização do mundo da vida por parte do capitalismo, que já destruiu a esfera pública. No caso de Chomsky, não há nada de errado nos valores, ideais e modos de racionalidade eurocêntricos. O que é errado é a crueldade e a impunidade com as quais os poderes ocidentais (em especial os EUA) servem aos interesses do capitalismo global, em total violação dos ideais e valores que declaram defender e impondo assim à população mundial, e também à população norte-americana, um sofrimento imenso e injusto.

Gandhi tem uma perspectiva muito diferente, dado que parte da ideia de que nenhuma cultura é completa, no sentido de ser capaz de dar todas as respostas ao desejo global de autodeterminação e de libertação humana. Por outro lado, contudo, nenhuma cultura pode escusar-se de contribuir para essa tarefa. Os contributos das diferentes culturas podem apenas ser resgatados através da tradução intercultural. Longe de se tratar de um exercício diletante de ecletismo, a tradução gandhiana é uma tradução intercultural e interpolítica orientada pelas necessidades políticas da luta em que Gandhi se encontrava envolvido. Em vez de

---

[292] Ver *"Attributing Words"*. Disponível em: <http://unnecessaryevils.blogspot. pt/2008/11/attributing-words.html>. Acesso em: 29 jan. 2019.

considerar uma das culturas estática e adotar a outra, Gandhi tornou-as todas dinâmicas, utilizando aquilo que, à luz dos seus propósitos e necessidades políticos, considerava bom em cada uma delas, sempre com vista a enriquecer as ideias fundamentais da não-violência, da não-cooperação, da humanidade, da igualdade das religiões e da razão. Assim, moldou as epistemologias existentes que encontrou, criando uma nova forma. Essa nova epistemologia não nasceu apenas do hinduísmo ou do cristianismo, do jainismo, do islã, da modernidade, da cultura britânica, do vegetarianismo, de Tolstoi ou de outras contraculturas do norte global, ou ainda da antiga civilização indiana – teve, sim, origem em todas elas. Essa nova epistemologia tinha uma dimensão espiritual, mas não era dogmática, dando primazia ao bem-estar humano neste mundo; criticava o cientismo, mas promovia um outro tipo de ciência.

O método de tradução gandhiano é complexo, mas também extremamente relevante para as tarefas de reinvenção da emancipação social e da libertação, em sintonia com as epistemologias do Sul e atendendo aos desafios que se colocam à política intermovimentos de globalização contra-hegemônica nas primeiras décadas do nosso século. Foi esse método que me permitiu imaginar um exercício de tradução intercultural entre Gandhi e as lutas dos povos indígenas da América Latina. Na minha qualidade de intelectual de retaguarda envolvido nas lutas dos povos indígenas, o fiz para combater o isolamento a que essas lutas e os seus protagonistas estão crescentemente sujeitos. Num momento histórico em que o neoliberalismo global neoextrativista parece empenhado em completar a tarefa de despossessão e de extermínio que o colonialismo iniciou, é muito importante salientar-se que os povos indígenas não estão sós e que as suas lutas e ideias alternativas ao desenvolvimento, apesar de tão radicalmente opostas ao senso comum dominante, não são idiossincrasias esotéricas, resíduos de um progresso inquestionável e irreversível. Têm um passado e um futuro partilhado por um dos intelectuais-ativistas mais brilhantes do século passado. Com base nelas, torna-se mais fácil imaginar e construir alianças com outras lutas sociais.

As relações entre a filosofia e a prática política de Gandhi e os movimentos afro-norte-americanos contra o colonialismo interno oferecem uma nova perspectiva sobre as potencialidades da tradução intercultural e interpolítica. Nesse caso, os movimentos norte-americanos partilham em grande medida os pressupostos culturais do norte global, ainda que uns mais do que outros, mas representam uma minoria oprimida por uma exclusão abissal, o que os coloca num patamar político seme-lhante ao das maiorias indianas colonizadas que Gandhi representa. Ao nível das experiências concretas de vida provocadas, na Índia, pelo colonialismo de ocupação estrangeira e, nos EUA, pelo colonialismo interno, os diferentes grupos sociais oprimidos e os seus intelectuais de retaguarda encontram pontos de contato e de convergência. É a esse nível, e não ao nível dos princípios abstratos e pressupostos culturais, que se constroem as aprendizagens comuns.

Um século depois, as lutas de libertação e pela autodeterminação são muito diferentes daquelas com que Gandhi se deparou, e as formas concretas de ativismo político serão também diferentes. Contudo, sub-jacente a essas diferenças existe um método resiliente de tradução que, por nunca perder de vista as circunstâncias políticas e as exigências do momento, tem a capacidade de ensinar a entender e a transformar a nossa realidade social e política de hoje. Gandhi não esgotou a imensa diver-sidade de experiência do mundo. Muito pelo contrário, considerou-a de formas de tal modo criativas e convincentes que conseguiu trazer uma nova e valiosa dimensão a essa diversidade. George Orwell tem razão quando afirma: "Julgo que mesmo os maiores inimigos de Gandhi admitiriam que ele foi um homem interessante e fora do comum que enriqueceu o mundo pelo simples fato de estar vivo" (1950, p. 96).

CAPÍTULO 11

Pedagogia do oprimido, investigação-ação participativa e epistemologias do Sul

Ao longo deste livro já aludi várias vezes aos desafios que as epistemologias do Sul fazem às instituições nas quais se tem produzido o conhecimento científico eurocêntrico – escolas, universidades e centros de investigação. Tais desafios referem-se tanto à investigação como à pedagogia, e têm várias dimensões. Identifico as seguintes principais: o institucional e o não institucional, o abissal e o pós-abissal, educação popular e conhecimento popular. Menciono a seguir brevemente cada uma delas. No Capítulo 12, centro-me em duas questões: a descolonização da universidade e a universidade empenhada e polifônica.

O institucional e o não institucional

Se, como analisei na Introdução, as epistemologias do Sul constituem uma "ocupação" da reflexão convencional sobre a epistemologia, tal ocupação deve estender-se também às instituições e às pedagogias. As epistemologias do Sul, contudo, não se esgotam nas ações de ocupação. Instituições acadêmicas e pedagogias apontam para práticas de conhecimento concebidas como separadas de outras práticas sociais. Ora, as epistemologias do Sul, embora reconheçam tais práticas (a ciência pós-abissal), integram outros conhecimentos e outras práticas de criação e de transmissão de conhecimento que ocorrem enquanto dimensões das práticas sociais de resistência e de luta contra a dominação. Nesses casos, estamos perante investigação-ação e pedagogia-ação, em sentido particularmente forte. As ecologias de saberes visam articular conhecimentos científicos e conhecimentos artesanais e como tal constituem um desafio às instituições e às pedagogias que foram desenhadas para promover e transmitir apenas um tipo de conhecimento. O desafio ainda é maior se tivermos presente que, sempre que os conhecimentos são mobilizados nas práticas sociais, a distinção entre a criação e a transmissão de conhecimentos, entre investigação e pedagogia, torna-se problemática.

As epistemologias do Sul não se esgotam em práticas institucionais. Combinam práticas institucionais e práticas extrainstitucionais. Assumem-se como epistemologias políticas, modos de conhecer e de validar conhecimentos com vista a contribuir para refundar as políticas insurgentes que poderão confrontar com eficácia as articulações insidiosas e tecno-selvagens entre capitalismo, colonialismo e patriarcado que caracterizam o nosso tempo. Tais políticas, assim como as epistemologias que as fundam, terão lugar nas instituições e fora delas, nos parlamentos, governos e sistemas judiciais, por um lado, e nas ruas, praças, comunidades, redes sociais, por outro. Serão exercidas de modo formal e de modo informal. Não se trata de modos estanques de fazer política ou de construir/difundir conhecimentos. Trata-se de duas vias que se assumem como parciais e se reforçam mutuamente. A via institucional coexiste com a via extrainstitucional, o modo formal com o modo informal. São, aliás, concebíveis práticas híbridas em que o institucional e o extrainstitucional se interpenetram. No Capítulo 10 analisei Mahatma Gandhi enquanto exímio tradutor intercultural. Tanto a prática política de Gandhi como a dos movimentos que associei a ela, dos movimentos indígenas na América Latina ao movimento pelos direitos civis nos EUA, são eloquentes exemplos da tensão entre o institucional e o extrainstitucional e da possível interpenetração entre ambos.

A centralidade das lutas sociais nas epistemologias do Sul e o modo amplo como estas são concebidas (ver Capítulo 4) apontam para práticas de crítica e de possibilidade, de inconformismo e de resistência, de denúncia e de contraproposta que podem ser mais ou menos consolidadas, mais ou menos formalizadas, mais ou menos duradoras. Ao contrário da tradição do pensamento crítico eurocêntrico, as epistemologias do Sul e as práticas de luta que lhes são próprias não se deixam polarizar ou segmentar por dicotomias como revolução/reformismo ou ruptura/continuidade. Para elas, a rebeldia insurgente é radical; contudo, concluir que a radicalidade pressupõe um formato específico é um grave erro.

O extrainstitucional é muitas vezes nada mais que um ensaio de novas institucionalidades e de novas pedagogias. Os primeiros anos do orçamento participativo em Porto Alegre na década de 1990 (SANTOS, 2002b, p. 455-559), o Movimento dos Indignados de 2011 em vários países (SANTOS, 2015c, p. 115-142; 2016, 343-374), e a Comuna de Oaxaca, mencionada no Capítulo 7, são exemplos do que tenho chamado de institucionalidades prefigurativas e constituem práticas extrainstitucionais que geram instituições de tipo novo. Institucionalidades e pedagogias prefigurativas são os modos de organizar a convivência coletiva e promover aprendizagens libertadoras que permitem praticar plausivelmente, aqui e agora e numa pequena escala, um outro mundo futuro possível.

O abissal e o pós-abissal

As epistemologias do Norte traduziram-se em instituições de produção e de transmissão de conhecimentos, sistemas educativos e pedagogias, que produziram e reproduziram a linha abissal. Ao longo deste livro analisei em detalhe as características da investigação pós-abissal. Assumi que, enquanto componente das ecologias de saberes, a ciência pós-abissal será realizada em parte nas instituições existentes – centros de investigação, escolas e universidades – e que isso será uma fonte de tensões e conflitos (Capítulo 12). Mesmo que tais instituições sejam, elas próprias, periféricas e eventualmente menos disciplinadas pelos cânones de investigação e pedagogia dominantes, o investigador pós-abissal tenderá a ser institucionalmente precário. Isso significa que, a longo prazo, as epistemologias do Sul deverão transformar profundamente as instituições e as pedagogias existentes e promover a criação de outras. Qual o perfil dessas novas instituições e pedagogias? No Capítulo 12 ilustro alguns traços desse perfil. Aqui limito-me a identificar algumas linhas orientadoras.

Primeiro, a centralidade da linha abissal e das lutas contra a dominação implica contextos institucionais e pedagógicos em que a oposição dialética entre sociabilidade (e subjetividade) metropolitana e sociabilidade (e subjetividade) colonial e a consequente distinção entre exclusões sociais abissais e não-abissais devem ser objeto de permanente reflexão. Segundo, as instituições e pedagogias existentes num dado momento são sedimentações das lutas sociais do passado e dos seus resultados. As instituições e pedagogias dominantes tendem a desvalorizar os contributos dessas lutas. Nos últimos quarenta anos, a ideologia e a política neoliberais têm destruído as organizações e os movimentos, e desacreditado, intimidado ou cooptado os atores coletivos que protagonizam as lutas sociais, tendo mesmo procurado eliminar as ideias de dominação e de luta social contra a opressão. A repetição do mantra de que não há alternativa ao capitalismo neoliberal e a tudo o que ele implica visa varrer do pensamento social a vontade de crítica e a possibilidade de mudança. Nessas circunstâncias, o caráter confrontacional e o impulso insurgente das epistemologias do Sul são tão necessários quanto difíceis de sustentar. A pedagogia do conflito social é mais difícil hoje do que há quarenta anos, e as instituições existentes vão se reorganizando de modo a bloqueá-la totalmente. Daí que, no plano institucional, as epistemologias do Sul devam assumir uma identidade diatópica, mantendo um pé nas instituições existentes, com o objetivo de as transformar, e outro pé em novas instituições criadas à sua imagem. O Capítulo 12 ilustra essa dualidade.

A terceira linha orientadora diz respeito aos contextos institucionais e pedagógicos em que podem ser realizadas a sociologia das ausências e a sociologia das emergências. Na medida em que não é confrontada, a linha abissal tanto destrói ou oculta realidade social, política e cultural (as ausências) como destrói ou oculta potencialidades, possibilidades, alternativas (as emergências). Da perspectiva das epistemologias do Sul, a confrontação da linha abissal tem sempre de combinar a sociologia das ausências e a sociologia das emergências, isto é, a denúncia e a alternativa, a crítica e a possibilidade. Uma das deficiências mais graves do pensamento crítico eurocêntrico nos dias de hoje consiste em centrar-se exclusivamente na crítica e na denúncia. A ausência de alternativas só é intelectualmente convincente para quem não precisa delas existencialmente na sua vida diária.

Em que contextos institucionais e pedagógicos é possível desenvolver a sociologia das ausências e a sociologia das emergências? Um dos principais desafios consiste nas diferentes escalas de análise e de intervenção privilegiadas pelas duas sociologias. A sociologia das ausências tende a exigir macroescalas, longas durações históricas, os vastos campos sociais e históricos em que gradualmente foram se constituindo dialeticamente a sociabilidade metropolitana e a sociabilidade colonial. A pedagogia do conflito e da luta exige distinguir, por exemplo, os grupos sociais que causam as exclusões abissais dos grupos sociais que se beneficiam delas. Denunciar estes últimos pode servir para isentar os primeiros. A identificação de uma ausência ao nível da microescala pode ser uma forma de ocultar uma ausência mais inquietante e subversiva ao nível da macroescala. Pelo contrário, a sociologia das emergências, para ser convincente e mobilizadora, deve ser capaz de articular a microescala com a macroescala. As potencialidades, latências, possibilidades aceitáveis de resistência eficaz contra a dominação só são detectáveis no terreno concreto em que vivem os grupos sociais oprimidos, ou seja, ao nível da microescala. Ao efetuar sua amplificação simbólica, a sociologia das emergências mostra que tais possibilidades valem para além do contexto em que ocorrem e são plausíveis a um nível muito mais amplo, ou seja, ao nível da macroescala. Constituem exemplos das alternativas que, sendo possíveis num tempo e num lugar, podem ser igualmente possíveis noutro tempo e noutro lugar. Por outras palavras, a sociologia das emergências tem de ser transescalar para poder desempenhar o seu papel pedagógico e mobilizador da vontade inconformista.

É necessário, então, ter presente uma certa assimetria entre a sociologia das ausências e a sociologia das emergências. Na sociologia das ausências, a microescala pode ser uma forma de ignorar a linha abissal e, assim, desradicalizar os processos que causam as ausências com potencial subversivo. Pelo contrário, na sociologia das emergências, a articulação entre as escalas é fundamental, já que a microescala é necessária para transformar a denúncia da ausência em possibilidade concreta e realista e em vontade crível de lutar contra a dominação. Reside aqui, aliás, uma outra deficiência do pensamento crítico eurocêntrico, a traiçoeira simetria de escalas. O pensamento crítico eurocêntrico tende a pensar as alternativas na mesma escala em que faz a denúncia do capitalismo (por exemplo, em capitalismo *versus* socialismo). Também aqui as epistemologias do Sul assumem uma identidade diatópica: um pé na macroescala e um pé na microescala; um pé no mundo e um pé na vizinhança; um pé no futuro e outro no aqui e agora.

A quarta linha orientadora diz respeito às ecologias de saberes, à tradução intercultural e à artesania das práticas. As instituições e as pedagogias dominantes da modernidade eurocêntrica funcionam segundo dicotomias, a criação de dois grupos de pessoas, entidades ou funções, cada uma delas internamente homogênea, inequivocamente distintas uma da outra, relacionando-se entre elas através de um vínculo hierárquico. Alguns exemplos de tais dicotomias: Estado/sociedade civil; funcionário público/cidadão; professor/aluno; sábio/ignorante; homem/mulher; nacional/estrangeiro; trabalhador/migrante; médico/doente; representante eleito/eleitor; governante/governado; maioria/minoria; cidadãos/grupos étnicos; adulto/criança; normal/deficiente; empregado/desempregado, etc. As dicotomias são o oposto das identidades diatópicas. Estas assentam na possibilidade de se ser um e outro polo em momentos ou contextos diferentes, de se mover facilmente de um polo ao outro, de aceitar as dicotomias, mas não as hierarquias. Em algumas situações, as identidades diatópicas são identidades sintéticas que não se reconhecem nas dualidades.

As ecologias de saberes, a tradução intercultural e a artesania das práticas assentam na ideia do encontro mútuo e do diálogo recíproco que sustenta a fertilização e a transformação recíprocas entre saberes, culturas e práticas que lutam contra a opressão. Promovem perspectivas prismáticas entre saberes, culturas e práticas. Assim, por exemplo, o que é tido por ignorância, normalidade ou aluno num certo contexto pode ser sabedoria, anormalidade ou professor noutro contexto ou para outro grupo. E pode mesmo suceder que emerjam identidades, saberes e práticas que transcendem essas dicotomias. As epistemologias do Sul realizam-se, pois, através de identidades diatópicas, de *mingas* epistêmicas, de democracias de alta intensidade. Que tipo de instituições e de pedagogias aceita, facilita e promove tais realizações?

A complexidade dessa questão reside no fato de as epistemologias do Sul promoverem tanto a cooperação entre grupos sociais oprimidos e os seus aliados como a confrontação com os opressores e aqueles que se beneficiam da opressão. A construção de identidades diatópicas e de *mingas* epistêmicas coexiste com a necessidade de definir linhas de confrontação e, por conseguinte, de dualidades não diatópicas. Duas dessas linhas ou dualidades são determinantes: sociabilidade metropolitana/

sociabilidade colonial; opressor/oprimido. No âmbito dessas dualidades não há lugar para identidades diatópicas e *mingas* epistêmicas. Estas últimas têm lugar entre os agentes e os conhecimentos oprimidos e seus aliados que lutam contra a opressão e o fazem no reconhecimento da linha abissal e das exclusões que ela produz. Ou seja, as epistemologias do Sul operam polarizando o contraste entre opressores e oprimidos e despolarizando as diferenças entre os oprimidos, sejam eles excluídos ou não abissalmente. Isso significa que possíveis alianças ou articulações entre grupos sociais que normalmente são excluídos não abissalmente e grupos que são abissalmente excluídos não podem em circunstância alguma conduzir à negação da linha abissal. E se dão prioridade às exclusões abissais é apenas porque estas são as mais violentas, as mais silenciadas, as mais negadoras da dignidade ontológica dos seres humanos.

Nesse domínio, o desafio das epistemologias do Sul às instituições e pedagogias é particularmente complexo requerendo duas exigências contraditórias, a exigência da polarização e a exigência da despolarização. E a exigência ainda maior é a de saber em cada contexto quais os campos de polarização e quais os campos de despolarização. O dilema do pensamento crítico eurocêntrico foi sempre o de não saber distinguir os contextos. Sempre que polarizou as diferenças entre opressores e oprimidos, polarizou também as diferenças entre os grupos oprimidos, conduzindo ao dogmatismo e ao sectarismo. Sempre que despolarizou as diferenças entre os oprimidos, despolarizou também as diferenças entre oprimidos e opressores, conduzindo à rendição e ao clientelismo.

Educação popular e conhecimento popular

Ao longo deste livro, e em livros anteriores, venho indicando o contexto histórico, social e político que justificou a emergência das epistemologias do Sul. No plano intelectual, elas não seriam possíveis sem duas propostas que revolucionaram a pedagogia e as ciências sociais no final da década de 1960 e ao longo da década de 1970: a pedagogia do oprimido de Paulo Freire e a investigação-ação participativa (IAP)[293] de Orlando

---

[293] No original, em espanhol, "investigación–acción participativa" (ver FALS BORDA, 1986).

Fals Borda. Esses dois pilares portentosos contribuíram decisivamente para a formulação das epistemologias do Sul. Vejamos o porquê.

As duas propostas surgem quase que simultaneamente na América Latina, num contexto histórico de grande convulsão social. Um período em que se faziam sentir fortemente as vibrações contraditórias da Revolução Cubana e do imperialismo norte-americano empenhado em impedir que ela se propagasse a outros países. Foi um período intenso de lutas populares e movimentos revolucionários que levaram ao poder forças progressistas, provocaram reações violentas das oligarquias; as ditaduras militares intensificaram, no caso da Colômbia, a luta armada de grupos de guerrilha, e viram surgir os grupos eclesiais de base inspirados na teologia da libertação, e os grupos do Teatro do Oprimido proposto por Augusto Boal.

As propostas de Paulo Freire e Fals Borda surgem autonomamente, mas respondem a problemas comuns e avançam soluções convergentes. O contexto envolvente é o da miséria das populações rurais e das populações das periferias urbanas, de intensos conflitos no mundo rural, de lutas camponesas pela terra e de assalariados rurais por um salário digno, de violenta repressão por parte dos latifundiários e do Estado a seu serviço. Tanto Paulo Freire como Fals Borda procuram soluções que fortaleçam a resistência dos camponeses e das populações urbanas pobres e ambos entendem que tais soluções passam pela promoção da educação e pela produção de conhecimento. Os camponeses não têm acesso nem a uma nem ao outro, mas mesmo se tivessem, isso em nada contribuiria para fortalecer as suas organizações e as suas lutas. Bem pelo contrário, tanto a educação oficial e formal como o conhecimento acadêmico canônico não seriam relevantes para os objetivos das suas organizações e das lutas e, se algum efeito tivessem, seria o de enfraquecer umas e outras. É preciso algo diferente e novo construído a partir de práticas e iniciativas que já estão no terreno. As propostas de Freire e Borda são distintas, mas convergentes, já que ambas concebem a educação e o conhecimento como duas dimensões inseparáveis da política de libertação.

O ponto de partida de Paulo Freire é a educação popular. Como veremos adiante (Capítulo 12), havia já uma longa tradição de educação popular, mas Freire propõe uma mudança paradigmática inspirada pela teologia da libertação e pelo marxismo: transformar a educação (a começar pela própria alfabetização de adultos) num processo de conscientização (FREIRE, 1974, p. 19-25), através da produção e aquisição de conhecimentos relevantes para identificar criticamente as condições concretas de vida e as transformar por via de uma política de libertação.[294] A conscientização de Freire não tem aqui uma matriz idealista que reduz a sociedade à consciência dela. Pelo contrário, significa a compreensão das estruturas sociais como modos de dominação e violência e a concepção da liberdade como negação da fatalidade que assim seja. Essa articulação recíproca entre educação, conhecimento e liberdade faz com que a pedagogia do oprimido seja uma pedagogia da libertação.[295] Os círculos de cultura (em vez da escola), o coordenador (em vez do professor), as palavras geradoras (em vez de curriculum), o diálogo (em vez da aula) fazem com que a educação seja uma prática de liberdade que prefigura a prática de libertação. De nada vale a liberdade se não for para os homens e as mulheres se libertarem. A conscientização deve ser entendida como um processo que facilita a mobilização das classes populares e torna mais difícil a sua manipulação pelas elites.

O projeto de Paulo contém uma proposta epistemológica de construção e de apropriação do conhecimento a partir da experiência existencial dos alfabetizandos. O caráter dialógico da educação implica a concepção de conhecimento como coconstrução. Diz Freire:

---

[294] A teologia da libertação e o marxismo tornaram-se mais evidentes no seu pensamento depois do seu exílio no Chile, na sequência do golpe militar de 1964 no Brasil. Quase em simultâneo com a publicação da *Pedagogia do oprimido* (1970) de Paulo Freire, Gustavo Gutiérrez lança a *Teologia de la liberación* (1971), um trabalho pioneiro que junta a teologia da libertação e o marxismo. Sobre o componente marxista do trabalho de Freire, ver as pertinentes observações de Donaldo Macedo (2004, p. ix-xxv) no seu prefácio à *Pedagogia da indignação* de Paulo Freire. Quando Freire iniciou o seu projeto de educação popular, metade da população brasileira era iletrada e empobrecida por um sistema brutal de desigualdade e opressão social. A situação era ainda pior no Nordeste, onde Freire iniciou o seu movimento em 1962. Numa população de 25 milhões, 15 milhões eram iletrados.

[295] A primeira grande formulação teórica da proposta de Paulo Freire (1967) é *Educação como prática da liberdade*, com um prefácio notável de Francisco Weffort. Segue-se a *Pedagogia do oprimido*, escrita no exílio no Chile em 1968 e publicada nos EUA em 1970. Depois disso seguiram-se muitos outros trabalhos de aprofundamento da pedagogia do oprimido, refletindo também a passagem pelos EUA e as estadias na África nos países que acabavam de se libertar do colonialismo português.

"O diálogo é este encontro dos homens, mediatizados pelo mundo, para *pronunciá-lo*, não se esgotando, portanto, na relação eu-tu. Esta é a razão pela qual não é possível o diálogo entre os que querem a *pronúncia* do mundo e os que não a querem; entre os que negam aos demais o direito de dizer a palavra e os que se acham negados deste direito" (1974, p. 93). A construção dialógica do conhecimento constitui o que chama de investigação temática ou investigação do universo vocabular, a elaboração dos temas geradores, os temas existencialmente relevantes para o contexto em que os alfabetizandos vivem e que constituem o ponto de partida do processo educacional.

Daí a sua crítica radical das políticas de educação dominantes, que chama de "educação bancária", a qual, ao polarizar a distinção entre educador e educando, elimina o diálogo e promove a passividade do educando. Numa sociedade dividida entre opressores e oprimidos, a educação bancária visa promover a passividade dos oprimidos. Por isso, o projeto de Freire, além da proposta educacional e epistemológica, contém também uma proposta política, no sentido mais amplo do termo. Aliás, sobretudo na *Pedagogia do oprimido*, Freire fala usualmente de "ação educacional e de ação política": "Não podemos, a não ser ingenuamente, esperar resultados positivos de um programa que seja educativo num sentido mais técnico ou de ação política, se, desrespeitando a particular visão do mundo que tenha ou esteja tendo o povo, se constitui numa espécie de invasão cultural" (1974, p. 101).[296]

No mesmo ano em que é publicada a *Pedagogia do oprimido*, Orlando Fals Borda publica *Ciencia propia y colonialismo intelectual*. Fals Borda reconhece na introdução que esse livro e os estudos que o precederam significam uma "reorientação no seu pensamento e na sua vida" (1970, p. 9). Refere-se à curta primeira fase da sua carreira de sociólogo, em que seguiu a sociologia norte-americana, centrada nas teorias funcionalistas do desenvolvimento e nas metodologias primitivistas. Fals Borda pergunta-se se é possível uma sociologia da libertação e responde afirmativamente. Segundo ele essa sociologia "seria um ato

---

[296] Como diz Henry Giroux (1985, p. xiii) na introdução a *The Politics of Education: Culture, Power and Liberation:* "A educação na visão de Freire representa tanto uma luta por significado como uma luta sobre as relações de poder".

de criação científica que satisfaria ao mesmo tempo os requisitos do método e da acumulação do conhecimento científico, contribuindo tanto para as tarefas concretas e práticas de luta inevitável como para as de restruturação da sociedade latino-americana nessa nova e superior etapa. Teoria e prática, ideia e ação se veriam assim sintetizadas – em frutuoso intercâmbio – durante esse período de dinamismo criador" (1970, p. 46). No que diz respeito aos métodos, essa sociologia rebelde e autônoma procura "o qualitativo e o sentido das coisas e dos processos, com uma visão global e histórica, mas sem rechaçar o mensurável nem desprezar o setorial [...] Procura seguir adiante nas suas técnicas, construindo sobre o que já foi alcançado, que em muitas partes não é negligenciável" (1970, p. 58). Trata-se de uma sociologia comprometida, entendendo por compromisso "a ação ou a atitude do intelectual que, ao tomar consciência do seu pertencimento à sociedade e ao mundo do seu tempo, renuncia a uma posição de simples espectador e coloca o seu pensamento ou a sua arte a serviço de uma causa" (1970, p. 66). E acrescenta que, em tempo de crise, "essa causa é, por definição, a transformação significativa do povo que permita resolver a crise decisivamente, criando uma sociedade superior à existente" (1970, p. 66).

Para Fals Borda, o compromisso-ação representa a atitude pessoal do cientista social perante as realidades do seu tempo. Esse conceito tem um caráter ideológico, mas tal não significa de modo algum que seja não-científico. Condiciona a seleção dos temas, as prioridades analíticas, a definição de grupos-chave e a identificação com eles transformando-os nos grupos de referência do cientista:

> Para definir os critérios de um compromisso-ação pertinente na nossa época de crise, e para saber as que merecem receber a assistência da nossa ciência dentre a abundância de grupos, movimentos ou partidos possíveis, pelo menos as seguintes perguntas devem ser absolvidas pelo homem de ciência:
>
> 1. Sobre o *compromisso prévio* (pacto): com que grupo esteve comprometido até agora? A quem serviu consciente ou inconscientemente? Como se refletem nas suas obras os interesses de classe, econômicos, políticos ou religiosos dos grupos a que pertenceu?
> 2. Sobre a *objetividade*: quais são os grupos que não temeriam que se fizesse uma avaliação realista do estado da sociedade e que, por isso, brindariam todo o seu apoio à objetividade da ciência?

3. Sobre o *ideal de serviço*: tendo em conta a tradição humanista das ciências sociais, quais os grupos, movimentos ou partidos políticos que buscam servir realmente ao conjunto da sociedade, sem pensar em si mesmos, mas sim no benefício real dos povos marginalizados que até agora haviam sido vítimas da história e das instituições? Quais são os grupos que, em troca, se beneficiam das contradições, inconsistências e incongruências reinantes? (1970, p. 69).

Esses são os princípios da sociologia da libertação de Fals Borda e da metodologia da investigação-ação participativa (IAP).[297] Por via da IAP, o "verdadeiro sociólogo", ou o "sociólogo militante" insere-se na aplicação da política que decorre da sua análise. E acrescenta:

seria assim essencial que a influência e o exemplo do sociólogo lograssem racionalizar a ação dos grupos-chave, para que se tornassem mais eficazes e menos erráticos, articulando com seriedade os seus ideais e transformando a sua emotividade em mística. O sociólogo não fomentaria o dogmatismo, resistindo antes às mitologias dos meios políticos, opondo-se aos macarthismos e mostrando o caminho da evidência e dos fatos, mesmo sendo uma tarefa dura e mal compreendida (1970, p. 71).

Mas adverte que o sociólogo, ao inserir-se na ação política, deve ter em conta que essa "inserção pode desfocar-se e produzir efeitos contraproducentes quando não se tem um compromisso consequente e se chega a uma comunidade simplesmente a 'agitar', sem ter em conta o nível de consciência política das gentes da localidade; ou quando se chega com o fim de 'manipular' as massas" (1970, p. 140). Nesse e em muitos outros pontos, há uma grande convergência entre Fals Borda e Paulo Freire.

Fals Borda insurge-se contra o colonialismo intelectual da sociologia americana como um dos instrumentos ideológicos do imperialismo norte-americano no subcontinente da América Latina, e propõe a sociologia da libertação e a IAP como expressão da aspiração de transformação revolucionária, a que a Revolução Cubana dera tanta credibilidade. E concluí com a ideia de que "a ciência dos trópicos e subtrópicos está

---

[297] Fals Borda (1970, p. 57) distingue observação–participante, observação–intervenção e observação–inserção. Esta última é que corresponde à IAP.

ainda por fazer".[298] Trata-se de uma sociologia autônoma, adequada à realidade latino-americana mas sem etnocentrismos míopes que, em última instância, são sinais de inferioridade. Mas acrescenta que "a escola marxista latino-americana é, obviamente, a que está mais próxima de produzir os melhores frutos nesse campo científico, que por sua vez é estratégico para a revolução popular necessária" (1970, p. 149).

Epistemologias do Sul, a pedagogia do oprimido e a investigação-ação participativa

Os desafios que as epistemologias do Sul fazem às instituições e às pedagogias dominantes não são muito distintos dos desafios que encontramos constantemente nas propostas de Paulo Freire e Fals Borda. Mas entre essas propostas e as epistemologias do Sul há diferenças que convém salientar. Refiro a seguir algumas das diferenças que, no entanto, devem ser entendidas como expressão da diversidade interna no seio da mesma família.

O contexto histórico

A discussão dos contextos históricos é complicada por duas razões. Por um lado, a sua caracterização tende a ser feita do presente para o passado e, como não há consenso sobre o diagnóstico do presente, tão pouco existirá na caracterização do contexto passado. Por outro lado, se forem inovadoras e abertas, as teorias, epistemologias e pedagogias propostas num dado contexto quase sempre sobrevivem a ele e, com adaptações, continuam a ser válidas em contextos muito distintos. Com essas duas ressalvas, vejamos os contextos. A pedagogia do oprimido e a investigação-ação participativa surgem num contexto histórico e político específico. Como referi anteriormente, o subcontinente americano vivia então intensamente as contradições políticas entre dois impulsos de transformação social: a Revolução Cubana e o desenvolvimentismo promovido e suportado pelos EUA da Aliança para o Progresso. As contradições eram enormes e tiveram consequências políticas graves:

---

[298] Esse tema do valor epistemológico dos trópicos viria a captar cada vez mais a atenção de Fals Borda. Ver Fals Borda e Mora-Osejo (2007, p. 397-406).

violência nos campos e nas cidades, ditaduras militares, intervencionismo imperialista e lutas de guerrilha. Com diferenças entre eles que não posso analisar aqui, Paulo Freire e Fals Borda tomam ambos partido pelo impulso revolucionário, mesmo que isso não signifique a adoção do modelo da sociedade cubana pós-revolucionária.[299] As suas propostas procuram dar conteúdo político, epistemológico e pedagógico ao período pós-revolução cubana na América Latina. E porque eram propostas inovadoras e abertas puderam internacionalizar-se e adaptar-se a contextos muito distintos. Com o exílio no Chile, a passagem pelos EUA e por vários países da África, Paulo Freire pôde divulgar e rever a sua proposta em diferentes contextos, e a pedagogia do oprimido e a educação popular foram gradualmente se transformando numa proposta global com Institutos Paulo Freire sendo criados em muitos países do mundo. O mesmo aconteceu com a IAP de Fals Borda. Em 1977, realizou-se em Cartagena o primeiro simpósio mundial sobre a IAP; pouco depois, a Organização Internacional de Trabalho (OIT) adotou-a como uma das metodologias de investigação. Na introdução que escreveu para o seu livro *Knowledge and People's Power* (1988), com os resultados da investigação financiada pela OIT, Fals Borda nota que na década anterior a IAP havia sido usada para promover tanto políticas revolucionárias como políticas desenvolvimentistas.

O contexto das epistemologias do Sul não é especificamente latino-americano. É antes um contexto internacional marcado pela contradição entre dois tipos contrapostos de globalização: a globalização hegemônica do neoliberalismo e a globalização contra-hegemônica dos movimentos sociais. Essa contraposição foi simbolizada durante vários anos pela realização paralela do Fórum Econômico Mundial, que desde 1971 se reúne em Davos, na Suíça, e do Fórum Social Mundial (FSM), que teve a sua primeira sessão em 2001 em Porto Alegre, Brasil, e que desde então se reuniu em diferentes cidades do sul global.[300] Contudo,

---

[299] As convergências são bem mais significativas que as diferenças. Ver uma excelente comparação entre eles em Carrillo (2015, p. 11-20).

[300] Não é coincidência o FSM ter surgido no Brasil, num contexto de grande ativismo dos movimentos sociais que esteve na origem da eleição de governos progressistas em vários países do continente, da Venezuela à Argentina, da Bolívia ao Equador, do Brasil ao Chile. A maior efervescência política ocorreu na primeira década de

a globalização contra-hegemônica nunca se esgotou no FSM. Para a emergência das epistemologias do Sul foi igualmente importante o levantamento Zapatista de 1994, em Chiapas, México, e as propostas de renovação política e cultural e de articulação local-transnacional que se traduziram em múltiplas reuniões internacionais e na criação de grupos zapatistas em várias partes do mundo.

Trata-se de um contexto intensamente transnacional, por vezes com articulações fortes entre lutas locais e lutas globais, com total reconhecimento da diversidade dos grupos oprimidos e com orientações políticas que vão para além da alternativa revolução/desenvolvimento. Ao contrário do contexto de Fals Borda e de Paulo Freire, as tarefas de alfabetização são hoje menos urgentes, e os grupos oprimidos têm uma diversidade política e cultural que não se deixa captar facilmente pelas categorias gerais de camponeses e operários. São mulheres, povos indígenas, afrodescendentes, dalits, camponeses e operários com diferentes tradições de resistência em diferentes continentes, bem como ecologistas, ativistas dos direitos humanos, etc. Essa diversidade reclama orientações teóricas, epistemológicas, organizativas e pedagógicas de tipo novo. Além do mais, comunicam-se hoje por via da internet, e as suas mobilizações dependem muito das redes sociais. Isso não significa que as alternativas de um outro mundo possível sejam mais concebíveis ou que as lutas por elas sejam mais fáceis. Bem pelo contrário, como mostrarei adiante.

Tal como em Fals Borda e Paulo Freire, a contradição entre opressores e oprimidos é fundamental nas epistemologias do Sul, mas a caracterização da dominação que a sustenta é agora mais complexa. Para eles, o modo de dominação principal, se não mesmo único, é o capitalismo, enquanto para as epistemologias do Sul a dominação tem três pilares: capitalismo, colonialismo e patriarcado, que atuam articuladamente para reproduzir e ampliar a dominação, por vezes recorrendo ainda a modos de dominação-satélite, como a religião, o sistema de castas, o regionalismo, a idade ou a geração.[301]

2000. Muitos desses governos entraram em crise no período seguinte (ver SANTOS, 2005a; 2006b; 2008, p. 247-270; 2010b).

[301] Deve, no entanto, ter-se presente que Fals Borda, na linha de alguma sociologia crítica latino-americana, fala frequentemente de colonialismo e colonialismo intelectual, embora a crítica do capitalismo tenha prioridade teórica e política.

Essas diferenças de contexto explicam certamente algumas diferenças entre os projetos de Paulo Freire e de Fals Borda, por um lado, e as epistemologias do Sul, pelo outro, mas não põem em causa a grande afinidade e complementaridade entre essas diferentes abordagens. Essa afinidade reside na centralidade da relação opressor/oprimido, no forte componente epistemológico dessa relação e no objetivo de fortalecer as lutas contra a opressão através de articulações que constroem uma globalização contra-hegemônica. Aliás, no que diz respeito a este último aspecto, o reconhecimento mundial das propostas de Paulo Freire e de Fals Borda faz com que a pedagogia do oprimido e a IAP sejam hoje uma dimensão fundamental da globalização contra-hegemônica defendida pelas epistemologias do Sul. Talvez melhor que eu o poderia formular, Afonso Scocuglia afirma:

> Em suma, penso que, quando Boaventura coloca as alternativas possíveis aos globalismos localizados e aos localismos globalizados e investe no cosmopolitismo e no patrimônio comum da humanidade e para isso mostra a importância, por exemplo, das redes formadas no FSM, seu *corpus* de argumentação pode ter em Freire seu "[...] braço político-pedagógico [...]" no sentido do combate e do convencimento tão próprios do jogo pela hegemonia. De outro lado, quando Freire propõe o "[...] diálogo como arma dos oprimidos para lutarem contra seus opressores [...]" e a busca da consciência crítica como política do conhecimento, oferece aos militantes da globalização contra-hegemônica, como é o caso de Boaventura, alguns caminhos concretos de luta pela mudança social (2009, p. 122).

Conhecimentos pós-abissais

Debruço-me primeiro sobre Paulo Freire e depois sobre Fals Borda. Na *Pedagogia do oprimido*, a investigação temática a que recorre destina-se a levar a cabo o processo pedagógico. "Educação e investigação temática, na concepção problematizadora da educação, se tornam momentos de um mesmo processo" (1974, p. 120). Os temas geradores devem ser identificados de modo dialético para dar conta da oposição entre os grupos que querem manter o *status quo* e os que procuram transformá-lo. O processo pedagógico visa transformar situações-limite em tarefas que, ao questionar os limites, mostram a possibilidade do "inédito viável" (1974, p. 126). A investigação de temas geradores visa à apropriação crítica de uma dada situação e com ela a conscientização.[302] Trata-se de um processo dialógico pois "a metodologia que defendemos exige, por isto mesmo, que, no fluxo da investigação, se façam ambos sujeitos da mesma – os investigadores e os homens do povo que, aparentemente, seriam seu objeto. Quanto mais assumam os homens uma postura ativa na investigação de sua temática, tanto mais aprofundam a sua tomada de consciência em torno da realidade e, explicitando sua temática significativa, se apropriam dela" (1974, p. 115-116). E Freire conclui: "A investigação temática se faz, assim, um esforço comum de consciência da realidade e de autoconsciência, que a inscreve como ponto de partida do processo educativo, ou da ação cultural de caráter libertador" (1974, p. 117).

Mas, apesar da reciprocidade, o papel do investigador é crucial. É ele ou ela quem conduz o processo de conscientização, e o seu trabalho enquanto educador tem muitas semelhanças com o trabalho de campo do sociólogo ou do antropólogo. É certo que Freire, por estar centrado no processo educativo, fala sempre do investigador como educador, e não como cientista social. Portanto, a distinção entre conhecimento científico e conhecimento artesanal, que é fundamental para as epistemologias do Sul, não emerge na análise de Freire. Para Freire, a distinção fundamental é entre a consciência real dos alfabetizandos e a consciência possível.[303] Compete aos educadores promover esta última, nisso consistindo o processo de conscientização. Mas o trabalho do investigador é metodologicamente semelhante ao do cientista social. "Os investigadores iniciam suas visitas à área, sempre autenticamente,

---

[302] A visão crítica assenta na visão da totalidade do contexto: "Faltando aos homens uma compreensão crítica da totalidade em que estão, captando-a em pedaços nos quais não reconhecem a interação constituinte da mesma totalidade, não podem conhecê-la" (FREIRE, 1974, p. 112).

[303] Freire (1974, p. 126) recolhe essa distinção de Lucien Goldmann. Aliás, o trabalho da equipe investigadora é concebido, em geral, com recurso a categorias marxistas, como, por exemplo, a distinção entre contradições primárias e secundárias: "Quanto mais cindem o todo e o re-totalizam na re-admiração que fazem de sua ad-miração, mais vão aproximando-se dos núcleos centrais das contradições principais e secundárias em que estão envolvidos os indivíduos da área" (1974, p. 125).

nunca forçadamente, como observadores simpáticos. Por isso mesmo, com atitudes *compreensivas* em face do que observam" (FREIRE, 1974, p. 122). Mais adiante,

> na medida em que realizam a "descodificação" desta "codificação" viva, seja pela observação dos fatos, seja pela conversação informal com os habitantes da área, irão registrando em seu caderno de notas [...] as coisas mais aparentemente pouco importantes. A maneira de conversar dos homens; a sua forma de ser. O seu comportamento no culto religioso, no trabalho. Vão registando as expressões do povo; sua linguagem, suas palavras, sua sintaxe, que não é o mesmo que a sua pronúncia defeituosa, mas a forma de construir seu pensamento (1974, p. 123).

Freire analisa em detalhe as várias fases da investigação que conduzem à identificação dos temas geradores, à constituição da equipe de investigação e às tarefas de descodificação, e salienta que em todas as atividades "participarão, como membros da equipe investigadora, os representantes populares" (1974, p. 124)". Mas o processo de investigação tem uma sequência muito clara, e o controle da sequência está na posse do investigador.

Nos Capítulos 6 e 7, identifiquei as metodologias convencionais das ciências sociais como sendo extrativistas. A metodologia de Freire não é extrativista. Tal como acontece com o trabalho de filosofia oral de Odera Oruka (ver Capítulo 9), o objetivo não é criar conhecimento unilateralmente, através da polarização sujeito/objeto, mas antes multiplicar os sujeitos de conhecimento. De todo modo seria importante saber em que medida o investigador assume uma postura abissal ou uma postura pós-abissal. O perigo existe na possibilidade de as fases e sequências controladas pelo investigador se transformarem numa receita, ou seja, num processo educacional desligado da ação política que devia promover.

As epistemologias do Sul assentam na distinção entre conhecimento científico e conhecimento artesanal e na transformação do conhecimento científico abissal em conhecimento científico pós-abissal de modo a poder integrar as ecologias de saberes e a artesania das práticas. Enquanto em Paulo Freire o objetivo central é o projeto educativo, nas epistemologias do Sul são as ecologias de saberes de onde pode decorrer o fortalecimento das lutas sociais contra a dominação. Neste último caso, não faz sentido falar de educadores, e o investigador pós-abissal deve ser um intelectual de retaguarda, nunca um intelectual de vanguarda.

A conscientização é crucial nas epistemologias do Sul, mas é idealmente ou tendencialmente um processo horizontal em que diferentes grupos ou diferentes ativistas e investigadores pós-abissais contribuem com os seus respectivos conhecimentos. Sem dúvida os diferentes conhecimentos não têm todos o mesmo nível de conscientização, mas mais importante que discutir diferenças de níveis ou de graus é distinguir e articular diferentes análises do contexto (tanto diagnósticos como prognósticos), identificar os pontos em comum e as divergências, as possibilidades de mestiçagem ou hibridação e as zonas de incomensurabilidade ou de incompatibilidade. Na grande maioria dos casos, a ecologia de saberes não é possível sem tradução intercultural. A consciência da diversidade cultural e epistemológica do mundo e consequentemente da heterogeneidade dos diferentes conhecimentos, bem como a necessidade de tradução intercultural são alguns dos contributos novos das epistemologias do Sul. Podem, aliás, contribuir para aprofundar a eficácia da pedagogia do oprimido. Ver a seguir a discussão sobre a pedagogia pós-abissal.

Há uma grande convergência epistemológica entre a sociologia da libertação de Fals Borda e as epistemologias do Sul. Ambas valoram o conhecimento popular ou artesanal, promovem a objetividade sem neutralidade, privilegiam relações sujeito/sujeito em vez de relações sujeito/objeto e vinculam a investigação às lutas sociais contra a opressão. As técnicas da IAP entendidas como metodologia vivencial (investigação coletiva, recuperação crítica da história, valorização da cultura popular e produção e difusão do novo conhecimento) são fundamentais para construir as ecologias de saberes e a artesania das práticas. Podemos, no entanto, identificar algumas diferenças. Para as epistemologias do Sul é crucial manter a distinção entre conhecimento científico e conhecimento artesanal. A ciência consonante com as epistemologias do Sul, a ciência pós-abissal, assume-se sempre como um conhecimento parcial que entra em diálogo com outros conhecimentos, nisso consistindo as ecologias de saberes. Fals Borda, embora fale frequentemente de diálogo de saberes, visa construir um único tipo de conhecimento, o conhecimento científico que, aliás, por vezes, é identificado com uma das disciplinas das ciências sociais, a sociologia. Trata-se de uma ciência popular, "na qual o conhecimento adquirido e sistematizado com o necessário rigor sirva aos interesses das classes exploradas". E acrescenta que essa ciência popular "converge na chamada 'ciência universal' quando se cria um paradigma totalizante que incorpora o novo conhecimento sistematizado" (FALS BORDA, 1988, p. 93). Esse paradigma totalizante é o marxismo.[304]

Para as epistemologias do Sul qualquer paradigma totalizante, sobretudo se se designar como científico, mesmo científico popular, contém o risco de gerar monoculturas de saber rigoroso ou válido. Esse risco é particularmente sério quando a busca de objetividade está vinculada a lutas sociais porque pode gerar dogmatismo, sectarismo, centralismo — em suma, autoritarismo. Nas epistemologias do Sul, o marxismo tem um papel fundamental na análise crítica da dimensão capitalista da dominação moderna eurocêntrica e intervém junto com outras teorias na análise crítica das dimensões colonialista e patriarcal. Mas intervém sempre enquanto ciência pós-abissal e, portanto, enquanto conhecimento parcial que dialoga horizontalmente com outros saberes artesanais nas ecologias de saberes e na artesania das práticas. Para as epistemologias do Sul essa é a única forma de evitar que o conhecimento popular artesanal seja convertido num "primeiro passo", "ponto de partida", "visão limitada" a ser superada pela sistematização científica. A meu ver esse perigo existe tanto em Paulo Freire como em Fals Borda. Que eles estavam bem cientes dele talvez explique as frequentes advertências de ambos contra a "manipulação das massas", não pelos adversários das classes populares, mas sim pelos seus aliados. Na medida em que esse perigo se concretizar terá sido destruída a possibilidade de justiça cognitiva e de democracia cognitiva.[305]

---

[304] Tanto Paulo Freire como Fals Borda perfilham uma análise materialista da história de inspiração marxista. Mas ambos adotam o marxismo sem qualquer dogmatismo e procuram adaptá-lo às condições das massas populares do subcontinente. Além disso, ambos conferem um lugar central à educação, ao conhecimento, às representações e à construção da subjetividade consciente (a conscientização em Paulo Freire). Ou seja, a temas que um certo marxismo estreito consideraria facilmente desvios idealistas. Fals Borda chega mesmo a afirmar: "É óbvio que, neste contexto, as formas e relações de produção de conhecimento adquiram tanto ou mais valor que as formas e relações de produção material" (1988, p. 137).

[305] Não tenho de repetir aqui que a justiça cognitiva e a democracia cognitiva nada têm a ver com relativismo (ver Capítulo 2).

Pedagogia pós-abissal

É necessário distinguir dois temas a esse respeito: as epistemologias do Sul como pedagogia; e como educar para as epistemologias do Sul nas instituições vigentes. Vejamos o primeiro tema. Como vimos, em Paulo Freire a educação ocupa o centro da sua proposta.[306] A distinção entre educador e educando mantém-se, embora o processo pedagógico seja orientado para o diálogo e a reciprocidade. Apesar disso, é uma relação hierárquica porque, sendo a visão fragmentária do contexto uma visão inferior à visão totalizante, é ao educador que compete garantir ou controlar a passagem de uma visão a outra. As epistemologias do Sul centram-se na construção e validação de conhecimentos entre grupos sociais oprimidos e seus aliados com o objetivo de fortalecer as lutas sociais contra a dominação. Valorizam-se os diferentes conhecimentos e, em abstrato, não há hierarquias entre eles. As hierarquias são contextuais e pragmáticas em função das relações de confiança entre conhecimentos, sujeitos de conhecimento e práticas libertadoras, ou seja, em função da eficácia dialogicamente avaliada no fortalecimento das lutas. A relação entre conhecimentos diversos torna-se assim mais importante que a relação entre conhecimento e ignorância. As ecologias de saberes e a tradução intercultural são processos de aprendizagem recíproca nos quais não faz sentido distinguir educador e educando. Como procurei mostrar nos capítulos anteriores, o investigador pós-abissal tem de passar por um processo de desaprendizagem intenso para fugir à tentação de conceber o conhecimento científico pós-abissal como o único válido ou, em todo o caso, como o mais válido. Aliás, se a distinção permanece com algum sentido, os educadores não são os aliados dos oprimidos, são antes os que efetivamente lutam e assumem riscos, por vezes fatais, para sobreviver à exclusão e para resistir à dominação em nome da possibilidade de uma sociedade mais justa e mais digna de ser vivida.

---

[306] Fals Borda concebe a IAP como técnicas de investigação, mas está consciente da sua valência como educação popular: "A IAP não é exclusivamente um procedimento de investigação nem uma técnica de educação de adultos nem uma ação política. Apresenta alternadamente todos esses aspectos, como três fases não necessariamente consecutivas que podem combinar-se numa metodologia dentro de um processo vivencial, ou seja, em um procedimento de conduta pessoal e coletiva que se desenvolve durante um ciclo produtivo satisfatório de vida e de trabalho" (1988, p. 85).

Diferentes dos educadores são os mestres (os sábios, os superautores e os artesãos) que mencionei nos capítulos anteriores. Os educadores são seres especiais porque detêm um conhecimento especial; os mestres têm um conhecimento especial porque são seres especiais. As epistemologias do Sul assumem e valorizam a diversidade epistemológica e cultural do mundo e a consideram um recurso fundamental para construir alternativas às monoculturas do saber, das escalas, das classificações, das temporalidades e das produtividades que caracterizam as epistemologias do Norte. O modo de transformar essa diversidade num recurso libertador reside na tradução intercultural e na artesania das práticas. A composição libertadora dos conhecimentos, culturas e práticas diversas torna totalmente inadequada a ideia da dicotomia educador-educando. Podemos dizer que, mesmo com todas as cautelas freirianas, ela poderia ser um obstáculo à construção das ecologias de saberes. As epistemologias do Sul apontam para um cosmopolitismo subalterno que evita a todo o custo totalidades e monolitismos. A única totalidade a que a modernidade ocidental as obriga é a totalidade da dominação, mas mesmo esta é concebida como internamente diversificada e heterogênea, composta de infinitas articulações e hibridismos entre capitalismo, colonialismo e patriarcado.

Nos contextos não acadêmicos em que as epistemologias do Sul se concretizam através dos contributos que podem dar para o êxito das lutas sociais, a pedagogia das epistemologias do Sul diz respeito às desaprendizagens e aprendizagens necessárias para construir a artesania das práticas de libertação. Nesses contextos devem-se distinguir dois processos pedagógicos. O primeiro diz respeito aos membros dos grupos sociais oprimidos e aos ativistas e dirigentes que emergem no seu seio para levar a cabo as lutas contra a dominação. Todos os começos nas lutas sociais são novos começos, representam rupturas e continuidades com lutas anteriores. Como referi no Capítulo 4, os conhecimentos acumulados nas lutas anteriores são um recurso importante, tanto como exemplos (que se devem seguir) quanto como contraexemplos (que se devem evitar).

Ao quererem promover globalizações contra-hegemônicas – articulações translocais entre grupos e movimentos que lutam contra a dominação global do capitalismo, colonialismo e patriarcado –, as epistemologias do Sul implicam uma atenção especial à diversidade do mundo e dos processos de dominação e à necessidade de privilegiar perspectivas transescalares sobre as lutas, perspectivas que permitem relevar a importância local das lutas e, ao mesmo tempo, identificar as suas articulações com outras lutas noutros locais e no plano global. Em ambos os casos (diversidade e transescala) as epistemologias do Sul representam uma ruptura com o pensamento crítico e as lutas e culturas de esquerda que no passado resistiram contra a opressão. Não só a escala dominante foi a escala nacional como o pensamento crítico e a cultura de esquerda que dominaram foram de origem eurocêntrica, teórica e culturalmente monolíticos, o que muitas vezes conduziu ao dogmatismo, sectarismo, fracionalismo e, enfim, ao autoritarismo. As epistemologias do Sul pressupõem que as novas aprendizagens sejam precedidas de desaprendizagens de modo que os fracassos do passado sejam vistos não como erros da prática, mas antes como erros do pensamento e das ideias que a orientaram.

A pedagogia das epistemologias do Sul contém desafios específicos para os aspirantes a investigadores pós-abissais. Nesse domínio, os capítulos anteriores forneceram as orientações que devem presidir às desaprendizagens e aprendizagens a empreender. Como tive ocasião de insistir, o nosso tempo é um tempo quase inicial de descolonização das ciências sociais, não obstante o trabalho gigantesco realizado por Paulo Freire, Fals Borda, e por tantos outros nas últimas cinco décadas. A ciência pós-abissal é por enquanto uma aspiração, uma emergência. É uma ciência que, sendo intensamente autorreflexiva, sabe aplicar a si mesma a sociologia das ausências e sociologia das emergências.

O segundo tema pedagógico diz respeito a como educar para as epistemologias do Sul nas instituições de educação e de investigação dominantes. Essas instituições têm assumido a função de reproduzir e legitimar a linha abissal como a estrutura ausente que dá coerência aos conhecimentos válidos produzidos e ensinados. Não admira, pois, que concebam as epistemologias do Sul como uma perigosa ameaça e as procurem eliminar ou neutralizar. Nos capítulos anteriores mencionei as dificuldades que os investigadores pós-abissais enfrentam no seio das instituições de investigação, e o mesmo se pode dizer dos educadores pós-abissais no seio das instituições educativas. Investigar e educar segundo as epistemologias do Sul implica reformar profundamente as instituições e pedagogias dominantes e certamente criar outras. Esse será o tema do Capítulo 12.

Orientação política e lutas sociais

Esse é o domínio em que a diferença dos contextos históricos tem mais relevância. Como referi anteriormente, o contexto de Paulo Freire e de Fals Borda é um contexto revolucionário ou pré-revolucionário. A pedagogia do oprimido e a IAP têm virtualidades para se aplicarem em múltiplos contextos em que haja desigualdade social, oprimidos e opressores, e essas virtualidades confirmaram-se plenamente nas décadas seguintes. Mas foram desenhadas num contexto em que a revolução era um objetivo plausível e alcançável. Daí a importância de desenvolver uma pedagogia e uma ciência capazes de estar à altura da situação. Na *Pedagogia do oprimido* Freire dirige-se não só aos educadores, mas também aos líderes revolucionários, e termina a sua obra-prima com a seguinte frase: "Somente no encontro do povo com a liderança revolucionária, na comunhão de ambos, na *praxis* de ambos, é que esta teoria se faz e se re-faz" (1974, p. 217).[307] Por sua vez, Fals Borda fala da necessidade de uma investigação social "mais consonante com o ambiente e a realidade revolucionárias ou pré-revolucionárias nos nossos países" (1970, p. 26), de uma atitude intelectual de compromisso "com a ação necessária para transformar revolucionariamente a sociedade latino-americana sem perder o rigor científico" (1970, p. 90). A ideia de vanguarda está muito presente em ambos. Fals Borda considera que a IAP visa converter representantes populares em "dirigentes capazes e esclarecidos, como membros de um novo tipo de vanguarda de serviço, não verticalista, não messiânica nem impositiva de cima para baixo" (1988, p. 6). E acrescenta: "As massas levantadas e conscientes constituem a *verdadeira vanguarda* [...] a busca

---

[307] Por exemplo: "Esta prática implica, por isto mesmo, que o acercamento às massas populares se faça, não para levar-lhes uma mensagem 'salvadora', em forma de um conteúdo a ser depositado, mas, para, em diálogo com elas, conhecer, não só a objetividade em que estão, mas a consciência que tenham desta *objetividade*; os vários níveis de percepção de si mesmos e do mundo *em* que e *com* que estão" (1974, p. 101, grifos do autor).

partilhada dessas metas na prática social, educativa e política converte todos aqueles que nela intervêm em *intelectuais orgânicos* das classes trabalhadoras sem a mediação de hierarquias permanentes" (1988, p. 89-90). A inspiração marxista e gramsciana é aqui evidente, mas Fals Borda distancia-se das organizações políticas marxistas do passado: "Com as técnicas da IAP as pessoas mobilizam-se de baixo para cima e da periferia para o centro, para conformar *movimentos sociais* em luta pela participação, a justiça e equidade, sem pensar necessariamente em fundar partidos hierárquicos entendidos no sentido tradicional" (1988, p. 134).

Como afirmei anteriormente, as epistemologias do Sul surgem num contexto muito diferente e o seu espaço-tempo de referência é o sul anti-imperial. Se o quisesse vincular à ideia de revolução, diria que o tempo das epistemologias do Sul é demasiado tardio para ser pós-revolucionário e demasiado prematuro para ser pré-revolucionário. A queda do Muro de Berlim parece ter posto fim não só à ideia de revolução e de socialismo, mas também à ideia de transformação social progressista que sempre se lhe opôs, o reformismo, o qual teve na social-democracia europeia das cinco décadas posteriores à II Guerra Mundial a sua melhor expressão. A globalização do capitalismo na forma de neoliberalismo, que se apresentara como a alternativa que eliminava todas as outras alternativas, está se transformando num tempo de desigualdade social sem precedentes e de iminente catástrofe ecológica, de nacionalismos xenófobos, de guerras em que só morrem civis inocentes, de refugiados de países destruídos e de terras desertificadas, de guerra fria subindo de temperatura, de glamourização da riqueza, de sequestro do Estado por parte de cleptocratas, de esvaziamento da democracia, de fascismo social na forma de racismo e de violência contra as mulheres, de mercantilização do conhecimento e da religião, de erosão dos direitos sociais e trabalhistas, de vigilância total sobre os corpos e de criminalização do protesto social.

É um tempo em que o medo domina a esperança, mas em que, apesar disso, grupos sociais oprimidos e seus aliados continuam a resistir contra a opressão, inconformados com o *status quo* e convictos de que um outro mundo é possível. Para muitos deles a contraposição entre revolução e reforma não faz sentido, já que seria para eles verdadeiramente revolucionário conquistar o que outros grupos no passado consideraram "meras reformas", do direito à educação e à saúde ao direito ao trabalho com direitos e à segurança social. Não lhes interessa saber se a dualidade revolução/reforma ainda vigora. Basta-lhes saber que vigora a rebeldia, o inconformismo contra o sofrimento injusto, a desigualdade e a indignidade de que as suas lutas dão testemunho. Não estão disponíveis para amanhãs gloriosos e menos para educadores ou investigadores revolucionários detentores de saberes ou de poderes privilegiados sobre os quais não têm controle. Sabem que a autonomia, a oferta mais recente da dominação capitalista, colonialista e patriarcal, é falsa porque desprovida de condições para ser exercida efetivamente. Mesmo assim, não a dispensam como ruína da genuína autonomia. Ruínas vividas autonomamente são a condição para as transformar em ruínas vivas, ruínas-sementes, sociologias de emergências.

Não é um tempo de vanguardas. É um tempo de retaguardas. Um tempo destemperado que exige como urgência de curto prazo o que depende de mudanças civilizatórias de largo prazo, como bem mostra a mudança climática. As epistemologias do Sul dão testemunho desse tempo. Inserem-se nele à beira do abismo, fazendo diagnósticos radicais (a sociologia das ausências), não desperdiçando e ampliando simbolicamente todas as possibilidades de inconformismo e rebeldia consequentes (a sociologia das emergências), multiplicando e democratizando saberes insurgentes (ecologia dos saberes e tradução intercultural), com vista a sustentar práticas autônomas de radicalização democrática de todas as dimensões da vida individual e coletiva (artesania das práticas). Assim concebidas, e mesmo que agora não passem de uma aspiração, representam uma ameaça às instituições de investigação e de educação vigentes. Algumas dimensões das transformações institucionais e pedagógicas exigidas serão analisadas no Capítulo 12.

CAPÍTULO 12

Da universidade à pluriversidade e à subversidade

A universidade está sendo abalada por dois movimentos aparentemente contraditórios.[308] O primeiro, um movimento da base para o topo, tem a ver com as lutas sociais pelo direito à educação universitária. O elitismo da universidade vem assim sendo exposto como exemplo acabado de discriminação de classe, raça e gênero na sociedade e na cultura em geral. Na medida em que essas lutas são bem-sucedidas, aumenta o acesso à universidade e permite-se o ingresso de novos estratos sociais, ampliando assim a heterogeneidade social e a diversidade cultural do conjunto de estudantes. O outro movimento, do topo para a base, tem a ver com a pressão global crescente a que a universidade é sujeita no sentido de se adaptar e se submeter aos critérios de relevância e eficácia do capitalismo global. Apesar de real, a crise financeira da universidade funciona como uma desculpa perfeita para concretizar a adaptação e a submissão da universidade a esses critérios. Tal pressão, por sua vez, faz destacar o fato de o elitismo da universidade se basear não apenas em discriminação socioeconômica, mas também racial, étnico-cultural, epistêmica e sexual. Na medida em que a universidade se enreda cada vez mais intensamente nas teias do capitalismo, o seu envolvimento com o colonialismo e o patriarcado também vai se tornando cada vez mais visível. Assim, as expectativas criadas pelo movimento da base para o topo acabam por gerar grande frustração social. A insatisfação

---

[308] Na análise que se segue refiro-me exclusivamente à universidade pública moderna.

com a universidade por parte de grupos sociais que apenas recentemente conseguiram ter acesso a ela poderá levar a novas lutas sociais pelo direito à educação e a uma educação alternativa. O movimento concebido pelo capitalismo global que obriga a universidade a tratar do seu futuro dá origem, através do envolvimento da universidade com o colonialismo e o patriarcado, a um contramovimento que a desafia a confrontar-se com o seu passado. Assim, a universidade encontra-se diante de dois espelhos, ambos inquietantes, um que reflete a imagem de um futuro muito incerto e o outro que reflete a imagem de um passado muito problemático. Na verdade, esses dois espelhos são apenas um. Nessa perspectiva, gostaria de destacar as principais características da descolonização da universidade.[309] Refiro-me apenas à descolonização da universidade ocidental ou ocidentalizada. O fato de nos centrarmos na articulação entre capitalismo e colonialismo não deve fazer com que nos esqueçamos que esses modos de dominação funcionam em simultâneo com outros, como, por exemplo, o autoritarismo político e religioso.

Processos de descolonização

Os processos de descolonização são complexos. Algumas áreas de intervenção descolonizadora possíveis são: acesso à universidade (de estudantes) e acesso a uma carreira universitária (dos docentes); investigação e conteúdos pedagógicos; disciplinas do conhecimento, *curricula* e programas; métodos de ensino/aprendizagem; estrutura institucional e governação universitária; relações entre a universidade e a sociedade em geral. Não é meu propósito analisar todas essas áreas; contudo, todas as dimensões citadas devem ser abordadas em termos das ideias-chave que passo a referir.

1. As intervenções descolonizadoras devem ter sempre em consideração o impacto que podem causar sobre a dominação capitalista e patriarcal. Uma vez que as relações entre os diferentes modos de dominação não são sempre simples e diretas, as intervenções parciais podem produzir efeitos perversos se não forem

---

[309] Abordo esse tema em profundidade nos capítulos 7 e 8 do meu livro *Decolonising the University: The Challenge of Deep Cognitive Justice* [Descolonizar a universidade: o desafio da justiça cognitiva profunda] (2017). Disponibilizo neste capítulo um resumo dos argumentos aí apresentados.

cuidadosamente ponderadas. Por exemplo, uma intervenção descolonizadora relativa à história ou à filosofia pode contribuir para fortalecer o patriarcado na medida em que os conhecimentos e lutas das mulheres sejam minimizados ou omitidos.

2. Descolonizar a universidade é uma tarefa que deve ser concebida como necessariamente articulada com outros processos de descolonização de relações sociais e culturais que prevalecem na sociedade. Refiro-me, por exemplo, ao emprego e ao consumo; à contratação de funcionários para a administração pública; às políticas de saúde; às relações familiares e comunitárias; aos meios de comunicação social; aos espaços públicos seculares; às igrejas. Obviamente, o alvo principal é o sistema educativo no seu todo.

3. As intervenções descolonizadoras não devem recorrer aos métodos do colonialismo, nem sequer do colonialismo invertido. A mera inversão impossibilitaria a noção da cocriação desigual do colonialismo, ou seja, que não só os colonizadores, mas também os colonizados devem ser objeto de descolonização, apesar de os métodos usados serem diferentes nos dois casos. É por essa mesma razão que defendo que as epistemologias do Sul não são o inverso das epistemologias do Norte. Uma má metáfora não se torna melhor por ser invertida. Além disso, a magnitude da tarefa descolonizadora requer alianças entre diferentes grupos sociais. É mais importante saber-se de que lado da luta descolonizadora as pessoas estão e quais os riscos que se mostram dispostas a correr do que nos concentrarmos na sua identidade tal como ela se apresenta, naturalizada pelas relações sociais dominantes.

4. As intervenções descolonizadoras na universidade têm sempre lugar em contextos de turbulência e conflito. Por um lado, desestabilizam as inércias institucionais. Por outro, refletem conflitos sociais de longo prazo que ocorrem noutros setores da sociedade, quer de forma dissimulada quer abertamente e que, em alguns casos, podem se transformar em conflitos universitários.[310] Nessas

---

[310] Sobre a relação entre movimentos sociais e estudantis, por um lado, e reformas universitárias, por outro, ver, relativamente ao caso da Espanha, o excelente estudo de Buey (2009).

condições, portanto, não é esperado que prevaleça a serenidade argumentativa da razão comunicativa de Habermas (1984). Na verdade, da perspectiva das epistemologias do Sul, ela certamente não prevalecerá em qualquer condição crivada de contradições como as que hoje em dia dividem as sociedades.

5. Só é possível "desnaturalizar" o presente e assegurar a inconformidade e a indignação relativamente às questões atuais se se entender o passado como resultado de processos de luta e de contingências históricas.

Descolonizar e desmercantilizar

Uma vez que o sul das epistemologias do Sul é epistêmico e político e não geográfico, é indispensável descolonizar os materiais e os métodos pedagógicos em todas as sociedades em que as desigualdades socioeconômicas se somam às desigualdades raciais, étnico-culturais, epistêmicas e sexuais. A transnacionalização neoliberal da universidade e a conversão paralela da educação superior num bem de consumo estão criando um sistema universitário global altamente fragmentado e desigual. A desigualdade e a fragmentação são claramente perceptíveis, não apenas ao compararmos universidades de diferentes países, mas também dentro de um mesmo país. É óbvio que a desigualdade e a fragmentação sempre existiram, mas são agora muito mais visíveis, mais rígidas e mais bem organizadas.

Como referi anteriormente, o capitalismo universitário é a principal força motriz por detrás do sistema universitário global, mas funciona sempre em articulação com o colonialismo universitário. Contudo, as articulações entre o capitalismo universitário e o colonialismo universitário variam conforme as regiões do mundo. Chamo de capitalismo universitário o fenômeno que transformou a universidade numa empresa capitalista que, consequentemente, deve funcionar segundo critérios próprios do capitalismo. Assim, a universidade é capitalista não por se encontrar a serviço da reprodução de uma sociedade capitalista (o que tem acontecido sempre, pelo menos no mundo não comunista). É capitalista quando se torna uma corporação empresarial que produz um bem de consumo cujo valor de mercado deriva da sua capacidade de criar outros valores de mercado (por exemplo, diplomas que dão acesso a empregos bem remunerados). No que diz respeito às universidades do norte global que detêm lugares de topo nos *rankings*, o capitalismo é uma evolução recente no âmbito de uma longa continuidade histórica. Uma vez que essas universidades sempre estiveram intimamente ligadas à formação das elites capitalistas, o capitalismo universitário parece ser apenas uma intensificação da associação anteriormente referida. É por isso que conseguiram se mobilizar tão rapidamente para estar na primeira linha dessa recente evolução. Pelo contrário, no caso das universidades que ocupam lugares mais baixos nos *rankings*, e em especial as universidades do sul global, o novo capitalismo universitário representa uma ruptura significativa com o passado e, no que diz respeito ao futuro, quase uma morte anunciada. Do mesmo modo, existe colonialismo universitário quando os critérios que definem os *curricula*, o corpo docente e os estudantes se baseiam numa ideologia que justifica a superioridade da cultura que a defende por meio da seguinte falácia: a (pressuposta) superioridade da referida cultura, apesar de se fundamentar em critérios étnico-raciais, é apresentada como inelutável porque a cultura que a apoia é (supostamente) a única cultura verdadeira. Assim, a imposição de uma cultura a outra parece totalmente justificada.

O colonialismo universitário europeu surgiu no início da expansão europeia do século XV e estabeleceu-se primeiramente de forma significativa nas universidades criadas na América espanhola de meados do século XVI em diante. Continuou a assumir formas diversas nos séculos que se seguiram. Articulado como estava com o capitalismo global sob a égide do imperialismo, acabou por se tornar uma presença mesmo em sociedades que não estiveram submetidas ao colonialismo europeu histórico durante muito tempo. Nessas sociedades, o colonialismo universitário tinha a forma de eurocentrismo ou ocidentalcentrismo; nesse caso, a sua influência tinha mais a ver com os materiais e métodos pedagógicos do que com a discriminação relativamente ao acesso de estudantes ou à contratação de pessoal docente. Refiro-me às sociedades em que as culturas não-eurocêntricas são fundamentais, mas em que, apesar disso, a universidade ocidentalocêntrica é dominante. A dinâmica entre o capitalismo universitário e o colonialismo universitário adquire nesse caso uma feição muito específica. Na Ásia oriental, por exemplo, a expansão do capitalismo universitário pode coexistir com uma crítica mais profunda ao colonialismo universitário sob a forma de crítica ao eurocentrismo. Entre muitos outros exemplos possíveis, existem na Malásia e em Singapura propostas interessantes de descolonização da universidade (ALATAS, 2006c; ALVARES; FARUQUI, 2012). Nas sociedades que estiveram sujeitas ao colonialismo histórico europeu, a independência política alterou os modos de funcionamento do colonialismo universitário, o qual, no entanto, sobreviveu, apesar de revestido de formas camufladas ou mitigadas. Nessas sociedades, a expansão do capitalismo universitário é normalmente acompanhada de um aumento do colonialismo universitário ou da sua visibilidade. Essa articulação específica torna os conflitos na universidade e os protestos estudantis muitíssimo mais dramáticos e mais desestabilizadores das inércias universitárias.

Na África, os contextos de descolonização da educação em geral, e do ensino universitário em particular, variam significativamente. Muitos fatores explicam essa diversidade, desde as diferenças entre sociedades anteriores ao colonialismo europeu até os diferentes colonialismos e diferentes processos e lutas de libertação do colonialismo de ocupação. Existe um fator que é comum a quase todos eles: a recente libertação do colonialismo de ocupação estrangeira e, no caso da África do Sul, do colonialismo interno (o *apartheid*). Esse horizonte temporal levanta a questão crucial das continuidades e descontinuidades, e, em especial, a questão das continuidades que se reproduzem no contexto dos processos de descontinuidade. À luz desse fator comum, a hipótese mais plausível é que os processos de descolonização da universidade se encontrem necessariamente nos seus estágios iniciais.

Mais do que em qualquer outra região do mundo, na África é absolutamente indispensável considerar o ensino colonial que existia há cinquenta anos. Em março de 1967, Julius Nyerere fez um diagnóstico especialmente notável:

> [O ensino colonial] não foi concebido para preparar os jovens para servir ao seu próprio país; era, outrossim, motivado por um desejo de lhes inculcar os valores da sociedade colonial e de formar indivíduos para servir ao Estado colonial. Nesses países, o interesse do Estado na educação provinha assim da necessidade de funcionários locais

e de quadros públicos subalternos; além disso, havia vários grupos interessados em promover a literacia e em expandir outros níveis de ensino enquanto parte do seu trabalho evangélico.

Essa constatação de fato não pretende criticar os muitos indivíduos que trabalharam arduamente, muitas vezes em condições difíceis, no ensino e na organização do trabalho educativo. Também não implica que todos os valores transmitidos nas escolas por essas pessoas seriam errados ou inadequados. O que pretendo dizer é que o sistema educativo introduzido na Tanzânia pelos colonialistas se baseava no sistema britânico, embora com uma ênfase ainda mais intensa nas atitudes de subserviência e nas competências do funcionalismo administrativo. Baseava-se também, inevitavelmente, nos pressupostos de uma sociedade colonialista e capitalista. Sublinhava e incentivava os instintos individualistas do ser humano em vez de estimular os instintos de cooperação. Tal sistema educativo fez com que a posse de riqueza material individual fosse o principal critério de mérito e valor social.

Isso significa que a educação colonial induziu atitudes de desigualdade humana e, na prática, apoiou a dominação dos fracos pelos fortes, em especial na área econômica. Portanto, nesse país a educação colonial não consistiu na transmissão de valores e de conhecimento da sociedade tanzaniana de uma geração para a geração seguinte; consistiu numa tentativa deliberada de alterar esses valores e de substituir o conhecimento tradicional pelo conhecimento oriundo de uma outra sociedade. Fazia parte, portanto, de uma tentativa deliberada de levar a cabo uma revolução na sociedade, tornando-a uma sociedade colonial que aceitava o seu estatuto e que funcionava como coadjuvante eficaz da potência administradora (1968, p. 269).

Tendo em conta esse diagnóstico extremamente lúcido, hoje em dia qualquer pensamento, planejamento ou organização com vista à descolonização da universidade na África tem necessariamente de se confrontar com duas questões centrais. Até que ponto a universidade mudou desde a independência política? Considerando que, nas palavras de Nyerere (1968, p. 269), a avaliação da educação colonial "não implica que todos os valores transmitidos nas escolas por essas pessoas fossem errados ou inadequados", quais eram os valores corretos e adequados e quais os errados e inadequados?[311]

Vinte anos mais tarde, e apesar de todas as transformações ocorridas no continente africano, Ngũgĩ wa Thiong'o questiona a educação na África, formulando perguntas que retomam as que foram colocadas por Nyerere:

> O que devemos fazer relativamente ao sistema educativo colonial que herdamos e à consciência que este necessariamente inculcou no espírito africano? Em que direções deverá um sistema educativo seguir numa África que deseja romper com o neocolonialismo? Como esse sistema pretende que os "novos africanos" se vejam a si próprios e ao seu universo e a partir de que base, afrocêntrica ou eurocêntrica? Quais são então as matérias a que deveriam ser expostos, em que ordem e sob que perspectiva? Quem deveria servir de intérprete dessas matérias, africanos ou não africanos? Se africanos, que tipo de africano? Alguém que tenha internalizado a visão do mundo colonial ou alguém que esteja tentando libertar-se da consciência de escravo que herdou? (1986, p. 101-102).

Nos últimos anos, a África do Sul tornou-se um dos contextos mais visíveis e mais polarizados da descolonização da universidade. Os movimentos #RhodesMustFall e #FeesMustFall ilustram de forma muito clara de que modo o capitalismo universitário e o colonialismo universitário estão hoje intimamente ligados no âmbito da crise da universidade. Eu arriscaria até dizer que, no caso da África do Sul, o fortalecimento do capitalismo universitário dá mais visibilidade ao colonialismo universitário, tanto assim que este último se torna uma causa autônoma de lutas estudantis, que tanto incluem questões de acesso e contratação, e ainda *curricula* e programas, como questões relativas

---

[311] Em vários contextos africanos foram feitas críticas semelhantes. Ver, por exemplo, Memmi (1953), relativamente à Tunísia, e Kadri (2007) no caso da Argélia. "Desde muito cedo e até bastante tarde, a política educativa colonial caiu numa armadilha incontornável: escolaridade significa aculturação, mas também significa consciencialização, e, portanto, o risco de a relação colonial ser posta em questão. Tal ambiguidade parecia fazer parte integrante do projeto colonial e ser inerente à própria colonização. Desse ponto de vista, as hesitações que caracterizaram o período que se seguiu imediatamente à intrusão colonial são o início de uma característica que atravessaria toda a política educativa até as vésperas da independência" (KADRI, 2007, p. 20).

a métodos de ensino/aprendizagem. O conflito torna-se mais intenso devido ao fortalecimento mútuo do capitalismo e do colonialismo. Mais do que qualquer outro, o caso sul-africano mostra que não é possível descolonizar a universidade sem a desmercantilizar.[312]

Ecologias de saberes enquanto
curriculum descolonizado

A possibilidade de enriquecimento mútuo de diferentes conhecimentos e culturas é a razão de ser das epistemologias do Sul. Recuperando o que disse no Capítulo 6, gostaria de conceber a descolonização do *curriculum* como correspondendo à tarefa empreendida, a um outro nível, por Frantz Fanon, tal como o autor a define no início de *Black Skin, White Masks*: "O branco encontra-se fechado na sua brancura. O negro na sua negrura. Tentaremos determinar as direções desse duplo narcisismo e as motivações que o inspiram [...] A única linha orientadora do meu trabalho tem sido a preocupação de eliminar um círculo vicioso" (1967a, p. 11-12).

A questão não é buscar a completude ou a universalidade, mas sim procurar atingir uma maior consciência da incompletude e da pluriversalidade, não para valorizar conhecimentos segundo critérios abstratos baseados em curiosidade intelectual, mas diferentes conhecimentos nascidos em lutas contra a dominação ou, se não nascidos na luta, suscetíveis de serem usados em lutas de forma produtiva. O objetivo não é diluir tempos-espaços em não-identidades abstratas e cosmopolitas, desprovidas de tempo ou espaço, de história ou memória. É, sim, tornar diferentes saberes mais porosos e mais conscientes das diferenças através da tradução intercultural. Como referi anteriormente, nesse processo, poderão ser criados novos tempos-espaços, produzindo cosmopolitismos subalternos, parciais, emergentes e insurgentes que resultam das sinergias potenciadas. Em vez de uma contemporaneidade indiferenciada, torna-se possível pensar em múltiplas formas de ser contemporâneo.

---

[312] Sobre os distúrbios na universidade na África do Sul, ver Mbembe (2016) e Maldonado-Torres (2016) discutido em Santos (2017). Ver também Nyamnjoh (2016).

Como seria um *curriculum* definido na linha do que propõem as epistemologias do Sul? O contexto social, político e cultural da descolonização determinará as suas especificidades. Ao nível geral, só existem as grandes orientações ou diretrizes. O *curriculum* seria orientado de forma a identificar a linha abissal desenhada inicialmente e depois apagada pelas epistemologias do Norte, a linha que, desde o início do período moderno, divide as formas de sociabilidade, de ser e de conhecer metropolitanas das formas de sociabilidade, de ser e de conhecer coloniais. A linha abissal se tornaria visível através das ecologias de saberes, da copresença de diferentes conhecimentos, cada um validado pelos seus próprios critérios, reunidos e discutidos em conjunto à luz das necessidades pragmáticas das lutas sociais que visam criar futuros pós-capitalistas, pós-coloniais e pós-patriarcais. Nenhum conjunto de conhecimentos, por mais amplo ou sofisticado que seja, pode por si mesmo garantir o êxito de qualquer luta social relevante, dadas as complexas articulações dos diferentes modos de dominação, dos diferentes tempos-espaços em que funcionam e das diferentes histórias-memórias através das quais enquadram as subjetividades individuais e coletivas. É esta a ideia principal das epistemologias do Sul: não existe justiça social global sem justiça cognitiva global.

Construir inteligibilidade mútua entre conhecimentos diferentes seria a tarefa central do processo de aprendizagem, a ser levada a cabo com recurso a processos de tradução intercultural. Seriam adotadas em conjunto duas pedagogias, a pedagogia (da sociologia) das ausências e a pedagogia (da sociologia) das emergências. A pedagogia das ausências seria direcionada para mostrar a dimensão do epistemicídio causado pelas epistemologias do Norte, o respectivo monopólio do conhecimento válido e rigoroso e o desperdício de experiência social que dessa forma se produz. O processo de aprendizagem identificaria as ausências existentes nas nossas sociedades (aqueles saberes e modos de ser considerados irrelevantes, residuais, ignorantes, atrasados, preguiçosos) e a forma como essas ausências são ativamente produzidas. A pedagogia das emergências seria orientada no sentido de ampliar o significado das sociabilidades latentes e potencialmente libertadoras, os ainda-não da esperança que existem "do outro lado" da linha abissal, o lado colonial, no qual as ausências são ativamente produzidas para que a dominação possa continuar sem perturbações.

Há mais uma questão que deve ser referida nesse contexto: a questão da língua. Em muitas regiões do mundo, descolonizar o *curriculum* exige uma nova relação entre a(s) língua(s) nacional/nacionais e a língua introduzida pelo colonialismo (até que ponto, passadas décadas ou séculos, esta continua a ser uma "língua colonial" é tema de debate).[313] Entre outros, Ngũgĩ wa Thiong'o (1986, p. 4-33) chamou a atenção para o perigo do monolinguismo na África, sublinhando a importância de se reconhecer a relevância epistemológica, cultural e política do plurilinguismo.[314] Seja como for, ninguém nem nenhuma comunidade pode se libertar a não ser na sua própria língua.

Para uma universidade polifônica: a pluriversidade e a subversidade

O movimento contra o capitalismo universitário e o colonialismo universitário tem por objetivo tanto ajustar contas com o passado problemático da universidade como garantir para ela um futuro pós-capitalista, pós-colonial e pós-patriarcal. Chamo-o de movimento para uma universidade empenhada e polifônica, uma universidade em vias de se tornar uma pluriversidade e uma subversidade. Com a expressão "universidade empenhada" pretendo referir-me a uma universidade que, longe de ser neutra, se empenha em lutas sociais contra o capitalismo, o colonialismo e o patriarcado. Há de se distinguir empenho e militância. Em alguns contextos políticos, muitas vezes foi pedido à universidade que fosse militante, no sentido de ser política e acriticamente leal a qualquer força política que se apresente como defensora do interesse

---

[313] Em 1964, Chinua Achebe escreveu um discurso intitulado *The African Writer and the English Language* [O escritor africano e a língua inglesa], no qual perguntava: "Está correto um homem abandonar a sua língua materna e substituí-la pela de outros? Parece tratar-se de uma traição terrível e produz um sentimento de culpa. Mas para mim é a única alternativa. A língua foi-me dada e eu pretendo usá-la" (1975, p. 62).

[314] Em muitos países africanos, a língua do colonizador tornou-se a língua oficial, ao passo que as línguas africanas indígenas são formalmente reconhecidas como línguas nacionais. Por exemplo, a África do Sul tem onze línguas (nacionais) oficiais. Na América Latina, as constituições do Equador (2008) e da Bolívia (2009) concebem o reconhecimento das línguas indígenas como línguas nacionais como fazendo parte do processo de descolonização do Estado e da sociedade.

nacional e que tenha o poder de exigir partidarismo da universidade. A universidade empenhada reivindica para si uma distância crítica e uma posição objetiva, mas não neutra.

Com a expressão "universidade polifônica" pretendo referir-me a uma universidade que exerce o seu compromisso de uma forma pluralista, não apenas em termos de conteúdos substantivos, mas também em termos institucionais e organizacionais. Uma universidade polifônica é uma universidade cuja voz empenhada não só é composta por muitas vozes, mas é, sobretudo, composta por vozes que se exprimem de formas convencionais e de formas não convencionais, tanto nos processos de aprendizagem orientados para a obtenção de um diploma como naqueles que não o são. Trata-se de uma universidade que reivindica a sua especificidade institucional, funcionando tanto dentro como fora das instituições que até agora a caracterizaram.

Tal como a concebo, a universidade empenhada e polifônica assumirá duas formas principais, o tipo 1 e o tipo 2. O tipo 1 ocorre dentro dos limites dos contextos institucionais existentes, mesmo reformando-os segundo os princípios paralelos do empenhamento e da polifonia. O objetivo é construir a *pluriversidade*. A universidade polifônica do tipo 2 ocorre fora das instituições convencionais. Consiste em "ocupar" a ideia de universidade e aplicá-la contra-hegemonicamente. O objetivo é construir a *subversidade*, termo que se refere tanto ao caráter subalterno dos grupos sociais que normalmente estão envolvidos nas suas iniciativas como ao modo subversivo como intervém na ideia convencional de universidade.

A pluriversidade

Tratei esse tema mais detalhadamente noutros trabalhos.[315] As epistemologias do Sul encontram-se no cerne da pluriversidade. Com

---

[315] Em *Decolonising the University: The Challenge of Deep Cognitive Justice* (2017), identifico as seguintes tarefas principais pelas quais se orienta a construção da pluriversidade: confrontar o novo com o novo; lutar pela definição da crise; acesso democrático; a extensão como fornecimento de serviços de interesse público para públicos não solventes; ação-investigação e ecologia de saberes; ligar de novo a universidade à escola pública; trabalho em rede sul-sul; democratização interna; avaliação participativa.

a evolução das transformações epistemológicas exigidas pelas epistemologias do Sul surgirá uma nova universidade, a universidade polifônica. Não posso deixar de exercer uma espécie de consciência antecipatória, colocando o futuro à nossa frente como se o futuro fosse aqui e agora. Essa consciência baseia-se nas seguintes ideias:

A pluriversidade surgirá como reação positiva a duas tensões principais, as que são criadas pelo capitalismo universitário e as que são criadas pelo colonialismo universitário. A tensão criada pelo capitalismo universitário resultará da crescente polarização entre conhecimento com valor de mercado e conhecimento sem valor de mercado. A tensão criada pelo colonialismo universitário resultará de múltiplas linhas de fratura, mas a mais polarizadora será a que opõe a investigação científica abissal e a investigação científica pós-abissal, ou seja, as epistemologias do Norte e as epistemologias do Sul. Essas duas tensões não são simétricas. Todos os investigadores pós-abissais têm como objetivo o conhecimento sem valor de mercado; contudo, a maioria dos investigadores que se dedicam ao conhecimento sem valor de mercado provavelmente defenderá a ciência abissal. Enquanto os investigadores pós-abissais defendem o argumento de que a melhor forma de garantir a obtenção de conhecimento sem valor de mercado é através da adoção das epistemologias do Sul, os investigadores abissais alegam que questionar as epistemologias do Norte equivalerá a abrir uma caixa de Pandora que enfraquecerá mais ainda a defesa da universidade contra o capitalismo universitário. Enquanto os investigadores pós-abissais entendem o capitalismo universitário e o colonialismo universitário como uma ameaça dupla e, efetivamente, como duas faces de uma mesma moeda, de um modo geral, os investigadores abissais concentram-se exclusivamente no capitalismo universitário. Assim, as duas tensões se desenrolarão em interações complexas, produzindo conflitos e coligações imprevisíveis. Seja como for, o mais provável é que a pluriversidade surja das alianças e adaptações entre os defensores da busca de conhecimento sem valor de mercado que também defendem a ciência pós-abissal.

Para lá de um certo limiar, a tensão entre conhecimento com valor de mercado e conhecimento sem valor de mercado levará a uma cisão institucional e política dentro da universidade tal como a conhecemos. A partir daí e durante um período de tempo indeterminado, as universidades serão entidades duais, experiências educativas divididas cuja ligação dificilmente será assegurada por uma administração comum. Partindo do princípio de que o neoliberalismo não consegue estabelecer um preço para todos os possíveis itens de conhecimento, a cisão educativa porá fim à ideia do conhecimento pelo conhecimento. A produção de conhecimento e a formação universitária serão confrontadas com uma bifurcação fatal, separando os que são a favor e os que são contra a mercantilização do conhecimento. Investigadores e professores sofrerão "na própria pele" as consequências dessa bifurcação.

Daí em diante, a questão relativa a de que lado se está se tornará inevitável. Os conflitos serão em maior quantidade, mais abertos e mais violentos. Os investigadores que trabalham em áreas de conhecimento sem valor de mercado não irão sobreviver se continuarem a definir-se em termos negativos, ou seja, em termos daquilo que não são (produtores de conhecimento não transacionável). Procurarão então definir a sua identidade de forma positiva, em torno dos valores e objetivos do conhecimento não mercantil ou não comercializável. Com base nisso, o questionamento daquela que parece ser uma tendência avassaladora para a mercantilização do conhecimento e para a industrialização capitalista da universidade torna-se um empreendimento útil e realista, configurando uma alternativa a essa tendência. Contudo, dado o isolamento social da universidade, a autorreflexividade dos acadêmicos não conseguirá ter sucesso se permanecer "no interior", como um problema da universidade a ser tratado apenas por acadêmicos. Sem aliados externos, os acadêmicos não orientados para o mercado serão facilmente dominados pelos acadêmicos orientados para o mercado.

A universidade tal como a conhecemos pode terminar nesse momento, a não ser que os acadêmicos não orientados para o mercado consigam transpor a sua luta para o mundo fora das paredes da universidade, encontrando aliados e estabelecendo alianças no âmbito da sociedade em geral. Desertados pelas elites que tradicionalmente investiam no conhecimento universitário, esses acadêmicos são levados a formar novas alianças, considerando a possibilidade de outros aliados e parceiros de interesses (*stakeholders*) na busca de conhecimentos não comercializáveis. Esses aliados e parceiros de interesses (*stakeholders*) serão provavelmente encontrados no contexto das classes populares e das classes médias em crise. Trata-se de grupos que são muito diversos social e culturalmente e cujas experiências de exclusão, injustiça e discriminação são, por esse motivo, muito diferentes. Dada a longa história de elitismo da universidade, a aliança não será fácil. A universidade tem se mantido afastada desses grupos sociais, que tradicionalmente considera como massas ignorantes, não aptas para a formação universitária.

Levanta-se, assim, uma questão: sob que condições vai ser possível uma aliança ou coligação entre os investigadores e professores do conhecimento pós-colonial e pós-patriarcal não comercializável e os grupos sociais exteriores à universidade que têm lutado contra o capitalismo, o colonialismo e o patriarcado? Se acontecer, essa aliança não será um empreendimento sem precedentes. As teorias críticas modernas, principalmente o marxismo, tentaram estabelecer esse tipo de aliança ou coligação. Podemos pôr em questão os resultados, mas não existem dúvidas de que a aliança aconteceu. Verdadeiramente novos serão, por seu lado, os termos de uma tal aliança. Enquanto a aliança cognitiva anterior foi estabelecida nos termos ditados pelas ciências sociais e humanas críticas eurocêntricas, a nova aliança terá de ser negociada com novas condições, como uma conversa acerca dos méritos relativos de diferentes tipos de conhecimentos, a saber, conhecimentos científicos, eruditos, e conhecimentos não-científicos, artesanais, empíricos, populares, de cidadãos, uma conversa na qual os grupos não acadêmicos reivindicarão o total reconhecimento da relevância dos conhecimentos que surgem das respectivas práticas sociais.

Isso significa que as alianças políticas do futuro terão uma dimensão epistemológica e que nela os investigadores pós-abissais se sentirão "em casa". Essa dimensão será caracterizada por uma articulação ou combinação de diversos tipos de conhecimento diferentemente relevantes. As tarefas complexas que tal articulação ou combinação implicará são a razão de ser das epistemologias do Sul. As cinco principais orientações dessas epistemologias estão direcionadas especificamente para a condução das seguintes tarefas: a sociologia das ausências, a sociologia das emergências, a ecologia de saberes, a tradução intercultural e a artesania das práticas. As epistemologias do Sul não vão por si só construir essas tão necessárias alianças. Contudo, quando estas forem estabelecidas, lhes emprestarão credibilidade e força.

Tenho sugerido que a nova universidade polifônica será um terreno no qual as ecologias de saberes encontrarão o seu espaço e no qual acadêmicos e cidadãos interessados em lutar contra o capitalismo cognitivo, o colonialismo cognitivo e o patriarcado cognitivo colaborarão no sentido de congregar diferentes conhecimentos dentro de um quadro de total respeito pelas respectivas diferenças, procurando também convergências e articulações entre eles. O seu objetivo é abordar questões que, apesar de não possuírem valor de mercado, sejam relevantes em termos sociais, políticos e culturais para as comunidades de cidadãos e grupos sociais. Será que a dimensão não mercantilizada da universidade se tornará um novo tipo de universidade popular? Será que vai produzir um novo tipo de conhecimento pluriversal em que o conhecimento artesanal será levado mais a sério e no qual surgirão conhecimentos descoloniais e mestiços?

É difícil pormenorizar os tipos de mudanças estruturais que ocorrerão, mas, através de algumas perguntas, poderemos ficar com uma ideia das alterações a serem feitas. Será que o conhecimento oral pode ser ensinado como oratura (nos mesmo moldes da literatura [ver Capítulo 3]) e não como tradição oral? E poderão pessoas sem um doutorado, mas cujo conhecimento prático é reconhecido, fazer parte de bancas de doutorado e mesmo avaliar a investigação dos doutorandos quando as respectivas teses tratam de temas que conhecem bem? Pode a linha abissal que dividiu, e divide ainda, o mundo entre sociedades/sociabilidades metropolitanas e sociedades/sociabilidades coloniais ser estudada e investigada? Será essa investigação capaz de orientar as mudanças estruturais nas universidades em que for efetuada? Pode a sala de aula ser polifônica, com a presença de dois professores, um ligado ao conhecimento científico e outro ao conhecimento artesanal – por exemplo, um professor de medicina e um curandeiro tradicional? Podem os livros ou outros instrumentos didáticos ser produzidos em coautoria por professores de ambos os tipos de conhecimento? Quanto tempo passarão os professores e os estudantes no interior da universidade e fora dela?[316]

---

[316] No Brasil, durante o governo do Partido dos Trabalhadores (2003-2016), foram criadas algumas universidades públicas que se autodescrevem como universidades populares ou comunitárias. Apresentavam algumas inovações institucionais, visando aproximar a universidade das comunidades envolventes e fazer com que aquela

Dentro de muito pouco tempo, a universidade polifônica equivalerá à construção da contra-universidade dentro da universidade, aproveitando todas as oportunidades para inovar nas margens. Isso exigirá uma gestão inteligente e inovadora das contradições institucionais que se verificarão numa universidade cada vez mais heterogênea, dividida entre as áreas do mercado-como-céu/cooperação-como-inferno e as áreas do mercado-como-inferno/cooperação-como-céu.

A subversidade

A universidade polifônica do tipo 2 é a *subversidade*. Parte do pressuposto de que mesmo que a universidade polifônica do tipo 1, a *pluriversidade*, seja capaz de superar os múltiplos obstáculos com que vai se deparar, não conseguirá por si mesma concretizar as ecologias de saberes que as novas exigências, cada vez mais urgentes, de justiça cognitiva, social e histórica impõem. As monoculturas e exclusões que até agora caracterizaram a universidade convencional encontram-se cristalizadas num magma institucional tão vasto, estão tão profundamente arraigadas no *habitus* e nas subjetividades, que os atuais enquadramentos institucionais, mesmo quando alargados segundo os princípios das universidades de polifonia empenhada de tipo 1, não são capazes de garantir a implantação eficaz das dimensões mais avançadas do projeto de refundação da universidade.

O projeto educativo da subversidade consiste em construir a universidade popular. Em termos ideais, a subversidade baseia-se numa pedagogia de conflito, um projeto pedagógico emancipatório que visa à aquisição de conhecimentos que produzam imagens radicais e desestabilizadoras dos conflitos sociais, numa palavra, imagens capazes de

---

se empenhasse fortemente em políticas públicas, tais como a integração regional e a ação afirmativa contra a discriminação étnico-racial. Vejam-se, entre outras, as seguintes: a Universidade Comunitária da Região de Chapecó, a Universidade Federal da Integração Latino-Americana (UNILA); e a Universidade da Integração Internacional da Lusofonia Afro-Brasileira (UNILAB). Ver Santos, Mafra e Romão (2013), Benicá e Santos (2013, p. 51-80), Romão e Loss (2013, p. 81-124) e Morris (2015). Trata-se aqui de perceber até que ponto uma universidade pública, organizada burocraticamente, centrada no conhecimento científico e orientada para a concessão de diplomas, poderá efetivamente considerar-se comunitária ou popular.

potenciar a indignação e a rebelião. A educação para o inconformismo é, assim, uma educação para um tipo de subjetividade que submete a repetição do presente a uma hermenêutica de suspeição, uma educação que recusa a trivialização do sofrimento e da opressão, vendo-os como resultado de escolhas inaceitáveis. Ainda que a prática da universidade popular nem sempre tenha sido consonante com esse ideal, é um fato que a ideia da universidade popular manteve sempre uma vocação contra-hegemônica.

A subversidade "ocupa" o nome "universidade" para estabelecer processos de aprendizagem em ambientes institucionais e sociais que têm poucas semelhanças com os da universidade convencional. Vem na sequência de uma longa tradição de educação popular que desde os finais dos anos 1960 foi dominada por trabalhos inovadores como o de Paulo Freire,[317] cuja *Pedagogia do oprimido* abordei no Capítulo 11.[318] No final do século XIX, a procura de educação popular levou à criação de "universidades populares" em toda a Europa e América Latina. De fato, uma das primeiras universidades populares foi criada em Alexandria, no Egito, em 1901, por iniciativa de trabalhadores anarquistas italianos e gregos.[319] A ideia de uma universidade popular surgiu numa época em que os problemas sociais, provocados pelo rápido desenvolvimento capitalista ("a questão social"), se agravaram (emigração em massa das áreas rurais para as áreas urbanas e para fora do país, falta de habitações minimamente dignas, ambientes nocivos para a saúde no trabalho e nas cidades, desagregação da família, aumento do crime e da prostituição, etc.) e o movimento operário se expandiu e diversificou.

---

[317] Ver também Freire (1974) e Esteva, Stuchul e Prakash (2005, p. 82-98).

[318] Na América Latina, a educação popular esteve também associada à teologia da libertação, à Revolução Cubana (1959) e à experiência socialista de Salvador Allende, no Chile (1970-1973). Sobre a educação popular na América Latina, ver Puiggrós (1984), Torres (1990; 1995; 2001).
A partir da década de 1970, na América Latina e noutros lugares, a educação popular foi associada a Antonio Gramsci, devido aos seus textos sobre a educação de adultos e envolvimento ativo em círculos educativos de trabalhadores, incluindo o Club Vita Morale, bem como a fundação de um Instituto de Cultura Proletária, a escola de ensino a distância do PCI e a *scuola dei confinati* [escola dos reclusos], em Ustica. Ver Mayo (1995, p. 2-9).

[319] Ver Gorman (2005, p. 303-320).

O grande interesse pelo estudo dos problemas sociais teve a sua expressão mais significativa nas ciências sociais, que evoluíam continuamente na França, em especial desde 1890. O impulso original para a criação de universidades populares veio das correntes anarquistas, que consideravam a educação das classes trabalhadoras um meio privilegiado para a criação de consciência revolucionária.[320] A principal preocupação era como democratizar o conhecimento numa época como aquela, considerada um período de importantes mudanças e conflitos, uma altura em que o controle do poder era crucial.

Em 1898 foi criada em Paris a primeira universidade popular. O objetivo principal era divulgar as ciências sociais entre as elites do movimento laboral. Essas elites, tal como a classe trabalhadora em geral, estavam excluídas do ensino universitário, bem como, aliás, de todo o ensino formal. Como seria de se esperar, o ceticismo perante a mera possibilidade de um "ensino universitário popular" (considerado uma verdadeira *contradictio in adjecto*) era total. Contudo, durante os 15 anos que se seguiram, foram criadas 230 universidades populares, o que significa que a ideia de uma universidade popular dava resposta a uma necessidade emergente sentida pelas classes populares excluídas da educação formal. Como referi, a iniciativa esteve ligada originalmente ao anarquismo, nessa época com profundas raízes na Europa, dada a relevância que atribuía à educação do proletariado.[321] Os comunistas

---

[320] Ver Mercier (1986) e Hirsch e Walt (2010).

[321] Outras ideologias estiveram envolvidas na criação de universidades populares. Por exemplo, a Universidade Popular de Turim, criada em 1900, teve inicialmente um impulso filantrópico e contou com o apoio da Universidade de Turim. Em 1916, Gramsci publicou uma crítica radical dessa universidade no órgão do partido comunista italiano, *Avanti*: "Pergunto-me por vezes por que razão não foi possível criar uma instituição sólida para a popularização da cultura, a razão por que a Universidade Popular continua a ser a coisa pobre que é, sem ter sido capaz de captar a atenção, de merecer o respeito e o afeto do público, por que não foi capaz de formar o seu próprio público. A resposta não é fácil, ou talvez seja demasiado fácil. É óbvio que existem problemas de organização e relativos aos critérios que informam a universidade. A melhor resposta devia ser trabalhar melhor, mostrar concretamente que é possível trabalhar melhor e juntar um público à volta de uma fonte de calor cultural, desde que esta esteja viva e realmente produza calor. Em Turim, a Universidade Pública é uma chama fria. Não é nem uma universidade nem popular. Os diretores são amadores no que se refere a organização cultural. O que os leva a agir é um espírito de caridade neutro e insípido e não um desejo vivo e fecundo de contribuir para

eram mais céticos quanto a essa questão, uma vez que consideravam que a educação dos trabalhadores poderia acabar por desviar a atenção daquela que era a tarefa mais urgente – a luta de classes. No entanto, a partir dos anos 1920, os partidos comunistas começaram a envolver-se ativamente na criação de universidades populares, acabando por se transformar nos seus promotores mais entusiastas e consistentes. Na América Latina, a primeira universidade popular, a Universidad Popular González Prada (UPGP), foi criada em Lima, no Peru, em 1921. Um dos seus principais apoiantes foi o grande pensador marxista José Carlos Mariátegui, recentemente regressado da Itália, onde tinha conhecido as ideias revolucionárias de Antonio Gramsci. Mariátegui identifica do seguinte modo as funções da universidade popular:

> A única disciplina da educação popular detentora de um espírito revolucionário é essa disciplina que está sendo criada na Universidade Popular. A sua função é, portanto, na sequência do seu modesto plano original, explicar ao povo a realidade contemporânea, explicar ao povo que está vivendo dos maiores e mais transcendentes tempos da história, contaminar o povo com a fecunda inquietude que hoje em dia agita todos os restantes povos civilizados do mundo (ALCADE, 2012).

Nas décadas seguintes, surgiram universidades populares por toda a América Latina e, um pouco mais tarde, também nos Estados Unidos e no Canadá. Hoje, existe um grande número de universidades populares, mas a maioria está longe de cumprir os objetivos da universidade polifônica de tipo 2. Não é esta a ocasião para analisar ou avaliar o mundo das universidades populares. O meu propósito é apenas salientar o fato de a subversidade fazer parte de uma tradição longa e diversificada. O objetivo das universidades populares era sobretudo divulgar o conhecimento científico sobre a sociedade (e também sobre a natureza, subsequentemente) que estava sendo produzido na época. Esse conhecimento era inacessível às classes populares, especialmente

---

a elevação espiritual das multidões por via do ensino. Tal como nas instituições de caridade vulgares, distribuem pacotes de comida que enchem o estômago, causando talvez alguma indigestão, mas que não deixam marcas, não trazem mudanças à vida das pessoas" (FORGACS, 2000, p. 65).

às classes trabalhadoras, ou porque estas se encontravam excluídas da escolaridade formal ou porque a natureza do conhecimento científico o tornava irrelevante para as necessidades dos trabalhadores, ou ainda porque a sua complexidade o tornava incompreensível para alguém privado de qualquer tipo de educação formal.

Dado o papel atribuído às ciências sociais numa sociedade em mudança, aqueles que tinham mais interesse em aceder ao conhecimento produzido por estas eram os que dele se viam mais excluídos. As universidades populares permitiam aos trabalhadores serem estudantes no seu escasso tempo livre; por vezes tinham aulas com professores universitários que, devido ao respectivo empenho político, dedicavam uma parte do seu tempo à docência em universidades populares. As reuniões da universidade eram feitas em espaços populares e conhecidos, para que os trabalhadores fossem poupados ao ambiente solene e hostil evocado pelos espaços universitários convencionais. Em especial durante os primeiros anos, as universidades populares tinham uma missão pedagógica que é hoje difícil de imaginar (pelo menos na Europa, onde as primeiras surgiram). A degradação das massas trabalhadoras tinha atingido tais proporções que as universidades passavam muito tempo ensinando hábitos de higiene corporal e sexual e desaconselhando o alcoolismo.

A subversidade distingue-se das universidades populares de primeira geração pelo menos em quatro aspectos. Em primeiro lugar, a subversidade tem uma concepção ampla do seu público subalterno. Não se dirige apenas a trabalhadores, visando todos os grupos que são vítimas da exclusão social e da discriminação com base na classe, no gênero, na cor da pele, na casta, na religião, etc. Numa palavra, a subversidade está direcionada para todos os grupos sociais que são vítimas das injustiças sistêmicas causadas pelo capitalismo, pelo colonialismo e pelo patriarcado.

Em segundo lugar, a subversidade não tem em vista a transmissão unilateral de um conhecimento herdado, de um dado conhecimento, privilegiado, erudito ou científico. Pelo contrário, pratica uma pedagogia centrada nas ecologias de saberes e na tradução intercultural, privilegiando um diálogo entre conhecimentos científicos e conhecimentos artesanais. Sendo o seu público normalmente composto por pessoas muito bem informadas relativamente aos conhecimentos populares e artesanais, a subversidade procura criar contextos pedagógicos capazes de valorizar esses conhecimentos nos seus próprios termos, ou seja, procura criar contextos centrados na reciprocidade de conhecimentos, acabando por possibilitar a ruptura da distinção entre quem ensina e quem aprende. Não há estudantes no sentido convencional, mas sim uma comunidade de pessoas que se constrói a si mesma enquanto comunidade de aprendizagem.

Em terceiro lugar, a subversidade não concebe o contexto pedagógico como algo distinto ou autônomo. Vê-o antes como fazendo parte do contexto mais amplo da luta social. Contempla assim uma pedagogia pragmática que visa fortalecer as lutas sociais contra a exclusão e a discriminação. A participação pode ser orientada no sentido de aconselhar ou desaconselhar determinado projeto ou linha de ação, de trazer outras experiências, tanto provenientes do passado como oriundas de outros lugares, que possam contribuir para a compreensão da situação (a tarefa ou o conflito em mãos), ou ainda promover diálogos ou facilitar a comunicação através da tradução intercultural entre grupos pertencentes a diferentes culturas e com universos simbólicos ou cosmovisões diversos.

Em quarto lugar, hoje em dia a subversidade traduz-se muitas vezes em iniciativas que têm origem nos próprios movimentos sociais. Nesses casos, o protagonismo de pessoas com maiores habilitações acadêmicas ou científicas torna-se menos relevante. Por consequência, os lugares onde hoje se oferece são mais variados. Na verdade, a subversidade surge em áreas que são distantes dos principais centros urbanos, em vales remotos ou em altas montanhas, nas favelas, nas prisões, etc. Os professores universitários ou os investigadores que nela participam fazem-no por iniciativa própria, sem nunca seguirem ordens institucionais, sem qualquer expectativa de promoção decorrente do seu desempenho no projeto que escolheram, estando, pelo contrário, preparados para lutar contra uma eventual despromoção causada pela sua participação no projeto pluriversitário. A participação pode basear-se num conhecimento específico ou em competências gerais adquiridas durante a investigação ou o ensino de diferentes matérias ou em contextos geográficos ou temporais diferentes. De fato, os docentes ou investigadores universitários que participam na subversidade precisam se submeter a um processo de desaprendizagem pedagógica.[322] Terão de se libertar das posturas convencionais para que possam ser capazes de olhar outros conjuntos de conhecimentos numa perspectiva de horizontalidade. Devem esforçar-se por pensar sem os títulos, as certidões, os diplomas que os condecoram, sentir a aura universitária mais como um ônus do que como um valor especial, e reaprender a distinguir a autoridade do conhecimento da autoridade da instituição ou da posição social que o detém. E, por fim, têm de aprender uma nova relação entre o conhecimento logocêntrico e outros tipos de conhecimento, incluindo o conhecimento visual e o conhecimento silencioso. Em suma, o objetivo é alcançar a douta ignorância.[323] A participação mais empenhada inclui a presença física, a partilha de práticas diárias, a consciência mútua do corpo, o envolvimento emocional e a assunção de riscos nas decisões e ações coletivas (ver, adiante, a experiência da Universidade Popular dos Movimentos Sociais [UPMS]).

A subversidade pode assumir duas formas principais. Ambas se referem a experiências reais. A primeira consiste nas iniciativas que dão resposta a necessidades de longo prazo, que se concentram em objetivos específicos e em grupos-alvo específicos e que exigem algum tipo de desempenho sustentável, geralmente assumindo a forma de uma nova instituição, quase sempre com presença física num dado lugar. A segunda forma consiste nas iniciativas que, embora também deem resposta a necessidades de longo prazo, se concentram de forma menos precisa numa base institucional um tanto ou quanto vaga que pode dispensar uma localização física específica ou situar-se em diferentes polos.

No que se refere às universidades populares com uma localização física, menciono apenas algumas das iniciativas que conheço em primeira mão e com as quais colaborei em algum momento. Algumas estão mais próximas do ideal da universidade popular anteriormente descrito do que outras. Alguns exemplos: *universidades interculturais*

---

[322] Essa desaprendizagem pedagógica é tão exigente quanto a desaprendizagem metodológica inerente à investigação que é levada a cabo em consonância com as epistemologias do Sul. Ver Capítulo 6 e seguintes.

[323] Sobre o conceito de douta ignorância, ver Santos (2010b, p. 519-562).

indígenas existentes em vários países por toda a América Latina; a *Universidad de la Tierra* (UNITIERRA) (Chiapas, México), ligada ao movimento neozapatista; a *Escola Nacional Florestan Fernandes*, criada pelo Movimento dos Trabalhadores Rurais Sem Terra (MST) no Brasil; a *Universidad Popular Madres de Plaza de Mayo* (UPMPM), criada em 1999 pela Asociación Madres de Plaza de Mayo (Argentina).[324]

A subversidade errante ou itinerante não possui uma sede física ou, se a tem, esta não é usada como espaço de aprendizagem. Os processos pedagógicos ocorrem nos mais variados locais e atraem diferentes públicos. A itinerância pode ter lugar dentro do mesmo país ou ser transnacional. Seguem-se dois exemplos, um de itinerância nacional e o outro de itinerância transnacional. A *Universidad Trashumante de San Luis*, na Argentina, ilustra de forma convincente as pontes que podem ser construídas entre a universidade convencional e a universidade popular. Perante a incapacidade da universidade convencional de se abrir à pluriversidade, os professores universitários empenhados em movimentos sociais tomaram a iniciativa de criar uma instituição paralela em colaboração com movimentos e organizações sociais locais. O termo castelhano *"trashumante"* significa errante, itinerante, migratório. Refere-se às viagens da universidade por todas as regiões pobres e oprimidas do interior da Argentina, conhecido por "o outro país".

A Universidade Popular dos Movimentos Sociais

Quanto à itinerância internacional, referirei também a Universidade Popular dos Movimentos Sociais, uma universidade popular que conheço bem. Durante a realização da edição de 2003 do Fórum Social Mundial, em Porto Alegre, Brasil, propus a criação de uma Universidade Popular dos Movimentos Sociais (UPMS), tendo como objetivo a autoeducação de ativistas e dirigentes de movimentos sociais, bem como de cientistas, acadêmicos e artistas empenhados na transformação social progressista.[325]

---

[324] Analiso esses diferentes tipos de universidade polifônica em Santos (2017).

[325] Sobre essa universidade popular, ver Santos (2006a, p. 167-177; 2006b, p. 148-159; 2017).

Como referi no Capítulo 6, a UPMS ilustra as metodologias não-extrativas por meio das quais se pode efetuar investigação pós-abissal e construir ecologias de saberes, com o objetivo de reforçar as coligações entre pessoas e entre grupos que resistem ao capitalismo, ao colonialismo e ao patriarcado.

Nas primeiras reuniões do Fórum Social Mundial foram facilmente identificados dois problemas que, se não fossem resolvidos, impediriam as articulações a que o FSM apelava e as quais procurava efetuar tanto ao nível transnacional como ao nível nacional. Esses dois problemas eram a lacuna entre teoria e prática e a ausência de interconhecimento ou conhecimento recíproco entre movimentos sociais, uma ausência geradora de desconfiança e que propiciava a propagação de preconceitos reciprocamente depreciativos. A lacuna entre teoria e prática teve consequências negativas tanto para movimentos sociais e ONGs genuinamente progressistas como para as universidades e os centros de investigação que tinham tradicionalmente produzido teorias sociais científicas. Tanto os líderes como os ativistas dos movimentos sociais e das ONGs sentiam a falta de teorias que pudessem ajudá-los a refletir analiticamente sobre as suas práticas e a clarificar os seus métodos e objetivos. Por outro lado, os cientistas sociais, acadêmicos ou artistas progressistas, isolados dessas novas práticas e atores, sentiam que não eram capazes de contribuir para essa reflexão e clarificação. Podiam até tornar as coisas mais difíceis ao insistirem em conceitos e teorias que não eram adequados a essas novas realidades. A UPMS foi proposta com o objetivo de ajudar a ultrapassar a discrepância entre a teoria e a prática, promovendo encontros entre aqueles que se dedicavam principalmente à prática da transformação social e aqueles que se dedicavam sobretudo à produção teórica. Na sequência de inúmeros debates, as oficinas da UPMS iniciaram-se em 2007.

O tipo de formação previsto pela UPMS tem duas vertentes. Por um lado, visa à autoeducação de ativistas, líderes comunitários de movimentos sociais e de ONGs, fornecendo-lhes quadros analíticos e teóricos adequados. Estes lhe permitirão aprofundar a compreensão reflexiva das suas práticas – os seus métodos e objetivos –, melhorando assim a respectiva eficácia e consistência. Visa igualmente à autoeducação de cientistas sociais e acadêmicos ou artistas progressistas interessados em estudar os novos processos de transformação social e deles participar, oferecendo-lhes uma oportunidade de diálogo direto com os respectivos protagonistas.

As oficinas da UPMS têm ainda o objetivo de tratar a questão da ausência de conhecimento mútuo entre os diferentes protagonistas do ativismo social transformador. Essa ausência pode ser identificada em dois níveis diferentes. Por um lado, existe uma falta de conhecimento recíproco entre movimentos/organizações que, funcionando em diferentes partes do globo, trabalham em áreas temáticas comuns, tais como questões relativas aos camponeses, aos trabalhadores, aos povos indígenas, às mulheres ou à ecologia. Por outro lado, há uma ainda maior falta de conhecimento partilhado entre movimentos/organizações cuja atividade se concentra em áreas temáticas e em lutas diferentes. Enquanto as reuniões do FSM visam precisamente mostrar a importância do conhecimento recíproco, a sua natureza esporádica e a sua curta duração dificultaram a resposta a essa necessidade. Sem conhecimento recíproco é impossível aumentar a densidade e a complexidade das redes de movimentos.

Quando se compara a UPMS com universidades populares anteriores, há uma série de características que se destacam: um maior esforço para eliminar a distinção entre professores e estudantes, visto que todos os participantes são igualmente detentores de conhecimento válido; a vontade firme de coproduzir conhecimento interessante e relevante para apoiar as lutas concretas dos movimentos sociais e das organizações ativistas; um empenho político vinculativo, uma vez que trabalha com indivíduos politicamente organizados envolvidos em movimentos e associações; o compromisso de promover ações coletivas nas quais podem participar movimentos com agendas relativamente diferentes (uma política intermovimentos).

Como funciona a UPMS?

A UPMS norteia-se por dois documentos: a Carta de Princípios e as Orientações Metodológicas, ambos acessíveis no website da universidade (disponível em: <http://www.universidadepopular. org/site/pages/pt/em-destaque.php?lang=PT>). Consiste em oficinas com a duração mínima de dois dias que funcionam em regime residencial, ou seja, os participantes estão alojados no mesmo local, fazem as refeições em conjunto e partilham momentos de lazer e convívio. Em cada oficina participam, em média, quarenta pessoas, sendo dois terços ativistas ou líderes de movimentos/organizações sociais e um terço intelectuais/acadêmicos/artistas empenhados em lutas sociais. Os movimentos/organizações presentes devem abranger pelo menos três áreas temáticas de uma luta ligada ao tema central. Por exemplo, se o tema for a terra, deverão ser convocados participantes que sejam ativistas/líderes de movimentos de camponeses, povos indígenas, mulheres e movimentos urbanos ou qualquer outra combinação que se considere relevante no contexto específico em causa. Por vezes, os organizadores convidam também ativistas/líderes de movimentos cujas lutas não estão, à primeira vista, relacionadas com o tema escolhido. Para dar um exemplo: numa oficina que teve lugar em Córdoba, na Argentina, em 2016, o movimento LGBT e o movimento de trabalhadores do sexo tiveram um papel muito ativo numa oficina sobre o impacto ecológico da exploração de minérios e da agricultura industrial. O âmbito geográfico das oficinas vai desde uma única cidade ou área rural até um país, um subcontinente ou um transcontinente. Em 2013, em Maputo, Moçambique, teve lugar uma oficina coorganizada por movimentos de camponeses e de mulheres que reuniu movimentos camponeses de Moçambique e também do Brasil. Nesse caso, os grupos desconheciam a existência uns dos outros e tampouco sabiam que estavam sendo despejados das suas terras pela mesma empresa, a Vale, mineradora multinacional brasileira. Para sua grande satisfação, verificaram que era possível se comunicar na mesma língua, o português. Em 2016, em Harare, Zimbabué, a Via Campesina organizou uma oficina da UPMS na qual participaram movimentos de camponeses do Zimbabué e de Moçambique e os movimentos dos sem-terra da África do Sul.

A dinâmica pedagógica das oficinas da UPMS favorece relações horizontais entre todos os participantes, incluindo os facilitadores. As Orientações Metodológicas fornecem indicações sobre procedimentos organizativos e facilitação das oficinas. O documento inclui informação muito detalhada sobre cada passo, explicando que deve ser utilizado como um guia, não como um livro de receitas, podendo ser apropriado de formas diferentes e posto em prática de acordo com as especificidades de cada oficina. No entanto, para cumprir os objetivos da oficina, é indispensável um conjunto de orientações metodológicas que deve ser seguido o mais de perto possível. Os participantes das oficinas produzem um relatório que é divulgado na página da UPMS. A maior parte das oficinas termina com um evento público (conferência de imprensa, seminário, auditoria pública, carta aberta, comício, manifestação, lançamento de campanha, etc.), no qual são divulgados os principais resultados das discussões.

Cada oficina representa uma oportunidade para testar novos métodos ou formatos a serem partilhados. De uma forma geral, influenciam, até certo ponto, as oficinas seguintes. Por exemplo, o evento público no final da oficina, referido anteriormente, resultou da iniciativa de uma oficina que depois foi adotada pelas oficinas subsequentes.

Como se encontra organizada?

A UPMS não tem uma sede física. Mantém um arquivo virtual na sua página na internet. Não detém personalidade jurídica nem possui uma estrutura administrativa. As oficinas são financiadas pelas organizações e pelos movimentos que as promovem. Durante as discussões que levaram ao atual formato da UPMS alguns movimentos sociais exprimiram o desejo de manter a universidade sob o controle direto dos movimentos sociais, a fim de assegurar que ela fosse realmente uma escola dos movimentos sociais e não para eles. Uma preocupação de alguma forma oposta foi o medo de que a UPMS pudesse acabar por ser controlada por um movimento ou uma ONG com mais poder. Particularmente as ONGs são muitas vezes consideradas de menos confiança por possuírem mais recursos financeiros, terem maior poder para controlar agendas e serem menos radicais em termos políticos. A maior resistência foi a de organizações já ligadas a iniciativas educativas semelhantes, tais como escolas de quadros, cursos de verão para ativistas e escolas de cidadania. As discussões tornaram claro que a novidade da UPMS residia no seu caráter intertemático (a maior parte das iniciativas que já existem são organizadas por movimentos temáticos) e o seu âmbito global (as iniciativas existentes têm um âmbito nacional ou regional). Longe de pretender entrar em concorrência com essas outras iniciativas, a UPMS destina-se a complementar esforços anteriores, centrando-se sobretudo na promoção do diálogo ao nível global entre diferentes culturas políticas e tradições de ativismo.

Atualmente, a UPMS é gerida por alguns dos seus jovens ativistas, em geral pessoas que participaram numa ou mais oficinas e concluíram que essa participação tinha sido uma experiência transformadora que mudou a sua vida. Existem três coordenações continentais (América Latina, África, Europa), que funcionam como facilitadoras. Há também uma equipe que gere o instrumento mais importante da UPMS: a página *on-line*. Dada a dimensão internacional da UPMS, a página é crucial para a manutenção de um arquivo acessível em qualquer lugar, para partilhar fotos, vídeos e documentos com quem estiver interessado, para garantir que existe coerência global; para divulgar o projeto da forma mais ampla possível e para receber novas propostas de oficinas e a elas responder. Quanto mais a UPMS crescer, maiores serão a relevância e a dimensão dos conteúdos da sua página on-line.

Qualquer pessoa interessada em tomar a iniciativa de organizar oficinas pode fazê-lo, desde que cumpra o que está disposto nos dois documentos fundamentais da UPMS. Quem estiver interessado em propor uma oficina poderá simplesmente enviar um e-mail para o endereço eletrônico. Os organizadores são também quem decide o tema principal a ser discutido. A proposta será avaliada e a resposta dada pela equipe responsável pela página e pelos coordenadores regionais. Na prática, a maior parte das oficinas já decorridas foram organizadas com base na iniciativa conjunta de acadêmicos empenhados que trabalham numa universidade ou num centro de investigação e um ou mais movimentos/ organizações sociais. Nos últimos anos foram assinados vários protocolos de cooperação entre a UPMS e departamentos de extensão de algumas universidades, sobretudo do Brasil e do México. Deseja-se que essas colaborações possam permitir a organização mais sustentada e mais frequente de oficinas. Essa cooperação pode também efetuar-se à volta de projetos de investigação específicos. Por exemplo, entre 2011 e 2016, a UPMS associou-se a um grande projeto financiado pelo Conselho Europeu de Investigação, com o título "ALICE – Espelhos estranhos, lições imprevistas: definindo para a Europa um novo modo de partilhar as experiências do mundo", do qual fui investigador principal. A metodologia das oficinas pareceu ser a mais adequada para desenvolver as epistemologias do Sul, que serviram de base ao projeto. No âmbito do mesmo projeto foram organizadas várias oficinas em todo o mundo.

As parcerias com universidades e mesmo com autarquias locais têm sido essenciais para o financiamento das oficinas, sempre sob condição de ser preservada a autonomia da UPMS; o financiamento não deve implicar condições, sendo que a Carta de Princípios e as Orientações Metodológicas têm de ser respeitadas. As oficinas da UPMS não podem cobrar qualquer valor aos participantes.

A UPMS em ação

Foram organizadas 29 oficinas desde 2007. A UPMS nasceu na América Latina e a maior parte das oficinas teve lugar no mesmo subcontinente. Contudo, nos últimos anos, a UPMS expandiu-se para outros continentes. Um dos seus principais desafios é, sem dúvida, uma maior internacionalização. A América Latina é um subcontinente onde a tradição de educação popular tem importantes raízes. Trata-se do espaço onde a barreira linguística é menor em termos das afinidades das línguas oficiais dos diferentes países: o português e o castelhano. As oficinas organizadas na Europa, na Ásia ou na África enfrentam sempre o problema da tradução linguística, o que traz uma dificuldade acrescida à tradução intercultural. Se nos espaços acadêmicos a barreira linguística é muitas vezes superada pela imposição do inglês como língua de trabalho, as epistemologias do Sul e as ecologias de saberes que a UPMS promove são incompatíveis com as exclusões produzidas pelo recurso a uma língua hegemônica. O recurso a tradutores e intérpretes profissionais implica sempre um custo incomportável. Muitas vezes a solução passa pelo recurso a traduções solidárias efetuadas por participantes com conhecimento de mais de uma das línguas de trabalho.

Os temas tratados nas oficinas têm sido os mais variados, cobrindo um vasto leque de questões, desafios e propostas: a tradução intercultural, o papel do Estado, o papel da universidade, a terra e a soberania alimentar, direitos humanos, economias solidárias ou populares, a plurinacionalidade, direitos dos afrodescendentes, direitos dos povos indígenas, ecologia, direitos da Mãe Terra, recursos naturais, extrativismo, saúde, sustentabilidade e qualidade de vida, desafios europeus, dignidade e democracia, a terra e sua apropriação ou privatização, expulsão de populações rurais das suas terras ancestrais, autodeterminação e desenvolvimento, alternativas ao desenvolvimento, *buen vivir* ou bem viver, a crise capitalista, educação, cultura, conflitos territoriais, desafios da esquerda, a precariedade da vida, o território.

A rede UPMS é composta por todos os movimentos sociais, organizações, comunidades, entidades, universidades e demais instituições que participaram das oficinas. Atualmente, o número atinge perto de quinhentos membros, incluindo entidades tão diversas quanto organizações camponesas, coletivos de artistas filiados em diferentes movimentos, comunidades quilombolas, grupos indígenas, grupos LGBTs, vários sindicatos, estações de rádio alternativas, grupos da economia solidária e outras economias alternativas, coletivos de mulheres camponesas, feministas, mulheres negras, mulheres indígenas, movimentos de trabalhadores (mulheres e homens), grupos de defesa dos direitos humanos, grupos ecologistas e agroecologistas, grupos ligados à saúde ou interessados na medicina popular e tradicional, associações antirracismo, coletivos islâmicos, grupos de jovens precários,[326] associações de deficientes, "indignados", coletivos para a descolonização do conhecimento, associações de vizinhos, grupos que lutam pela recuperação da memória, associações de moradores de rua e catadores de lixo, associações de pescadores, centros de investigação, universidades populares e convencionais, observatórios e fundações.[327]

---

[326] Sobre a noção de precariedade, ver, entre outros, Standing (2011, p. 9).

[327] Como exemplo, refiro brevemente às últimas oficinas da UPMS, que tiveram lugar em 2016, 2017 e 2018. A Oficina de Xakriabá consistiu numa oficina que se realizou simultaneamente em três aldeias indígenas do Brasil: Xakriabá Barreiro Preto, Brejo Mata Fome e Sumaré, uma zona remota do estado de Minas Gerais. O tema escolhido pelos movimentos foi "Território, cultura e direitos: educação intercultural em Minas Gerais". Teve o mérito de ser coorganizada pelos movimentos indígenas e quilombolas (afrodescendentes), com a colaboração de professores da Universidade Federal de Minas Gerais. A Oficina de Buenos Aires foi organizada por movimentos indígenas e por vários movimentos sociais urbanos, com o apoio da Fundação Rosa Luxemburgo. Contou com a participação de vários dirigentes de movimentos sociais brasileiros, colombianos e mexicanos. O tema escolhido pelos participantes reflete o contexto: "Desafios da esquerda perante um novo cenário político: criminalização, extrativismo e a precariedade da vida". A Oficina de Harare foi organizada pelo

O panorama das pluriversidades e das subversidades que vão surgindo por todo o mundo é mais rico e mais variado do que se possa imaginar. Muitos dos que trabalham em universidades ou se dedicam ao seu estudo são vítimas da imagem de rigidez institucional e de resistência à reforma que a universidade em geral projeta. *E pur si muove.* A ideia de uma universidade polifônica empenhada continua a ganhar terreno de múltiplas formas, sobretudo devido à tenacidade e à imaginação de todos aqueles que recusam reconciliar-se com a ideia de que a noção de uma universidade popular é um oximoro.

Smallholder Organic Farmers Forum [Fórum dos pequenos agricultores orgânicos] do Zimbabué, pela Rural Women's Assembly [Assembleia das mulheres rurais], elementos da Via Campesina, pelo African Institute for Agrarian Studies [Instituto africano de estudos agrários] e pelo Centro de Estudos Sociais da Universidade de Coimbra, com a participação de movimentos de camponeses e outros movimentos sociais e ainda acadêmicos do Zimbabué, Moçambique, África do Sul, Costa do Marfim, Espanha e Portugal. O tema escolhido foi "Pessoas, terra, sementes, alimentos: 15 anos após a Reforma Agrária no Zimbabué". Finalmente, a Oficina do Saara Ocidental sobre o direito à autodeterminação do povo saraui e pela sua descolonização, que ocorreu em 2018, e a Oficina da Maré, cujo tema foi "Marielle Vive! Os movimentos sociais e as lutas pela construção de alternativas democráticas frente às múltiplas faces da violência", realizada no Museu da Favela da Maré, no Rio de Janeiro.

CONCLUSÃO
Entre o medo e a esperança

Segundo Spinoza, as duas emoções básicas dos seres humanos são o medo e a esperança. A incerteza é a forma como experienciamos as possibilidades que surgem das múltiplas relações entre medo e esperança. O medo e a esperança não são distribuídos de forma igual por todos os grupos sociais ou períodos históricos. Existem grupos sociais nos quais o medo se sobrepõe à esperança numa tal proporção que o mundo acontece a essas pessoas sem que tenham a possibilidade de fazer acontecer o mundo. Vivem na expectativa, mas sem expectativas. Estão vivos hoje, mas em tais condições que bem poderão estar mortos amanhã. Alimentam os filhos hoje, mas não sabem se conseguirão os alimentar amanhã. A incerteza em que vivem é uma incerteza descendente, porque o mundo lhes acontece de formas que pouco dependem deles. Quando o medo é tal que toda a esperança se perde, a incerteza descendente torna-se no seu contrário, ou seja, na certeza do destino de ter de sofrer o mundo, por mais injusto que seja. Existem outros grupos sociais para os quais, pelo contrário, a esperança excede o medo numa tal proporção que o mundo lhes é oferecido como um campo de possibilidades que podem gerir a seu bel-prazer. Para esses, a incerteza é ascendente, ou seja, é uma incerteza relativa às opções que na maior parte dos casos levam a resultados desejados. Quando a esperança é extrema ao ponto de se perder todo o sentimento de medo, a incerteza ascendente torna-se no seu contrário, na certeza de que têm por missão apropriar-se do mundo.

Em tempos normais, a maioria dos grupos sociais vive entre aqueles dois extremos. As suas vidas são marcadas por mais ou menos medo, mais ou menos esperança, vivendo períodos em que predominam as incertezas descendentes e períodos em que predominam as incertezas ascendentes. Essas épocas diferem segundo a relativa preponderância do medo ou da esperança e das incertezas resultantes das relações entre ambos. Contudo, parece que estamos entrando num tempo anormal, um período no qual a interdependência do medo e da esperança parece desaparecer em consequência da crescente polarização entre o mundo do medo sem esperança e o mundo da esperança sem medo. Uma cada vez maior percentagem da população mundial enfrenta riscos iminentes para os quais não há apólices, ou, se as há, são financeiramente incomportáveis, como acontece no caso de riscos tais como o risco de morte em contexto de conflitos armados dos quais as vítimas, civis inocentes, não são participantes ativos; o risco de doença causada pelo uso massivo – quer legal, quer ilegal – de substâncias perigosas; o risco de violência causado pelo preconceito racial, sexista, religioso, xenófobo e outros; o risco de ver saqueados os seus próprios magros recursos, seja o salário, a pensão de reforma, ou a casa hipotecada (políticas de austeridade, em nome de crises financeiras sobre as quais as pessoas não têm qualquer controle); o risco de ser expulso da sua própria terra em nome de objetivos de desenvolvimento ditos prioritários dos quais não advirão quaisquer benefícios para as pessoas em questão; o risco de precariedade no emprego e o risco de frustração das expectativas relativas à estabilidade de emprego necessárias para elaborar planos (investir no futuro) para o próprio e sua respectiva família. Esse é o grande mundo da experiência do medo sem esperança. Pelo contrário, grupos sociais menores (os chamados "1%" da população do mundo, de fato, menos disso) acumulam quantidades de riqueza absurdas, para além de um poder econômico, social e político tão desproporcionado e não democrático que lhes permite estar segurados contra praticamente todos os riscos possíveis. Esse é o pequeno mundo da experiência da esperança sem medo.

Essa polarização tem uma longa história, apesar de ter se tornado em tempos recentes mais transparente e talvez também mais virulenta. Como muito justamente afirmou Kenneth Burke, o nosso tempo adere a um conceito demasiado restrito de utilidade o qual inclui rigores ou custos a que mesmo as sociedades mais primitivas foram poupadas (1954, p. 269). Esse fato deve-se a uma característica sem precedentes da polarização da riqueza nos nossos dias: a sua aura epistemológica, a aura da verdade. Por meio dessa aura, o "capitalismo e a barbárie" do nosso tempo não necessitam, à luz das alternativas disponíveis, do consentimento de vastas maiorias; é suficiente a sua resignação ante o fato de não existirem alternativas. Se a resignação não resulta em conformismo, há uma forma alternativa de a obter, que consiste em encontrar bodes expiatórios tais como imigrantes, refugiados, muçulmanos, os pobres que não merecem mais porque a pobreza é culpa sua, e assim por diante. Usar essas pessoas como bodes expiatórios é uma forma mais elaborada de resignação porque graças a elas o atual estado de coisas adquire um duplo valor de verdade: é o único estado de coisas válido e, por isso, é permanentemente ameaçado por estranhos, isto é, por seres ontológica e culturalmente degradados ou então por seres politicamente ilegítimos. Resignar-se e procurar bodes expiatórios constitui o grau zero da democracia, mesmo da democracia liberal de baixa densidade. Isso quando os oprimidos elegem sistematicamente os opressores e as vítimas elegem os vitimários.

Em grande medida, é esse o mundo construído pela ciência moderna e pelo mito – baseado no progresso da ciência, incluindo a ciência econômica – de que todos os problemas sociais e políticos teriam soluções técnicas. Esse mito ainda subsiste entre nós, exacerbado agora pela revolução das tecnologias de informação e comunicação. No entanto, o mito começa a perder credibilidade. Começa a tornar-se claro que a ciência se encontra presa na sua própria circularidade: a ciência apenas resolve problemas que a própria ciência define como científicos. As dimensões políticas, éticas e culturais dos problemas científicos, por mais evidentes que sejam, escapam à ciência. Nessa jaula de ferro de fechamento cognitivo, qualquer espaço concedido à consideração de alternativas significa jogar com possibilidades cientificamente desconhecidas e, consequentemente, com caixas de Pandora políticas. Se a alternativa ao conhecimento rigoroso é a ignorância, pode concluir-se que a alternativa ao *status quo* será o caos, o colapso da sociabilidade e da governabilidade. Face a tal fato, o argumento central deste livro é o de que qualquer intervenção que tenha como objetivo interromper esse tipo de política requer a interrupção da epistemologia que lhe está subjacente. Isso significa que a intervenção epistemológica é também uma intervenção política. A essa interrupção dou o nome de epistemologias do Sul. Baseado nelas, defendo que não faltam alternativas no mundo. Falta, sim, um pensamento alternativo de alternativas. Esse é o caminho mais seguro para recuperarmos a esperança no nosso tempo. Não esperança sem medo, mas esperança suficientemente resiliente para não se deixar vencer pelo medo sem esperança.

As epistemologias do Sul constituem uma ampla panorâmica de conhecimentos pós-abissais, metodologias pós-abissais e pedagogias pós-abissais cujo principal objetivo é produzir uma exigência radical da democratização do conhecimento, uma reivindicação de democracia cognitiva. As epistemologias do Sul concebem a democracia cognitiva como condição necessária de justiça histórica, econômica, social, política, racial, étnico-cultural e de gênero. Sem democracia cognitiva radical, os avatares da conformidade e da procura de bodes expiatórios continuarão construindo pequenas comunidades fechadas para a esperança sem medo de uns poucos e grandes guetos para o medo sem esperança de muitos. É esse o *apartheid* da nova era contra o qual apenas se pode lutar e o qual apenas se pode destruir se cada vez mais pessoas tomarem consciência de que o medo sem esperança das maiorias sem poder advém da esperança sem medo das minorias com poder. As epistemologias do Sul propõem-se a contribuir para que isso aconteça.

Como argumentei neste livro, as epistemologias do Sul têm origem em duas premissas: 1) o conhecimento do mundo excede em muito o conhecimento ocidental do mundo; 2) a experiência cognitiva do mundo tem uma diversidade extrema, sendo que a prioridade absoluta que é concedida à ciência moderna implicou um epistemicídio massivo (a destruição de conhecimentos rivais entendidos como não-científicos) que exige agora ressarcimento. Daí que não exista justiça social global sem justiça cognitiva global. As análises que empreendo neste livro baseiam-se nessas premissas e permitem-me chegar às seguintes conclusões. Mais do que conclusões, aliás, trata-se de temas para futuros programas de investigação.

Não devemos esperar que o sul epistêmico anti-imperial dê lições ao norte global. Na sequência de cinco séculos de contatos assimétricos e de mestiçagens, será mais correto pensar em modos e lugares policêntricos de aprendizagem e desaprendizagem. A resistência contra a injustiça, a exclusão e a discriminação que o norte global capitalista, colonialista e patriarcal impõe ao sul global tem de ser considerada como uma sala de aula insurgente global. A credibilidade de qualquer forma de conhecimento será avaliada segundo o seu contributo para o reforço da resistência e para a prevenção da resignação. Assim, as experiências sociais serão resgatadas e valorizadas de modos capacitadores, ou seja, de modos que reforcem as lutas contra as três principais formas modernas de dominação: o capitalismo, o colonialismo e o patriarcado.

A ideia de modos e lugares policêntricos de desaprendizagem e aprendizagem não significa que a autorreflexividade profunda a ser praticada no norte global e no sul global seja a mesma. Dado o epistemicídio histórico, no norte global a autorreflexividade deve centrar-se na ideia e no valor da diversidade, no reconhecimento de modos diferentes de conhecer e de ser. Deverá incluir uma reflexão sobre a experiência não-ocidental da espiritualidade. Espiritualidade e não religião, ou seja, o transcendente *no* imanente. No sul global, depois de tanta expropriação e violência, a autorreflexividade deve concentrar-se em como representar o mundo como próprio e como transformá-lo de acordo com as prioridades próprias. A autorreflexividade prospectiva deve fundar-se na autoestima que advém de tanta resiliência perante tamanha adversidade sofrida durante tanto tempo.

Situar a resistência e a luta no centro de comunidades epistemológicas emergentes não implica de todo que os grupos sociais oprimidos sejam tidos em conta apenas enquanto lutam e resistem. Isso resultaria num reducionismo modernista inaceitável. As pessoas fazem muitas outras coisas para além de resistirem e lutarem; apreciam a vida, mesmo que as condições possam ser precárias; celebram e cultivam a amizade e a cooperação; e, por vezes, decidem não resistir e desistem. Além do mais, as relações de dominação incluem sempre interações que vão para além das mesmas relações de dominação. Focar-se na resistência e na luta tem como objetivo alargar as possibilidades de conhecimentos confrontacionais novos cada vez mais necessários. As experiências de lutas de libertação com vista à autodeterminação irão enriquecer uma perspectiva global sobre lutas em curso e lutas futuras.

A linha abissal que divide o mundo entre sociabilidade (e subjetividade) metropolitana e sociabilidade (e subjetividade) colonial prevalece hoje tanto quanto no tempo do colonialismo histórico. As guerras civis, as guerras irregulares, o racismo feroz, a violência contra as mulheres, a vigilância massiva, a brutalidade policial, os repetidos ataques xenófobos, os refugiados que cruzam toda a Europa, a América Latina, a Ásia e a África – todos testemunham a presença multifacetada da linha abissal. Os que estão do outro lado da linha não são considerados verdadeiramente ou completamente humanos, não sendo, portanto, tratados como se o fossem. Não há qualquer possibilidade de verdadeira libertação enquanto a linha abissal não for confrontada. Deveríamos aprender democracia a partir da perspectiva dos escravos e dos trabalhadores escravizados; deveríamos aprender cidadania a partir da perspectiva dos não-cidadãos, dos refugiados, dos trabalhadores migrantes indocumentados e dos sujeitos coloniais; deveríamos estudar o conceito de sociedade civil a partir da perspectiva daqueles que são abissalmente excluídos e vivem sob condições de fascismo social; deveríamos avaliar os direitos humanos a partir da perspectiva de grandes grupos de populações consideradas sub-humanas ou a partir da perspectiva da natureza.

Tais tarefas cognitivas não podem ser levadas a cabo de acordo com as premissas das epistemologias do Norte, uma vez que estas são responsáveis pela reprodução e pela legitimação da linha abissal. Os novos saberes que são necessários para denunciar e lutar contra as exclusões abissais terão de fundamentar-se nas epistemologias do Sul e avançar através da prática de sociologias das ausências, de sociologias das emergências, de ecologias de saberes, da tradução intercultural e da artesania das práticas. Esses saberes são viabilizados pelas metodologias não-extrativistas e pelas pedagogias pós-abissais. As primeiras têm como objetivo o saber-com como alternativa ao saber-sobre, constituindo relações entre sujeitos do conhecimento como alternativa a relações entre sujeitos e objetos. As segundas visam ampliar a copropriedade de saberes transformadores e libertadores. De que forma uma sociologia das ausências (produzida pela linha abissal) e uma sociologia das emergências (o ainda-não, o futuro sob a forma do presente) devem ser aprendidas e ensinadas? De que forma a narrativa dos esquecidos, a voz dos silenciados, a linguagem daquilo que foi tornado impronunciável devem ser reconhecidas e valorizadas?

A maior parte do conhecimento que circula no mundo e é relevante para as vidas das pessoas é oral e artesanal. No entanto, as nossas universidades e centros de investigação valorizam quase que exclusivamente o conhecimento escrito e científico. Os conhecimentos escritos e científicos (as ciências e as humanidades) são preciosos desde que integrados nas ecologias de saberes, as quais foram desenvolvidas com o objetivo de reforçar as lutas dos oprimidos e dos seus aliados contra o capitalismo, o colonialismo e o patriarcado. Mas devem ser desmonumentalizados, oralizados, por assim dizer, sempre que possível. Devem ser criados arquivos insurgentes.

A centralidade da resistência e luta exige novas concepções do político. As disciplinas e as categorias analíticas estabelecidas pelas ciências e pelas humanidades modernas impedem-nos de detectar e de valorizar a artesania das práticas de resistência. Se é verdade que a compreensão do mundo em muito excede a compreensão eurocêntrica do mundo, então será razoável admitir que a transformação emancipatória e libertadora do mundo pode acabar por não seguir o guião produzido pelo pensamento crítico eurocêntrico e pela respectiva ação política. Nesse caso, desaparecerão algumas das dicotomias mais paralisantes e contraproducentes desse mesmo guião. Ao longo deste livro confrontei várias dessas dicotomias: cultura/natureza, indivíduo/comunidade, mente/corpo, razão/emoção, imanente/transcendente. No que se refere mais especificamente à ação política, eliminaram-se duas dicotomias: lutas materialistas/lutas pós-materialistas e reforma/revolução. Quanto à primeira, demonstrando que o capitalismo nunca funciona isolado e sim sempre em articulação com o colonialismo e com o patriarcado, as epistemologias do Sul mostram que é contraproducente privilegiar em abstrato uma ou outra face da dominação. Sendo reféns da teoria política crítica eurocêntrica, os debates atuais sobre o mérito relativo das lutas materialistas e pós-materialistas não são capazes de reconhecer que optar por um desses dois tipos de luta equivale a optar por nenhum. Quanto à dicotomia reforma/revolução, segundo as perspectivas das epistemologias do Sul, as vias da não-conformidade que se situam no âmago da sociologia das emergências parecem produzir um espaço muito mais rico para a rebelião insurgente: ruínas-sementes, zonas libertadas e apropriações contra-hegemônicas.

Quando olhamos para o passado com os olhos do presente, deparamo-nos com cemitérios imensos de futuros abandonados, lutas que abriram novas possibilidades, mas foram neutralizadas, silenciadas ou desvirtuadas, futuros assassinados ao nascer ou mesmo antes, contingências que decidiram a opção vencedora depois atribuída ao sentido da história. Nesses cemitérios, os futuros abandonados são também corpos sepultados, muitas vezes corpos que apostaram em futuros errados ou inúteis. Veneramo-los ou execramo-los conforme o futuro que eles e elas quiseram coincide ou não com o que queremos para nós. Por isso choramos os mortos, mas nunca os mesmos mortos. Para que não se pense que os exemplos recentes se reduzem aos suicidas bombistas, mártires para uns, terroristas para outros, em 2014 houve duas celebrações do assassinato do Arquiduque Francisco Ferdinando e sua esposa em Sarajevo, que conduziu à Primeira Guerra Mundial. Num bairro da cidade, bósnios croatas e muçulmanos celebraram o monarca e sua esposa, enquanto noutro bairro, bósnios sérvios celebraram Gavrilo Princip, homem que os assassinou, e até lhe ergueram uma estátua.

No início do século XXI, a ideia de futuros abandonados parece obsoleta, aliás tanto quanto a própria ideia de futuro. O futuro parece ter estacionado no presente e estar disposto a ficar aqui por tempo indeterminado. A novidade, a surpresa e a indeterminação sucedem-se tão banalmente que tudo o que de bom como de mau estava eventualmente reservado para o futuro está ocorrendo hoje. O futuro antecipou-se a si próprio e caiu no presente. A vertigem do tempo que passa é igual à vertigem do tempo que para. A banalização da inovação vai de par com a banalização da glória e do horror. Muitas pessoas vivem isso com indiferença. Há muito desistiram de fazer acontecer o mundo e por isso estão resignados a que o mundo lhes aconteça. São os cínicos, profissionais do ceticismo. Há, porém, dois grupos muito diferentes em tamanho e sorte para quem essa desistência não é opção.

O primeiro grupo é constituído pela esmagadora maioria da população mundial. Exponencial desigualdade social, proliferação de fascismos sociais, fome, precariedade, desertificação, expulsão de terras ancestrais cobiçadas por empresas multinacionais, aumento do feminicídio brutal, guerras irregulares especializadas em matar populações civis inocentes – tudo isso faz com que uma parte cada vez maior da população do mundo tenha deixado de pensar no futuro para se concentrar no amanhã. O amanhã imediato é o espelho do futuro em que o futuro não gosta de se ver, pois a imagem que reflete é a de um futuro repetitivo, medíocre, comezinho e pouco inspirador.

O segundo grupo é tão minoritário quanto poderoso. Imagina-se fazendo acontecer o mundo, definindo e controlando o futuro por tempo indeterminado e de maneira exclusiva para que não haja qualquer futuro alternativo. Esse grupo é constituído por dois fundamentalismos. São fundamentalistas porque assentam em verdades absolutas, não admitem dissidência e acreditam que os fins justificam os meios. Os dois fundamentalismos são o neoliberalismo, controlado pelos mercados financeiros, e o Daesh, os jihadistas radicais que se dizem islâmicos. Sendo muito diferentes, e até antagônicos, partilham importantes características. Assentam ambos em verdades absolutas que não toleram a dissidência política, seja ela a fé científica na prioridade dos interesses dos investidores e na legitimidade da acumulação infinita de riqueza que ela permite, seja ela a fé religiosa na doutrina do califa que promete a libertação da dominação e da humilhação ocidentais. Ambos visam garantir o controle do acesso aos recursos naturais mais valorizados. Ambos causam imenso sofrimento injusto com a justificação de que os fins legitimam os meios. Ambos recorrem com semelhante sofisticação às novas tecnologias digitais de informação e comunicação para difundir o seu proselitismo. O radicalismo de ambos é do mesmo quilate e o futuro que proclamam é igualmente distópico – um futuro indigno da humanidade.

Será possível um futuro digno entre os dois futuros indignos que acabei de referir: o minimalismo do amanhã e o maximalismo do fundamentalismo? Penso que sim, mas a história dos últimos cem anos obriga-nos a múltiplas cautelas. A situação de que partimos não é brilhante. Começamos o século XX com dois grandes modelos de transformação progressista da sociedade, a revolução e o reformismo, e começamos o século XXI sem nenhum deles. A Revolução Russa radicalizou a opção entre os dois modelos e deu-lhe consistência política prática. Com a Revolução de Outubro, tornou-se claro para os trabalhadores e campo-neses (diríamos hoje, classes populares) que havia duas vias para alcançar um futuro melhor, que se antevia como pós-capitalista, socialista. Ou a revolução, que implicava ruptura institucional (não necessariamente violenta) com os mecanismos da democracia representativa, quebra de procedimentos legais e constitucionais, mudanças bruscas no regime de propriedade ou de controle da terra; ou o reformismo, que implicava o respeito pelas instituições democráticas e o avanço gradual nas rei-vindicações dos trabalhadores à medida que os processos eleitorais lhes fossem sendo mais favoráveis. O objetivo era o mesmo – o socialismo.

Depois do fracasso da Revolução Alemã (1918-1921), foi se construindo a ideia de que na Europa e nos EUA (o Primeiro Mundo) o reformismo seria a via preferida, enquanto o Terceiro Mundo (o mundo socialista soviético foi se constituindo com o Segundo Mundo) iria seguir a via revolucionária, como aconteceu na China em 1949, ou alguma combinação entre as duas vias. Entretanto, com a subida de Stalin ao poder, a Revolução Russa transformou-se numa ditadura sanguinária que sacrificou os seus melhores filhos em nome de uma verdade absoluta que se impunha com a máxima violência. Ou seja, a opção revolucionária transformou-se num fundamentalismo radical que precedeu os que mencionei anteriormente. Por sua vez, à medida que ia se libertando do colonialismo, o Terceiro Mundo começava a verificar que o reformismo nunca conduziria ao socialismo, mas antes, quando muito, a um capitalismo de rosto humano, como aquele que ia emergindo na Europa depois da Segunda Guerra Mundial. O Movi-mento dos Não Alinhados proclamava a sua intenção de recusar tanto o socialismo soviético como o capitalismo ocidental.

Com a queda do Muro de Berlim os dois modelos de transfor-mação social colapsaram. A revolução transformou-se num funda-mentalismo desacreditado e caduco que ruiu sobre os seus próprios fundamentos. Por sua vez, o reformismo democrático foi perdendo o impulso reformista e, com isso, a densidade democrática. O reformis-mo passou a significar a luta desesperada para não perder os direitos das classes populares (educação e saúde públicas, segurança social, infraestruturas e bens públicos, como a água) conquistados no período anterior. O reformismo foi assim definhando até se transformar num ente esquálido e desfigurado que o fundamentalismo neoliberal reconfigurou por via de um *facelift*, convertendo-o no único modelo de democracia de exportação, a democracia liberal transformada num instrumento do imperialismo, com direito a intervir em países inimigos ou incivilizados e a destrui-los em nome de tão cobiçado troféu. Um troféu que, quando entregue, revela a sua verdadeira identidade: uma ruína iluminada a néon, levada na carga dos bombardeios militares e financeiros (ajustamento estrutural), estes últimos conduzidos pelos CEOs do Banco Mundial e pelo Fundo Monetário Internacional.

No estado atual dessa jornada, a revolução converteu-se num fundamentalismo semelhante ao maximalismo dos fundamentalismos atuais enquanto o reformismo se degradou até ser o minimalismo da forma de governo cuja precariedade não lhe permite ver o futuro para além do imediato amanhã. Terão esses dois fracassos históricos causado direta ou indiretamente essa opção que nos aprisiona, entre fundamentalismos distópicos e amanhãs sem depois de amanhã? Mais importante do que responder a essa questão, é crucial sabermos como sair daqui... Condição para que o futuro seja novamente possível. Avanço uma hipótese: se historicamente a revolução e a democracia se opuseram e ambas colapsaram, talvez a solução resida em reinventá-las de modo que convivam articuladamente. Por outras palavras, democratizar a revolução e revolucionar a democracia. A artesania das práticas proposta pelas epistemologias do Sul visa esse mesmo objetivo político. Esse será o tema do meu próximo livro.

BIBLIOGRAFIA

ACHEBE, Chinua. *Morning Yet on Creation Day: Essays*. Londres: Heinemann, 1975.

ACKERMAN, Diane. *A Natural History of the Senses*. Nova York: Vintage, 1995.

ACOSTA, Alberto. Siempre más democracia, nunca menos. In: ACOSTA, Alberto; MARTÍNEZ, Esperanza; YÁNEZ, Martinez (Eds.). *El buen vivir: una vía para el desarrollo*. Quito: Abya Yala, 2009. p. 19-38.

ACOSTA, Alberto. Extractivism and Neoextractivism: Two Sides of the Same Curse. In: LANG, Miriam; MOKRANI, Dunia (Orgs.). *Beyond Development: Alternative Visions from Latin America*. Quito: Fundación Rosa Luxemburg, 2013. p. 61-87.

ACOSTA, Alberto. Post-crecimiento y post-extractivismo: dos caras de la misma transformación cultural. In: ENDARA, Gustavo (Org.). *Post-crecimiento y buen vivir: propuestas globales para la construcción de sociedades equitativas y sustentables*. Quito: Friedrich Ebert Stiftung, 2014. p. 93-122.

ADORNO, Theodor. *Aesthetic Theory*. Minneapolis: University of Minnesota Press, 1997.

AKIBA, Okon (Org.). *Constitutionalism and Society in Africa*. Aldershot, Reino Unido: Ashgate, 2004.

ALATAS, Syed; SINHA, Vineeta. Teaching Classical Sociological Theory in Singapore: The Context of Eurocentrism. *Teaching Sociology*, v. 29, n. 3, p. 316-331, 2001.

ALATAS, Syed. The Captive Mind and Creative Development. *International Social Science Journal*, v. 36, n. 4, p. 691-699, 1974.

ALATAS, Syed. A Khaldunian Perspective on the Dynamics of Asiatic Societies. *Comparative Civilizations Review*, v. 29, n. 29, p. 29-51, 1993.

ALATAS, Syed. The Sacralization of the Social Sciences: A Critique of an Emerging Theme in Academic Discourse. *Archives de sciences sociales des religions*, v. 91, p. 89-111, 1995.

ALATAS, Syed. *Alternative Discourses in Asian Social Sciences: Responses to Eurocentrism*. Nova Delhi: Sage, 2006a.

ALATAS, Syed. From Jâmi'ah to University. *Current Sociology*, v. 54, n. 1, p. 112-132, 2006b.

ALATAS, Syed. Ibn Khaldūn and Contemporary Sociology. *International Sociology*, v. 21, n. 6, p. 782-795, 2006c.

ALATAS, Syed (Org.). *The Idea of Autonomous Sociology: Reflections on the State of the Discipline*. Londres: Sage, 2006d.

ALATAS, Syed. *Applying Ibn Khaldun: The Theory of a Lost Tradition in Sociology*. Londres: Routledge, 2014.

ALCADE, José. *La universidad popular desde José Carlos Mariátegui*. Con Nuestra América, jun. 2012. Disponível em: <http://connuestraamerica. blogspot.pt/2012/06/la-universidad-popular-desde-jose.html>.

ALVARES, Claude. A Critique of Eurocentric Social Science and the Question of Alternatives. In: ALVARES, Claude; FARUQI, Shad (Orgs.). *Decolonizing the University: The Emerging Quest for Non-Eurocentric Paradigms*. Pulau Pinang: Penerbit Universiti Sains Malaysia, 2012. p. 135-161.

ALVARES, Claude; FARUQI, Shad (Orgs.). *Decolonizing the University: The Emerging Quest for Non-Eurocentric Paradigms*. Pulau Pinang: Penerbit Universiti Sains Malaysia, 2012.

AMIN, Shahid. *Conquest and Community: The Afterlife of Warrior Saint Ghazi Miyan*. Chicago: University of Chicago Press, 2015.

AMIN, Shahid. Making the Nation Habitable. In: SANTOS, Boaventura de Sousa; MENESES, Maria Paula (Orgs.). *Knowledges Born in the Struggle: Constructing Epistemologies of the South*. Londres: Routledge, no prelo.

AN-NA'IM, Abdullahi Ahmed. *African Constitutionalism and the Role of Islam*. Philadelphia: University of Pennsylvania Press, 2006.

ANDERSON, Benedict. *Under Three Flags: Anarchism and the Anticolonial Imagination*. Londres: Verso, 2005.

ANDERSON, Kevin. *Marx at the Margins: On Nationalism, Ethnicity and Non-Western Societies*. Chicago: University of Chicago Press, 2010.

ANDRADE, Oswald de. *A utopia antropofágica*. São Paulo: Globo, 1990.

APEL, Dora. *Beautiful Terrible Ruins: Detroit and the Anxiety of Decline*. New Brunswick, Canadá: Rutgers University Press, 2015.

ARBOLEDA, Santiago. Paisanajes, colonias y movilización social afro-colombiana, en el suroccidente colombiano. In: MOSQUERA, Claudia; PARDO, Mauricio; HOFFMAN, Odile (Orgs.). *Afrodescendientes de las Américas: trayectorias sociales e identidades. 150 años de la abolición de la esclavitud en Colombia*. Bogotá: Universidad Nacional de Colombia, ICAH/IRD/ILSA, 2002. p. 399-420.

ARIAS, Patricio Guerrero. *Colonialidad del saber e insurgencia de las sabidurías otras: corazonar las epistemologías hegemônicas, como respuesta de insurgencia (de) colonial*. Quito: Universidad Andina Simón Bolívar, Sede Ecuador, 2016.

ASAD, Talal. *Genealogies of Religion: Discipline and Reasons of Power in Christianity and Islam*. Baltimore: Johns Hopkins University Press, 1993.

ASANTE, Molefi. *Afrocentricity: The Theory of Social Change*. Buffalo, Nova York: Amulefi, 1980.

ASANTE, Molefi. *The Afrocentric Idea*. Philadelphia: Temple University Press, 1998.

ASANTE, Molefi. *Afrocentricity*. Dr. Molefi Kete Asante, 13 de abril de 2009. Disponível em: <http://www.asante.net/articles/1/afrocentricity>. Acesso em: 07 jan. 2019.

ATALAY, Sonya. Indigenous Archaeology as Decolonizing Practice. *American Indian Quarterly*, v. 30, n. 3, p. 280-310, 2006.

ATALAY, Sonya. *Community-Based Archaeology: Research with, by and for Indigenous and Local Communities*. Berkeley: University of California Press, 2012.

AYUSH. *We are the Adivasi from Thane!* Adivasi Yuva Shakti, 2010. Disponível em: <http://adivasiyuva.blogspot.com/2010/07/we-are-adivasi-from-thane.html>. Acesso em: 10 jan. 2019.

BABBITT, Susan; CAMPBELL, Sue (Orgs.). *Racism and Philosophy*. Ithaca, Nova York: Cornell University Press, 1999.

BARAD, Karen. *Meeting the Universe Halfway: Quantum Physics and the Entanglement of Matter and Meaning*. Durham, Carolina do Norte: Duke University Press, 2007.

BARRETT, Boyd. *The Jesuit Enigma*. Nova York: Boni and Liverlight, 1927.

BAWA, Vasant. Gandhi in the 21st Century: Search for an Alternative Development Model. *Economic and Political Weekly*, v. 31, n. 47, p. 3048-3049, 1996.

BA-YUNUS, Ilyas; AHMAD, Farid. *Islamic Sociology: An Introduction*. Cambridge: Islamic Academy, 1985.

BENICÁ, Dirceu; SANTOS, Eduardo. O caráter popular da educação superior. In: SANTOS, Eduardo; MAFRA, Jason; ROMÃO, José (Orgs.). *Universidade popular: teorias, práticas e perspectivas*. Brasília: Liber Livro, 2013. p. 51-80.

BENJAMIN, Walter. Thesis on the Philosophy of History. In: *Illuminations*. Nova York: Schocken, 1968. p. 253-264.

BERNASCONI, Robert. *Race and Racism in Continental Philosophy*. Bloomington: Indiana University Press, 2003.

BHAMBRA, Gurminder; SANTOS, Boaventura de Sousa. Introduction: Global Challenges for Sociology. *Sociology*, v. 51, n. 1, p. 3-10, 2017.

BHAMBRA, Gurminder. *Rethinking Modernity: Postcolonialism and the Sociological Imagination*. Basingstoke, Reino Unido: Palgrave Macmillan, 2007.

BHAMBRA, Gurminder. *Postcolonial and Decolonial Reconstructions in Connected Sociologies*. Londres: Bloomsbury Academic, 2014.

BHAMBRA, Gurminder. Global Social Thought via the Haitian Revolution. In: SANTOS, Boaventura de Sousa; MENESES, Maria Paula (Orgs.). *Knowledges Born in the Struggle: Constructing Epistemologies of the South*. Londres: Routledge, 2018.

BILGRAMI, Akeel. Gandhi's Integrity: The Philosophy behind the Politics. *Postcolonial Studies*, v. 5, n. 1, p. 79-93, 2002.

BINTE MASUD, S. Sage Philosophy: Revisiting Oruka's African Ideology. *Journal of Black Studies*, v. 42, n. 6, p. 874-886, 2011.

BOLÍVIA. *Constitution of the Plurinational State of Bolivia*. Tradução de Luis Francisco Valle Velasco. La Paz: LFVP. 2009.

BONDURANT, Joan. *Satyagraha vs. Duragraha: The Limits of Symbolic Violence*. Berkeley: Center for South Asia Studies, Institute of International Studies, University of California, 1964.

BOURDIEU, Pierre. *La distinction: critique sociale du jugement*. Paris: Les Éditions de Minuit, 1979.

BOURDIEU, Pierre. *In Other Words: Essays towards a Reflexive Sociology*. Tradução de Matthew Adamson. Cambridge: Polity, 1990.

BOURDIEU, Pierre. *Si le monde social m'est supportable, c'est parce que je peux m'indigner: entretiens par Antoine Spire*. La Tour d'Aigues: Éditions de l'Aube, 2002.

BOURDIEU, Pierre. *Méditations pascaliennes*. Paris: Seuil, 2003.

BOURKE, Joanna. Pain Sensitivity: An Unnatural History from 1800 to 1965. *Journal of Medical Humanities*, v. 35, n. 3, p. 301-319, 2014.

BRAGANÇA, Aquino de; WALLERSTEIN, Immanuel. O caminho para a luta armada. In: BRAGANÇA, Aquino de; WALLERSTEIN, Immanuel (Orgs.). *Quem é o inimigo, vol. 2: os movimentos de libertação nacional*. Lisboa: Iniciativas Editoriais, 1978. p. 61-71.

BRAGANÇA, Aquino de. *Amílcar Cabral*. Lisboa: Iniciativas Editoriais, 1976.

BUEY, Francisco. *Por una universidad democrática: escritos sobre la universidad y los movimientos universitarios (1965–2009)*. Barcelona: El Viejo Topo, 2009.

BURKE, Kenneth. *Permanence and Change: An Anatomy of Purpose*. Indianápolis: Bobbs-Merrill, 1954.

BUTLER, Judith. *Bodies That Matter: On the Discursive Limits of "Sex"*. Nova York: Taylor and Francis, 1993.

BUTLER, Judith. *Undoing Gender*. Nova York: Routledge, 2004.

CABRAL, Amílcar. The Weapon of Theory. In: *Revolution in Guinea*. Nova York: Monthly Review Press, 1969. p. 90-111.

CABRAL, Amílcar. *Our People Are Our Mountains: Amilcar Cabral on the Guinean Revolution*. Londres: Committee for Freedom in Mozambique, Angola and Guiné, 1971.

CABRAL, Amílcar. *Análise de alguns tipos de resistência*. Lisboa: Seara Nova, 1975.

CABRAL, Amílcar. *A arma da teoria: Unidade e luta*. Lisboa: Seara Nova, 1976. (Obras escolhidas de Amílcar Cabral, 1).

CABRAL, Amílcar. Uma situação de violência permanente. In: BRAGANÇA, Aquino de; WALLERSTEIN, Immanuel (Orgs.). *Quem é o inimigo, vol. 2: os movimentos de libertação nacional*. Lisboa: Iniciativas Editoriais, 1982. p. 107-110.

CAMARA, Aliou. *La philosophie politique de Léopold Sedar Senghor*. Paris: L'Harmattan, 2001.

CARRILLO, Alfonso. La investigación acción participativa: entre las ciencias sociales y la educación popular. *La Piragua*, n. 41, p. 11-20, 2015.

CASTIANO, José. *Filosofia africana: da sagacidade à intersubjectivação com Viegas*. Maputo: Educar, Universidade Pedagógica, 2015.

CASTLEDEN, Heather; MORGAN, Vanessa; NEIMANIS, Aelita. Researchers' Perspectives on Collective/Community Co-authorship in Community-Based Participatory Indigenous Research. *Journal of Empirical Research on Human Research Ethics*, v. 5, n. 4, p. 23-32, 2010.

CASTRO-GÓMEZ, Santiago; GROSFOGUEL, Ramón (Orgs.). *El giro decolonial: reflexiones para una diversidad epistêmica más allá del capitalismo global*. Bogotá: Siglo del Hombre Editores, 2007.

CÉSAIRE, Aimé. *Discours sur le colonialisme*. Paris: Présence Africaine, 1955.

CÉSAIRE, Aimé. *Letter to Maurice Thorez*. Paris: Présence Africaine, 1957.

CHABOT, Sean; DUYVENDAK, Jan. Globalization and Transnational Diffusion between Social Movements: Reconceptualizing the Dissemination of the Gandhian Repertoire and the "Coming Out" Routine. *Theory and Society*, v. 31, n. 6, p. 697-740, 2002.

CHAGAS, Mario; GOUVEIA, Inês. Museologia social: reflexões e práticas. *Cadernos do CEOM*, v. 27, n. 41, p. 9-22, 2014.

CHAKRABARTY, Dipesh. The Legacies of Bandung: Decolonization and the Politics of Culture. In: LEE, Christopher (Org.). *Making a World after Empire: The Bandung Moment and Its Political Afterlives*. Athens: Ohio University Press, 2010. p. 45-68.

CHAMBERS, Iain *et al.* (Orgs.). *The Postcolonial Museum: The Arts of Memory and the Pressures of History*. Farnham, Reino Unido: Ashgate, 2014.

CHAMBERS, Iain; GRECHI, Giulia; NASH, Mark (Orgs.). *The Ruined Archive*. Milão: MELA, 2014.

CHAMBERS, Iain. The Museum of Migrant Modernities. In: FERRARA, Beatrice (Org.). *Cultural Memory, Migrating Modernities and Museum Practices*. Milão: MELA, 2012. p. 13-32.

CHANCOSA, Blanca. Sumak Kawsay desde la visión de la mujer. In: HIDALGO-CAPITÁN, Antonio Hidalgo; GARCÍA, Alejandro; GUAZHA, Nancy (Org.). *Sumak Kawsay Yuyay: antología del pensamiento indigenista ecuatoriano sobre Sumak Kawsay*. Huelva e Cuenca: FIUCUHU, 2014. p. 221-228.

CHATTERJEE, Partha. Gandhi and the Critique of Civil Society. In: GUHA, Ranajit. *Subaltern Studies: Writings on South Asian History and Society*. Nova Delhi: Oxford University Press, 1984. v. 3. p. 153-195.

CHILCOTE, Ronald. *Amilcar Cabral's Revolutionary Theory and Practice: A Critical Guide.* Boulder, Colorado: Lynne Rienner, 1991.

CHOMSKY, Noam. *The Chomsky Reader.* Nova York: Pantheon, 1987.

CHOMSKY, Noam. *Making the Future: The Unipolar Imperial Moment.* São Francisco: City Lights, 2010.

CHOMSKY, Noam. *Masters of Mankind: Essays and Lectures, 1969-2013.* Chicago: Haymarket, 2014.

CHOMSKY, Noam. *Who Rules the World?* Nova York: Metropolitan, 2016.

CHRÉTIEN, Jean-Louis. *Hand to Hand: Listening to the Work of Art.* Nova York: Fordham University Press, 2003.

CLASSEN, Constance (Org.). *The Book of Touch.* Oxford: Berg, 2005.

CLASSEN, Constance (Org.). *A Cultural History of the Senses in the Age of Empire.* Londres: Bloomsbury, 2014.

COLSON, Robert L. Arresting Time, Resisting Arrest: Narrative Time and the African Dictator in Ngũgĩ Wa Thiong'o's Wizard of the Crow. *Research in African Literatures*, v. 42, n. 1, p. 133-153, 2011.

COMAROFF, Jean; COMAROFF, John. Christianity, Colonialism, and Consciousness in South Africa. In: *Of Revelation and Revolution.* Chicago: University of Chicago Press, 1991. v. 1.

COMAROFF, Jean; COMAROFF, John. The Dialectics of Modernity on a South African Frontier. In: *Of Revelation and Revolution.* Chicago: University of Chicago Press, 1997. v. 2.

COMAROFF, Jean; COMAROFF, John. *Theory from the South: Or, How Euro-America Is Evolving Toward Africa.* Boulder, Colorado: Paradigm, 2012.

COMAROFF, Jean; COMAROFF, John. Writing Theory from the South: The Global Order from an African Perspective. *World Financial Review*, 13 nov. 2013, p. 17-20. Disponível em: <http://www.worldfinancialreview.com/?p=543>. Acesso em: 14 jan. 2019.

CONADEP. *Nunca Más. Informe de la Comisión Nacional sobre la Desaparición de Personas.* Buenos Aires: Editorial Universitaria de Buenos Aires, 1984.

CONNELL, Raewyn. *Southern Theory: The Global Dynamics of Knowledge in Social Science.* Cambridge: Polity, 2007.

CONNELL, Raewyn. Using Southern Theory: Decolonizing Social Thought in Theory, Research and Application. *Planning Theory*, v. 13, n. 2, p. 210-223, 2014.

COOPER, Craig (Org.). *Politics of Orality.* Leiden, Holanda: Brill, 2007.

CSORDAS, Thomas J. Embodiment as a Paradigm for Anthropology. *Ethos*, v. 18, n. 1, p. 5-47, 1990.

CUNHA, Teresa. *Never Trust Sindarela: feminismos, pós-colonialismos, Moçambique e Timor-Leste.* Coimbra: Edições Almedina, 2014.

CURTI, Lidia. Beyond White Walls. In: FERRARA, Beatrice (Ed.). *Cultural Memory, Migrating Modernities and Museum Practices.* Milão: MELA, 2012. p. 187-203.

CUSICANQUI, Silvia Rivera; ARZE, René. Taller de historia oral andina: proyecto de investigación sobre el espacio ideológico de las rebeliones andinas a través de la historia oral (1900-1950). In: DELER, Jean-Paul; SAINT-GEOURS, Yves (Org.). *Estados y naciones en los Andes.* Lima: Institut Français d'Études Andines, 1986. p. 83-99.

CUSICANQUI, Silvia Rivera. La raíz: colonizadores y colonizados. In: CUSICANQUI, Silvia Rivera; BARRIOS, Raul (Orgs.). *Violencias encubiertas en Bolivia.* La Paz: Centro de Investigación y Promoción del Campesinado (CIPCA), 1993. p. 25-139.

CUSICANQUI, Silvia Rivera. Ch'ixinakax utxiwa: A Refletion on the Practices and Discourses of Decolonization. *South Atlantic Quarterly*, v. 111, n. 1, p. 95-109, 2012.

DALLMAYR, Fred. *Dialogue among Civilizations: Some Exemplary Voices.* Hampshire: Palgrave Macmillan, 2002.

DALTON, Dennis (Org.). *Mahatma Gandhi: Selected Political Writings.* Indianápolis: Hackett, 1996.

DALTON, Dennis. *Mahatma Gandhi: Nonviolent Power in Action.* Nova York: Columbia University Press, 1993.

DANOWSKI, Déborah; VIVEIROS DE CASTRO, Eduardo. *The Ends of the World*. Cambridge: Polity, 2017.

DANTWALA, Mohanlal. Gandhi's and Ruskin's Unto This Last. *Economic and Political Weekly*, v. 30, n. 44, p. 2793-2795, 1995.

DARWIN, Charles. *The Expression of the Emotions in Man and Animals*. Londres: John Murray, 1872.

DAS, Veena. *Life and Words: Violence and the Descent into the Ordinary*. Berkeley: University of California Press, 2007.

DAS, Veena. *Affliction: Health, Disease, Poverty*. Nova York: Fordham University Press, 2015.

DAVIS, Angela Yvonne. *Angela Davis: An Autobiography*. Nova York: Random House, 1974.

DAWDY, Shannon. Clockpunk Anthropology and the Ruins of Modernity. *Current Anthropology*, v. 51, n. 6, p. 761-793, 2010.

DESAI, Ashwin; VAHED, Goolam. *The South African Gandhi: Stretcher-Bearer of Empire*. Stanford: Stanford University Press, 2016.

DESPRET, Vinciane. *Quand le loup habitera avec l'agneau*. Paris: Les Empêcheurs de penser en rond, 2002.

DEWEY, John. *Human Nature and Conduct: An Introduction to Social Psychology*. Nova York: Henry Holt, 1922.

DEWEY, John. Body and Mind. *Bulletin of the New York Academy of Medicine*, v. 4, n. 1, p. 3-19, 1928.

DHAOUADI, Mahmoud. *Toward Islamic Sociology of Cultural Symbols*. Kuala Lumpur: A.S. Noordeen, 1996.

DI BELLO, Patrizia; KOUREAS, Gabriel (Orgs.). *Art, History and the Senses: 1830 to the Present*. Farnham, Reino Unido: Ashgate, 2010.

DIAGNE, Souleymane. *L'encre des savants: réflexions sur la philosophie en Afrique*. Paris: Présence Africaine Editions, 2013.

DIRIK, Dilar *et al. To Dare Imagining: Rojava Revolution*. Nova York: Autonomedia, 2016.

DRAPER, Jonathan (Org.). *Orality, Literacy, and Colonialism in Southern Africa*. Atlanta: Society of Biblical Literature, 2003.

DRAPER, Jonathan (Org.). *Orality, Literacy, and Colonialism in Antiquity*. Atlanta: Society of Biblical Literature, 2004.

DU BOIS, William. As the Crow Flies. *New York Amsterdam News*, Nova York, 9 jan. 1943.

DUKER, Sam. *Listening: Readings*. Nova York: Scarecrow, 1966.

DUSSEL, Enrique. *The Invention of the Americas: Eclipse of "the Other" and the Myth of Modernity.* Nova York: Continuum, 1995.

DUSSEL, Enrique. Europe, Modernity and Eurocentrism. *Nepantla: Views from South*, v. 1, n. 3, p. 465-478, 2000.

DUSSEL, Enrique. World-System and "Trans"-Modernity. *Nepantla: Views from South*, v. 2, n. 3, p. 221-245, 2002.

DUSSEL, Enrique. Europa, modernidade e eurocentrismo. In: LANDER, Edgardo (Org.). *A colonialidade do saber: eurocentrismo e ciências sociais: perspectivas latino-americanas.* Buenos Aires: CLACSO, 2005. p. 24-32.

DUSSEL, Enrique. Philosophy of Liberation, the Postmodern Debate, and Latin American Studies. In: MORAÑA, Mabel; DUSSEL, Enrique; JAUREGUI, Carlos (Org.). *Coloniality at Large: Latin America and the Postcolonial Debate.* Durham, Carolina do Norte: Duke University Press, 2008. p. 335-349.

ECHEVERRÍA, Bolívar. *Crítica de la modernidade capitalista.* La Paz: Vice-presidencia del Estado Plurinacional de Bolivia, 2011.

ECHEVERRIA, Tessa; SERNATINGER, Andrew. The Making of Capitalist Patriarchy: Interview with Silvia Federici. *The North Star*, 24 fev. 2014. Disponível em: < http://www.internationalviewpoint.org/spip.php?article3293 >.

ELST, Koenraad. *Decolonizing the Hindu Mind: Ideological Development of Hindu Revivalism.* Nova Delhi: Rupa, 2001.

ESCOBAR, Arturo. Economics and the Space of Modernity. *Cultural Studies*, v. 19, n. 2, p. 139-175, 2005.

ESCOBAR, Arturo. *Territories of Difference: Place, Movements, Life, Redes.* Durham, Carolina do Norte: Duke University Press, 2008.

ESCOBAR, Arturo. Latin America at a Crossroads. *Cultural Studies*, v. 24, n. 1, p. 1-65, 2010.

ESCOBAR, Arturo. *Encountering Development: The Making and Unmaking of the Third World.* Princeton, Nova Jersey: Princeton University Press, 2011.

ESTEVA, Gustavo; STUCHUL, Dana; PRAKASH, Madhu. From the Pedagogy for Liberation to Liberation from Pedagogy. In: BOWERS, C. A.;

APFFEL-MARGLIN, Frédérique (Orgs.). *Rethinking Freire: Globalization and Environmental Crisis*. Mahwah, Nova Jersey: Lawrence Erlbaum, 2005. p. 82-98.

ESTEVA, Gustavo; VALENCIA, Rubén; VENEGAS, David. *Cuando hasta las piedras se levantan: Oaxaca, México, 2006*. Buenos Aires: Editorial Antropofagia, 2008.

ESTEVA, Gustavo. *Celebración del Zapatismo*. Oaxaca: Ediciones ¡Basta!, 2006.

ESTEVA, Gustavo. The Asamblea Popular de los Pueblos de Oaxaca. *Latin American Perspectives*, v. 34, n. 1, p. 129-144, 2007a.

ESTEVA, Gustavo. Oaxaca: The Path of Radical Democracy. *Socialism and Democracy*, v. 21, n. 2, p. 74-96, 2007b.

FALS BORDA, Orlando; MORA-OSEJO, Luis. Beyond Eurocentrism: Systematic Knowledge in a Tropical Context. A Manifesto. In: SANTOS, Boaventura de Sousa (Org.). *Cognitive Justice in a Global World: Prudent Knowledges for a Decent Life*. Lanham, Maryland: Lexington, 2007. p. 397-406.

FALS BORDA, Orlando. *Ciencia propia y colonialismo intelectual*. Cidade do México: Editorial Nuestro Tiempo, 1970.

FALS BORDA, Orlando. *Conocimiento y poder popular: lecciones con campesinos de Nicaragua, México, Colombia*. Bogotá: Punta de Lanza, 1986.

FALS BORDA, Orlando. *Knowledge and People's Power: Lessons with Peasants in Nicaragua, Mexico and Colombia*. Nova Delhi: Indian Social Institute, 1988.

FALS BORDA, Orlando. *Una sociología sentipensante para América Latina*. Bogotá: Siglo del Hombre Editores; CLACSO, 2009.

FANON, Frantz. *Black Skin, White Masks*. Nova York: Grove, 1967a.

FANON, Frantz. *Toward the African Revolution*. Nova York: Grove, 1967b.

FANON, Frantz. *The Wretched of the Earth*. Nova York: Grove, 1968.

FEDERICI, Silvia. *Caliban and the Witch: Women, the Body, and Primitive Accumulation*. Nova York: Autonomedia, 2004.

FERRARA, Anita. *Assessing the Long-Term Impact of Truth Commissions*. Londres: Routledge, 2015.

FEYERABEND, Paul K. *Against Method: Outline of an Anarchistic Theory of Knowledge*. Londres: New Left, 1975.

FINNEGAN, Ruth. Tactile Communication. In: CLASSEN, Constance (Org.). *The Book of Touch*. Oxford: Berg, 2005. p. 18-25.

FINNEGAN, Ruth. *Oral Literature in Africa*. Cambridge: Cambridge Open Book, 2012.

FOLEY, John. *Oral Tradition and the Internet: Pathways of the Mind*. Urbana: University of Illinois Press, 2012.

FORGACS, David (Org.). *The Antonio Gramsci Reader: Selected Writings 1916-1935*. Nova York: New York University Press, 2000.

FOUCAULT, Michel. *L'Archéologie du Savoir*. Paris: Gallimard, 1969.

FOUCAULT, Michel. *Discipline and Punish: The Birth of the Prison*. Nova York: Vintage, 1995.

FOX, Richard. *Gandhian Utopia: Experiments with Culture*. Boston: Beacon, 1987.

FOX, Richard. Passage from India. In: FOX, Richard; STARN, Orin (Orgs.). *Between Resistance and Revolution: Cultural Politics and Social Protest*. New Brunswick, Canadá: Rutgers University Press, 1997. p. 65-82.

FRALEIGH, Sondra. *Dance and the Lived Body*. Pittsburgh: University of Pittsburgh Press, 1987.

FRALEIGH, Sondra. Good Intetions and Dancing Moments: Agency, Freedom, and Self-Knowledge in Dance. In: NEISSER, Ulric (Org.). *The Perceived Self Ecological and Interpersonal Sources of Self Knowledge*. Cambridge: Cambridge University Press, 1994. p. 102-111.

FREIRE, Paulo. *Educação como prática da liberdade*. Rio de Janeiro: Paz e Terra, 1967.

FREIRE, Paulo. *Pedagogy of the Oppressed*. Nova York: Continuum, 1970.

FREIRE, Paulo. *Pedagogia do oprimido*. Rio de Janeiro: Paz e Terra, 1974.

FREIRE, Paulo. *The Politics of Education: Culture Power and Liberation*. South Hadley, Massachusetts: Bergin and Garvey, 1985.

FUJIMURA, Joan. Authorizing Knowledge in Science and Anthropology. In: SANTOS, Boaventura de Sousa (Org.). *Cognitive Justice in a Global World: Prudent Knowledge for a Decent Life*. Lanham, Maryland: Lexington, 2007. p. 105-128.

FULLER, Steve W. The Unended Quest for Legitimacy in Science. *Philosophy of the Social Sciences*, v. 33, n. 4, p. 472-478, 2003.

GADE, Anna M. *Perfection Makes Practice: Learning, Emotion, and the Recited Qur'ān in Indonesia*. Honolulu: University of Hawaii Press, 2004.

GALISON, Peter; STUMP, David (Orgs.) *The Disunity of Science: Boundaries, Contexts, and Power.* Stanford: Stanford University Press, 1996.

GANDHI, Mahatma. Village Swaraj. *Harijan*, Nova Delhi, 26 jul. 1942.

GANDHI, Mahatma. *Selected Writings of Mahatma Gandhi.* Boston: Beacon, 1951.

GANDHI, Mahatma. *The Gandhi Reader.* Bloomington: Indiana University Press, 1956.

GANDHI, Mahatma. Introduction. In: MURTHY, Srinivasa (Org.). *Mahatma Gandhi and Leo Tolstoy: Letters.* Long Beach, California: Long Beach Publications, 1987. p. 41-43.

GANDHI, Mahatma. Accident? In: *The Collected Works of Mahatma Gandhi.* Nova Delhi: Publications Division Government of India, 1999a. v. 3. p. 209. Disponível em: <http://www.gandhiashramsevagram.org/gandhi-literature/mahatma-gandhi-collected-works-volume-1.pdf>. Acesso em: 26 jan. 2019.

GANDHI, Mahatma. Letter to "The Natal Advertiser". In: *The Collected Works of Mahatma Gandhi.* Nova Delhi: Publications Division Government of India, 1999b. v. 1. p. 206-207. Disponível em: <http://www.gandhiashramsevagram.org/gandhi-literature/mahatma-gandhi-collected-works-volume-1.pdf>. Acesso em: 26 jan. 2019.

GANDHI, Mahatma. Neither a Saint nor a Politician. In: *The Collected Works of Mahatma Gandhi,* Nova Delhi: Publications Division Government of India, 1999c. v. 20. p. 303-307. Disponível em: <http://www.gandhiashramsevagram.org/gandhi-literature/mahatma-gandhi-collected-works-volume-20.pdf>. Acesso em: 26 jan. 2019.

GANDHI, Mahatma. A Note. In: *The Collected Works of Mahatma Gandhi.* Nova Delhi: Publications Division Government of India, 1999d. v. 96. p. 311. Disponível em: <http://www.gandhiashramsevagram.org/gandhi-literature/mahatma-gandhi-collected-works-volume-96.pdf>. Acesso em: 26 jan. 2019.

GANDHI, Mahatma. Speech at Gandhi Seva Sangh. In: *The Collected Works of Mahatma Gandhi.* Nova Delhi: Publications Division Government of India, 1999e. v. 65. p. 408-412. Disponível em: <http://www.gandhiashramsevagram.org/gandhi-literature/mahatma-gandhi-collected-works-volume-65.pdf>. Acesso em: 26 jan. 2019.

GANDHI, Mahatma. Speech at Opening of Tibbi College, Delhi. In: *The Collected Works of Mahatma Gandhi.* New Delhi: Publications Division Government of India, 1999f. v. 22. p. 340-343. Disponível em: <http://www.gandhiashramsevagram.

org/gandhi-literature/mahatma-gandhi-collected-works-volume-22.pdf>. Acesso em: 26 jan. 2019.

GANDHI, Mahatma. *Satyagraha in South Africa.* Ahmedabad: Navajivan, 2001.

GANDHI, Mahatma. *India of My Dreams.* Ahmedabad: Rajpal and Sons, 2009.

GANDHI, Mahatma. What Has Hinduism Done for Us? In: *Hinduism According to Gandhi: Thoughts, Writings and Critical Interpretation.* Nova Delhi: Orient, 2013. p. 52-56.

GARROW, David. *Bearing the Cross: Martin Luther King, Jr., and the Southern Christian Leadership Conference.* Nova York: William Morrow, 1986.

GEERTZ, Clifford. Anti Anti-relativism. In: KRAUSZ, Michael (Org.). *Relativism: Interpretation and Confrontation.* Notre Dame, Indiana: University of Notre Dame Press, 1989. p. 12-34.

GELLNER, Ernest. *Spectacles and Predicaments.* Cambridge: Cambridge University Press, 1979.

GIARRACCA, Norma. Notas metodológicas: "Experiencia de investigación" desde lugares diferentes (Algunas reflexiones acerca del intelectual comprometido). In: ESTEVA, Gustavo; VALENCIA, Rubén; VENEGAS David (Orgs.). *Cuando hasta las piedras se levantan: Oaxaca, México, 2006.* Buenos Aires: Antropofagia, 2008. p. 121-136.

GIBSON, Nigel (Org.). *Rethinking Fanon: The Continuing Dialogue.* Amherst, Nova York: Humanity, 1999.

GILROY, Paul. *The Black Atlantic: Modernity and Double Consciousness.* Cambridge, Massachusetts: Harvard University Press, 1993.

GIRALDO, Omar. *Utopías en la era de la supervivencia: una interpretación del buen vivir.* Cidade do México: Editorial Ítaca; Universidad Autônoma de Chapingo, 2014.

GIROUX, Henry. Introduction. In: FREIRE, Paulo. *The Politics of Education: Culture, Power, and Liberation.* Nova York: Bergin and Garvey, 1985.

GIROUX, Henry. *Border Crossings: Cultural Workers and the Politics of Education.* Nova York: Routledge, 1992.

GITLIN, Todd. Afterword. In: MILLS, C. Wright. *The Sociological Imagination.* Oxford: Oxford University Press, 2000. p. 229-243.

GLISSANT, Édouard. *Caribbean Discourse: Selected Essays.* Charlottesville: University of Virginia Press, 1989.

GLISSANT, Édouard. *Philosophie de la relation.* Paris: Gallimard, 2009.

GLISSANT, Édouard. *Poetics of Relation*. Ann Arbor: University of Michigan Press, 2010.

GLUCKMAN, Max. *The Judicial Process among the Barotse of Northern Rhodesia*. Manchester: Manchester University Press, 1955.

GONZÁLEZ CASANOVA, Pablo (Org.). *Historia política de los campesinos latinoamericanos*. 4 v. Cidade do México: Siglo XXI, 1984-1985.

GONZÁLEZ CASANOVA, Pablo. *Sociología de la explotación*. Cidade do México: Siglo XXI, 1969.

GONZÁLEZ CASANOVA, Pablo. El colonialismo global y la democracia. In: AMIN, Samir; GONZÁLEZ CASANOVA, Pablo (Orgs.). *La nueva organización capitalista mundial vista desde el sur, vol. 2: el Estado y la política en el sur del mundo*. Barcelona: Anthropos; Centro de Investigaciones Interdisciplinarias en Ciencias y Humanidades – Universidad Nacional Autônoma de México, 1996. p. 11-144.

GONZÁLEZ CASANOVA, Pablo. Colonialismo interno (una redefinición). In: BORON, Atilio; AMADEO, Javier; GONZÁLEZ, Sabrina (Orgs.). *La teoría marxista hoy: problemas y perspectivas*. Buenos Aires: CLACSO, 2006. p. 409-434.

GOODY, Jack. *The Interface between the Written and the Oral*. Cambridge: Cambridge University Press, 1987.

GOODY, Jack. *The Power of the Written Tradition*. Washington, DC: Smithsonian Institution Press, 2000.

GOONATILAKE, Susantha. *Toward a Global Science: Mining Civilizational Knowledge*. Nova Delhi: Vistaar, 1995.

GORDON, Jane *et al.* (Orgs.). *Journeys in Caribbean Thought: The Paget Henry Reader*. Londres: Rowman and Littlefield International, 2016.

GORDON, Jane. *The General Will as Political Legitimacy: Disenchantment and Double Consciousness in Modern Democratic Theory*. Filadélfia, 2005. Dissertação (PhD) – University of Pennsylvania, Filadélfia, 2005.

GORDON, Jane. *Creolizing Political Theory: Reading Rousseau Through Fanon*. Nova York: Fordham University Press, 2014.

GORDON, Lewis; DENEAN, Sharpley-Whiting; WHITE, Renée (Orgs.). *Fanon: A Critical Reader*. Oxford: Blackwell, 1996.

GORDON, Lewis; CICCARIELLO-MAHER, George; MALDONADO-TORRES, Nelson. Frantz Fanon, Fifty Years On: A Memorial Roundtable. *Radical Philosophy Review*, v. 16, n. 1, p. 307-324, 2013.

GORDON, Lewis. *Bad Faith and Antiblack Racism*. Amherst, Nova York: Humanity, 1995a.

GORDON, Lewis. *Fanon and the Crisis of European Man: An Essay on Philosophy and the Human Sciences*. Nova York: Routledge, 1995b.

GORDON, Lewis (Org.). *Black Existential Philosophy*. Nova York: Routledge, 1997a.

GORDON, Lewis. *Her Majesty's Other Children*. Lanham, Maryland: Rowman and Littlefield, 1997b.

GORDON, Lewis. *Existentia Africana: Understanding Africana Existential Thought*. Nova York: Routledge, 2000.

GORDON, Lewis. Problematic People and Epistemic Decolonization: Toward the Postcolonial in Africana Political Thought. In: PERSRAM, Nalini (Org.). *Postcolonialism and Political Theory*. Boulder, Colorado: Lexington, 2007. p. 121-142.

GORDON, Lewis. *What Fanon Said: A Philosophical Introduction to His Life and Thought*. Nova York: Fordham University Press, 2015.

GORDON, Lewis. *"No Longer Enslaved, Yet Not Quite Free": Essays on Freedom, Justice, and the Decolonization of Knowledge*. Nova York: Fordham University Press, no prelo.

GORMAN, Anthony. Anarchists in Education: The Free Popular University in Egypt (1901). *Middle Eastern Studies*, v. 41, n. 3, p. 303-320, 2005.

GOULD, Carol. *Beyond Domination: New Perspectives on Women and Philosophy*. Totowa, Nova Jersey: Rowman and Allanheld, 1983.

GRAMSCI, Antonio. *Selections from the Prison Notebooks of Antonio Gramsci*. Nova York: International, 1971.

GREADY, Paul. *The Era of Transitional Justice: The Aftermath of the Truth and Reconciliation Commission in South Africa and Beyond*. Oxford: Routledge, 2011.

GROSFOGUEL, Ramón. Breves notas acerca del Islam y los Feminismos Islámicos. *Tabula Rasa*, n. 21, p. 11-29, 2014.

GROSFOGUEL, Ramón. Del extractivismo económico al extractivismo epistêmico y ontológico. *Revista Internacional de Comunicación y Desarrollo*, v. 1, n. 4, p. 33-45, 2016a.

GROSFOGUEL, Ramón. What Is Racism. *Journal of World-Systems Research*, v. 22, n. 1, p. 9-15, 2016b.

GUDYNAS, Eduardo. *El mandato ecológico: derechos de la naturaleza y políticas ambientales en la nueva Constitución.* Quito: Abya Yala, 2009.

GUDYNAS, Eduardo. Buen Vivir: Today's Tomorrow. *Development,* v. 54, n. 4, p. 441-447, 2011.

GUHA, Ranajit. On Some Aspects of the Historiography of Colonial India. In: GUHA, Ranajit (Org.). *Subaltern Studies I: Writings on South Asian History and Society.* Delhi: Oxford University Press, 1982.

GUHA, Ranajit (Org.). *Subaltern Studies VI: Writings on South Asian History and Society.* Delhi: Oxford University Press, 1989.

GUMBRECHT, Hans. *Production of Presence: What Meaning Cannot Convey.* Stanford: Stanford University Press, 2004.

GUPTA, Dipankar. Gandhi before Habermas: The Democratic Consequences of Ahimsa. *Economic and Political Weekly,* v. 44, n. 10, p. 27-33, 2009.

GURU, Gopal; SARUKKAI, Sundar (Orgs.). *The Cracked Mirror: An Indian Debate on Experience and Theory.* Nova Delhi: Oxford University Press, 2012.

GURU, Gopal. Introduction. In: GURU, Gopal (Org.). *Humiliation, Claims and Context.* New Delhi: Oxford University Press, 2009. p. 1-19.

GURU, Gopal. Egalitarian and Social Sciences in India. In: GURU, Gopal; SARUKKAI, Sundar (Orgs.). The *Cracked Mirror: An Indian Debate on Experience and Theory.* Nova Delhi: Oxford University Press, 2012a. p. 9-28.

GURU, Gopal. Experience, Space and Justice. In: GURU, Gopal; SARUKKAI, Sundar (Orgs.). *The Cracked Mirror: An Indian Debate on Experience and Theory.* Nova Delhi: Oxford University Press, 2012b. p. 71-106.

GURU, Gopal; SARUKKAI, Sundar (Orgs.). *The Cracked Mirror: An Indian Debate on Experience and Theory.* Nova Delhi: Oxford University Press, 2012.

GUTIÉRREZ, Gustavo. *Teologia de la liberación: perspectivas.* Lima: Editorial Universitaria CEP, 1971.

HABERMAS, Jürgen. *Theorie des kommunikativen Handelns.* Frankfurt am Main: Suhrkamp, 1981.

HABERMAS, Jürgen. *The Theory of Communicative Action, v. 1: Reason and the Rationalization of Society.* Boston: Beacon, 1984.

HABERMAS, Jürgen. A Philosophico-Political Profile. *New Left Review,* v. 1, n. 151, p. 75-105, 1985.

HARAWAY, Donna. *Simians, Cyborgs, and Women: The Reinvention of Nature*. Nova York: Routledge, 1991.

HARAWAY, Donna. *Staying with the Trouble: Making Kin in the Chthulucene*. Durham, Carolina do Norte: Duke University Press, 2016.

HARDIMAN, David. *Gandhi in His Time and Ours*. Nova Delhi: Permanent Black, 2003.

HARRIS, James. *Against Relativism: A Philosophical Defense of Method*. La Salle, Illinois: Open Court, 1992.

HART, Roger. Beyond Science and Civilization: A Post-Needham Critique. *East Asian Science, Technology, and Medicine*, n. 16, p. 88-114, 1999.

HENDRICK, George. The Influence of Thoreau's "Civil Disobedience" on Gandhi's Satyagraha. *The New England Quarterly*, v. 29, n. 4, p. 462-471, 1956.

HENRY, Paget. Fanon, African and Afro-Caribbean Philosophy. In: GORDON, Lewis; DENEAN, Sharpley-Whiting; WHITE, Renée (Orgs.) *Fanon: A Critical Reader*. Oxford: Blackwell, 1996. p. 220-243.

HENRY, Paget. *Caliban's Reason: Introducing Afro-Caribbean Philosophy*. Nova York: Routledge, 2000.

HIDALGO-CAPITÁN, Antonio; GARCÍA, Alejandro Guillén; GUAZHA, Nancy Deleg. El indigenismo ecuatoriano y el Sumak Kawsay: Entre el buen salvaje y la paja del páramo. In: HIDALGO-CAPITÁN, Antonio Hidalgo; GARCÍA, Alejandro; GUAZHA, Nancy (Org.). *Sumak Kawsay Yuyay: antología del pensamiento indigenista ecuatoriano sobre Sumak Kawsay*. Huelva e Cuenca: FIUCUHU, 2014. p. 13-23.

HIRSCH, Steven; WALT, Lucien van der (Orgs.). *Anarchism and Syndicalism in the Colonial and Postcolonial World, 1870-1940*. Leiden: Brill, 2010.

HODKINSON, Stuart; CHATTERTON, Paul. Autonomy in the City? Reflections on the Social Centres Movement in the UK. *City: Analysis of Urban Trends, Culture, Theory, Policy, Action*, v. 10, n. 3, p. 305-315, 2006.

HOLBRAAD, Martin; PEDERSEN, Morten; VIVEIROS DE CASTRO, Eduardo. 2014. *The Politics of Ontology – Theorizing the Contemporary*. Cultural Anthropology, 13 jan. 2014. Disponível em: <https://culanth.org/fieldsights/461-the-politics-of-ontology>. Acesso em: 28 jan. 2019.

HOLLIS, Martin; LUKES, Steven (Orgs.). *Rationality and Relativism*. Oxford: Basil Blackwell, 1982.

HOOPER-GREENHILL, Eilean. *Museums and the Shaping of Knowledge.* Londres: Routledge, 1992.

HOOPER-GREENHILL, Eilean. *Museums and the Interpretation of Visual Culture.* Londres: Routledge, 2000.

HORKHEIMER, Max; ADORNO, Theodor. *Dialectic of Enlightenment.* Nova York: Herder and Herder, 1972.

HORTON, Robin; FINNEGAN, Ruth (Orgs.). *Modes of Thought: Essays on Thinking in Western and Non-Western Societies.* Londres: Faber and Faber, 1973.

HOUNTONDJI, Paulin (Org.). *Endogenous Knowledge: Research Trails.* Dakar: CODESRIA, 1997.

HOUNTONDJI, Paulin. *The Struggle for Meaning: Reflections on Philosophy, Culture and Democracy in Africa.* Athens: Ohio University Press, 2002.

HOUNTONDJI, Paulin (Org.). *La rationalité, une ou plurielle?* Dakar: CODESRIA, 2007.

HOUNTONDJI, Paulin. Knowledge of Africa, Knowledge by Africans: Two Perspectives on African Studies. *RCCS Annual Review,* v. 1, p. 1-11, 2009.

HOWE, Stephen. *Ireland and Empire: Colonial Legacies in Irish History and Culture.* Oxford: Oxford University Press, 2002.

HUI, Andrew. *The Poetics of Ruins in Renaissance Literature.* Nova York: Fordham University Press, 2016.

HUSSERL, Edmund. *Zur Phänomenologie der Intersubjektivität I, Husserliana XIII.* Haia: Martinus Nijhoff, 1973.

HUXLEY, Aldous. Economists, Scientists, and Humanists. In: ADAMS, Mary (Org.). *Science in the Changing World.* Londres: Allen and Unwin, 1933. p. 209-223.

HUYSSEN, Andreas. Nostalgia for Ruins. *Grey Room,* n. 23, p. 6-21, 2006.

HYMANS, Jacques. *Leopold Sedar Senghor: An Intellectual Biography.* Edimburgo: Edinburgh University Press, 1971.

JORAVSKY, David. *Lysenko Affair.* Chicago: University of Chicago Press, 1970.

JORDENS, Joseph. *Gandhi's Religion: A Homespun Shawl.* Londres: Macmillan, 1998.

JUNG, Carl. Alchemical Studies. In: READ, Sir Herbert; FORDHAM, Michael; ADLER, Gerard (Orgs.). *The Collected Works of C. G. Jung.* Princeton: Princeton University Press, 1967. p. 6-7.

JUNG, Carl. *The Archetypes and the Collective Unconscious*. Princeton: Princeton University Press, 1969.

KADRI, Aïssa. Histoire du système d'enseignement colonial en Algérie. In: ABÉCASSIS, Frédéric *et al* (Orgs.). *La France et l'Algérie: leçons d'histoire*. Lyon: Institut National de Recherche Pédagogique, 2007. p. 19-39.

KAGAME, Alexis. *La philosophie bantu-rwandaise de l'être*. Bruxelas: Académie Royale des Sciences Coloniales, 1956.

KANE, Cheikh Hamidou. *Ambiguous Adventure*. Nova York: Walker, 1963.

KANE, Ousmane. *Non-Europhone Intellectuals*. Dakar: CODESRIA, 2012.

KASTURI, Leela; MAZUMDAR, Vina (Orgs.). *Women and Indian Nationalism*. Nova Delhi: Vikas, 1994.

KEATS, John. *The Letters*. 2 v. Cambridge: Cambridge University Press, 1958.

KELLER, Edmond. Ethnic Federalism, Fiscal Reform, Development and Democracy in Ethiopia. *African Journal of Political Science*, v. 7, n. 1, p. 21-50, 2002.

KHALDUN, Ibn. *The Muqaddimah: An Introduction to History*. 3 v. Princeton: Princeton University Press, 1958 [1377].

KHODARKOVSKY, Michael. *Russia's Steppe Frontier: The Making of a Colonial Empire, 1500-1800*. Bloomington: Indiana University Press, 2004.

KHOSHOO, Triloki. *Mahatma Gandhi, an Apostle of Applied Human Ecology*. Nova Delhi: Tata Energy Research Institute, 1995.

KITCHEN, Helen. A Conversation with Eduardo Mondlane. *Africa Report*, v. 12, n. 8, p. 31-32, 49-51, 1967.

KLEIN, Naomi. *Dancing the World into Being: A Conversation with Idle No More's Leanne Simpson*. Yes! Magazine, 5 mar. 2013. Disponível em: <http://www.yesmagazine.org/peace-justice/dancing-the-world-into-being-a-conversation-with-idle-no-more-leanne-simpson>. Acesso em: 31 jan. 2019.

KORDIG, Carl. Discovery and Justification. *Philosophy of Science*, v. 45, p. 110-117, 1978.

KOVACH, Margaret. *Indigenous Methodologies: Characteristics, Conversation and Contexts*. Toronto: University of Toronto Press, 2009.

KRAUSZ, Michael (Org.). *Relativism: Interpretation and Confrontation*. Notre Dame, Indiana: University of Notre Dame Press, 1989.

KUSCH, Rudolfo. *Obras completas*. Rosário: Editorial Fundación Ross, 1998-2003.

LACEY, Hugh. Science, Emancipation and the Variety of Forms of Knowledge. *Metascience*, v. 24, p. 159-162, 2015.

LAKOFF, George; JOHNSON, Mark. *Philosophy in the Flesh: The Embodied Mind and Its Challenge to Western Thought*. Nova York: Basic Books, 1999.

LAL, Vinay. Gandhi's West, the West's Gandhi. *New Literary History*, v. 40, n. 2, p. 281-313, 2009.

LAPLANTINE, François; NOUSS, Alexis. *Métissages*. Paris: Pauvert, 2001.

LATOUR, Bruno. *Science in Action*. Cambridge, Massachusetts: Harvard University Press, 1987.

LATOUR, Bruno. *Pandora's Hope: Essays on the Reality of Science Studies*. Cambridge, Massachusetts: Harvard University Press, 1999.

LATOUR, Bruno. How to Talk about the Body? The Normative Dimension of Science Studies. *Body and Society*, v. 10, n. 2-3, p. 205-229, 2004.

LEÓN, Irene (Org.). *Sumak Kawsay / Buen Vivir y cambios civilizatorios*. Quito: FEDAEPS, 2009.

LEOPOLD, Aldo. *Game Management*. Nova York: Charles Scribner's Sons, 1933. [reimp. Madison: University of Wisconsin Press, 1986].

LEOPOLD, Aldo. *A Sand County Almanac and Sketches Here and There*. Nova York: Oxford University Press, 1949.

LÉVI-STRAUSS, Claude. *Tristes Tropiques*. Londres: Jonathan Cape, 1973.

LLOYD, Genevieve. *The Man of Reason: "Male" and "Female" in Western Philosophy*. Minneapolis: University of Minnesota Press, 1984.

LUGONES, María. *Pilgrimages / Peregrinajes: Theorizing Coalitions against Multiple Oppressions*. Lanham, Maryland: Rowman and Littlefield, 2003.

LUGONES, María. Heterosexualism and the Colonial/Modern Gender System. *Hypatia*, v. 22, n. 1, p. 186-209, 2007.

LUGONES, María. The Coloniality of Gender. In: MIGNOLO, Walter; ESCOBAR, Arturo (Orgs.). *Globalization and the Decolonial Option*. Londres: Routledge, 2010a. p. 369-390.

LUGONES, María. Toward a Decolonial Feminism. *Hypatia*, v. 25, n. 4, p. 742-759, 2010b.

LUKÁCS, Georg. *History and Class Consciousness: Studies in Marxist Dialectics.* Tradução de Rodney Livingstone. Londres: Merlin, 1971.

LUPIEN, Pascal. The Incorporation of Indigenous Concepts of Plurinationality into the New Constitutions of Ecuador and Bolivia. *Democratization*, v. 18, n. 3, p. 774-796, 2011.

LUTHULI, Albert. Sobre o julgamento de Rivonia. In: BRAGANÇA, Aquino de; WALLERSTEIN, Immanuel (Orgs.). *Quem é o inimigo, vol. 2: os movimentos de libertação nacional.* Lisboa: Iniciativas Editoriais, 1978. p. 72-74.

LUXEMBURGO, Rosa. *Rosa Luxemburg: Socialism or Barbarism: Selected Writings. Edited and with an introduction by Paul Le Blanc and Helen Scott.* Nova York: Pluto, 2010.

MACDONALD, Sharon; FYFE, Gordon. *Theorizing Museums.* Oxford: Blackwell, 1996.

MACDONALD, Sharon (Org.). *The Politics of Display: Museums, Science, Culture.* Londres: Routledge, 1998.

MACEDO, Donaldo. Prefácio. In: FREIRE, Paulo. *Pedagogy of Indignation.* Boulder, Colorado: Paradigm, 2004. p. ix-xxv.

MAESO, Silvia. "Civilising" the Roma? The Depoliticisation of (Anti-) Racism within the Politics of Integration. *Identities*, v. 22, n. 1, p. 53-70, 2014.

MAGUBANE, Zine. *Bringing the Empire Home: Race, Class and Gender in Britain and Colonial South Africa.* Chicago: University of Chicago Press, 2004.

MALDONADO-TORRES, Nelson. On the Coloniality of Being: Contributions to the Development of a Concept. *Cultural Studies*, v. 21, n. 2-3, p. 240-270, 2007.

MALDONADO-TORRES, Nelson. *Against War: Views from the Underside of Modernity.* Durham, Carolina do Norte: Duke University Press, 2008.

MALDONADO-TORRES, Nelson. Thinking through the Decolonial Turn: Post-continental Interventions in Theory, Philosophy, and Critique – An Introduction. *Transmodernity: Journal of Peripheral Cultural Production of the Luso-Hispanic World*, v. 1, n. 2, p. 1-15, 2011.

MALDONADO-TORRES, Nelson. The Crisis of the University in the Context of Neoapartheid: A View from Ethnic Studies. In: GROSFOGUEL, Ramón; HERNÁNDEZ, Roberto; VELÁSQUEZ, Ernesto Rosen (Orgs.). *Decolonizing the Westernized University: Interventions in Philosophy of Education from Within and Without.* Lanham, Maryland: Lexington, 2016. p. 39-52.

MAMDANI, Mahmood. *Citizen and Subject: Contemporary Africa and the Legacy of Late Colonialism*. Princeton: Princeton University Press, 1996.

MARTÍNEZ, Miguel. "The Squatters" Movement: Urban Counter-Culture and Alter- Globalization Dynamics. *South European Society and Politics*, v. 12, n. 3, p. 379-98, 2007.

MARX, Karl; ENGELS, Frederick. *The German Ideology*. Londres: Lawrence and Wishart, 1974.

MASOLO, Dismas. Philosophy and Indigenous Knowledge: An African Perspective. *Africa Today*, v. 50, n. 2, p. 21-38, 2003.

MASOLO, Dismas. *African Sage Philosophy*. Stanford Encyclopedia of Philosophy, 14 fev. 2016. Disponível em: <https://plato.stanford.edu/entries/african-sage/>. Acesso em: 31 jan. 2019.

MAYO, Peter. The "Turn to Gramsci" in *Adult Education: A Review. International Gramsci Society Newsletter*, v. 4, p. 2-9, 1995.

MAZAMA, Ama (Org.). *The Afrocentric Paradigm*. Trenton, Nova Jersey: Africa World, 2003.

MBEMBE, Achille. Provisional Notes on the Postcolony. *Africa*, v. 62, n. 1, p. 3-37, 1992.

MBEMBE, Achille. Necropolitics. *Public Culture*, v. 15, n. 1, p. 11-40, 2003.

MBEMBE, Achille. Decolonizing the University: New Directions in Arts and Humanities. *Higher Education*, v. 15, n. 1, p. 29-45, 2016.

MCKENNA, Phil. Standing Rock's Pipeline Fight Brought Hope, Then More Misery. InsideClimateNews, abr. 2017. Disponível em: <https://insideclimatenews.org/news/30032017/dakota-access-pipeline-standing-rock-protests-oil-obama-donald-trump>. Acesso em: 31 jan. 2019.

MCLELLAN, David (Org.). *Karl Marx: Selected Writings.* Nova York: Oxford University Press, 2000.

MCRUER, Robert. *Crip Theory: Cultural Signs of Queerness and Disability*. Nova York: New York University Press, 2006.

MEHTA, Usha. Gandhi and Thoreau. *Indian Journal of Political Science*, v. 23, n. 1-4, p. 252-257, 1962.

MEMMI, Albert. *La Statue de sel*. Paris: Ed. Corréa, 1953.

MENDES, José Manuel. Carry Their Rights, Their Own Way: luta dos Dalit pela igualdade. In: SANTOS, Boaventura de Sousa; MENDES, José Manuel.

Demodiversidade. Imaginar novas possibilidades democráticas. São Paulo: Autêntica, 2018.

MENESES, Maria Paula. O indígena africano e o colono europeu: A construção das diferenças por processos legais. *E-cadernos CES*, v. 7, p. 68-93, 2010.

MENESES, Maria Paula. Images outside the Mirror? Mozambique and Portugal in World History. *Human Architecture*, v. 9, p. 121-137, 2011.

MENESES, Maria Paula. Os sentidos da descolonização: uma análise a partir de Moçambique. *OPSIS*, v. 16, n. 1, p. 26-44, 2016.

MENON, Ritu. *Making a Difference: Memoirs from the Women's Movement in India*. Delhi: Women Unlimited, 2011.

MERCIER, Lucien. *Les universités populaires 1899-1914*. Paris: Éditions Ouvrières, 1986.

MERLEAU-PONTY, Maurice. *Phenomenology of Perception*. Londres: Routledge and Kegan Paul, 1962.

MERLEAU-PONTY, Maurice. *The Structure of Behavior*. Tradução de Alden Fisher. Boston: Beacon, 1963.

MERLEAU-PONTY, Maurice. Eye and Mind. In: EDIE, James E. (Org.) *The Primacy of Perception*. Tradução de Carleton Dallery. Evanston, Illinois: Northwestern University Press, 1964a. p. 159-190.

MERLEAU-PONTY, Maurice. *Le visible et l'invisible*. Paris: Gallimard, 1964b.

MERLEAU-PONTY, Maurice. *L'union de l'âme et du corps chez Malebranche, Biran et Bergson*. Paris: Vrin, 1978.

MIES, Maria. *Patriarchy and Accumulation on a World Scale*. Londres: Zed, 1986.

MIGNOLO, Walter. Geopolitics of Sensing and Knowing: On (De)Coloniality, Border Thinking, and Epistemic Disobedience. *Confero: Essays on Education Philosophy and Politics*, v. 1, n. 1, p. 129-150, 2013.

MILLS, C. Wright. *The New Men of Power: America's Labor Leaders*. Nova York: Harcourt Brace, 1948.

MILLS, C. Wright. *White Collar: The American Middle Classes*. Nova York: Oxford University Press, 1951.

MILLS, C. Wright. *The Power Elite*. Nova York: Oxford University Press, 1956.

MILLS, C. Wright. *The Sociological Imagination*. Oxford: Oxford University Press, 2000.

MINAWI, Mostafa. *The Ottoman Scramble for Africa: Empire and Diplomacy in the Sahara and the Hijaz.* Stanford: Stanford University Press, 2016.

MISCEVIC, Nenad. *Rationality and Cognition: Against Relativism-Pragmatism.* Toronto: University of Toronto Press, 2000.

MISIRHIRALALL, Sabrina. Dance as Portrayed in the Media. *Journal of Aesthetic Education*, v. 47, n. 3, p. 72-95, 2013.

MOL, Annemarie. Ontological Politics: A Word and Some Questions. In: LAW, John; HASSARD, John (Orgs.). *Actor Network Theory and Beyond.* Oxford: Blackwell, 1999. p. 74-89.

MOL, Annemarie. *The Body Multiple: Ontology in Medical Practice.* Durham, Carolina do Norte: Duke University Press, 2002.

MONDLANE, Eduardo. *The Struggle for Mozambique.* Harmondsworth, Reino Unido: Penguin, 1969.

MONTAGU, Ashley. *Touching: The Human Significance of the Skin.* Nova York: Columbia University Press, 1971.

MORRIS, Erick. *Universidades populares e as epistemologias do Sul.* Coimbra: Universidade de Coimbra, 2015. Tese (PhD) – Centro de Estudos Sociais, Universidade de Coimbra, 2015.

MOSER, Stephanie. *Wondrous Curiosities: Ancient Egypt at the British Museum.* Chicago: University of Chicago Press, 2006.

MUDIMBE, Valentin. *The Invention of Africa: Gnosis, Philosophy and the Order of Knowledge.* Bloomington: Indiana University Press, 1988.

MUDIMBE, Valentin. *The Idea of Africa.* Bloomington: Indiana University Press, 1994.

MUKHERJEE, Mithi. *India in the Shadows of Empire: A Legal and Political History, 1774-1950.* Nova Delhi: Oxford University Press, 2010.

MUKHERJEE, Nirmalangshu. *Open Letter to Noam Chomsky.* KAFILA-10 Years of a Common Journey, 21 out. 2009. Disponível em: <https://kafila.online/2009/10/21/open-letter-to-noam-chomsky-nirmalangshu-mukherjee>. Acesso em: 31 jan. 2019.

MYERS, Ramon; PEATTIE, Mark (Org.). *The Japanese Colonial Empire, 1895–1945.* Princeton: Princeton University Press, 1984.

NAESS, Arne. The Shallow and the Deep, Long-Range Ecology Movement: A Summary. *Inquiry*, v. 16, n. 1, p. 95-100, 1973.

NAESS, Arne. *Ecology, Community and Lifestyle: Outline of an Ecosophy*. Oslo: Universitetet i Oslo, 1989.

NAESS, Arne. *Life's Philosophy: Reason and Feeling in a Deeper World*. Athens: Georgia University Press, 2002.

NAHÓN, Abraham. *Imágenes en Oaxaca: Arte, política y memoria*. Guadalajara: Ciesas, 2017.

NANDA, B. *In Search of Gandhi: Essays and Refletions*. Delhi: Oxford University Press, 2007.

NANDY, Ashis. *Traditions, Tyranny and Utopias: Essays in the Politics of Awareness*. Oxford: Oxford University Press, 1987.

NANDY, Ashis. The Politics of Secularism and the Recovery of Religious Tolerance. *Alternatives: Global, Local, Political*, v. 13, n. 2, p. 177-194, 1988.

NANDY, Ashis. *Alternative Sciences: Creativity and Authenticity in Two Indian Scientists*. Delhi: Oxford University Press, 1995.

NASIOKA, Katerina. *Ciudades en Insurrécción: Oaxaca 2006/Atenas 2008*. Guadalajara: CIESAS, 2017.

NDLOVU-GATSHENI, Sabelo. Who Ruled by the Spear? Rethinking the Form of Governance in the Ndebele State. *African Studies Quarterly*, v. 10, n. 2-3, p. 71-94, 2008.

NDLOVU-GATSHENI, Sabelo. *Coloniality of Power in Postcolonial Africa: Myths of Decolonization*. Dakar: CODESRIA, 2013.

NDLOVU-GATSHENI, Sabelo. *The Decolonial Mandela: Peace, Justice and the Politics of Life*. Nova York: Berghahn, 2016.

NEEDHAM, Joseph. *Science and Civilization in China*. 6 v. Cambridge: Cambridge University Press, 1954.

NEWMEYER, Frederick. *Linguistic Theory in America*. Nova York: Academic Press, 1986.

NIETZSCHE, Friedrich. *Assim falava Zaratustra*. Lisboa: Editorial Presença, 1974.

NIEZEN, Ronald. *Truth and Indignation: Canada's Truth and Reconciliation Commission on Indian Residential Schools*. Toronto: University of Toronto Press, 2013.

NKRUMAH, Kwame. *Neo-colonialism: The Last Stage of Imperialism*. Nova York: International, 1965.

NKRUMAH, Kwame. *Consciencism: Philosophy and Ideology for De-colonization.* Nova York: Monthly Review Press, 1970.

NKRUMAH, Kwame. *Revolutionary Path.* Nova York: International, 1973.

NORRIS, Christopher. *Against Relativism: Philosophy of Science, Deconstruction and Critical Theory.* Malden, Massachusetts: Blackwell, 1997.

NTULI, Pitika. Orature: A Self Portrait. In: OWUSU, Kwesi (Org.). *Storms of the Heart: an Anthology of Black Arts and Culture.* Londres: Camden, 1988. p. 209-218.

NUSSBAUM, Martha. Emotions as Judgments of Value and Importance. In: SOLOMON, Robert (Org.). *Thinking about Feeling: Contemporary Philosophers on Emotions.* Oxford: Oxford University Press, 2004. p. 183-199.

NYAMNJOH, Francis. *#RhodesMustFall: Nibbling at Resilient Colonialism in South Africa.* Mankon: Langaa Research and Publishing, 2016.

NYERERE, Julius. *Freedom and Unity: A Selection from Writings and Speeches 1952-65.* Londres: Oxford University Press, 1967.

NYERERE, Julius. *Freedom and Socialism – Uhuru na Ujamaa.* Dar es Salaam, Tanzânia: Oxford University Press, 1968.

ONG, Walter. *Orality and Literacy.* Londres: Routledge, 1982.

ORTEGA Y GASSET, José. *Ideas y Creencias.* Madrid: Revista de Occidente, 1942.

ORUKA, Odera (Org.). *Sage Philosophy: Indigenous Thinkers and Modern Debate on African Philosophy.* Leiden: E. J. Brill, 1990.

ORUKA, Odera. Mahatma Gandhi and Humanism in Africa. In: GRANESS, Anke; KRESSE, Kai (Orgs.). *Sagacious Reasoning: Henry Odera Oruka in Memoriam.* Frankfurt: P. Lang, 1997. p. 133-138.

ORWELL, George. *1984: A Novel.* Nova York: New American Library, 1949.

ORWELL, George. Refletions on Gandhi. In: *Shooting an Elephant, and Other Essays.* Nova York: Harcourt Brace, 1950. p. 93-103.

OYEWÙMÍ, Oyéronké. *The Invention of Women: Making an African Sense of Western Gender Discourses.* Minneapolis: University of Minnesota Press, 1997.

PANTHAM, Thomas. On Modernity, Rationality, and Morality: Habermas and Gandhi. *Indian Journal of Social Science*, v 2, p. 187-208, 1988.

PAREKH, Bhikhu. *Gandhi: A Very Short Introduction.* Oxford: Oxford University Press, 1997.

PAREL, Anthony (Org.). *Gandhi: "Hind Swaraj" and Other Writings*. Cambridge: Cambridge University Press, 1997.

PAREL, Anthony. Introduction: Gandhian Freedoms and Self-Rule. In: PAREL, Anthony (Org.). *Gandhi, Freedom and Self-Rule*. Oxford: Lexington, 2000. p. 9.

PARVIAINEN, Jaana. *Bodies Moving and Moved: A Phenomenological Analysis of the Dancing Subject and the Cognitive and Ethical Values of Dance Art*. Tampere, Finland: Tampere Universit, 1998.

PARVIAINEN, Jaana. Bodily Knowledge: Epistemological Refletions on Dance. *Dance Research Journal*, v. 34, n. 1, p. 11–26, 2002.

PATEL, Sujata. Gazing Backward or Looking Forward: Colonial Modernity and the Making of a Sociology of Modern India. In: ARJOMAND, Saïd Amir (Org.). *Social Theory and Regional Studies in the Global Age*. Albany: State University of New York Press, 2014. p. 437–460.

PATERSON, Mark. *The Senses of Touch: Haptics, Affects and Technologies*. Oxford: Berg, 2007.

PÉJU, Marcel. To Die for De Gaulle? *Temps Modernes*, n. 175–176, p. 43–45, out./nov. 1960.

PODEMOS. *Un país para la gente: bases políticas para un gobierno estable y con garantías*. 2016. Disponível em: <https://podemos.info/wp-content/uploads/2016/02/un-pais-para-la-gente.pdf>. Acesso em: 31 jan. 2019.

POERKSEN, Bernhard. "Truth Is What Works": Francisco J. Varela on Cognitive Science, Buddhism, the Inseparability of Subject and Object, and the Exaggerations of Constructivism – a Conversation. In: *The Certainty of Uncertainty: Dialogues Introducing Constructivism*. Exeter, Reino Unido: Imprint Academic, 2004. p. 85–108.

POLANSKA, Dominika; PIOTROWSKI, Grzegorz. The Transformative Power of Cooperation between Social Movements: Squatting and Tenants' Movements in Poland. *City: Analysis of Urban Trends, Culture, Theory, Policy, Action*, v. 19, n. 2-3, p. 274–296, 2015.

PRAEG, Leonhard. *A Report on Ubuntu*. Pietermaritzburg: University of KwaZulu-Natal Press, 2014.

PRASAD, Amit. Beyond Modern vs Alternative Science Debate Analysis of Magnetic Resonance Imaging Research. *Economic and Political Weekly*, v. 21, p. 219–127, 2006.

PRASAD, Shambhu. Towards an Understanding of Gandhi's Views on Science. *Economic and Political Weekly*, v. 36, p. 3721-3732, 2001.

PRASHAD, Vijay. *The Darker Nations: A People's History of the Third World*. Nova York: New Press, 2008.

PRESCOTT, John. *Taste Matters*. Londres: Reaktion, 2012.

PRIGOGINE, Ilya. *From Being to Becoming*. São Francisco: Freeman, 1980.

PRIGOGINE, Ilya. *The End of Certainty: Time, Chaos, and the New Laws of Nature*. Nova York: Free Press, 1997.

PUIGGRÓS, Adriana. *Educación popular en América Latina: origenes, polemicas y perspectivas*. México: Editorial Nueva Imagen, 1984.

QUIJANO, Aníbal. Colonialidad y modernidad/racionalidad. *Perú indígena*, v. 29, p. 11-20, 1991.

QUIJANO, Aníbal. *Colonialidade do poder, eurocentrismo e América Latina*. Buenos Aires: CLACSO; Consejo Latinoamericano de Ciencias Sociales, 2005.

RABINOW, Paul; BENNETT, Gaymon. *Designing Human Practices: An Experiment with Synthetic Biology*. Chicago: University of Chicago Press, 2012.

RAMOSE, Mogobe. African Democratic Tradition: Oneness, Consensus and Openness: A Reply to Wamba-dia-Wamba. *Quest: An International African Journal of Philosophy*, v. 6, n. 2, p. 63-83, 1992.

RAMOSE, Mogobe. An African Perspective on Justice and Race. *Polylog: Forum for Intercultural Philosophizing*, v. 2, p. 1-27, 2001.

REISS, Julian; SPRENGER, Jan. *Scientific Objetivity*. The Stanford Encyclopedia of Philosophy, primavera 2017. Disponível em: < https://plato.stanford.edu/entries/scientific-objectivity/>

REMEDIOS, Francis. Fuller and Rouse on the Legitimation of Scientific Knowledge. *Philosophy of the Social Sciences*, v. 33, n. 4, p. 444-463, 2003.

RETAMAR, Roberto Fernández. *Pensamiento anticolonial de nuestra América*. Buenos Aires: CLACSO, 2016.

RIBEIRO, Darcy. *Mestiço é que é bom*. Rio de Janeiro: Revan, 1996.

ROBERTS, Neil. Fanon, Sartre, Violence, and Freedom. *Sartre Studies International*, v. 10, n. 2, p. 139-160, 2004.

RODNEY, Walter. *How Europe Underdeveloped Africa*. Washington: Howard University Press, 1981.

ROHT-ARRIAZA, Naomi; MARIEZCURRENA, Javier (Orgs.). *Transitional Justice in the Twenty-First Century: Beyond Truth versus Justice*. Cambridge: Cambridge University Press, 2006.

ROMÃO, José; LOSS, Adriana. A universidade popular no Brasil. In: SANTOS, Eduardo; MAFRA, Jason; ROMÃO, José (Orgs.). *Universidade popular: teorias, práticas e perspectivas*. Brasília: Liber Livro, 2013. p. 81-124.

ROUSE, Joseph. *How Scientific Practices Matter*. Chicago: University of Chicago Press, 2002.

ROUSE, Joseph. Remedios and Fuller on Normativity and Science. *Philosophy of the Social Sciences*, v. 33, n. 4, p. 464-471, 2003.

ROUSE, Joseph. Social Practices and Normativity. *Philosophy of the Social Sciences*, v. 37, n. 1, p. 46-56, 2007.

ROUSE, Joseph. The Conceptual and Ethical Normativity of Intra-active Phenomena. *Rhizomes: Cultural Studies in Emerging Knowledge*, n. 30, 2016.

ROY, Arundhati. *The NGO-ization of Resistance*. Toward Freedom, 8 set. 2014. Disponível em: <http://towardfreedom.com/33-archives/globalism/3660-arundhati-roy-the-ngo-ization-of-resistance>. Acesso em: 31 jan. 2019.

RUDOLPH, Lloyd. Contesting Civilizations: Gandhi and the Counter-Culture. In: MUKHERJEE, Subrata; RAMSWAMY, Sushila (Orgs.). *Facets of Mahatma Gandhi*. Nova Delhi: Deep and Deep, 1996. (Ethics, Religion and Culture, 4). p. 41-93.

RUSKIN, John. *Unto This Last*. Nova York: John Wiley, 1872.

RUSTIN, Bayard. *Down the Line: The Collected Writings of Bayard Rustin*. Chicago: Quadrangle, 1971.

SADLIER, Darlene. *An Introduction to Fernando Pessoa: Modernism and the Paradoxes of Authorship*. Gainesville: University Press of Florida, 1998.

SANTI, Marlón. Apoyamos el sí a la constitución, pero no las políticas del Gobierno nacional. *Rojo y Negro*, 24 set. 2008. Entrevista concedida a Sergio de Castro, Mayka de Castro e Marc Delcan. Disponível em: <http://www.rojoynegro.info/articulo/sections/entrevista-marlon-santi-presidênte-la-confederacion-nacionalidades-indigenas-del-0/>. Acesso em: 31 jan. 2019.

SANTOS, Boaventura de Sousa; MARTINS, Bruno Sena (Orgs.). *O pluriverso dos direitos humanos: a diversidade das lutas pela dignidade*. Belo Horizonte: Autêntica, no prelo.

SANTOS, Boaventura de Sousa; MENDES, José Manuel (Orgs.). *Demodiversidade: imaginar novas possibilidades democráticas.* Belo Horizonte: Autêntica, 2018.

SANTOS, Boaventura de Sousa; MUDIMBE, Valentin. *Conversa do Mundo II: Boaventura e Valentin Y. Mudimbe.* Alice, 20 jun. 2013. Disponível em: <http://alice.ces.uc.pt/en/index.php/santos-work/conversation-of-the-world-ii-valentin-y-mudimbe-and-boaventura-de-sousa-santos/?lang=pt>. Acesso em: 31 jan. 2019.

SANTOS, Boaventura de Sousa; NUNES, João Arriscado; MENESES, Maria Paula. Para ampliar o cânone da ciência: a diversidade epistemológica do mundo. In: SANTOS, Boaventura de Sousa (Org.). *Semear outras soluções. Os caminhos da biodiversidade e dos conhecimentos rivais.* Rio de Janeiro: Civilização Brasileira, 2004. p. 26-68.

SANTOS, Boaventura de Sousa; NUNES, João Arriscado; MENESES, Maria Paula. Opening Up the Canon of Knowledge and Recognition of Difference. In: SANTOS, Boaventura de Sousa (Org.). *Another Knowledge Is Possible: Beyond Northern Epistemologies.* Londres: Verso, 2007. p. xvix-lxii.

SANTOS, Boaventura de Sousa; RAMOSE, Mogobe B. *Conversa do Mundo VI: Boaventura e Mogobe B. Ramose.* Alice, 5 mar. 2014. Disponível em: <http://alice.ces.uc.pt/en/index.php/democratising-democracy/conversation-of--the-world-vi-boaventura-and-mogobe-b-ramose/?lang=pt>. Acesso em: 31 jan. 2019.

SANTOS, Boaventura de Sousa; CUSICANQUI, Silvia Rivera. *Conversa do Mundo IV: Boaventura e Silvia Rivera Cusicanqui.* Alice, 16 out. 2013. Disponível em: <http://alice.ces.uc.pt/en/index.php/santos-work/conversation-of--the-world-iv-boaventura-de-sousa-santos-and-silvia-rivera-cusicanqui-2/?lang=pt>. Acesso em: 31 jan. 2019.

SANTOS, Boaventura de Sousa. Law: A Map of Misreading. Toward a Post-modern Conception of Law. *Journal of Law and Society*, v. 14, n. 3, p. 279-302, 1987.

SANTOS, Boaventura de Sousa. *Toward a New Common Sense: Law, Science and Politics in the Paradigmatic Transition.* Nova York: Routledge, 1995.

SANTOS, Boaventura de Sousa. *Toward a New Legal Common Sense: Law, Globalization, and Emancipation.* Londres: Butterworths, 2002a.

SANTOS, Boaventura de Sousa. Orçamento participativo em Porto Alegre: para uma democracia redistributiva. In: SANTOS, Boaventura de Sousa

(Org.). *Democratizar a democracia: os caminhos da democracia participativa*. Rio de Janeiro: Civilização Brasileira, 2002b. p. 376-465.

SANTOS, Boaventura de Sousa (Org.). *Democratizar a democracia: os caminhos da democracia participativa*. Rio de Janeiro: Civilização Brasileira, 2002c.

SANTOS, Boaventura de Sousa (Org.). *Produzir para viver: os caminhos da produção não capitalista*. Rio de Janeiro: Civilização Brasileira, 2002d.

SANTOS, Boaventura de Sousa. O Estado heterogéneo e o pluralismo jurídico. In: SANTOS, Boaventura de Sousa; TRINDADE, João (Orgs.). *Conflito e transformação social: uma paisagem das justiças em Moçambique, vol. 1.* Porto: Afrontamento, 2003a. p. 47-95.

SANTOS, Boaventura de Sousa (Org.). *Reconhecer para libertar: os caminhos do cosmopolitismo multicultural*. Rio de Janeiro: Civilização Brasileira, 2003b.

SANTOS, Boaventura de Sousa. *Fórum Social Mundial: Manual de Uso*. São Paulo: Cortez, 2005a.

SANTOS, Boaventura de Sousa. Law, Politics, and the Subaltern in Counter-Hegemonic Globalization. In: SANTOS, Boaventura de Sousa; RODRÍ-GUEZ-GARAVITO, César (Orgs.). *Law and Globalization from Below: Towards a Cosmopolitan Legality*. Cambridge: Cambridge University Press, 2005b. p. 1-26.

SANTOS, Boaventura de Sousa (Org.). *Semear outras soluções: os caminhos da biodiversidade e dos conhecimentos rivais*. Rio de Janeiro: Civilização Brasileira, 2005c.

SANTOS, Boaventura de Sousa (Org.). *Trabalhar o mundo: os caminhos do novo internacionalismo operário*. Rio de Janeiro: Civilização Brasileira, 2005d.

SANTOS, Boaventura de Sousa. *A gramática do tempo: para uma nova cultura política*. São Paulo: Cortez, 2006a.

SANTOS, Boaventura de Sousa. *The Rise of the Global Left: The World Social Forum and Beyond*. Londres: Zed, 2006b.

SANTOS, Boaventura de Sousa (Org.). *Cognitive Justice in a Global World: Prudent Knowledge for a Decent Life*. Lanham, Maryland: Lexington, 2007.

SANTOS, Boaventura de Sousa. Human Rights as an Emancipatory Script? Cultural and Political Conditions. In: SANTOS, Boaventura de Sousa (Org.). *Another Knowledge Is Possible: Beyond Northern Epistemologies*. Londres: Verso, 2007c. p. 3-40.

SANTOS, Boaventura de Sousa. The World Social Forum and the Global Left. *Politics and Society*, v. 36, n. 2, p. 247-270, 2008.

SANTOS, Boaventura de Sousa (Org.). *Vozes do Mundo*. Rio de Janeiro: Civilização Brasileira, 2009.

SANTOS, Boaventura de Sousa. Para além do pensamento abissal: das linhas globais a uma ecologia de saberes. In: SANTOS, Boaventura de Sousa; MENESES, Maria Paula (Orgs.). *Epistemologias do Sul*. São Paulo: Cortez, 2010a. p. 31-83.

SANTOS, Boaventura de Sousa. Um ocidente não-ocidentalista? A filosofia à venda, a douta ignorância e a aposta de Pascal. In SANTOS, Boaventura de Sousa; MENESES, Maria Paula (Orgs.). *Epistemologias do Sul*. São Paulo: Cortez, 2010b. p. 519-562.

SANTOS, Boaventura de Sousa. *Descolonizar el saber, reinventar el poder*. Montevideo: Ediciones Trilce, 2010c.

SANTOS, Boaventura de Sousa. *Refundación del Estado en América Latina: perspectivas desde una epistemología del Sur*. Bogotá: Siglo del Hombre Editores, 2010d.

SANTOS, Boaventura de Sousa. *Portugal: ensaio contra a autoflagelação*. São Paulo: Cortez, 2011.

SANTOS, Boaventura de Sousa. *Se Deus fosse um activista dos direitos humanos*. São Paulo: Cortez, 2013.

SANTOS, Boaventura de Sousa. *Epistemologies of the South: Justice against Epistemicide*. Boulder, Colorado: Paradigm, 2014a.

SANTOS, Boaventura de Sousa. *O direito dos oprimidos*. São Paulo: Cortez, 2014b.

SANTOS, Boaventura de Sousa. Conhecimento científico e popular: construindo a ecologia de saberes. In: CARNEIRO, Fernando Ferreira *et al* (Orgs.). *Dossiê Abrasco: um alerta sobre os impactos dos agrotóxicos na saúde*. Rio de Janeiro/São Paulo: Escola Politécnica de Saúde Joaquim Venâncio, 2015a. p. 196-410.

SANTOS, Boaventura de Sousa. *Revueltas de indignación y otras conversas*. La Paz: OXFAM/CIDES-UMSA/Ministerio de Autonomías, 2015b.

SANTOS, Boaventura de Sousa. Towards a Socio-Legal Theory of Indignation. In: BAXI, Upendra; MCCRUDDEN, Christopher; PALIWALA, Abdul (Orgs.). *Global and Theoretical Contexts: Essays in Honour of William Twining*. Cambridge: Cambridge University Press, 2015c. p. 115-142.

SANTOS, Boaventura de Sousa. *As bifurcações da ordem. Revolução, cidade, campo e indignação*. São Paulo: Cortez, 2016.

SANTOS, Boaventura de Sousa. *Decolonising the University: The Challenge of Deep Cognitive Justice.* Cambridge: Cambridge Scholars, 2017.

SANTOS, Eduardo; MAFRA, Jason Ferreira; ROMÃO, José Eustáquio (Orgs.). *Universidade popular: teorias, práticas e perspectivas.* Brasília: Liber Livro, 2013.

SARDAR, Ziauddin. *The Revenge of Athena: Science, Exploitation and the Third World.* Nova York: Mansell, 1988.

SARUKKAI, Sundar. Experience and Theory: From Habermas to Gopal Guru. In: GURU, Gopal; SARUKKAI, Sundar (Orgs.). *The Cracked Mirror: An Indian Debate on Experience and Theory.* Nova Delhi: Oxford University Press, 2012a. p. 29-45.

SARUKKAI, Sundar. Phenomenology of Untouchability. In: GURU, Gopal; SARUKKAI, Sundar (Orgs.). *The Cracked Mirror: An Indian Debate on Experience and Theory.* Nova Delhi: Oxford University Press, 2012b.

SAUVY, Alfred. Trois Mondes, Une Planète. *L'observateur*, n. 118, p. 14, 1952.

SCHAVELZON, Salvador. *Plurinacionalidad y Vivir Bien/Buen Vivir: Dos conceptos leídos desde Bolivia y Ecuador post-constituyentes.* Quito: CLACSO e Abya-Yala, 2015.

SCHICKORE, Jutta; STEINLE, Friedrich. *Revisiting Discovery and Justification: Historical and Philosophical Perspectives on the Context Distinction.* Dordrecht: Springer, 2006.

SCHICKORE, Jutta. *Scientific Discovery.* The Stanford Encyclopedia of Philosophy. 6 mar. 2014. Disponível em: <https://plato.stanford.edu/archives/spr2014/entries/scientific-discovery/>. Acesso em: 31 jan. 2019.

SCHMIDT, Elizabeth. Patriarchy, Capitalism, and the Colonial State in Zimbabwe. *Signs: Journal of Women in Culture and Society*, v. 16, n. 4, p. 732-756, 1991.

SCHOPENHAUER, Arthur. *Parerga and Paralipomena: Short Philosophical Essays.* Oxford: Clarendon, 2010.

SCHULTZ, Katherine. *Listening: A Framework for Teaching across Differences.* Nova York: Teachers College Press, 2003.

SCOCUGLIA, Afonso Celso. Paulo Freire e Boaventura de Sousa Santos: pedagogia crítica e globalização contra-hegemônica. In: MAFRA, Jason; SCOCUGLIA, Afonso; GADOTTI, Moacir (Orgs.). *Globalização, educação e movimentos sociais: 40 anos da Pedagogia do Oprimido*. São Paulo: Editora e Livraria Instituto Paulo Freire, 2009. p. 114-123.

SCOTT, James. *Weapons of the Weak: Everyday Forms of Peasant Resistance*. New Haven, Connecticut: Yale University Press, 1985.

SCOTT, James. *Domination and the Arts of Resistance: Hidden Transcripts*. New Haven, Connecticut: Yale University Press, 1990.

SEAMON, David; ZAJONC, Arthur (Orgs.). *Goethe's Way of Science: A Phenomenology of Nature*. Albany: State University of New York Press, 1998.

SEKYI-OTU, Ato. *Fanon's Dialectic of Experience*. Cambridge, Massachusetts: Harvard University Press, 1996.

SENGHOR, Léopold. *Nation et Voie Africaine du Socialisme*. Paris: Présence Africaine, 1961.

SENGHOR, Léopold. Problématique de la Négritude. *Présence Africaine*, v. 78, n. 2, p. 3-26, 1971.

SENIER, Siobhan (Org.). *Dawnland Voices: An Anthology of Indigenous Writing from New England*. Lincoln: University of Nebraska Press, 2014a.

SENIER, Siobhan. Decolonizing the Archive: Digitizing Native Literature with Students and Tribal Communities. *Resilience: A Journal of the Environmental Humanities*, v. 1, n. 3, 2014b.

SENPLADES. *República del Ecuador. Plan Nacional de Desarrollo. Plan Nacional para el Buen Vivir 2009–2013: Construyendo un Estado Plurinacional e Intercultural*. Quito: Secretaría Nacional de Planificación y Desarrollo, 2009.

SHARIATI, Ali. *On the Sociology of Islam*. Berkeley: Mizan, 1979.

SHAW, Shaka. *The Difference between Rap and Hip-Hop*. Ebony, 19 set. 2013. Disponível em: <http://www.ebony.com/entertainment-culture/the-difference-between-rap-hip-hop-798#axzz4bVRStHEg>. Acesso em: 31 jan. 2019.

SHEETS-JOHNSTONE, Maxine. *The Roots of Power: Animate Form and Gendered Bodies*. Chicago: Open Court, 1994.

SHEETS-JOHNSTONE, Maxine. *Bodies Moving and Moved: A Phenomenological Analysis of the Dancing Subject and the Cognitive and Ethical Values of Dance Art*. Tampere: Tampere University Press, 1998.

SHEETS-JOHNSTONE, Maxine. *The Primacy of Movement*. Amsterdam: John Benjamins, 1999.

SHOR, Ira; FREIRE, Paulo. *A Pedagogy for Liberation: Dialogues on Transforming Education.* Londres: Bergin and Garvey, 1987.

SHRIDHARANI, Khrisnalal. *War without Violence: The Sociology of Gandhi's Satyagraha.* Nova York: Harcourt Brace, 1939.

SINGH, Baldev (Org.). *Jawaharlal Nehru on Science and Society: A Collection of His Writings and Speeches.* Nova Delhi: Nehru Memorial Museum and Library, 1988.

SKURNIK, Walter. Léopold Sedar Senghor and African Socialism. *Journal of Modern African Studies*, v. 3, n. 3, p. 349-369, 1965.

SLATE, Nico. *Colored Cosmopolitanism.* Cambridge, Massachusetts: Harvard University Press, 2012.

SLATER, David. Theories of Development and Politics of the Post-modern – Exploring a Border Zone. *Development and Change*, v. 233, n. 3, p. 283–319, 1992.

SMITH, Linda Tuhiwai. *Decolonizing Methodologies: Research and Indigenous Peoples.* Londres: Zed, 2012.

SOLANO, Xochitl Leyva *et al.* (Orgs.). *Prácticas otras de conocimiento(s): entre crisis, entre guerras.* 3 v. San Cristóbal de Las Casas: Chiapas Cooperativa Editorial retos, 2014.

SOMJEE, Sultan. Oral Traditions and Material Culture: An East Africa Experience. *Research in African Literatures*, v. 31, n. 4, p. 97-103, 2000.

SPELMAN, Elisabeth. *Inessential Woman: Problems of Exclusion in Feminist Theory.* Boston: Beacon, 1988.

SPINOZA, Benedict de. *The Ethics.* Nova York: G.P. Putnam's Sons, 1888.

SPIVAK, Gayatri. Can the Subaltern Speak? In: NELSON, Cary; GROSSBERG, Lawrence (Orgs.). *Marxism and the Interpretation of Culture.* Urbana: University of Illinois Press, 1988. p. 271-314.

STANDING, Guy. *The Precariat: The New Dangerous Class.* Bloomsbury: Bloomsbury Academic, 2011.

STENGERS, Isabelle. *Une autre science est possible! Manifeste pour un ralentissement des sciences.* Paris: La Découverte/Les Empêcheurs de Penser en Rond, 2013.

STEPHENSON, Marcia. Forging an Indigenous Counterpublic Sphere: The Taller de Historia Oral Andina in Bolivia. *Latin American Research Review*, v. 37, n. 2, p. 99-118, 2002.

STOLER, Ann Laura. *Along the Archival Grain: Epistemic Anxieties and Colonial Common Sense*. Princeton: Princeton University Press, 2009.

SUBRAHMANYAM, Sanjay (Org.). *Sinners and Saints: The Successors of Vasco da Gama*. Delhi: Oxford University Press, 1998.

SUBRAHMANYAM, Sanjay. *The Portuguese Empire in Asia, 1500-1700*. Londres: Wiley, 2012.

SUKARNO. *Speech at the Opening of the Bandung Conference, April 18 1955*. Modern History Sourcebook, 1955. Disponível em: <http://sourcebooks.fordham.edu/halsall/mod/1955sukarno-bandong.html>. Acesso em: 31 jan. 2019.

TAGORE, Rabindranath; DASGUPTA, Uma. *The Oxford India Tagore: Selected Writings on Education and Nationalism*. Delhi: Oxford University Press, 2009.

TAGORE, Rabindranath. *The English Writings of Rabindranath Tagore: Essays, Lectures, Addresses*. Nova Delhi: Atlantic, 2007.

TAUSSIG, Michael. *Mimesis and Alterity: A Particular History of the Senses*. Nova York: Routledge, 1993.

TAUSSIG, Michael. *My Cocaine Museum*. Chicago: University of Chicago Press, 2004.

TAUSSING, Michael. Excelente Zona Social. *Cultural Anthropology*, v. 27, n. 3, p. 498-517, 2012.

THAYER, Stephen. Social Touching. In: SCHIFF, William; FOULKES, Emerson (Orgs.). *Tactual Perception: A Sourcebook*. Cambridge: Cambridge University Press, 1982. p. 263-304.

THOA. *El indio Santos Marka T'ula: Cacique principal de los ayllus de Qallapa y apoderado general de las comunidades originarias de la república*. La Paz: Universidad Mayor de San Andrés, 1988.

THOA. *El Ayllu: Pasado y Futuro de los Pueblos Indígenas*. La Paz: Aruwiyiri, 1995.

THOREAU, Henry. Resistance to Civil Government. In: PEABODY, Elizabeth (Ed.). *Aesthetic Papers*. Nova York: G. P. Putnam, 1849.

THOREAU, Henry. *Walden and Civil Disobedience*. Organização de Sherman Paul. Boston: Houghton Mifflin, 1957.

TOLSTOI, Leo. A Letter to a Hindu. In: MURTHY, B. Srinivasa (Org.). *Mahatma Gandhi and Leo Tolstoy: Letters*. Long Beach: Long Beach Publications, 1987. p. 44-60.

TOLSTOI, Leo. *The Kingdom of God Is within You*. Nova York: Cosimo Classics, 2007.

TOMATIS, Alfred. *The Conscious Ear: My Life of Transformation through Listening*. Barrytown, Nova York: Station Hill, 1991.

TOMATIS, Alfred. *The Ear and the Voice*. Lanham, Maryland: Scarecrow, 2005.

TORRES, Carlos. *The Politics of Nonformal Education in Latin America*. Nova York: Praeger, 1990.

TORRES, Carlos (Org.). *Education and Social Change in Latin America*. Albert Park, Australia: James Nicholas, 1995.

TORRES, Carlos (Org.). *Paulo Freire e a agenda da educação latino-americana no século XXI*. Buenos Aires: CLACSO, 2001.

TORTOSA, José. *Maldesarrollo y mal vivir: pobreza y violencia a escala mundial*. Organização de Alberto Acosta e Esperança Martínez. Quito: Abya-Yala, 2011.

TUANA, Nancy; TONG, Rosemarie (Orgs.). *Feminism and Philosophy: Essential Readings in Theory, Reinterpretation, and Application*. Boulder, Colorado: Westview, 1994.

TUANA, Nancy. *Women and the History of Philosophy*. Nova York: Paragon House, 1992.

TURNER, Victor. *The Ritual Process: Structure and Anti-structure*. Chicago: Aldine, 1969.

TUTTON, Mark. *Young, Urban and Culturally Savvy, Meet the Afropolitans*. CNN, 17 fev. 2012. Disponível em: <http://edition.cnn.com/2012/02/17/world/africa/who-are-afropolitans/index.html>. Acesso em: 31 jan. 2019.

TWINING, William. *Globalization and Legal Theory*. Cambridge: Cambridge University Press, 2000.

UBEROI, J. *Science and Culture*. Delhi: Oxford University Press, 1978.

UBEROI, J. *The Other Mind of Europe: Goethe as a Scientist*. Delhi: Oxford University Press, 1984.

UBEROI, J. *The European Modernity: Science, Truth and Method*. Delhi: Oxford University Press, 2002.

UNCETA, Koldo. Post crecimiento y desmercantilización: propuestas para el Buen Vivir. In: ENDARA, Gustavo (Org.). *Post-Crecimiento y Buen Vivir: Propuestas globales para la construcción de sociedades equitativas y sustentables*. Quito: Friedrich Ebert Stiftung (FES-ILDIS), 2014. p. 59-92.

VALLS, Andrew (Org.). *Race and Racism in Modern Philosophy*. Ithaca, Nova York: Cornell University Press, 2005.

VIEIRA, Sérgio. *Participei, por isso testemunho*. Maputo: Ndjira, 2010.

VISVANATHAN, Shiv. *Carnival for Science: Essays on Science, Technology and Development*. Delhi: Oxford University Press, 1997.

VIVEIROS DE CASTRO, Eduardo. *Cannibal Metaphysics*. Minneapolis: Univocal, 2014.

VON HAYEK, Friedrich August. *The Constitution of Liberty*. Chicago: University of Chicago Press, 2011.

WA THIONG'O, Ngũgĩ. *Decolonizing the Mind: The Politics of Language in African Literature*. Londres: Heinemann, 1986.

WA THIONG'O, Ngũgĩ. *Wizard of the Crow*. Nova York: Pantheon, 2006.

WA THIONG'O, Ngũgĩ Notes Towards a Performance Theory of Orature. *Performance Research*, v. 12, n. 3, p. 4-7, 2007.

WA THIONG'O, Ngũgĩ. *Something Torn and New: An African Renaissance*. Nova York: Basic Civitas, 2009.

WA THIONG'O, Ngũgĩ. *Globalectics: Theory and the Politics of Knowing*. Nova York: Columbia University Press, 2012.

WAITHE, Mary. *History of Women Philosophers*. Dordrecht: Kluwer Academic, 1987.

WALDMÜLLER, Johannes. *Buen Vivir, Sumak Kawsay, "Good Living": An Introduction and Overview*. Alternautas: (Re)Searching Development: The Abya Yala Chapter, 4 jun. 2014. Disponível em: <http://www.alternautas.net/blog/2014/5/14/buen-vivir-sumak-kawsay-good-living-an-introduction-and-overview>. Acesso em: 31 jan. 2019.

WALLERSTEIN, Immanuel. *European Universalism: The Rhetoric of Power*. Nova York: New Press, 2006.

WALSH, Catherine. The (Re)articulation of Political Subjetivities and Colonial Difference in Ecuador: Refletions on Capitalism and the Geopolitics of Knowledge. *Nepantla: Views from South*, v. 3, n. 1, p. 61-97, 2002.

WALSH, Catherine. (Post)coloniality in Ecuador: The Indigenous Movement's Practices and Politics of (Re)signification and Decolonization. In: MORAÑA, Mabel; DUSSEL, Enrique; JAUREGUI, Carlos (Orgs.). *Coloniality at Large: Latin America and the Postcolonial Debate*. Durham, Carolina do Norte: Duke University Press, 2008. p. 506-518.

WALSH, Catherine. *Interculturalidad, Estado, Sociedad: Luchas (de)coloniales de nuestra época*. Quito: Ediciones Abya-Yala, 2009.

WALSH, Catherine. Development as Buen Vivir: Institutional Arrangements and (De)colonial Entanglements. *Development*, v. 53, n. 1, p. 15-21, 2010.

WAMBA DIA WAMBA, Ernest. Some Remarks on Culture, Development and Revolution in Africa. *Journal of Historical Sociology*, v. 4, n. 3, p. 219-153, 1991.

WARREN, Karen. *An Unconventional History of Western Philosophy: Conversations between Men and Women Philosophers*. Lanham, Maryland: Rowman and Littlefield, 2009.

WARREN, Karen. *Feminist Environmental Philosophy*. The Stanford Encyclopedia of Philosophy, 27 abr. 2015. Disponível em: <https://plato.stanford.edu/entries/feminism-environmental/>. Acesso em: 31 jan. 2019.

WILHELM, Richard; JUNG, Carl Gustav. *The Secret of the Golden Flower: A Chinese Book of Life*. Londres: Routledge, 1999.

WILSON, Waziyatawin Angela; BIRD, Michael Yellow (Orgs.). *For Indigenous Eyes Only: A Decolonization Handbook*. Santa Fe, Novo México: School of American Research Press, 2005.

WIREDU, Kwasi. *Cultural Universals and Particulars: An African Perspective*. Indianapolis: Indiana University Press, 1996.

WIREDU, Kwasi. Toward Decolonizing African Philosophy and Religion. *African Studies Quarterly*, v. 1, n. 4, p. 17-46, 1998.

WOLIN, Sheldon. *Contemporary Authors: New Revision Series 28*. Detroit: Gale Research, 1990.

WYNTER, Sylvia. Beyond the Word of Man: Glissant and the New Discourse of the Antilles. *World Literature Today*, v. 63, n. 4, p. 637-648, 1989.

WYNTER, Sylvia. Unsettling the Coloniality of Being/Power/Truth/Freedom: Towards the Human, after Man, Its Overrepresentation—an Argument. *CR: The New Centennial Review*, v. 3, n. 3, p. 257-337, 2003.

YOUNG, Ralph. *Dissent: The History of an American Idea*. Nova York: New York University Press, 2015.

ZACK, Naomi (Org.). *Women of Color and Philosophy: A Critical Reader*. Malden, Massachusetts: Blackwell, 2000.

ZUCKER, Paul. Ruins: An Aesthetic Hybrid. *Journal of Aesthetics and Art Criticism*, v. 20, n. 2, p. 119-130, 1961.

ÍNDICE ANALÍTICO E DE AUTORES

Achebe, Chinua, 385n313

Acosta, Alberto, 193

adivasi (população tribal da Índia) 129, 132, 332n277, 335n282, 337

Adorno, Theodor, 238n192

África do Sul, 119, 269, 327, 401; *apartheid* na, 29, 109n87, 118, 380; Gandhi na, 303n250, 308; línguas oficiais da, 385n314; Julgamento de Rivonia, 119; Comissão de Verdade e Reconciliação, 230n187; universidades na, 382, 383n312

afro-americanos, 174n146; movimento direitos civis, 327

Afrocentricidade, 175

Ahimsa, 109. *Ver* não-violência

"ainda não," 54, 95

Alatas, Syed, 80, 171-172

alianças, 48-49, 59, 62, 148, 199, 206-207, 377, 388-389; contra

hegemônicas, 122-123, 132-133, 243-244. *Ver também* boicotes.

Alice, projecto – Espelhos estranhos, lições imprevistas, 13-14, 266, 403

Allende, Salvador, 392n318

Amin, Shahid, 171

anarquismo, 299n244, 320, 321n266; Chomsky e, 315, 319, 321; Gandhi e, 82, 321; universidade popular e, 393

Anderson, Benedict, 299

Anderson, Kevin, 71n40

anekantavada (pluridimensionalidade da verdade), 305-306

Angola, 121

An-Na'im, Abdullahi Ahmed, 74-75

apartheid, 18, 43, 109, 118, 119n97, 380, 410; Comissão Verdade e Reconciliação, 29, 101

apropriação contra-hegemônica, 182, 224, 254, 284; definição de, 56-57

Arboleda, Santiago, 152, 155

Argélia, 120, 165, 298, 382n311

Argentina, 301, 361; *desaparecidos* da, 288; universidades populares da, 398

Aristóteles, 20, 258

arquivo, 280, 288; ambiguidade do, 281-283; insurgente, 285-287, 413; palimpsesto, 283-285; da Universidade Popular dos Movimentos Sociais, 402-403; problema do, 37; sociologia das emergências e, 235. *Ver também* museus

artesania das práticas, 61-63

Asante, Molefi, 175

Asociación Madres de Plaza de Mayo (Argentina), 398

Assembleia Popular dos Povos de Oaxaca (APPO), 211-212

Atalay, Sonya, 222

autodeterminação. *Ver swaraj*

autonomia, 335, 374; da ciência, 73, 199-201, 216, 263; do conhecimento escrito, 263; Gandhi e, 320-321, 336, 341-344; das ONG, 54n24; da UPMS, 404

autoria, 95, 217; cognitiva, 197, 272-274; problema da, 35, 37, 87; questão da, 87; tipos de, 87-90. *Ver também* superautores

autoritarismo, 368, 371, 376; anarquismo versus, 299n244; do estado mexicano, 212; vanguardismo e, 233

Bâ, Amadou Hampâté, 90

Bacon, Francis, 187n161

Banco Mundial, 219, 417

Bandung, Conferência de (1955), 111-112, 298

Baxi, Upendra, 333n279

Bélgica, 334

Benjamin, Walter, 219

Bentham, Jeremy, 245

Berlim Muro de, 373, 416

Berlim, Conferência de (1884–85), 168

Betances, Ramón, 299

Bhabha, Homi, 172n144

Bhambra, Gurminder, 178-179

bifurcação, 228, 388

Blanqui, Louis, 299

Bloch, Ernst, 35, 54

Boal, Augusto, 356

bodes expiatórios, 409-410

boicote, 48-49, 109n87, 330. *Ver também* alianças

Bolívia, 96, 113, 301, 331-332, 338; Constituição da, 30-31, 33. 334n280, 336-337, 385

Bourdieu, Pierre, 51-52; *habitus*, 104, 225; discriminação social, 257n210

Bourke, Joanna, 260

Bragança, Aquino de, 117, 121

Brasil, 274-275, 287, 357n294, 362; Movimento dos trabalhadores rurais sem terra (MST), 95, 398; Quilombolas do, 288, 405n327;

como colónia de povoamento, 165n131; Partido dos Trabalhadores, 390n316

Budismo, 306n253

buen vivir. Ver sumak kawsay

Buey, Francisco, 377

Burke, Kenneth, 187, 189, 408

Cabral, Amílcar, 89, 115-120

califa, 415

Canadá, 193; povos indígenas do, 222, 301; universidade popular, 394; Fórum Social Mundial no, 297n243, plurinacionalidade, 334

caos, 63, 70, 72, 409

capitalismo, 10, 72, 165; alternativas ao, 17, 352-353; inconsciente coletivo e, 248; epistemologias do Norte e, 25, 181-182; Habermas e, 312; como modo de dominação, 42, 45n18, 46, 363; mulheres e, 163; Nyerere e, 113; universidade e, 375-376, 378-383, 385-388, 390. Ver também neoliberalismo

Caribbean Philosophical Association (Associação Filosófica Caribenha), 174

cegueira, estética, 65; Habermas e, 312; ideológica, 320

Centro de Estudos e Ações Solidárias da Maré (CEASM), 289-290

Césaire, Aimé, 92, 167

chachawarmi (igualdade de gênero), 28, 30

Chagas, Mário, 287, 289

Chakrabarty, Dipesh, 112

Chambers, Iain, 284, 285

Chatterjee, Partha, 318n264

Chiapas, Mexico, 235, 363, 389. Ver também Zapatistas

Chile, 301, 357, 362, 392

China, 111, 186, 275; escrita na, 100

Chomsky, Noam, 313, 315, 346; Gandhi e, 319-321; Habermas e, 310-312; Mukherjee sobre, 319n265; sobre a Guerra do Vietname, 313-314

Chrétien, Jean-Louis, 238n192, 241

"cibertura," 93

ciência abissal, 192, 201-202, 222n184, 226, 228, 247, 264, 273, 387

ciência pós-abissal, 189, 216, 220, 226, 250, 351, 367, 371; mingas epistêmicas e, 214; metodologia, 209-210, 228, 234; capitalismo universitário e, 387

ciência, 22-28, 34, 409; alternativa, 80n54, 84; autonomia da, 201; chinesa, 80; Freud e, 181, 252n205; Gandhi e, 81-86, 340; filosofia da, 65n34, 198n167, 267n222; pluralismo da, 76-79, 199, 210; política e, 315n261, 319

ciências sociais, 41, 355, 360, 367, 393, 395; abissais, 36, 387; Chomsky e, 313-314; dualidade das, 70; privilégio epistemológico das, 104, 389 classe trabalhadora, 47n19, 75, 276, 393

Colômbia, 137, 356; movimentos de camponeses na, 301; povos afrodescendentes da, 155

"colonialidade", 27, 152-153, 165; Maldonado-Torres sobre, 164n130; Quijano sobre, 45n18, 164

colonialismo, 27, 165, 175-176, 185; agrário, 9; artesania das práticas e, 61-63; Bandung e, 111; britânico, 129n105, 299, 303n250, 324; Cabral e, 115-118; definição de, 162-163; ecologias de saberes e, 382, 390; Fanon e, 120-121, 144-145, 167; Gandhi e, 109-110; histórico, 41, 43-46, 49, 165, 175-176, 380, 412; intelectual, 360, 363n301; interno, 128, 129n105, 335, 347, 380; invertido, 377; Marx e,71n40 ; portador de civilização, 232 ; português, 118n96, 120, 357n295; Sukarno e, 112n88; temporalidade do, 219; universidade e, 375, 378-380, 385, 387

Comaroff, Jean, 100-101, 179-180

Comaroff, John, 100-101, 179-180

comunismo, 33, 112, 317, 326. *Ver também* Marxismo

Congress of Racial Equality (Congresso da Igualdade Racial, CORE), 331

Congresso Nacional Africano (ANC), 118-119, 327

conhecer-com, 177, 216, 228, 230, 232, 234, 249, 254; conhecer-sobre *versus*, 191, 216, 227, 234, 251; ser-com e, 243; sentir-com e, 260, 261n217

conhecimento (s), ausente, 191; artesanal, 96, 208-209, 215, 390; nascidos na luta, 35, 66, 75, 115-116, 167, 194-195, 278, 383; desmonumentalização do, 263, 266; endógeno, 169; douta ignorância e, 69, 149, 397; valor de mercado do, 79, 181, 378, 387-390; popular, 355, 367-368, 396

conhecimento científico, 18, 23-25, 50-52, 77-79, 90; *versus* conhecimento artesanal, 96, 189, 192, 196, 204-205, 365-367

conhecimento corpóreo, 125, 135, 136n110, 149; Parviainen sobre, 144

conhecimento corporizado, 36, 135n109, 136, 139-140, 237

conhecimento-prisma, 208- 209

Connell, Raewyn, 179

"consciencismo," 114

"conscientização," 156, 357, 365, 367- 368

constituição, 57, 332, 335; Boliviana, 31, 334, 336; Equatoriana, 30, 337-339; África do Sul, 29; Espanha, 333

Conversas do Mundo, 266-272

Corão, 97-98, 319. *Ver também* Islão

corazonar, 35, 148-157; Ushiña sobre, 153n122

cosmopolitismo, 259; estudos afroamericanos e, 174n146; de Gandhi, 329; insurgente, 383; não imperial, 345; subalterno, 187, 328, 370

Cristianismo, 20, 347; Gandhi sobre, 306; Islá e, 45; missionários e, 101

curar, 231-232

Curdistão sírio, 58

Curdistão, 58

Curti, Lidia, 285

Cusicanqui, Silvia Rivera, 96, 166, 222n184, 235, 269; sobre o extrativismo cognitivo, 193

da Silva, Lula, 289

Dakota Access Pipeline, 301

Dalits, 123, 128-132, 219, 258, 363; Gandhi e, 332; movimentos sociais, 301

Dallmayr, Fred, 342

Dalton, Dennis, 342

Darwin, Charles: sobre o sentido do olfato, 239n193; sobre o sentido do tato, 261n217

Das, Veena, 136-137

Dasgupta, Uma, 185-186

Davis, Angela, 178

de Andrade, Oswald, 299n245

democracia, 33, 43, 47, 57, 113, 354, 409, 417; cognitiva, 368, 410; comunitária, 29, 31, 336, 341; de

exportação, 417; indígena, 31; intercultural, 334; participativa, 31, 213

Derrida, Jacques, 179, 259

desaparecidos (Argentina), 288

desaprender, 69, 225, 304, 345; processos de, 227; autodesaprendizagem, 210

Descartes, René, 135-136, 187; Nkrumah sobre, 113n91; sobre a visão, 245

descolonização, 27, 36, 96, 166, 176, 179, 182, 405; Cabral sobre, 115, 118; Chakrabarty e, 112; Fanon e, 120, 167, 383; Gandhi, 83, 110; metodologias, 161-165, 194, 222n184; Ndlovu-Gatsheni sobre, 165n132; da universidade, 37, 376-382, 384; Wa Thiong'o e, 167-168; Wiredu e, 168-169

desfamiliarização, 304, 310-311, 313-314; Gandhi e, 316, 317

desmonumentalização do conhecimento, 263, 266, 272

Dewey, John, 135n109; 330

Dhaouadi, Mahmoud, 80n55

Dharti Mata, 342

Diderot, Denis, 56

dignidade humana, 33, 148, 344,

dignidade, 34, 54-55, 96, 120, 139, 197, 231, 251n203, 355, 405

Diop, Cheik Anta, 121

direitos humanos, 54n24, 123, 212, 343-344, 412; alianças baseadas em, 297, 363; plurinacionalidade e, 334; direitos da natureza e, 32; universais, 42; UPMS e, 405; violação dos, 212, 230

disciplinas racializadas, 271-272

Doke, Joseph, 325n273

douta esperança (*docta spes*), 149-150

douta ignorância (*docta ignorantia*), 69, 149, 397

douto desespero (*docta desperatio*), 150

Draper, Jonathan, 101

drones, 145-146

Du Bois, W. E. B., 165n133, 328-329

Durkheim, Émile, 80n55

Dussel, Enrique, 67, 172, 176

Echeverría, Bolívar, 108n86

ecologia profunda, 32

ecologia (s) de saberes, 28, 59-60, 123-124, 190,196, 208-209, 350; ciência e, 34-35, 76-79, 199, 264; construção das, 124, 204; contextos das, 205-207, 264; critério de confiança, 73, 162, 201; como curriculum descolonizado, 383-385; Gandhi e, 318; objetivo, 124, 141-142, 243; oral versus escrito, 35, 87, 97, 270; pedagogia e, 234, 354; pluriversidade e, 390; subversidade e, 391, 395; tipos, 177-178, 199, 219-220; UPMS e, 399, 404. *Ver também* conhecimento

educação popular, 37, 60, 355, 357n294, 362, 369n306, 392, 394, 404

Egito, 100, 111, 280, 392

Einstein, Albert, 313

elites, 121, 254n208, 309, 327, 357, 379, 393

epistemicídio, 28, 71, 410; arquivo como, 281; definição de, 27; falsa universalidade e, 67; Fanon sobre, 167; pedagogia das ausências e, 384

epistemologias do Norte, 17, 22, 37, 142-143; autoria, 87; Bordieu, 52, 104; busca da verdade, 141, 231-232; corporeidade, 135-137, 237; epistemologias feministas e, 22, 78n50; hegemonia das, 24-25, 181-186, 225, 257; metodologias, 63n33, 96, 161, 202, 209-210; objetividade, 70-74; universidade e, 351, 384, 387

epistemologias do Sul, 9, 18-21, 23, 26, 73, 100, 232; artesania das práticas,61-63; autoria e, 87-88, 272; Cabral e, 116; ciência e; 74, 76-78, 80, 264; corporeidade, 135-145; dilema, 126; experiência, 126-132; institucional, 349-350, 355; método, 34-37, 87, 162, 179-181, 202-205, 234; objetivo, 17, 166; pedagogia do oprimido e, 147, 361-367; premissas,410; tempo, 373-374; tradução intercultural, 295-298; universidade e, 371, 384, 386-387; UPMS, 404

Equador: Constituição do, 30-31, 33, 204n173, 337, 340, 385n314; povos indígenas do, 113, 331-332

Escobar, Arturo, 172, 176

escravatura, 167, 281, 412; Bhambra e, 178; Bourke sobre, 260n216; industrialização e, 81; Lévi-Strauss sobre, 100; Ngugi wa Thiong'o sobre, 168, 382; Taussig sobre, 286

escuta profunda, 92, 252-256

espaço-tempo, 269, 373

Espanha, 58n32, 299n244, 321n266, 333n278, 377n310, 406

Spinoza, Benedict de, 32, 137, 149, 308, 343, 407

espiritualidade, 153-154, 183, 411

essencialismo, 115n93; identitário, 33, 131, 133, 303, 328

Esteva, Gustavo, 97, 211-214

estruturalismo, 104

Eurocentrismo, 311, 379-380

experiência dos sentidos, 238, 258; escutar como, 233, 252-255; visão como, 239, 244-252; olfato e paladar como, 239, 244, 257, 260. *Ver também* tato

extração de conhecimento (*data mining*), 193n164

extrativismo, 193-194, 238, 252, 273-274, 404. *Ver também* neoextrativismo

falácia antropomórfica, 205

Fals Borda, Orlando, 359, 363n301; sociologia da libertação e, 358; Marxismo e, 368; Wright Mills e, 188; investigação ação participativa (IAP), 360, 362, 364, 367, 369, 372

Fanon, Frantz, 119, 122, 167; e descolonização, 49, 120, 383; Gandhi e, 120, 316; Maldonado-Torres e, 42, 145; Péju e, 47n19; Sartre e, 144; Vieira e, 121-122

fascismo, 18, 373, 412. *Ver também* autoritarismo

Federação das Organizações Indígenas do Equador (CONAIE), 339

Federação dos Estudantes da África Negra em França (FEANF), 121

Federici, Silvia, 167, 193n164

feminicídio, 44, 46, 415

feminismo, 30, 50, 128n104, 271, 308; epistemologias, 22, 78n50; Islã e, 174, 175n151; UMPS, 296. *Ver também* gênero

Fénéon, Félix, 299

filosofia africana, 29, 89, 168, 271n224, 272

Finnegan, Ruth, 92n68, 259n214

Foley, John, 93-94

Fórum Econômico Mundial, 362

Fórum Social Mundial (FSM), 296, 362, 399

Foucault, Michel, 21-22, 57n29, 65, 179, 245, 284, 311n259

Fox, Richard, 318n264, 328

Francisco Ferdinando, Arquiduque, 414

Frankfurt, Escola de, 75

Freedom Ride (1961), 331

Freire, Paulo, 156, 356, 366, 369; exílio, 362; Pedagogia da libertação, 274, 357; Marxismo e, 357n294, 368n304; Pedagogia da indignação, 357n294; Pedagogia do oprimido, 274, 258, 364-365, 372

Freud, Sigmund, 80n55, 181, 252n205

fundamentalismos, 415-417

Fundo Monetário Internacional (FMI), 417

Gade, Anna, 97

Gaia hipótese de, 343

Galileu Galilei, 187n161

Gana, 98, 11, 298

Gandhi, Mahatma, 12, 307-312, 322, 324 África do Sul, 308, 327, 330; ashram de, 82, 269; autonomia e, 346; boicote e, 109; busca de novas respostas, 330; ciência e, 81-86; Chomsky e, 313, 319-321; direitos humanos, 344; ecologia de saberes, 318; Fanon e, 316; liberdades, 344; Habermas e, 310, 318- 319; lutas dos movimentos de libertação africanos e, 327; Marxismo e, 317, 326; movimento afro-norte-americano pelos direitos cívicos, 328-331, 347; Orwell e, 348; povos indígenas e, 331-333, 335, 337-340; primeiros anos de, 305-306; Ruskin e, 321-323; tradução intercultural e, 322, 327-330, 343, 345-347; como superautor, 89n61; *swaraj* e, 30, 333-337, 341; Thoreau e, 321-322; Tolstoi e, 323-326; verdade e, 329; vegetarianismo de, 322

Garrow, David, 330, 331n276

Geertz, Clifford, 68

gênero, 163, 173, 260, 271, 375, 410. *Ver também* feminismo; patriarcado

genocídio, 28, 56, 301n248

Giarracca, Norma, 212-214

Gil, Gilberto, 289

Gilroy, Paul, 316n262

Giroux, Henry, 172n144, 358n296

Gitlin, Todd, 217

Glissant, Édouard, 174

globalização, 235, 296-298, 301, 362; contra-hegemônica, 12, 296, 345, 347, 364. *Ver também* neoliberalismo

Goethe, Johann Wolfgang von, 23, 32

Goldberg, Dennis, 119

Goldman, Lucien, 365n303

González Casanova, Pablo, 96n74, 172

Goody, Jack, 91n64 e n65, 98-99

Gordon, Jane, 174

Gordon, Lewis, 122, 174

Gouveia, Inês, 287

Gramsci, Antonio, 60, 206n175; sobre a hegemonia, 256-257; sobre os intelectuais, 275-276; Mariátegui e, 394; sobre a educação popular, 392n318, 393n321

Grécia, 271

Grosfoguel, Ramón, 172, 175n151, 193-194

Grupo Modernidad/Colonialidad, 172

Guerrero Arias, Patricio, 152-153

Guha, Ranajit, 171

Guiné-Bissau, 115, 118

Gulbenkian, Fundação, 13, 274

Gumbrecht, Hans, 156-157

Gupta, Dipankar, 312

Guru, Gopal, 128, 131

Gutiérrez, Gustavo, 357n294

Habermas, Jürgen, 131, 312; Chomsky e, 305, 310-311, 313, 346; razão comunicativa de, 378; Gandhi e, 312-313, 318-319

habitus, 104, 225, 391

Hart, Roger, 80

Hegel, G. W. F., 53n22, 113n91, 210n178

Henry, Paget, 174

hermenêutica, 189, 197-198; descolonizadora; 200-201; diatópica, 344; da parcialidade, 200; de suspeição, 58n32, 115, 392

heterotopias, 57, 284

hibridismo, 335, 338, 370; cultural, 343; dos intelectuais, 166n134. *Ver também* mestiçagem

Hinduísmo, 98, 343, 347; sistema de castas do, 129n106, 259n212, 303, 337, 363; Gandhi e, 305-306, 308-310, 319, 328

Horkheimer, Max, 75

Hountondji, Paulin, 169

humanismo, 42, 138, 239; africano, 113

Husserl, Edmund, 136n11

Huxley, Aldous, 81

Huyssen, Andreas, 56

identidades: diatópicas, 352-355; essencialismo, 33, 131, 133, 303, 328

Illimani, 269

Iluminismo, 258n211, 326

imagens especulares, 22

imaginação epistemológica, 187-192, 217

imaginação sociológica, 45, 171, 187-189, 217

imaginação: fim da, 10,

imperialismo, 47n19, 72, 109n87, 130, 311, 316n262, 379; dos EUA, 146, 313, 356, 360. *Ver também* colonialismo

incerteza, 209, 407-408

Índia, 30, 80-83, 111, 120n99, 171, 299, 309, 317, 324, 328, 342; sistema de castas, 129, 132, 258, 301, 303n250; 304n251; Uberoi sobre a, 26. *Ver também* Dalits

Índico, oceano, 176

indiferença, 68, 74, 140, 144-146, 414

Indignados, movimento, 58, 321n266, 351, 405

individualismo, 61, 87-88, 297, 381; Gandhi sobre o, 324n272

Indonésia, 97, 111

industrialização, 81, 119; comércio de escravos e, 168; das universidades, 388

intelectual (ais), 167, 171, 173, 193, 21, 235, 266, 347; colonialismo, 169, 179, 360-361, 363n301; Gramsci sobre, 275-276; híbridos, 166. *Ver também* intelectual de retaguarda

intelectual de retaguarda, 128, 223-224, 226, 265, 347, 367

interconhecimento, 177, 296, 345, 399

Internet, 93-94, 363, 402

investigação ação participativa (IAP), 355, 360, 362, 364, 367, 369n306, 372-373

investigador pós-abissal, 36, 181, 223-224, 230, 240-243, 262, 351; metodologias, 191, 217-218, 246-247; pedagogia do, 224-225, 227, 248-257; como intelectual de retaguarda; 128, 226

Islã, 97, 113; feminismo e, 174; Gandhi sobre, 347

Jainismo, 306, 347

Jesuítas, 259n213

Jordens, Joseph, 305-307

Jung, Carl, 76n44, 184-186, 248

justiça cognitiva, 123-124, 234, 345; e epistemologias do Sul, 384; e justiça social, 23, 391, 410; transicional, 229-230

Kadri, Aïssa, 382

Kane, Cheikh Hamidou, 168

Kane, Ousmane, 166

Kant, Immanuel, 21-22, 113n91, 135

Kathrada, Ahmed, 119

Keats, John, 243n196

khadi, movimento, 81, 84-85

Khaldun, Ibn, 181

Khoshoo, T. N., 342

King, Martin Luther, Jr., 275, 330

Kitu Kara, povo, 152-153

Köhler, Axel, 235

Krausz, Michael, 65

Kusch, Rudolfo, 172

Lacey, Hugh, 77n47

Lakoff, George, 136n110

Las Casas, Bartolomé de, 166

Latin American Subaltern Studies Group (Grupo Latino-Americano de Estudos Subalternos), 171

Leibniz, Gottfried Wilhelm, 61

Leopold, Aldo, 32

Lévi-Strauss, Claude, 100

LGBT, movimento, 18, 128, 137-n113, 288, 401, 405

linha abissal, 21, 25, 27-28, 48; e arquivo, 280; cartografia da, 49, 55, 191; e Conversas do Mundo, 272; e dalits, 128-129; e experiência dos sentidos, 238-239; identificação da, 28; e identidade, 156, 220; e ideologia do progresso, 232; e Fanon, 42; Gandhi, 110; e lutas, 117-120; Marx, 71n40; e pedagogias, 351; e suficiências íntimas, 156

literacia, 101, 381

Locke, John, 21,

Lovelock, James, 343

Lugones, María, 172, 193n164

Lukács, György, 75

luta armada, 49, 109, 118, 120, 327, 356

lutas de libertação, 30, 44, 47, 89n61, 95, 108-122, 133, 196, 299, 318, 326, 343, 348, 412. *Ver também* negritude

Luthuli, Albert, 119, 327

Luxemburgo, Rosa, 10, 302, 405n327

MacArthur Foundation, 13, 274

macarthismo, 360

Macedo, Donaldo, 357n294

Mãe-Terra (ver *pachamama*), 32, 337, 340, 342-343

Malatesta, Errico, 299

Maldonado-Torres, Nelson, 172, 383n312, 174; sobre "colonialidade,"42, 164n130, 173; sobre o "giro descolonial,"165-166; sobre Fanon, 122n100, 145,

Mamdani, Mahmood, 164

Mandela, Nelson, 119, 275

Maori, povo, 221-222

Marcha Mundial das Mulheres, 207, 296

Marcos, Subcomandante, 275

Maré, favelas, 289, 406

Mariátegui, José Carlos, 394

Martí, José, 89,

Marx, Karl, 7; Federici sobre, 163; Gandhi e, 112, 304, 317; Nkrumah e, 113-114; Nyerere, 113; acumulação primitiva, 302

Marxismo, 63n33, 71n40, 103, 117, 171, 251n203, 368; Fals Borda e, 368n304, 373; teologia da libertação e, 357; universidades populares e, 389, 394; "paradigma totalizante" do, 368

Mbeki, Govan, 119

Mbembe, Achille, 169-170, 383n312

Mehta, Ravjibhai, 305, 321n267

Memmi, Albert, 382n311

memoria passionis, 94-95

Menchú, Rigoberta, 275

Mendes, Chico, 275

Meneses, Maria Paula, 14, 164, 167, 178n156

mercantilização, 161; do conhecimento, 373, 388

Merleau-Ponty, Maurice, 11, 239n194, 246n199; sobre a "fé

perceptiva", 202; sobre os sentidos, 135n109, 136n112, 237-238, 245

mestiçagem, 27, 161, 367

método antropofágico, 299

metodologias, 19, 50, 96, 188, 199, 202, 216, 226, 266, 360, 403; descolonização das, 161, 192; extrativistas, 194, 277; indígenas, 222; não-extrativistas, 12, 179, 211; pós-abissais, 159, 202-203, 218, 225, 410; primitivistas, 358

México, 58, 235, 281, 301, 363, 398, 403. *Ver também* Zapatistas

Mhlaba, Raymond, 119

Michel, Louise, 299

Mies, Maria, 163

Mignolo, Walter, 172, 177

Mills, C. Wright, 187-188, 217-219

mingas, 234; epistêmicas, 36, 214, 227, 286, 354-355

Mlangeni, Andrew, 119

Moçambique, 275, 300n246; movimentos de camponeses em, 301; Universidade Popular dos Movimentos Sociais em, 207, 401, 406; como colónia de povoamento, 165n131

Mondlane, Eduardo, 118n96, 300n246

Montagu, Ashley, 258

Morales, Evo, 338

Motsoaledi, Elias, 119

Movimento dos Não Alinhados, 416

movimento laboral, 393

movimentos de camponeses, 401, 406; Via Campesina e, 296. *Ver também* MST

movimentos dos direitos civis afro-americanos (EUA.), 305, 327

Muçulmanos. *Ver* Islã

mudança climática, 374. *Ver também* movimentos ecológicos

Mudimbe, Valentin, 132, 166, 168, 272

Mukherjee, Mithi, 304

Mukherjee, Nirmalangshu, 319

Museu da Maré, 288-291

museus, 281-282, 285-291. *Ver também* arquivos

Naess, Arne, 32

Namíbia, 165n131

Nandy, Ashis, 82, 316, 318n264

não violência, 30, 109, 119, 309, 316, 318-320, 327; movimentos negros dos EUA e, 330-331

natureza, 21-24, 242; direitos da, 30-32, 337-339, 343; Gandhi e, 82-83, 340, 342; Huxley e, 81; Uberoi e, 82, 86. *Ver também pachamama*

Ndlovu-Gatsheni, Sabelo, 165, 170

"necropolítica," 170

Needham, Joseph, 80, 184

negritude, 30n13, 114-115, 167

Nehru, Jawaharlal, 81-82

neoliberalismo, 7, 144; alternativa ao, 58, 373; consolidação do, 183,

301; fundamentalismo e, 415; movimentos sociais e, 296, 347; universidade, 388. *Ver também* capitalismo; globalização

Ngũgĩ wa Thiong'o, 91-94; sobre a descolonização, 167; sobre a educação em África, 168, 382; sobre o plurilinguismo, 385

Nicolau de Cusa, 69

Nietzsche, Friedrich,157; Burke e, 189; Nkrumah e, 113n91; Spengler e, 187n161

Nigéria, 334

Nkrumah, Kwame,89, 113-115, 122, 175, 300; sobre o colonialismo, 47n19

Nova Zelândia, 221, 235n189, 334

Ntuli, Pitika, 92-93

Nussbaum, Martha, 150

Nyerere, Julius, 89; sobre os boicotes,109n87; sobre a educação colonial, 114, 380-382; como superautor, 89n61; sobre a *ujamaa*, 113

Oaxaca (Mexico), 211-214. *Ver também* Zapatistas

objetividade, 24, 34, 67, 69-70, 73-74, 125, 359, 368; Fals Borda e, 367; Freire e, 372n307; neutralidade e, 75, 201, 213

Occupy, movimentos (2011), 321-n266

olfato, 239, 244, 257- 258, 260

Ong, Walter, 102n79

"ONGuização," 105-106

oralidade, 60-61, 87, 93, 98-101, 140; conversas do mundo e, 266-267; vozes do mundo, 274-275

oratura, 91-94, 390

Organização Internacional do Trabalho (OIT), 334, 362

Oruka, Odera, 89-91, 208n177, 272-274, 276-277, 316n263, 366

Orwell, George, 9, 348

outsiders/insiders, 130, 220

ouvir. *Ver* escutar

Oyewùmí, Oyéronké, 163

pachamama (Mãe Terra), 30-34, 337, 340-343

paladar, 20, 239-240, 244, 257-258, 260-261

Panchayat (conselho de aldeia), 341

Pantham, Thomas, 312-313, 318

"paradigma totalizante" 368

Parekh, Bhikhu, 307, 341, 344

Parel, Anthony, 86, 344

Parks, Rosa, 275

Parviainen, Jaana, 144

Pascal, Camila, 235

Patel, Sujata, 171

Paterson, Mark, 258n211

patriarcado, 62; antipatriarcado, 54; colonialismo, 163; cognitivo, 390; extrativismo e, 193; hindu, 322n270; como modo de dominação, 411; neoliberalismo e, 58, 296; resistência contra o, 66, 105 pedagogia, 253, 391, 395-396; epistemologias do Sul e, 350-354, 361, 370-372, 384; libertação, 224, 242, 274, 357; de fronteira, 173n144; do oprimido, 274, 349, 355, 357-358, 362, 364, 367; pós-abissal, 248, 256-257, 262, 369, 410, 412; da trans-escala, 250-251; e tradução intercultural, 252

Péju, Marcel, 47n19

pensamento abissal, 219, 238; cartografia do, 55-56; lógica do, 202; marxismo e, 71n40; persistência do, 170. *Ver também* pensamento pós-abissal

pensamento de fronteira, 172, 177

pensamento descolonial, 172n143, 177

pensamento pós-abissal, 203, 219, 227

periferia, 169, 323, 373

Peru, 281, 301, 394

Pessoa, Fernando, 153n124

Platão, 258n211

pluralismo, 26, 50, 70, 77-79, 199, 210; epistemológico, 341; jurídico; 331, 334; religioso, 305-306

plurilinguismo, 385

plurinacionalidade, 331, 333-336, 404

pluriversidade, 385-387, 398, 406. *Ver também* universidade

pluriverso, 67, 306

Podemos, partido (Espanha), 333n278

Ponce, Mariano, 299

povo cigano, 176

povos afrodescendentes, 18, 45, 173, 271, 363, 404; da América Latina, 152; do Brasil, 405; da Colômbia, 155

Praeg, Leonhard, 30n13

Prasad, Shambhu, 81, 83

Prigogine, Ilya, 228

Princip, Gavrilo, 414

Quénia, 272

Quijano, Aníbal, 27, 67; sobre a "colonialidade," 45n18, 164, 173; sobre a conquista do Novo Mundo, 176

Quilombolas (Afro-descendentes), 288, 405

raça, 71n40, 99n76, 173, 271

racismo, 18, 62, 112, 155, 174-176, 308, 329n275, 373, 412

Ramose, Mogobe, 29n13, 269, 272

realidade virtual, 93

Reclus, Elisée, 299

reformismo, 361, 373, 415-417

Reinvenção da Emancipação Social: Para Novos Manifestos, 274

relativismo, 34, 65-68, 308, 312, 368n305

resignação, 144, 195, 231, 409, 411, 414

Retamar, Roberto, 172

Revolução Cubana, 356, 360-362, 392n318

Ribeiro, Darcy, 172

Rivonia, Julgamento de (1964), 119

Rizal, José, 89, 299

Roberto, Holden, 121

Rouse, Joseph, 198n107, 199n167

Rousseau, Jean-Jacques, 134, 224, 304n251

Rudolph, Lloyd, 309, 323, 326

ruínas-sementes, 55-56, 374, 414

Ruskin, John, 304n251, 321-324

Rustin, Bayard, 330-331

"sábios-filósofos," 88-91, 201n177, 272-274, 276-277, 370

sacrifício, 84, 116, 145, 232-233, 328

Santos, Marcos Antônio A., 289

Sartre, Jean-Paul, 144

Sarukkai, Sundar, 126, 128, 130-131, 258-259

Sarvodaya [bem-estar para todos], 340, 342

Sassoulitch, Vera, 71n40

satyagraha (não cooperação), 110, 317-318, 329-330

Sauvy, Alfred, 111n89

Schopenhauer, Arthur, 99n76, 113n91, 113n110, 187n161, 210n178

Schultz, Katherine, 253

Scocuglia, Afonso, 364

Scott, James, 107, 123n101

Secret of the Golden Flower [O Segredo da Flor Dourada], 184

Secretaría Nacional de Planificación y Desarrollo (SENPLADES), 339

Senghor, Léopold, 114-115, 122

Senier, Siobhan, 96, 235n189

senso comum, 32, 37, 181, 222, 268, 277; Chomsky e, 314-315, 319; Gandhi e, 347

sentipensar, 153, 166n134

sentir-com, 260-261

Shariati, Ali, 172

Sheets-Johnstone, Maxine, 144

Sheth, D. L., 269

Shridharani, Khrisnalal, 329

SIDA, 101

silêncio, 92, 95, 102, 133, 138, 229, 253-256, 269, 275, 279, 283, 287, 313

Silko, Leslie Marmon, 96

Simpson, Betasamosake, 193

Singapura, 380

sistema de castas (Índia), 100, 129, 136, 259n212, 363. *Ver também* Dalits

Sisulu, Walter, 119

Slate, Nico, 331

Smiley, Glenn, 330

Smith, Linda, 166, 221-222, 235n189

sociabilidade colonial, 21, 42-43, 45, 68, 162, 232; exclusão abissal e, 23-27, 70-73, 323, 351; arquivo e, 280 ; sociologias das ausências e, 56, 191, 234, 390

"sociedade do conhecimento," 199-n168

sociologia das ausências, 19, 49-54, 133, 162, 189, 412-414; desfamiliarização, 311; como *minga*, 215, 234; Hegel e, 53; museologia e, 280, 288; pedagogia e, 352-353, 384; silêncio e, 254, 287

sociologia das emergências, 49, 53-55, 58, 203, 413; arquivo e, 37, 280-283, 286; e ecologia de saberes, 59, 219; Gandhi e, 8, 327; museologia e, 288; pedagogia e, 231, 352-355, 384

Sócrates, 99n76, 187n161

sofrimento humano, 10, 141-142

Solano, Xochitl Leyva, 235

South Asian Subaltern Studies Group, 171

Southern Christian Leadership Council (SCLC) [Conselho dos Líderes Cristãos do Sul], 330

Spengler; Oswald, 187n161

Spivak, Gayatri, 256

Standing, Guy, 405n326

Stoler, Ann, 282

Student Nonviolent Coordinating Committee (SNCC) [Comissão Coordenadora não-Violenta dos Estudantes], 330

subversidade, 385-386, 391-398, 406. *Ver também* universidade

suficiências íntimas, 152, 155-156, 195

Suíça, 334, 362

sumak kawsay/suma quamaña, superautores, 35, 87-89, 266, 273, 370

swadeshi (auto-suficiência), 340-342

swaraj (autodeterminação), 28, 30, 86, 325, 335-336, 340-341

Tagore, Rabindranath, 142, 185-186

Taller de Historia Oral Andina (THOA), 96

Tanzânia, 109n87, 381

Tarrida del Mármol, Fernando, 299

Taussig, Michael, 137, 237n190, 281, 286

teatro do oprimido, 356

teologia da libertação, 356-357, 392n318

teoria crítica, 29, 41, 63n33, 70, 75, 201, 338, 389

Terceiro Mundo, 47n19, 111, 172, 300, 312, 416

terra, 32n16; ancestral, 128, 415; comunal, 54-55, 163; conflitos, 95, 128, 207n176, 356; roubo de, 79, 155, 219, 302, 408; mãe-terra, 32, 337, 340, 342-343; propriedade da, 55, 290, 416

terrorismo, 145, 212, 297, 303

Thayer, Stephen, 259

Thoreau, Henry David, 304n251, 321-322

Tolstoi, Leão, 323; Gandhi e, 304n251, 321, 324-326

Tomatis, Alfred, 252

toque (tato), 258-260; Aristóteles sobre o, 258n211; Darwin sobre o, 261n217; Finnegan sobre o, 259n214; Jesuítas e o, 259n213 trabalhadores migrantes, 72, 412

tradição oral, 89-90, 92-94. 96n72, 100, 390

tradução intercultural, 59-60, 190, 252, 345; curriculum descolonizado e, 376; feminismo e, 308; Gandhi e 12, 299-300, 303, 305-310; hibridização e, 384; necessidade de, 255, 258, 295-297; ONGs e, 105; objetivos da, 243, 345; Sul-Norte, 304, 310; Sul-Sul, 304, 327; Watson sobre, 346

tradução. *Ver* tradução intercultural

transmodernidade, 172, 176

Trump, Donald, 301

Tunísia, 382

Turim, Universidade Popular de, 393

Uberoi, J., 23n7, 25-26, 81-82, 84, 86

ubuntu, 29-30, 33

ujamaa (família alargada), 113

universalismo, 24,66-68, 167n135; Césaire sobre, 167n135; de Habermas, 312

Universidad de la Tierra (UNITIERRA), 398

Universidad Popular Gonzáles Prada, 394

Universidad Popular Madres de Plaza de Mayo (Argentina), 398

Universidad Trashumante de San Luis (Argentina), 398

Universidade Federal do Rio de Janeiro (UNIRIO), 298

Universidade Popular dos Movimentos Sociais (UPMS), 398-405; princípios da, 400

universidade popular, 390-398

universidade, capitalismo e, 375-376, 378-383, 385-388, 390; polifônica, 385-391, 394; popular, 390-395, 396-398. *Ver também* *pluriversidade*

Ushiña, Mauricio, 153n122

utopia, 33, 57; ecologias de saberes e, 270; Gandhi e, 330; ciência pós-abissal e, 203. *Ver também* heterotopias

Valencia, Rubén, 97, 212- 213

valor de mercado, 79, 181, 378, 387-388, 390

vanguardismo, 233

Veblen, Thorstein, 189

vegetarianismo, 322, 347

Venegas, David, 97n74, 212-213

Vergès, Paul, 121

Verhaeren, Emile, 299

Via Campesina, 296, 401, 406n327

Vieira, António, 166

Vieira, Dona Orosina, 289

Vieira, Sérgio, 121-122

Vietnã, guerra do, 313-314

visão, 238-240; visão profunda, 244-252

Visvanathan, Shiv, 80n54, 81-82,

Viveiros de Castro, Eduardo,198, 243n195

Voces Oaxaqueñas Construyendo Autonomía y Libertad (VOCAL), 212

voluntarismo, 151, 229, 265

von Hayek, Friedrich August, 10

Vozes do Mundo, 274-278

Wallerstein, Immanuel, 67, 117

Walsh, Catherine, 172-173, 339

Warren, Karen, 24n8

Weffort, Francisco, 357n295

Wilhelm, Richard, 184

Willard, Steven, 302n248

Wiredu, Kwasi, 168

Wolin, Sheldon, 313

Wyllie, Curzon, 325

Wynter, Sylvia, 173-174

Zapata, Emiliano, 275

Zapatistas, 363; universidade zapatista, 214, 398

Zimbabué, 401, 406n327

Zirimu, Pio, 91

zonas libertadas, 55, 57-58, 414

Este livro foi composto com tipografia Bembo e impresso em papel Soft 80 g/m² na Formato Artes Gráficas.